SOMMAIRE

Annexes

ASSiMiL®
La méthode intuitive

LE CORÉEN SANS PEINE

par **André Fabre**
avec la collaboration de Eui-Jeong Song

Illustrations de J.-L. Goussé

ASSiMiL®
B.P. 25
94431 Chennevières-sur-Marne Cedex
FRANCE

ISBN 978-2-7005-0190-2

Méthodes ASSiMiL

Volumes reliés, abondamment illustrés
et enregistrés sur compact discs

"Sans Peine"

L'allemand
L'anglais
L'anglais d'Amérique
L'arabe
Le bulgare sans peine
Le chinois sans peine
L'écriture chinoise
Le coréen sans peine
Le croate
Le danois sans peine
L'égyptien hiéroglyphique
L'espagnol
Le finnois
Le nouveau grec sans peine
Le grec ancien
L'hébreu
Le hindi sans peine
Le hongrois
L'indonésien
L'italien
Le japonais
Le japonais : l'écriture kanji
Le latin
Le malgache
Le néerlandais
Le norvégien
Le persan
Le polonais
Le portugais
Le portugais du Brésil
Le roumain
Le russe
Le sanskrit
Le suédois
Le swahili
Le tchèque sans peine
Introduction au thaï
Le turc
L'ukrainien
Le vietnamien sans peine
Le yiddish

"Perfectionnement"

Perfectionnement allemand
Perfectionnement anglais
Perfectionnement arabe
Perfectionnement espagnol
Perfectionnement italien
Perfectionnemant russe

"Langues régionales"

Le basque unifié (initiation)
Le breton
Le catalan
Le corse sans peine
L'occitan

"Affaires"

L'anglais des affaires

"English"

L'Anglais par l'humour
Le grand livre de l'humour british
Les expressions anglaises
La conjugaison anglaise

AVANT-PROPOS

Qui parle coréen ?

Au hit parade des langues les plus parlées dans le monde, le coréen, avec 75 millions de locuteurs, est en 12e position, juste devant le français (72 millions de francophones). La langue coréenne est parlée en Corée du Sud, en Corée du Nord et dans de nombreuses communautés à l'étranger (Chine, Japon, États-Unis, Kazakhstan et quelques groupes moins nombreux en Europe).

Quel coréen ?

Il existe actuellement deux langues officielles : celle de la République populaire démocratique de Corée (du Nord) qui a pour base le dialecte de Pyongyang, et celle de la République de Corée (du Sud), centrée sur le dialecte de Séoul. Ces deux variantes d'une seule et unique langue commune à toute la péninsule jusqu'en 1945, se distinguent essentiellement par des différences dans l'orthographe et le vocabulaire liées, dans ce dernier cas, aux disparités des structures politiques économiques et idéologiques des deux républiques.

Le coréen présenté dans la méthode est le coréen standard de la Corée du Sud. Ceci dit, il n'y pas plus de problèmes d'intercompréhension qu'entre les francophones de l'hexagone, de Wallonie ou du Québec.

Le coréen, une langue difficile ?

On dit souvent que le coréen est une langue difficile, mais quand on y regarde de près, on s'aperçoit que cette affirmation doit être relativisée. La grammaire ignore les déclinaisons, les conjugaisons et les nombreuses irrégularités propres aux langues européennes qui demandent de gros efforts de mémorisation.

Quand il parle ou écrit, un francophone doit toujours penser aux accords... à commencer par ceux – pas toujours simples – du participe passé !, aux liaisons, à la concordance des temps, etc. Aucun de ces problèmes n'angoisse le coréanophone.

En outre, du fait de la grande homogénéité du coréen, dont 70 % des mots sont d'origine chinoise, le vocabulaire est beaucoup plus simple et structuré qu'en français où une "famille" de mots comme, par exemple, oreille, ouïe, audition, otite relèvent d'origines et de strates différentes.

En résumé, si un apprenant francophone rencontre des difficultés en apprenant le coréen, c'est avant tout par les aspects déconcertants de cette langue vis-à-vis du français. Il s'agit surtout de la structure de la phrase, tant dans son organisation syntaxique que dans la présentation des idées, même les plus simples, qui s'écarte considérablement du français. L'effort ne portera donc pas sur la mémorisation de longues listes de déclinaisons, conjugaisons et irrégularités, mais essentiellement sur la création d'automatismes sémantiques, syntaxiques et de prononciation. Cette dernière d'ailleurs est beaucoup moins exotique que celle de nombreuses langues d'Asie. On peut dire qu'exception faite des sons aspirés, dont l'acquisition n'est pas ardue, tous les sons du coréen se retrouvent en français, mais agencés d'une façon différente... d'où la nécessité de l'assimiler petit à petit !

L'écriture coréenne

Le coréen s'écrit au moyen d'un alphabet de 24 lettres d'un apprentissage très facile. Par contre, il y a un écart très souvent conséquent entre la prononciation et l'orthographe. C'est la raison qui nous a amenés à placer, sous le texte en écriture coréenne, sa translittération et sa transcription. La **translittération**, c'est-à-dire la transposition des lettres coréennes en lettres de l'alphabet latin, vous permettra de décomposer la phrase en ses diverses parties lexicales et grammaticales, autrement dit, de voir quels sont les mots qui la composent et quels sont les éléments grammaticaux qui les relient les uns aux autres. La **transcription**, elle, vous aide à bien prononcer la phrase, en la décomposant syllabe par syllabe. Ce sont deux outils indispensables à la bonne assimilation de la langue.

Le coréen sans peine

Ceci nous amène à la démarche pédagogique de la méthode Assimil. Il s'agit d'un apprentissage pratique, progressif et efficace, basé sur la régularité de la progression dont le caractère graduel a été soigneusement établi. En principe, trois quarts d'heure par jour suffisent. Si cela se révèle parfois impossible, il vaut mieux réduire le temps d'étude quotidien que de "sauter" un ou deux jours de travail pour une longue séance de "rattrapage". La régularité dans l'étude est la clé de voûte de la méthode et la condition sine qua non en ce qui concerne la mise en place des automatismes indispensables au bon maniement de la langue. Dès la seconde semaine, chaque leçon contient un dicton, un proverbe ou une expression imagée qui feront de votre apprentissage un plaisir, car vous découvrirez au fil des jours les finesses de la langue et les secrets de la mentalité et de la civilisation coréennes.

Le coréen sans peine, mode d'emploi

L'apprentissage se fera en deux vagues. Dans la première vague de leçons, qui représente la phase "passive", vous ferez connaissance avec la langue coréenne. Comment ? En procédant de la façon suivante : pour commencer, vous écoutez le dialogue de la leçon pour que votre oreille se familiarise avec son "profil sonore" (il est fortement recommandé d'avoir recours aux enregistrements *).

Ensuite – et seulement ensuite ! –, vous lirez le texte et vous vous reporterez à la traduction française, sans oublier la transcription et la translittération qui vous permettront de faire le lien entre le découpage à l'oral et le découpage à l'écrit. Vous n'oublierez pas non plus de lire attentivement les notes qui, par la présentation des mots de la phrase et souvent son mot à mot, sont indispensables à la bonne compréhension du dialogue.

Ce n'est que quand vous aurez bien assimilé que vous répéterez la leçon, phrase par phrase, à la vitesse normale, jusqu'à ce qu'elle sorte spontanément de votre bouche.

C'est cette spontanéité qui vous permettra d'"installer" en vous les automatismes dont nous avons vu plus haut l'importance.

À la fin de chaque leçon, les **exercices** constituent les applications directes de ce qui vient d'être appris et vous permettent de vérifier si le contenu de la leçon, à commencer par les apports nouveaux, a été bien acquis.

Toutes les sept leçons, une **leçon de révision** fait le point sur les acquis de la semaine et les complète par des explications plus poussées et des synthèses sur ce que vous avez appris depuis le début. Ces leçons font partie intégrante de l'apprentissage et il faut y consacrer au moins autant de temps que pour une leçon nouvelle.

À partir de la leçon 50, vous entrez dans la phase "active". Tout en continuant à avancer dans les nouvelles leçons, vous reprendrez une à une celles que vous avez déjà apprises, en commençant par la leçon 1, et au rythme d'une leçon par jour. Il vous sera demandé de traduire les textes de chaque leçon en coréen. Cela vous permettra d'avancer tout en consolidant vos acquis.

Voilà, vous êtes paré ! Mais, avant de vous jeter à l'eau, n'oubliez pas de lire attentivement l'introduction traitant de l'écriture et de la phonétique. Il s'agit là d'une première approche indispensable. Suivez bien nos conseils et bientôt vous parlerez le coréen sans peine et, qui plus est, avec plaisir !

*Votre enregistrement commence par la lecture en vitesse lente des sons que vous rencontrerez en coréen, et dont nous vous donnons la liste après la rubrique "prononciation et écriture" ci-jointe. Par la suite, les dialogues et les exercices de traduction de chacune des leçons (hormis les leçons de révision) jusqu'à la leçon 27, sont répétés phrase à phrase avec une plage de silence entre chaque phrase, qui vous permettra de répéter à un rythme régulier.

PRONONCIATION ET ÉCRITURE

La **prononciation** du coréen ne présente pas de difficultés insurmontables pour un Français. Point n'est besoin, donc, de se torturer la bouche pour se faire comprendre. Il est même permis de dire qu'exception faite du **h** aspiré (qui, entre nous, n'est pas bien difficile à prononcer !), tous les sons du coréen se retrouvent en français, même si, dans les deux langues, on n'en fait pas le même usage. Pour arriver à les articuler correctement, il suffit, comme on va le voir, de faire preuve d'un peu d'imagination.

On peut classer les sons du coréen en deux grandes catégories : ceux qui sont plutôt faciles à prononcer et ceux qui demandent un peu plus d'attention. Commençons par les premiers !

Ce sont les huit voyelles que connaît cette langue :

a, i, ou, ai, é, o, ô, eu

NB. La langue coréenne compte huit voyelles, mais notre alphabet ne dispose que de cinq lettres pour noter ces sons (a, e, i, o, u) ; c'est pourquoi, dans les cas de *ou, ai, eu,* **nous avons transcrit un seul son au moyen de deux lettres.**

Une autre raison qui a guidé notre choix est que nous avons recherché une manière de noter les sons qui soit proche de l'orthographe du français. C'est ainsi que la voyelle *ou* du coréen se prononce comme la voyelle française “ou” (un seul son noté par deux lettres) dans un mot comme “poule”.

Abordons d'abord *a, i* et *ou* qui sont presque identiques aux sons du français : *a* est un peu plus grave que le “â” du français dans “pâte”. *i* ne se distingue en rien du “i” d'Astérix. Le son *ou* se prononce en coréen avec les lèvres moins arrondies qu'en français. Cette voyelle est en fait à mi-chemin entre notre “ou” de “fou” et “eu” de “feu”. C'est pourquoi il arrive aux Coréens qui débutent en français de confondre “moule” et “meule”, “pour” et “peur”.

On trouve entre la voyelle *ai* et la voyelle *é* du coréen à peu près la même différence qu'entre le "è" ouvert et le "é" fermé du français. Le é du coréen est un "é" fermé quasiment identique au "é" fermé du français dans "été". Par contre, *ai* est beaucoup plus ouvert que notre "è" ouvert ; c'est pourquoi nous le notons par *ai,* car le *ai* du coréen rappelle la prononciation exagérée de "maître" dans une formule telle que "Cher Maître".

Attention ! En coréen, on trouve toute une série de mots qui se distinguent les uns des autres uniquement par la différence entre *é* fermé et *aî* ouvert. Ex : *kai* = chien / *ké* = crabe, *saim* = source / *sém* = calcul, *nai* = moi / *né* = toi.

La même différence (ouvert / fermé) se retrouve entre *o* et *ô.* En français, on ne confond pas "avoir la cote" (d'amour) et "avoir la côte" (de porc)... en coréen non plus ! Le *o* du coréen est très ouvert, comme dans le français "port". Le *ô* fermé, par contre, est très arrondi. C'est en fait la seule vraie voyelle arrondie de cette langue. Nous l'avons noté *ô* parce que sa prononciation est très proche de celle du "ô" français dans des mots tels que "côte", "pôle", "nôtre". Là aussi, l'opposition entre *o* ouvert et *ô* fermé permet de distinguer les mots. Ex : *kom* = épée / *kôm* = ours, *som* = île / *sôm* = coton, *sori* = gel / *sôri* = son.

La voyelle *eu* du coréen est un son intermédiaire entre le "i" de "fi" et le "eu" de "feu" du français. Comme ce son est assez proche de notre "eu", nous l'avons noté de la même manière, mais il ne faut surtout pas oublier que le *eu* du coréen se prononce **sans arrondir les lèvres**. Ex : *keul* = écriture, *oneu* = lequel, *adeul* = fils.

On trouve également en coréen un son *y* comme le "y" du français de "yacht", "yak", "yoyo", "yeux". Nous le notons par la même lettre. Il y a aussi le son *i* précédé de la "semi-voyelle" *u* comme dans le français "nuit", "lui". Nous la transcrivons *wi.* Reste enfin la combinaison de *eu* et de *i.* Attention ! Écoutez bien les enregistrements — si vous les possédez —, car cette combinaison de sons n'existe pas en français. Afin d'éviter un contresens, il faut bien distinguer *wi* de *eui* : *wisaîng* = hygiène / *euisaîng* = herboriste.

Les choses sont un peu plus compliquées avec les **consonnes**, et cela pour deux raisons : premièrement, bien que les consonnes du français se retrouvent en coréen, elles n'ont pas la même valeur. Deuxièmement, le coréen possède des consonnes inconnues du français.

Le coréen connaît trois séries de consonnes : les consonnes **douces**, les consonnes **fortes** et les consonnes **aspirées**.

1) Les consonnes **douces** : Ex : *pal, tal, kal, tchada, sal* se prononcent comme dans les mots français "pal", "talon", "cale", "atchoum", "sale".
Attention ! *s* suivi de *i* ou de *y* se prononce "ch" comme dans le français "chaise", "choix" ; c'est pourquoi, dans ce cas, il est noté au moyen de *ch*. Ex : *chi* = heure, *chyasseu* = chemise (de l'anglais *shirt*).

2) Les consonnes **fortes** ont, comme leur nom l'indique, une prononciation beaucoup plus énergique. Elles sont articulées d'une manière très appuyée et les lèvres "pincées" sans laisser passer un souffle d'air ; c'est pourquoi nous les notons en redoublant la consonne douce. Ex : *ppalgan* = rouge, *ttal* = fille, *kkalda* = déplier, *ttchada* = glacé. Le *s* aspiré n'existe pas, ce qui nous fait une difficulté en moins !

3) Les consonnes **aspirées** se différencient des autres consonnes par la présence d'une forte expiration d'air (appelée à tort "aspiration" dans la terminologie traditionnelle).
Pour bien les prononcer, il faut éviter de "pincer les lèvres" comme pour les consonnes fortes, mais, en prenant pour point de départ la consonne douce, faire suivre son articulation d'un fort souffle d'air. L'aspiration est notée au moyen du signe ' (apostrophe). Ex : *p'al* "bras", *t'al* "masque", *k'al* "couteau", *tch'ada* "porter à la ceinture".

Les consonnes *m, n, ng, l, r,* et *h* échappent à cette triple distinction.

m et *n* ont la même prononciation qu'en français. Pour que vous ne tombiez pas dans le panneau des habitudes orthographiques françaises et que vous vous rappeliez bien que *n* se prononce toujours *n*, nous l'avons noté *nn* en fin de syllabe ou devant une consonne. *minn* (nom de famille très répandu) ne se prononce pas comme le français "main", mais comme le mot "mine", *mann* = seulement, comme le français "manne", etc. Quand le *n* est redoublé, nous plaçons un tiret entre les deux. Ex : *chin-nyon* = "Nouvel An", *sôn-nim* = "client".

Le son *ng* (consonne simple mais notée par deux lettres) est maintenant bien connu des Français grâce aux emprunts de l'anglais tels que "shopping", "marketing", etc. Le *ng* du coréen en est le frère jumeau. Attention ! La différence entre *n* et *ng* permet de distinguer des mots. Ex : *sann* = montagne / *sang* = prix, *sônn* = main / *sông* = panégyrique. *ng* n'apparaît jamais en début de mot ou de syllabe, mais toujours à la fin. Quand il est suivi par une voyelle, celle-ci appartient à la syllabe suivante. Pour que vous ne l'oubliiez pas, il sera toujours séparé de cette voyelle par un tiret. Veillez à bien prononcer *ng* d'un seul tenant, sans faire la liaison avec la voyelle qui le suit. Ex : *ing-o* = carpe.

La consonne *l* qui se prononce comme le "l" du français apparaît soit en fin de mot soit devant toutes les consonnes sauf *h*. Quand *l* est redoublé, nous faisons comme pour n, nous mettons un tiret entre les deux. Ex : *ppal-li* = vite.

Le son *r* est complémentaire de *l* : il apparaît là où *l* n'apparaît pas, c'est-à-dire entre des voyelles et devant *h*. Ce n'est pas un r "parisien", prononcé au fond de la gorge, mais un r à un seul roulement, prononcé avec la pointe de la langue, comme en espagnol "pero", ou en italien "sera". Si cela ne vous dit rien, prononcez-le comme *l* et vous n'aurez pas trop de mal à vous faire comprendre.

Reste enfin le son *h* qui est un **h** aspiré comme dans l'anglais "home" ou dans l'allemand "Heimat". Les Français, qui n'ont pas ce son dans leur langue, oublient souvent de le prononcer, mais en coréen, c'est une faute à ne pas commettre, car de sa prononciation dépend la différence entre certains mots : Ex : *aî* = enfant / *haî* = dommage.

Dernière remarque, entre deux voyelles ou après *m, n, ng* et *l*, les consonnes douces *p, t, k* et *tch* se prononcent comme *b, d, g,* et *dj*. Comparez *pap* et *pabo*, *tat* et *tada*, *kak* et *kagou*, *tchim* et *padji*. Quant à la consonne douce *s*, elle se prononce toujours *s* et jamais *z* comme en français “maison”, “foison”.

La prononciation du coréen offre encore quelques particularités mineures que nous découvrirons au fil des leçons, mais nous pouvons dès à présent en signaler deux : en finale absolue, le *s* se prononce *t* ; *sét* “trois”, *nét* “quatre”, *got* “chose”, *gôt* “lieu”, “endroit” ; derrière une consonne, la combinaison de voyelles *yé* a tendance à se simplifier en *é* : *kyésida* “se trouver” (honorifique) → *késida, sillye* “impolitesse” → *sillé.*

Pour terminer, une bonne nouvelle : le coréen est une langue sans accent tonique. Il vous suffira donc de bien écouter les enregistrements pour vous familiariser avec le rythme de la phrase coréenne.

Comme vous venez de le voir, prononcer du coréen ne présente pas de difficultés insurmontables. Et l’écrire ? vous demandez-vous peut-être avec une pointe d’angoisse... Encore moins !

En effet, **l’écriture coréenne**, inventée en 1446 par un roi de génie, le roi Sédjong (1419-1450), est d’un tracé très simple et obéit à des règles rationnelles.

Pour commencer, faisons connaissance avec elle.

L’écriture coréenne compte **19 consonnes** :

ㄱ **/g/** *(k/g)*	ㄲ **/gg/** *(kk)*	ㅋ **/k/** *(k’)*
ㄷ **/d/** *(t/d)*	ㄸ **/dd/** *(tt)*	ㅌ **/t/** *(t’)*
ㅂ **/b/** *(p/b)*	ㅃ **/bb/** *(pp)*	ㅍ **/p/** *(p’)*

ㅈ	ㅉ	ㅊ
/j/	**/jj/**	**/c/**
(tch/dj)	*(ttch)*	*(tch')*

ㅅ	ㅆ
/s/	**/ss/**
(s)	*(ss)*

ㅎ	ㅇ	ㄹ	ㄴ	ㅁ
/h/	**/ng/**	**/l, r/**	**/n/**	**/m/**
(h)	*(ng)*	*(l, r)*	*(n)*	*(m)*

et **21 voyelles** :

ㅏ	ㅓ	ㅗ	ㅜ	ㅡ	ㅣ
/a/	**/eo/**	**/o/**	**/u/**	**/eu/**	**/i/**
(a)	*(o)*	*(ô)*	*(ou)*	*(eu)*	*(i)*

ㅐ	ㅔ
/ae/	**/e/**
(ai)	*(é)*

ㅑ	ㅕ	ㅛ	ㅠ	ㅒ	ㅖ
/ya/	**/yeo/**	**/yo/**	**/yu/**	**/yae/**	**/ye**
(ya)	*(yo)*	*(yô)*	*(you)*	*(yai)*	*(yé)*

ㅘ	ㅙ	ㅚ
/wa/	**/wae/**	**/oe/**
(oua)	*(ouai)*	*(oué)*

ㅝ	ㅞ	ㅟ	ㅢ
/weo/	**/we/**	**/wi/**	**/eui/**
(ouo)	*(oué)*	*(wi)*	*(eui)*

NB. Vous avez remarqué que deux voyelles différentes : **/we/** et **/oe/** ont la même prononciation : *oué* ; c'est un phénomène récent de simplification. Rien d'extraordinaire à cela ; en français aussi, nous ne faisons plus la différence entre "brun" de "beau brun" et "brin" de "brin d'herbe" !

Vous avez repéré la prononciation de la lettre donnée entre parenthèses, mais la lettre en gras et entre barres obliques, immédiatement sous la lettre coréenne, vous laisse peut-être perplexe et vous êtes en train de vous demander : À quoi sert-elle ? Eh bien, ces lettres entre barres obliques servent à représenter une lettre coréenne au moyen d'une lettre (ou de plusieurs) de notre alphabet. Pourquoi nous compliquer ainsi la vie ? Patience ! Vous aurez l'explication sous peu ! En attendant, nous allons voir comment on se sert de l'alphabet coréen.

En français, c'est très simple : on aligne les lettres les unes derrière les autres et le tour est joué ! En coréen, c'est un peu plus compliqué, mais on s'y retrouve vite. Plusieurs cas sont à prendre en considération :

Commençons par ce qui ressemble au français : on écrit d'abord une consonne puis une voyelle, comme dans do, ré, mi, fa, sol, la, si. Voici quelques exemples :

가	마	바다	저
/**ga**/ bord	/**ma**/ chanvre	/**bada**/ mer	/**jeo**/ cela
(ka)	*(ma)*	*(pada)*	*(tcho)*
서리	비	나비	
/**seori**/ gel	/**bi**/ pluie	/**nabi**/ papillon	
(sori)	*(pi)*	*(nabi)*	

C'est facile !

Voici maintenant d'autres mots formés eux aussi d'une consonne suivie d'une voyelle :

소	수	흐르다
/**so**/ bœuf	/**su**/ longévité	/**heureuda**/ couler
(sô)	*(sou)*	*(heureuda)*

Vous voyez la différence ? La voyelle n'est plus à droite de la consonne, comme en français, mais en-dessous !

Comme vous le constatez, il y a dans l'écriture coréenne deux sortes de voyelles : celles qui s'écrivent à droite de la consonne et celles qui s'écrivent au-dessous.

Les voyelles qui s'écrivent à droite de la consonne sont :

ㅏ	ㅓ	ㅣ	ㅐ	ㅔ
/**a**/	/**eo**/	/**i**/	/**ae**/	/**e**/
(a)	*(o)*	*(i)*	*(ai)*	*(é)*

ㅑ	ㅕ	ㅒ	ㅖ
/ya/	**/yeo/**	**/yae/**	**/ye/**
(ya)	*(yo)*	*(yai)*	*(yé)*

Celles qui s'écrivent sous la consonne sont :

ㅗ	ㅜ	ㅡ	ㅛ	ㅠ
/o/	**/u/**	**/eu/**	**/yo/**	**/yu/**
(ô)	*(ou)*	*(eu)*	*(yô)*	*(you)*

Pour ce qui est de :

ㅘ	ㅝ	ㅙ	ㅞ	ㅚ	ㅟ	ㅢ
/wa/	**/weo/**	**/wae/**	**/we/**	**/oe/**	**/wi/**	**/eui/**
(oua)	*(ouo)*	*(ouai)*	*(oué)*	*(oué)*	*(wi)*	*(eui)*

la graphie est mixte : une partie de la voyelle s'écrit sous la consonne, tandis que l'autre s'écrit à droite. C'est normal ! Vous avez peut-être déjà deviné : **wa** est la combinaison de **o** et **a, weo** de **u** et **eo**, **wae** de **o** et de **ae**, **we** de **u** et de **e**, **oe** de **o** et de **i**, **wi** de **u** et de **i** et **eui** de **eu** et de **i**.

Regardez maintenant comment s'écrivent des mots très courts composés d'une seule voyelle :

아	어	오	우	이
/a/ Asie	**/eo/** mot	**/o/** cinq	**/u/** dessus	**/i/** dent
(a)	*(o)*	*(ô)*	*(ou)*	*(i)*

Oui, vous avez bien vu ! On écrit un seul son (une voyelle) au moyen de deux lettres ! Pourquoi ? Il faut en chercher la raison dans l'histoire de l'alphabet coréen. Les Coréens anciens pensaient que toute syllabe devait avoir un début et une fin. Voilà pourquoi une syllabe formée d'un seul son s'écrit quand même avec deux lettres, la première étant toujours o.

Voici d'autres exemples :

외	와	왜	위
/oe/ excepté	**/wa/** et	**/wae/** pourquoi ?	**/wi/** rang
(oué)	*(oua)*	*(ouai)*	*(wi)*

우
/u/ dessus
(ou)

Regardez bien maintenant comment s'écrivent les mots suivants qui comportent trois lettres : consonne + voyelle + consonne :

밤	범	봄
/bam/ nuit	**/beom/** tigre	**/bom/** printemps
(pam)	*(pom)*	*(pôm)*
불	늘	밀
/bul/ feu	**/neul/** toujours	**/mil/** blé
(poul)	*(neul)*	*(mil)*

Comme vous le constatez, la consonne finale s'écrit toujours sous le groupe consonne initiale + voyelle.

Regardez maintenant les mots ci-dessous :

강	공	궁
/kang/ fleuve	**/kong/** balle	**/kung/** palais
(kang)	*(kông)*	*(koung)*
옹	잉어	영웅
/ong/ vieillard	**/ingeo/** carpe	**/yeongung/** héros
(ông)	*(ing-o)*	*(yong-oung)*

Comme vous le voyez, la lettre coréenne ㅇ a deux valeurs :

• Au début d'un mot ou d'une syllabe, elle fait fonction d'initiale vocalique et ne se prononce pas.
• En fin de mot ou de syllabe, elle sert à noter la consonne finale **/ng/**. Rappelez-vous ! le son *ng* n'apparaît qu'en finale de syllabe ou de mot.

Il existe aussi un nombre restreint de mots qui comportent non pas une consonne finale, mais deux. Dans ce cas aussi, les deux consonnes finales s'écrivent sous le groupe consonne initiale + voyelle. Ex :

삶	넋	몫
/salm/ vie	**/neogs/** esprit	**/mogs/** part
(sam)	*(nok)*	*(môk)*

흙
/heulg/ terre
(heuk)

Vous avez remarqué ? On écrit deux consonnes mais on n'en prononce qu'une ! Nous en reparlerons dans un instant.

Nous espérons que tous ces exemples vous ont permis d'entrevoir quels sont les grands principes de l'écriture coréenne. On peut les résumer de la façon suivante :

1) L'unité de base n'est pas la lettre seule, mais le groupe de lettres, que nous appellerons la "syllabe graphique".

2) La syllabe graphique la plus petite compte au moins deux lettres, la première étant soit une consonne soit le signe d'initiale vocalique. La seconde lettre est obligatoirement une voyelle. Si cette voyelle est :

ㅏ	ㅓ	ㅣ	ㅑ	ㅕ	ㅒ		ㅖ
/a/	**/eo/**	**/i/**	**/ya/**	**/yeo/**	**/yae/**	ou	**/ye/**

elle s'écrit à droite de la consonne. Toutes les autres voyelles du coréen s'écrivent sous la consonne initiale.

3) Les syllabes graphiques de trois ou de quatre lettres se composent :

- d'une consonne initiale ou de l'initiale vocalique,
- d'une voyelle,
- d'une ou de deux consonnes finales. Ces finales s'écrivent toujours sous le groupe consonne initiale + voyelle.

Notation des sons et représentation des lettres

Vous avez déjà remarqué que sous un mot coréen, nous représentons les lettres coréennes entre barres obliques (c'est ce qu'on appelle la **translittération**), et nous donnons en dessous la prononciation entre parenthèses (c'est ce qu'on appelle la **transcription**). Pourquoi deux choses au lieu d'une ? Parce que les Coréens font... comme les Français ! Ils prononcent les mots d'une façon et les écrivent d'une autre.

Connaissez-vous la triste histoire de cet étranger qui voulait apprendre notre belle langue en comptant les oiseaux ? Il commence : "un-noi-zeau, deu-noizeaux"... Ah non ! On ne dit pas "deu-noizeaux", mais "deu-zoi-zeaux" ! Bien, il continue : "troi-zoi-zeaux", ça marche ! "qua-tre-zoi-zeaux" ... rien ne va plus ! On dit qu'il renonça avant le dixième volatile.

Quelle est la morale de cette histoire ? En français, pour faciliter la parole, on fait des liaisons, c'est-à-dire qu'on regroupe les sons en syllabes parlées sans trop se soucier de l'identité ou, si vous préférez, de l'unité des mots. C'est ainsi qu'un seul et même mot "oiseau" devient, selon la consonne qui le précède, "noiseau", "zoizeau", "troiseau", "quoizeau", "toizeau", "foizeau". Alors, pour pouvoir identifier le mot dans un texte écrit, on a décidé une fois pour toutes que "oiseau" ... sera toujours "oiseau(x)" ! C'est exactement ce qui se passe en coréen.

Prenons par exemple le verbe 먹 **/meog/** *(mok)* "manger. "mange !" se dira *(mo-go)*, "on mange et..." se dit *(mok-kô)*, "qui est en train de manger" se dit *(mong-neun)*. Comme vous le voyez, le même élément *(mok)* est prononcé de différentes façons en fonction des sons qui le suivent. Il en va de même pour 닭 **/dalg/** *(tak)* "coq", qui, lui aussi, d'après son environnement, aura plusieurs prononciations : *(tak-to)* "même le coq", *(tal-geunn)* "quant au coq", *(tang-mann)* "seulement le coq". Il s'agit pourtant d'un seul et même mot.

C'est pourquoi en coréen, on a décidé, tout comme en français, que chaque mot aurait une seule et même forme, quelle que soit sa prononciation.

Vous avez certainement remarqué que 닭 /**dalg**/ est un mot qui se termine par deux consonnes, mais que dans certains cas, on ne prononce que la première *(tak-to)*, parfois sous un aspect modifié *(tang-mann)*. Quand les deux consonnes finales de ce mot sont prononcées, la seconde consonne graphique du mot devient, dans la prononciation, la première consonne de la syllabe qui suit *(tal-geunn)*. Bizarre, dites-vous ? Que nenni ! Le français connaît bien les consonnes finales qui apparaissent et disparaissent : comparez "hui-toi-zeaux" et "hui-mai-zons". Où est passé le t final de "huit" ? Comme ces mots terminés par deux consonnes ne sont pas très nombreux, vous trouverez ci-dessous leur liste complète.

NB. Afin que vous saisissiez bien comment les prononcer, nous donnons d'abord le mot isolé, ensuite ce mot suivi d'un autre commençant par une consonne : 도 /**do**/ aussi, puis d'un troisième commençant par une voyelle : 은 /**eun**/ qu'on peut traduire par "en ce qui concerne".

값 /**gabs**/ prix

값	값도	값은
(kap)	*(kap-ttô)*	*(kap-sseun)*

넋 /**neogs**/ âme

넋	넋도	넋은
(nok)	*(nokk-ttô)*	*(nokk-sseunn)*

닭 /**dalg**/ volaille

닭	닭 도	닭은
(tak)	*(tak-ttô)*	*(tal-geunn)*

돐 /**dols**/ premier anniversaire

돐	돐 도	돐은
(tôl)	*(tôl-ttô)*	*(tôl-sseunn)*

몫 **/mogs/** part

몫	몫도	몫은
(môk)	*(môk-ttô)*	*(môk-sseunn)*

삯 **/sags/** salaire

삯	삯도	삯은
(sak)	*(sak-ttô)*	*(sak-sseunn)*

삶 **/salm/** vie

삶	삶 도	삶은
(sam)	*(sam-dô)*	*(sal-meunn)*

흙 **/heulg/** terre

흙	흙도	흙은
(heuk)	*(heuk-ttô)*	*(heul-gueunn)*

Attention ! Dans un mot tel que 낚시 /naggsi/ *(nak-chi)* “hameçon”, ou une expression telle que 밖에 /bagg-e/ *(pa-kké)* “dehors”, /gg/ n’est pas une consonne double, mais une seule consonne.

Nous espérons que ces explications vous feront mieux comprendre le pourquoi des choses. Il nous a semblé nécessaire que vous disposiez en même temps d’une représentation des lettres (translittération), entre barres obliques, et d’une notation de la prononciation (transcription) entre parenthèses. C’est grâce à elles que vous saurez comment prononcer les phrases de la leçon, que vous apprendrez l’orthographe des mots et que vous saisirez l’analyse grammaticale en voyant “graphiquement” quels sont les différents éléments de la phrase : mots, suffixes grammaticaux, etc.

Prenons, à titre d’exemple, un mot simple... comme bonjour !

Le mot coréen pour "bonjour" est 안녕하십니까 ?

La représentation des lettres coréennes (translittération) en sera : /**annyeong-ha-si-bni-gga**/

Elle vous permettra de savoir que ce mot se compose de cinq unités grammaticales.

La prononciation de ce mot est : *(an-nyong-ha-chim-ni-kka)*

La notation des sons (transcription) et le découpage en syllabes (il y en a six) vous permettent de le prononcer correctement.
Si vous comparez : /**annyeong-ha-si-bni-gga**/
(an-nyong-ha-chim-ni-kka),
vous comprendrez immédiatement que le découpage grammatical et le découpage phonétique en syllabes ne sont pas identiques.

Maintenant que vous savez lire, vous voudriez certainement savoir **écrire**. Rien de plus facile ! Le roi Sejong a conçu son alphabet de manière très scientifique à partir de huit lettres de base dont dérivent toutes les autres lettres.

Commençons par les consonnes ; il y a cinq consonnes de base qui sont :

ㄱ	ㄴ	ㅁ	ㅅ		ㅇ
/**g**/	/**n**/	/**m**/	/**s**/	et	/**ng**,

qui représentent chacune la caractéristique essentielle de la prononciation (l'articulation) du son.

ㄱ montre le dos de la langue touchant le palais, ce qui est la position normale pour prononcer /**g**/

ㄴ indique la forme de la langue appuyée contre les dents du haut pour articuler /**n**/

ㅁ représente les lèvres réunies pour prononcer le son /**m**/

ㅅ est une dent stylisée, car c'est au niveau des dents supérieurs qu'est produit le son /**s**/ et, enfin,

ㅇ est une coupe de la trachée artère d'où sort l'air qui produit les sons.

Le tracé de ces lettres est très simples et obéit à deux principes : de gauche à droite, de haut en bas. Essayez !

ㄱ

On commence à gauche par le trait horizontal, et, après avoir "pris" l'angle droit, on termine en bas à gauche.

ㄴ

C'est tout le contraire ! On commence en haut à gauche et on termine en bas à droite.

ㅁ

Attention ! Ne tracez pas ce carré n'importe comment. Il faut suivre les deux principes. On commence donc par le trait vertical de gauche, on poursuit par le trait horizontal supérieur tiré de gauche à droite, puis par le trait vertical droit, tracé du haut vers le bas, et on termine par le trait horizontal inférieur en partant de la gauche.

ㅅ

On commence par le trait oblique orienté vers la gauche et on termine par l'autre trait oblique dirigé vers la droite.

ㅇ

Tracez un cercle en partant de la gauche et en descendant pour remonter ensuite.

XXVI

À partir de ces cinq consonnes de base, on trace toutes les autres consonnes en ajoutant chaque fois un trait.

ㄱ ㅋ

ㄴ ㄷ ㅌ ㄹ

ㅁ ㅂ ㅍ

ㅅ ㅈ ㅊ

ㅇ ㅎ

Et maintenant, les voyelles !

Elles s'écrivent toutes à partir de trois traits de base représentant chacun une voyelle :

| le trait vertical (voyelle *i*) tracé de haut en bas,

— le trait horizontal (voyelle *eu*) tracé de gauche à droite,

• le point (voyelle **a* qui a maintenant disparu).

Chacun de ces traits a aussi une valeur symbolique : le trait horizontal symbolise la terre, le vertical représente l'homme et le point évoque la voûte céleste.

Toutes les autres voyelles de l'alphabet coréen sont tracées en combinant ces trois traits de base.

ㅣ

ㅏ ㅑ ㅐ ㅒ

ㅓ ㅕ ㅔ ㅖ

ㅡ

ㅗ ㅛ

ㅜ ㅠ

Ça y est ? Vous avez tout compris ? Vous savez maintenant lire et écrire ? Ne vous inquiétez pas ! Nous serons toujours à côté de vous pour vous aider. Dans chaque leçon, vous pourrez comparer la façon dont les mots s'écrivent et la manière de les prononcer syllabe après syllabe. Au cours de la première semaine, vous aurez même des exercices d'écriture ! Alors, bonne route ! Et n'oubliez pas ce que disent le Coréens :

시작은 반이다
/sijag-eun ban-i-da/
"Commencer, c'est la moitié du chemin !".

Mots et sons à écouter en début d'enregistrement

개	*kai*	/	게	*ké*
샘	*saim*	/	셈	*sém*
내	*nai*	/	네	*né*
검	*kom*	/	곰	*kôm*
섬	*som*	/	솜	*sôm*
서리	*sori*	/	소리	*sôri*
글	*keul*			
오늘	*oneul*			
아들	*adeul*			
위생	*wisaîng*	/	의생	*euisaîng*
발	*pal*			
달	*tal*			
갈	*kal*			
자다	*tchada*			
살	*sal*			
시	*chi*			
샤쓰	*chyasseu*			
빨간	*ppalgan*			
딸	*ttal*			
깔다	*kkalda*			
짜다	*ttchada*			
민	*minn*			
만	*mann*			
신년	*chin-nyon*			
손님	*sôn-nim*			
산	*sann*	/	성	*sang*
선	*sônn*	/	성	*sông*

잉어	***ing-o***			
빨리	***ppal-li***			
애	***aî***	/	해	***haî***

밥	***pab***	/	바보	***pabo***
닫	***tat***	/	닫아	***tada***
각	***kak***	/	가구	***kagou***
짐	***tchim***	/	바지	***padji***

가	마	바다	저
/ga/	**/ma/**	**/bada/**	**/jeo/**
(ka)	*(ma)*	*(pada)*	*(tcho)*

서리	비	나비
/seori/	**/bi/**	**/nabi/**
(sori)	*(pi)*	*(nabi)*

소	수	흐르다
/so/	**/su/**	**/heureuda/**
(sô)	*(sou)*	*(heureuda)*

밤	범	봄
/bam/	**/beom/**	**/bom/**
(pam)	*(pom)*	*(pôm)*

불	늘	밀
/bul/	**/neul/**	**/mil/**
(poul)	*(neul)*	*(mil)*

강	공	궁
/kang/	**/kong/**	**/kung/**
(kang)	*(kông)*	*(koung)*

옹	잉어	영웅
/ong/	**/ingeo/**	**/yeongung/**
(ông)	*(ing-o)*	*(yong-oung)*

삶	넋	몫	흙
/salm/	**/neogs/**	**/moks/**	**/heulg/**
(sam)	*(nok)*	*(môk)*	*(heuk)*

/meog/

먹 *(mok)* .
먹어 *(mo-go)*
먹고 *(mok-kô)*
먹는 *(mong-neun)*
닭 *(tak)*
닭도 *(tak-to)*
닭은 *(tal-geunn)*
닭만 *(tang-mann)*

값 **/gabs/**
값 *(kap)* 값도 *(kap-ttô)* 값은 *(kap-sseun)*

넋 **/neogs/**
넋 *(nok)* 넋도 *(nokk-ttô)* 넋은 *(nokk-sseunn)*

닭 **/dalg/**
닭 *(tak)* 닭도 *(tak-ttô)* 닭은 *(tal-geunn)*

돐 **/dôls/**
돐 *(tôl)* 돐도 *(tôl-ttô)* 돐은 *(tôl-heunn)*

몫 **/mogs/**
몫 *(môk)* 몫도 *(môk-ttô)* 몫은 *(môk-sseunn)*

삯 **/sags/**
삯 *(sak)* 삯도 *(sak-ttô)* 삯은 *(sak-sseunn)*

삶 **/salm/**
삶 *(sam)* 삶도 *(sam-dô)* 삶은 *(sal-meunn)*

흙 **/heulg/**
흙 *(heuk)* 흙도 *(heuk-ttô)* 흙은 *(heul-gueunn)*

낚시 **/naggsi/** *(nak-chi)*

밖에 **/bagg-e/** *(pa-kké)*

안녕하십니까?
/annyeong-ha-si-bni-gga/
(an-nyong-ha-chim-ni-kka)

시작은 반이다
/sijag-eun ban-i-da/
(*chi-dja-gueunn pa-ni-da*)

제 일 과
/je il gwa/
(tché-il-goua)

소개
/sogae/
(sô-gaî)

1 – 김철수입니다. **(1)(2)(3)**
/Gim Ceol-su-i-bni-da/
(kim-tch'ol-sou-im-ni-da)

2 – 반갑습니다. **(4)**
/bangap-seubni-da/
(pann-gap-sseum-ni-da)

NOTES

(1) *i-bni-da* : "[c'] est". Vient de *i-da* : "être". *-bni-* est un **suffixe de politesse**. Sa présence indique que l'on s'adresse à son interlocuteur de façon polie (cf. vouvoiement en français). En français, nous avons toujours besoin d'un sujet, cf. "ce" de "c'est" ; en coréen, comme nous le verrons, le sujet est facultatif. Attention ! en coréen, quand le son *b* est au contact de *n*, il se transforme en *m*. C'est pourquoi ce qui, orthographiquement, s'écrit */i-bni-da/* se prononce *(im-ni-da)*.

(2) Rien dans le verbe coréen n'indique la personne. Quand il est indispensable de la préciser, on l'indique par un pronom personnel ou d'autres moyens que nous verrons ultérieurement. Dans la mesure du possible, on évite de se désigner et de désigner les autres.

PREMIÈRE LEÇON

Présentation

1 – [Je] suis Gim Ceol-su (Gim Ceol-su-est).
2 – Enchanté.

NOTES (suite)

(3) La plupart des noms propres coréens se composent d'un nom de famille d'une syllabe (*/Gim/*) suivi d'un nom personnel (prénom) de deux syllabes (*/Ceol-su/*), ou, plus rarement, d'une syllabe. */Gim/* et */I/* sont les noms de famille les plus répandus, à tel point qu'un dicton dit : "Quand on lance une pierre, si elle ne frappe pas un Gim, elle frappe un I". Dans les ouvrages en langues occidentales sur la Corée, on a recours à toutes sortes de transcriptions pour noter les noms propres coréens. Pour Gim, la plus courante est Kim ; quant au nom I, transcrit le plus souvent Yi, il est aussi américanisé en Lee... ou Leigh !
N.B. La prononciation du coréen entre parenthèses est notée "à la française", donc, *gu* devant *i*, *é* ou *y* se prononce comme le "g" de "guimauve".

(4) Vient de l'adjectif *bangab-da* : "heureux", "enchanté" ; le suffixe de politesse est *-bni-* après une voyelle (cf. *i-bni-da*, ci-dessus) mais *-seubni-* après une consonne, d'où : *bangab-seubni-da*.

3 – 이 분은 누구십니까 ? **(5)(6)(7)(8)**
/i bun-eun nugu-si-bni-gga/
(i-bou-neunn nou-gou-chim-ni-kka)

4 – 모로씨입니다. **(9)**
/moro-ssi-i-bni-da/
(mô-rô-ssi-im-ni-da)

5 프랑스인입니다. **(10)**
/peurangseuin-i-bni-da/
(p'eu-rang-sseu-i-nim-ni-da)

NOTES (suite)

(5) *i* est l'adjectif démonstratif "ce" (celui-ci). *i bun* : "cette personne", "cette personne-ci".

(6) *-eun* est le suffixe grammatical qui indique le sujet. Comme tous les suffixes qui indiquent les fonctions grammaticales du nom, il se place derrière lui.

(7) *nugu* est le pronom interrogatif de la personne : "qui?".

3 – Qui est-[ce] (cette personne, [c']est qui) ?
4 – [C'] est Monsieur Moreau (Moreau-monsieur-est).
5 [C']est un Français (Français-est).

NOTES (suite)

(8) *si-bni-gga* : "est-ce que c'est ?" ; c'est la contraction de *i-si-bni-gga*. *-si* est un **suffixe de déférence** qui indique qu'on parle d'une personne ou qu'on parle à une personne avec déférence et *i-bni-gga* est la forme interrogative de *i-da :* "être" (voir la note 1). La terminaison *-da* indique l'affirmation et la terminaison *-gga* marque l'interrogation : *i-bni-da :* "c'est", *i-bni-gga :* "est-ce que c'est ?"
N.B. Quand le mot qui précède le verbe *i-da* se termine par une voyelle, comme *nugu*, très souvent le *i* de *i-da* est effacé – on dit qu'il est "élidé" –, ce qui explique pourquoi *nugu-i-si-bni-gga* est devenu *nugu-si-bni-gga*.

(9) *ssi* est un nom qui équivaut au français : "monsieur" ; *moro-ssi* : "Monsieur Moreau".

(10) *peurangseuin* : nom composé de *peurangseu,* version coréanisée de "France", et de *-in* : **suffixe nominal** qui, dans les noms composés signifie "personne". En coréen, "Français" se dit "personne de "France" (*peurangseuin*).
* Vous avez sans doute deviné qu'en coréen, le verbe est toujours à la fin de la phrase. Cette langue, en outre, ignore l'article : *peurangseuin* : "[le] Français", "[un] Français". Nous verrons plus tard que le coréen n'indique dans la majorité des cas ni le genre (masculin/féminin) ni le nombre (singulier / pluriel).

EXERCICES – 연습 – /yeonseub/ – (yonn-seup)

Traduction – 번역 – /bonyeog/ – (ponn-yok)

L'exercice ci-dessous emploie les mots que vous venez d'apprendre. Traduisez.

1. 이 분은 프랑스인입니다.
/i bun-eun peurangseuin-i-bnida/
(i-bou-neunn-p'eu-rang-sseu-i-nim-ni-da)

2. 이 분은 모로씨입니까 ?
/i bun-eun moro-ssi-i-bni-gga/
(i-bou-neunn mo-ro-ssi-im-ni-kka)

3. 김철수입니다.
/Gim Ceol-su-i-bni-da/
(Kim-tch'ol-sou-im-ni-da)

Mots manquants – 빠지는 단어 /bbaji-neun daneo/ – (ppa-dji-neunn ta-no)

Mettez à l'endroit des points les mots manquants (chaque point représente une syllabe)

1. *C'est un Français.*
. . . . 입니다. (. . . . im-ni-da)

2. *Qui est-ce ?*
이 분은 . . . . . (i-bou-neunn . . . . .)

3. *Enchanté.*
반갑 . . . (pann-gap . . .)

EXERCICES (suite)

Exercice d'écriture

Écrivez

1. /nugu/	"qui ?"
2. /peurangseu/	"France"
3. /Gim Ceolsu/	"Gim Geolsu"
4. /i buneun/	"cette personne"
5. /bangabseubnida/	"enchanté"

CORRIGÉS DES EXERCICES

Traduction

1. C'est un Français.
2. Cette personne est-elle Monsieur Moreau ?
3. C'est Gim Ceol-su.

Mots manquants

1. 프랑스인 (p'eu-rang-sseu-inn)
2. 누구십니까 (nou-gou-chim-ni-kka)
3. 습니다 (seum-ni-da)

Exercice d'écriture

1. 누구 2. 프랑스 3. 김철수 4. 이 분은 5. 반갑습니다

제 2 과
/je i gwa/
(tché-i-goua)

주차장
/jucajang/
(tchou-tch'a-djang)

1 – 차가 있습니까 ? **(1)**
/ca-ga iss-seubni-gga/
(tch'a-ga-i-sseum-ni-kka)

2 – 없습니다. **(2)**
/eobs-seubni-da/
(op-sseum-ni-da)

3 – 제 차는 저기에 있습니다. **(3)**
/je ca-neun jeogi-e iss-seubni-da/
(tché-tch'a-neunn tcho-gui-é i-sseum-ni-da)

NOTES

(1) *ca* (nom) : "voiture", suivi de *-ga* : suffixe du sujet. Il existe en coréen plusieurs suffixes du sujet, nous les examinerons en détail plus tard.
• *iss-seubni-gga* vient du verbe *iss-da* : "exister", "se trouver" ou, comme dans cette phrase, correspond à la tournure du français "il y a". *ca-ga iss-seubni-gga* : mot à mot "Une voiture existe-t-elle ?", "Y a-t-il une voiture ?", ce qui est, en coréen, la façon de dire "Avez-vous une voiture ?". Grâce à cette phrase, vous avez déjà un aperçu de la façon dont le coréen, et les Coréens, fonctionnent : il faut éviter au maximum de parler trop directement et surtout de désigner quelqu'un.

DEUXIÈME LEÇON

Le parking

1 – Avez-vous une voiture (voiture existe) ?
2 – Non (existe pas).
3 – Ma voiture se trouve là-bas (moi voiture là-bas-à se trouve).

NOTES (suite)

(2) *eobs-seubni-da*, du verbe *eobs-da* : "ne pas exister", "ne pas se trouver", "il n'y a pas". Dans certains contextes, comme ici, correspond à "non".

(3) *je* : C'est la contraction de *jeo* : "je", pronom de la première personne du singulier, et de *-eui* : suffixe qui marque le déterminant (complément de nom) ; *je ca* : mot à mot "la voiture de je", autrement dit "ma voiture".
• *-neun* : suffixe qui marque le sujet, variante de *-eun*, que nous avons vu à la leçon 1, note 6 ; *-eun* s'emploie après un nom terminé par une consonne (cf. *i bun-eun*), tandis que *-neun* suit un nom terminé par une voyelle (cf. *je ca-neun*).
• *jeogi* (adverbe de lieu) : "là-bas" ; est suivi de *-e*, suffixe qui indique le complément de lieu.

4 저 건물 옆에 있습니다. **(4)**
/jeo geonmul yeop-e iss-seubni-da/
(tcho konn-moul yo-p'é i-sseum-ni-da)

5 같이 타시죠. **(5)**
/kat-i ta-si-jyo/
(ka-tch'i t'a-chi-djyo)

NOTES (suite)

(4) *jeo*, adjectif démonstratif correspondant à "celui-là" ; à ne pas confondre avec le pronom "je" !
• *geonmul* (nom) : "bâtiment", *jeo geonmul* : "ce bâtiment-là".
• *yeop* (nom) : "côté" ; *yeop-e* : "à côté" ; *jeo geonmul yeop-e* : "À côté de ce bâtiment-là".

EXERCICES – 연습 – /yeonseub/ – (yonn-seup)

Traduction – 번역 – /beonyeog/ – (ponn-yok)

1. 저 건물 옆에 차가 있습니다.
/jeo geonmul yeop-e ca-ga iss-seubni-da/
(tcho konn-moul yo-p'é tch'a-ga i-sseum-ni-da)

2. 차는 저기에 있습니다.
/ca-neun jeogi-e iss-seubni-da/
(tch'a-neunn tcho-gui-é i-sseum-ni-da)

3. 차가 없습니다.
/ca-ga eobs-seubni-da/
(tch'a-ga op-sseum-ni-da)

4 Elle se trouve à côté de ce bâtiment, là-bas (ce bâtiment côté-à existe).
5 Prenons ma voiture (ensemble monter).

NOTES (suite)

(5) *gat-i* est un adverbe qui signifie "ensemble". Nous verrons que l'on rencontre en coréen de nombreux adverbes terminés par *-i*.
N.B. Attention à la prononciation ! *t'* au contact de *i* se prononce *tch'*. On orthographie */gat-i/* mais on prononce *(ka-tch'i)*.
• *ta-si-jyo* vient du verbe *ta-da* : "monter" (en voiture, en avion, à cheval, etc.) ; *-si* est le suffixe de déférence que nous avons vu à la leçon 1, note 8 ; quant à *-jyo*, c'est une **terminaison polie** pour inviter quelqu'un à faire quelque chose. *gat-i ta-si-jyo* : mot à mot "je vous invite à monter (dans ma voiture) ensemble", autrement dit "prenons ma voiture".

EXERCICES (suite)

Mots manquants – 빠지는 단어
/bbaji-neun daneo/ – (ppa-dji-neunn ta-no)

1. *Montons ensemble*
같이 . . . (ka-tch'i . . .)

2. *Ça se trouve à côté de la voiture.*
. . . 있습니다 (. . . i-sseum-ni-da)

3. *Il y a un bâtiment.*
건물이 . . . . (konn-mou-ri . . . .)

Exercice d'écriture

Écrivez

1. /ca/	"voiture"
2. /geonmul/	"bâtiment"
3. /yeope/	"à côté"
4. /gati /	"ensemble"
5. /eobsseubnida/	"il n'y a pas"

CORRIGÉS DES EXERCICES

Traduction

1. Il y a une voiture à côté de ce bâtiment-là.

2. La voiture est là-bas.

3. Il n'y a pas de voiture.

Mots manquants

1. 타시죠 (t'a-chi-djyo)

2. 차 옆에 (tch'a yo-p'é)

3. 있습니다 (i-sseum-ni-da)

Exercice d'écriture

1. 차 **2.** 건물 **3.** 옆에 **4.** 같이 **5.** 없습니다

제 3 과
/je sam gwa/
(tché-sam-goua)

비행기
/bihaenggi/
(pi-haing-gui)

1 – 그사람은 무엇을 봅니까 ? **(1)**
/geu saram-eun mueos-eul bo-bni-gga/
(keu-sa-ra-meunn mou-o-sseul pôm-ni-kka)

2 – 하늘을 봅니다.
/haneul-eul bo-bni-da/
(ha-neu-reul pôm-ni-da)

3 – 하늘에 비행기가 있습니다.
/haneul-e bihaenggi-ga iss-seubni-da/
(ha-neu-ré pi-haing-gui-ga i-sseum-ni-da)

4 – 저비행기는 서울로 갑니다 **(2)**
/jeo bihaenggi-neun seoul-lo ga-bnida/
(tcho pi-haing-gui-neunn so-oul-lô kam-ni-da)

NOTES

(1) *geu* est l'adjectif démonstratif : "celui-là". Nous avons déjà vu leçon 1, note 5, *i* : "celui-ci". Il y a aussi un autre pronom, *jeo,* qui se traduit également par "celui-là". La différence entre ces trois adjectifs est simple : *i* désigne ce qui est près de celui qui parle (le locuteur), *geu* est proche de celui à qui on parle (l'interlocuteur) ; quant à *jeo* (cf. leçon 2, note 4), il désigne ce qui est loin et du locuteur et de l'interlocuteur.

TROISIÈME LEÇON

L'avion

1 – Que regarde cet homme (ce homme quoi regarde) ?
2 – [Il] regarde le ciel (ciel-regarde).
3 – Dans le ciel, il y a un avion (ciel-dans avion existe).
4 – Cet avion va à Séoul (ce avion Séoul-à va).

NOTES (suite)

Ex. *i ca* : "cette voiture-ci (près de moi)", *geu ca* : "cette voiture-là (près de vous)", *jeo ca* : "cette voiture là-bas (loin de vous et de moi)".
• *mueos* est le pronom interrogatif "quoi ?" utilisé pour les choses.
• *-eul* est le suffixe qui indique le complément d'objet. Si le nom, au lieu de se terminer par une consonne comme *mueos*, se termine par une voyelle, on utilise la variante -*reul*. Ex. *bihaenggii-reul bo-bni-da* : "[on] regarde l'avion".
• *bo-da* (verbe) : "voir".
• En coréen, l'ordre normal des mots dans la phrase est : sujet - complément d'objet - verbe. Le complément circonstanciel se place en général entre le sujet et le complément d'objet. Ultérieurement, nous verrons plus en détail l'ordre des mots dans la phrase coréenne.

(2) *-lo*, placé derrière un nom terminé par la consonne *l*, est un suffixe qui indique le complément circonstanciel de lieu (direction). Il s'utilise aussi pour les noms qui se terminent par une voyelle ; quand le nom se termine par une consonne, on emploie la variante *-euro*.
Ex. *seoul-lo* : "vers Séoul", *bada-ro* : "vers la mer", *geonmul-euro* : "vers le bâtiment".
• *ga-da* (verbe) : "aller".

5 내일 도착합니다. **(3)**
/naeil docagha-bni-da/
(nai-il tô-tch'a-k'am-ni-da)

NOTES (suite)

(3) *naeil* (nom) : "demain" ; s'emploie comme nom ou comme adverbe, tout comme en français.
• Vient du verbe *docagha-da* : "arriver", composé du nom *docag* : "arrivée" suivi du verbe *ha-da* : "faire". Beaucoup de verbes sont formés selon ce procédé ; Ex. *sijag* : "commencement", *sijagha-da* : "commencer", *sarang* : "amour", *sarangha-da* : "aimer". Ces "verbes en faire" ne sont pas inconnus du français : nous disons bien : "faire fureur", "faire vite", "faire le marché", etc.
N.B. Attention à la prononciation ! Dans le verbe *dojaghada*, la consonne douce *g*, au contact du *h* qui la

EXERCICES – 연습 – /yeonseub/ – (yonn-seup)

Traduction – 번역 – /beonyeog/ – (po-nyok)

1. 하늘에 무엇이 있습니까 ?
/haneul-e mueos-i iss-seubni-gga/
(ha-neu-ré mou-eos-i i-sseum-ni-kka)

2. 비행기가 있습니다.
/bihaenggi-ga iss-seubni-da/
(pi-haing-gui-ga i-sseum-ni-da)

3. 모로씨는 무엇을 봅니까 ?
/moro-ssi-neun mueos-eul bo-bni-gga/
(mô-rô-ssi-neunn mou-o-sseul pôm-ni-kka)

4. 그 사람은 비행기를 봅니다.
/geu saram-eun bihaenggi-reul bo-bni-da/
(keu-ssa-ra-meunn pi-haing-gui-reul pôm-ni-da)

5. 이 비행기는 서울로 갑니까 ?
/i bihaenggi-neun seoul-lo ga-bni-gga/
(i pi-haing-gui-neunn so-oul-lô kam-ni-kka)

5 [Il] arrive demain (demain arrivée-fait).

NOTES (suite)

suit, se transforme en consonne aspirée. C'est pourquoi on orthographie *docagha-bni-da*, mais on prononce *tô-ch'a-k'am-ni-da.*

• *haneul-eul bo-bni-da* : "[Il] regarde le ciel", *naeil docagha- bni-da* : "[Il] arrive demain". Nous sommes ici en présence de deux phrases sans sujet. Nous avons vu à la leçon 1, note 2, qu'en coréen on évite dans la mesure du possible d'être trop précis. Dans une phrase, quand le sujet est évident, surtout s'il a été déjà mentionné (*salam, bihaenggi*), on l'omet. Sur ce point, le coréen s'oppose au français, langue où il faut toujours un sujet, même quand on ne sait pas très bien qui ou quoi est le sujet ! cf. "il pleut", "il m'a été dit que...".

그 사람은 비행기를 봅니다.

EXERCICES (suite)

Mots manquants – 빠지는 단어
/bbaji-neun daneo/ – (ppa-dji-neunn ta-no)

1. *Cet homme regarde la voiture.*
그 사람은 . . 봅니다.
(keu sa-ra-meunn . . pôm-ni-da)

2. *Cette voiture est-elle à côté du bâtiment ?*
그 차는 . . . .
(keu tch'a-neunn . . . .)

3. *L'avion arrive demain.*
비행기는 . . . .
(pi-haing-gui-neunn . . . .)

Exercice d'écriture

Écrivez

1. /mueos/	"quoi"
2. /haneul/	"ciel"
3. /bihaenggi/	"avion"
4. /seoul/	"Séoul"
5. /naeil/	"demain"

CORRIGÉS DES EXERCICES

Traduction

1. Qu'y a-t-il dans le ciel ?

2. Il y a un avion.

3. Que regarde M. Moreau ?

4. Il (cet homme) regarde l'avion.

5. Cet avion va-t-il à Séoul ?

Mots manquants

1. 차를 (tch'a-reul)

2. 건물 옆에 있습니까? (konn-moul yo-p'é i-sseum-ni-kka)

3. 내일 도착합니다 (nai-il tô-tch'a-k'am-ni-da)

Exercice d'écriture

1. 무엇 **2.** 하늘 **3.** 비행기 **4.** 서울 **5.** 내일

제 4 과
/je sa gwa/
(tché-sa-goua)

공항
/gonghang/
(kông-hang)

1 – 비행기가 공항에 착륙합니다 (1)
/bihaenggi-ga gonghang-e caglyugha-bni-da/
(pi-haing-gui-ga kông-hang-é tch'ang-nyou-k'am-ni-da)

2 오후 한 시입니다. (2)
/ohu han si-i-bni-da/
(ô-hou-hann-chi-im-ni-da)

3 기다리는 사람이 많습니다. (3)
/gidari-neun salam-i manh-seubni-da/
(ki-da-ri-neunn sa-ra-mi mann-sseum-ni-da)

NOTES

(1) Voici un autre exemple de verbe en *ha-da :* "faire" ; caglyug (nom) : "atterrissage", *caglyugha-da :* "atterrir". **N.B.** Attention à la prononciation ! Quand les consonnes *g* et *l* sont en contact, elles se modifient : *g* devient *ng* et *l* se transforme en *n.* On écrit */caglyug/*, mais on prononce (*tch'ang-nyouk).* La prononciation doit vous paraître un véritable casse-tête... coréen, mais ne vous découragez pas ! Dites-vous bien que nous n'en sommes qu'à la phase d'exploration, de découverte. Dans quelques semaines, à condition que vous travailliez régulièrement et que vous écoutiez bien les enregistrements – si vous avez eu la prudence de vous les procurer –, les mécanismes phonétiques se seront mis en place et vous n'aurez plus ce genre de problème de prononciation.

QUATRIÈME LEÇON

L'aéroport

1 – L'avion atterrit à l'aéroport (avion aéroport-à atterrit).
2 Il est une heure de l'après-midi (après-midi un heure est).
3 Beaucoup de gens attendent (attendent gens nombreux).

NOTES (suite)

(2) Mot à mot : "après midi *(ohu)* une *(han)* heure *(si)* est *(i-bni-da)*. En coréen, le chiffre "un" se dit *hana*, mais, quand il est placé devant un mot commençant par une consonne, il est abrégé en *han*. Ce phénomène n'est pas inconnu du français, cf. "huit amis" (hui-ta-mis), mais "huit maisons" (hui-mai-sons).

(3) *gidali-neun saram* : "les personnes qui attendent". Nous avons déjà vu à la leçon 3, phrase 1, le mot *saram* : "homme", "personne", "être humain". *gidali-neun* : "qui attend" vient du verbe *gidali-da* : "attendre". En coréen, les pronoms relatifs n'existent pas, l'antécédent non plus. Le verbe se place devant le nom et "fonctionne" comme un adjectif épithète. Dans cette fonction, il prend ce que nous appellerons un "suffixe épithète" : *-neun ;* de même, nous qualifierons la forme *gidali-neun* de "forme épithète" du verbe. Comparez *salam-eun gidali-bni-da* : "l'homme attend" et *gidali-neun salam* : "l'homme qui attend". Cela n'a rien d'exotique, les Anglais disent bien "waiting people" (littéralement "des attendant gens") !
• Vous avez sans doute noté qu'il n'y a aucune indication du pluriel. Nous verrons plus tard qu'il existe bien en coréen un suffixe du pluriel qui se place derrière les noms, mais son emploi est facultatif, surtout quand la notion de pluriel ressort du contexte, comme ici avec *manh-seubni-da* : "nombreux".
• *manh-seubni-da* vient de l'adjectif *manh-da* : "nombreux".
En français, l'adjectif attribut doit être précédé du verbe "être", mais, en coréen, l'adjectif suffit.

4 – 공항에서 시내까지 어떻게 갑니까 ? **(4)**
/gonghang-eseo sinae-ggaji eoddeoh-ge ga-bni-gga/
(kông-hang-é-so chi-nai-kka-dji o-tto-k'é kam-ni-kka)

5 – 공항 버스 타고 갑니다. **(5)**
/gonghang beosu ta-go ga-bni-da/
(kông-hang-bo-sseu t'a-gô kam-ni-da)

4 – Comment va-t-on de l'aéroport au centre-ville (aéroport-de centre-ville-jusqu'à comment va) ?
5 – On prend la navette (aéroport autocar-en va).

NOTES (suite)

(4) *-eseo* : "en provenance de", *-ggaji* : "jusqu'à" (destination) ; il s'agit de deux suffixes indiquant les compléments circonstanciels de lieu et, nous le verrons plus tard, de temps.
• *eoddeoh-ge* : "comment" ; en coréen, de nombreux adverbes se terminent par le suffixe adverbial *-ge* qui est, en quelque sorte, l'équivalent du suffixe français -ment ; Ex. *neolb-da* : "large", *neolb-ge* : "largement".
N.B. Attention à la prononciation ! Quand le son *h* précède une consonne douce, il la transforme en consonne aspirée.
On écrit /*eoddeoh-ge*/, mais on prononce (*o-tto-k'é*).

(5) *gonhang beoseu* : "l'autocar de l'aéroport", "la navette". En coréen, le complément de nom (déterminant) précède le nom, comme en anglais "airport bus".
• *ta-go* vient du verbe *ta-da :* "monter" que nous avons vu à la leçon 2, note 5. Derrière un nom de transport, *ta-go* correspond au "en" ou "à" du français ; Ex. *ca ta-go* : "en voiture", *mal ta-go* : "à cheval". Nous expliquerons plus tard le suffixe *-go*.
• Vous avez sans doute noté que les phrases 2, 4 et 5 n'ont pas de sujet. Quand il est évident ou général... on s'en passe !

EXERCICES – 연습 – /yeonseub/ – (yonn-seup)

Traduction – 번역 – /beonyeog/ – (po-nyok)

1. 시내에서 공항까지 어떻게 갑니까 ?
/sinae-eseo gonghang-ggaji eoddeoh-ge ga-bni-gga/
(chi-nai-é-sso kông-hang-kka-dji o-tto-k'é kam-ni-kka)

2. 차 타고 서울로 갑니다.
/ca ta-go seoul-lo ga-bni-da/
(tch'a t'a-gô so-oul-lô kam-ni-da)

3. 비행기를 보는 사람이 많습니다.
/bihaeinggi-reul bo-neun saram-i manh-seubni-da/
(pi-haing-gui-reul pô-neunn sa-ra-mi mann-sseum-ni-da)

4. 오후 한 시입니까 ?
/ohu han si-i-bni-gga/
(ô-hu-hann-chi-im-ni-kka)

5. 착륙하는 비행기가 많습니까 ?
/caglyugha-neun bihaenggi-ga manh-seubni-gga/
(tch'ang-nyou-k'a-neunn pi-haing-gui-ga mann-sseum-ni-kka)

Exercice d'écriture

Écrivez

1. **/beoseu/**	"autobus"
2. **/ohu/**	"après-midi"
3. **/sinae/**	"centre-ville"
4. **/gonghang/**	"aéroport"
5. **/caglyughada/**	"atterrir"

EXERCICES (suite)

Mots manquants – 빠지는 단어
/bbaji-neun daneo/ – (ppa-dji-neunn ta-no)

1. *Est-ce que l'avion atterrit ?*
비행기가 . . . . . (pi-haing-gui-ga . . . . .)

2. *Il y a beaucoup de gens qui regardent.*
. . . . . 많습니다. (. . . . . mann-sseum-ni-da)

3. *On va jusqu'au centre-ville en autocar.*
. . . . 버스 타고 갑니다. (. . . . po-sseu-t'a-gô kam-ni-da)

4. *Les personnes qui attendent regardent l'avion.*
. . . . . . 비행기를 봅니다. (. . . . . . pi-haing-gui-reul pôm-ni-da)

5. *La voiture est à côté de l'avion.*
차는 . . . . . 있습니다. (tch'a-neunn . . . . . i-sseum-ni-da)

CORRIGÉS DES EXERCICES

Traduction

1. Comment va-t-on du centre-ville jusqu'à l'aéroport ? **2.** Je vais à Séoul en voiture. **3.** Il y a beaucoup de gens qui regardent l'avion. **4.** Est-ce qu'il est une heure ? **5.** Y a-t-il beaucoup d'avions qui atterrissent ?

Mots manquants

1. 착륙합니까 (tch'ang-nyou-k'am-ni-kka) **2.** 보는 사람이 (pô-neunn sa-ra-mi) **3.** 시내까지 (chi-nai-kka-dji) **4.** 기다리는 사람이 (ki-da-ri-neunn sa-ra-mi) **5.** 비행기 옆에 (pi-haing-gui yo-p'é)

Exercice d'écriture

1. 버스 **2.** 오후 **3.** 시내 **4.** 공항 **5.** 착륙하다

제 5 과
/je o gwa/
(tché-ô-goua)

인사
/insa/
(inn-ssa)

1 – 안녕하십니까 ? **(1)**
/annyeongha-si-bni-gga/
(ann-nyong-ha-chim-ni-kka)

2 – 오래간만입니다. **(2)**
/oraeganman-i-bni-da/
(ô-rai-gann-ma-nim-ni-da)

3 – 어떻게 지내십니까 ? **(3)**
/eoddeoh-ge jinae-si-bni-gga/
(o-tto-k'é tchi-nai-chim-ni-kka-

4 – 덕분에 잘 지냅니다. **(4)**
/deogbun-e jal jinae-bni-da/
(tok-pou-né tchal tchi-naim-ni-da)

NOTES

(1) *annyeongha-si-bni-gga*, de l'adjectif *annyeongha-da* : "tranquille", "paisible" ; mot à mot "Êtes-vous en paix ?". C'est la salutation la plus courante en Corée. À la différence du français "bonjour", "bonsoir", elle est valable pour toute heure de la journée.

CINQUIÈME LEÇON

Salutations

1 – Bonjour (Êtes[-vous] en paix).
2 – Ça fait longtemps que nous ne nous étions pas vus (Après longtemps est).
3 – Comment allez-vous (Comment passe temps) ?
4 – Je vais bien, merci (Grâce à [vous] bien passe).

NOTES (suite)

(2) *oraeganman i-bni-da* est une expression toute faite qui signifie : “longtemps après” ; suivie de *i-bni-da* : “c’est”, elle prend le sens de “c’est longtemps après [la dernière fois quand nous nous sommes rencontrés]”. *oraegansman-i-bni-da* est une formule de politesse utilisée quand on retrouve quelqu’un après un long laps de temps.

(3) *jinae-da* (verbe) : “passer le temps”. Ce “Comment passez-vous le temps ?” correspond au français “Comment allez-vous ?”.
• Avez-vous repéré dans cette forme verbale la présence du suffixe de déférence *-si* (voir leçon 1, note 8) ? On le trouve également dans *annyeongha-si-bni-gga*. Nous reviendrons sur cette notion de déférence dans la leçon de révision (leçon 7).

(4) *deogbun* (nom) : “bienfait”, “grâce”. Ce nom, suivi du suffixe de complément circonstanciel *-e*, forme l’expression *deogbun-e* que l’on peut traduire par “grâce à [vous]”.
• *jal* (adverbe) : “bien”.
• *deogbun-e jal jinae-bni-da* signifie mot à mot “Je vais bien grâce à vous”... même si l’interlocuteur n’y est pour rien ! Mais ça fait partie des raffinements de la politesse orientale ! Plus sérieusement, c’est une formule de politesse qui est l’équivalent de notre “Je vais bien, merci”.

5 – 김철수선생님을 소개합니다. **(5)**
/gim ceolsu-seonsaeng-nim-eul sogaeha-bni-da/
(kim-tch'ol-sou-sonn-saing-ni-meul sô-gai-ham-ni-da)

김선생은 차 타고 서울로 갑니다.

5 – Je vous présente monsieur Gim Ceolsu (Gim Ceolsu-professeur-honorable présente).

NOTES (suite)

(5) Le sens de base de *seonsaeng* est “maître”, “professeur”. Accolé au nom d’une personne à qui l’on s’adresse avec déférence, il prend le sens de “Monsieur”. Cette assimilation entre “Maître” et “Monsieur” a son origine dans la morale confucéenne qui est, encore de nos jours, la base spirituelle et morale de la société coréenne. Son créateur, le philosophe chinois Confucius (551 - 479 av. J.C.), est vénéré en Corée. Il accordait une grande importance aux “Maîtres” qui, par leur exemple et leur enseignement, assuraient le bon fonctionnement de la société.
Nous avons vu à la leçon 1, note 9 le nom *ssi* qui, lui aussi, signifie “Monsieur” ; la différence entre *ssi* et *seonsaeng* réside dans le fait que *seonsaeng* est un terme de déférence.
• *-nim* est un suffixe de déférence que l’on place derrière un terme de parenté ou un titre, comme *seonsaeng*.
• *sogae* (nom) : “présentation”, *sogaeha-da* (verbe) : “présenter”. Vous devriez avoir compris maintenant le principe de formation des verbes en *ha-da*.

* Vous avez remarqué ? Encore une fois, aucune phrase n’a de sujet ! C’est normal en coréen. Comme nous l’avons déjà vu (leçon 3, note 3), en coréen, quand il n’y a aucun problème d’ambiguïté, on ne mentionne pas le sujet.

EXERCICES – 연습 – /yeonseub/ – (yonn-seup)

Traduction – 번역 – /beonyeog/ – (po-nyok)

1. 이선생님을 소개합니다.
/i-seonsaeng-nim-eul sogaeha-bni-da/
(i-sonn-saing-ni-meul sô-gai-ham-ni-da)

2. 이선생님을 소개하는 분은 김선생님입니다.
/i-seonsaeng-nim-eul sogaeha-neun bun-eun gim-seonsaeng-nim-i-bni-da/
(i-sonn-saing-ni-meul sô-gai-ha-neunn-bou-neunn kim-sonn-saing-ni-mim-ni-da)

3. 김선생님은 안녕하십니까 ?
/gim-seonsaeng-nim-eun annyeongha-si-bni-gga/
(Kim-sonn-saing-ni-meunn ann-nyong-ha-chim-ni-kka)

4. 김선생님은 차 타고 서울로 가십니다.
/gim-seonsaeng-nim-eun ca ta-go seoul-lo ga-si-bni-da/
(kim-sonn-saing-ni-meunn tch'a t'a-gô so-oul-lô ka-chim-ni-da)

5. 공항까지 어떻게 갑니까 ?
/gonghang-ggaji eoddeoh-ge ga-bni-gga/
(kông-hang-kka-dji o-tto-k'é kam-ni-kka)

Mots manquants – 빠지는 단어
/bbaji-neun daneo/ – (ppa-dji-neunn ta-no)

1. *Bonjour.*
안녕 . . . (an-nyong . . .)

2. *Ça fait longtemps que nous ne nous étions pas rencontrés.*
. . . . 입니다. (. . . . im-ni-da)

3. *Comment allez-vous ?*
어떻게 . . . . . (o-tto-k'é . . . . .)

EXERCICES (suite)

Exercice d'écriture

Écrivez

1. /eoddeohge/ "comment"
2. /deogbune/ "grâce à"
3. /jal/ "bien"
4. /oraeganman/ "ça fait longtemps"
5. /sogaehada/ "présenter"

CORRIGÉS DES EXERCICES

Traduction

1. Je vous présente M. Yi.
2. La personne qui présente M. Yi est M. Kim.
3. Bonjour, M. Kim.
4. M. Kim va à Séoul en voiture.
5. Comment va-t-on jusqu'à l'aéroport ?

Mots manquants

1. 하십니까 ? (ha-chim-ni-kka)
2. 오래간만 (ô-rai-gann-man)
3. 지내십니까 ? (tchi-nai-chim-ni-kka)

Exercice d'écriture

1. 어떻게 **2.** 덕분에 **3.** 잘 **4.** 오래간만 **5** 소개하다

제 6 과
/je yug gwa/
(tché-youk-koua)

수도
/sudo/
(sou-do)

1 – 서울은 큰 도시입니다. **(1)**
/seoul-eun keu-n dosi-i-bni-da/
(so-ou-reunn k'eunn tô-chi-im-ni-da)

2 아주 아름답습니다. **(2)**
/aju areumdab-seubni-da/
(a-djou a-reum-dap-sseum-ni-da)

SIXIÈME LEÇON

Séoul

1 – Séoul est une grande ville (Séoul grande ville est).
2 Elle est très belle (très belle).

NOTES

(1) Le nom de lieu Séoul (seoul, dans notre translittération, veut dire "capitale" ; on lui préfère maintenant le terme sino-coréen sudo.) *keu-n dosi* : "grande ville". En français, nous faisons une distinction entre l'adjectif épithète "la grande ville" et l'adjectif attribut "la ville est grande" ; il en va de même en coréen. Toutefois, alors que le français n'a qu'une seule et même forme pour les deux fonctions ("grande"), en coréen, on utilise une forme distincte pour chaque fonction : *keu-n dosi* : "[la] grande ville" (adjectif épithète) et *dosi-ga keu-da* : "[La] ville est grande" (adjectif attribut). Dans la forme *keu-n* de *keu-n dosi, -n* est le **suffixe épithète de l'adjectif**. Ce suffixe épithète est employé quand le radical (ce terme sera expliqué à la leçon de révision N°7) de l'adjectif se termine par une voyelle, cf. *keu-da*, radical *keu* ; si le radical de l'adjectif se termine par une consonne, comme pour l'adjectif *jag-da :* "petit", radical *jag*, le suffixe épithète est *-eun*, Ex. *jag-eun dosi* : "la petite ville".
Attention ! en français, l'adjectif épithète peut se placer soit devant soit derrière le nom qu'il qualifie, mais, en coréen, l'adjectif épithète est **toujours** devant le nom. Ex. *keu-n haneul* : "le grand ciel", *puleu-n haneul* : "le ciel bleu" (adjectif *puleu-da* : "bleu").
• Nous avons déjà vu à la leçon 4, note 3, qu'en coréen, l'adjectif attribut n'a pas besoin d'être précédé du verbe être, comme en français : *dosi-ga keu-da* : "La ville [est] grande", *haneul-i pureu-da* : "Le ciel est bleu".

(2) *aju* (adverbe) : "très".
• *alumdab-seubni-da*, de l'adjectif *alumdab-da* : "beau". Dans cette phrase, le sujet (*dosi* : "ville") est omis et sous-entendu ; l'adjectif est en fonction attribut : *aju alumdab-seubni-da* : "[Elle] est très belle".

3 그리고, 한국의 수도입니다. **(3)**
/geurigo hangug-eui sudo-i-bni-da/
(keu-ri-gô hann-gou-gueui sou-dô-im-ni-da)

4 – 서울에는 처음입니까 ? **(4)**
/seoul-e-neun ceoeum-i-bni-gga/
(so-ou-ré-neunn tch'o-eu-mim-ni-kka)

5 – 네, 처음입니다. **(5)**
/ne ceoeum-i-bni-da/
(né, tch'o-eu-mim-ni-da)

NOTES (suite)

(3) *geuligo* est une conjonction de coordination qui correspond au français "et", "et aussi".
• *hangug-eui sudo* : "[la] capitale de [la] Corée" ; nous avons vu à la leçon 2, note 3, que le suffixe *-eui* indique le complément de nom (déterminant). Nous avons vu aussi à la leçon 4, note 5, que le complément de nom précède le nom qu'il détermine et que la présence du suffixe *-eui* n'est pas toujours nécessaire, cf. *gonghang beosu* : "l'autocar de l'aéroport", "la navette". Ces "subtilités" de la grammaire du coréen seront expliquées plus en détail ultérieurement quand vous serez davantage familiarisé avec cette langue. Pour le moment, contentez-vous... d'assimiler !

3 Et c'est aussi la capitale de la Corée (et aussi Corée-de capitale est).

4 – À Séoul, c'est la première fois [que vous y venez] (Séoul-à première fois est) ?

5 – Oui, c'est la première fois (oui première fois est).

NOTES (suite)

• *Hangug* : C'est par ce nom que les Coréens du Sud désignent leur pays. Ce nom signifie "le pays (*gug*) des *Han*. *Han* était le nom des tribus préhistoriques du sud de la péninsule. À ne pas confondre avec les *Han* de Chine ! La Corée du Nord a gardé l'ancien nom de *Joseon*, plus connu en Occident sous les transcriptions de *Choson* ou *Chosen*. C'est le fameux "Pays du Matin Calme", appellation erronée d'ailleurs, car, comme l'a fait remarquer Paul Claudel, *joseon* signifie "matin frais".

(4) Vous avez certainement remarqué que dans *seoul-e-neun*, *-neun*, suffixe qui indique le sujet (voir leçon 1, note 6), suit le suffixe *-e* qui marque le complément circonstanciel de lieu. Cela provient du fait que ce suffixe *-neun* a pour autre fonction de mettre en valeur un complément circonstanciel : *seoul-e-neun ceoeum-i-bni-gga* : "Et à Séoul, c'est la première fois que vous [y] venez ?"

(5) *ne* : Une des nombreuses façons de dire "oui". Nous verrons les autres plus tard.

EXERCICES – 연습 – /yeonseub/ – (yonn-seup)

Traduction – 번역 – /beonyeog/ – (po-nyok)

1. 이 사람은 하늘을 봅니다.
/i saram-eun haneul-eul bo-bni-da/
(i sa-ra-meunn ha-neu-reul pôm-ni-da)

2. 도시는 아름답습니다.
/dosi-neun areumdab-seubni-da/
(tô-chi-neunn a-reum-dap-sseum-ni-da)

3. 프랑스의 수도입니다.
/peurangseu-eui sudo-i-bni-da/
(p'eu-rang-sseu-eui sou-dô-im-ni-da)

4. 사람이 아주 많습니다.
/salam-i aju manh-seubni-da/
(sa-ra-mi a-djou mann-sseum-ni-da)

5. 서울에는 처음입니다.
/seoul-e-neun ceoeum-i-bni-da/
(so-ou-ré-neunn tch'o-eu-mim-ni-da)

**Mots manquants – 빠지는 단어
/bbaji-neun daneo/ – (ppa-dji-neunn ta-no)**

1. *C'est la première fois ?*
. . 입니까 ? (. . im-ni-kka)

2. *Et c'est aussi un grand bâtiment ?*
. . . 큰 건물입니까 ? (. . . k'eunn konn-mou-rim-ni-kka)

3. *La capitale de la Corée est grande.*
. . . 수도는 큽니다. (. . . sou-dô-neunn k'eum-ni-da)

4. *Séoul est une grande ville.*
서울은 . . . . . . (so-ou-reunn . . . . . .)

EXERCICES (suite)

Exercices d'écriture

Écrivez

1. **/dosi/** "ville"
2. **/geurigo/** "et aussi"
3. **/ceoeum/** "première fois"
4. **/sudo/** "capitale"
5. **/areumdabda/** "belle"

CORRIGÉS DES EXERCICES

Traduction

1. Cet homme regarde le ciel.
2. La ville est belle.
3. C'est la capitale de la France.
4. Les gens sont très nombreux.
5. À Séoul, c'est la première fois [que j'y viens].

Mots manquants

1. 처음 (tch'o-eum)
2. 그리고 (keu-ri-gô)
3. 한국의 (hangug-eui)
4. 큰 도시입니다 (k'eunn tô-chi-im-ni-da)

Exercice d'écriture

1. 도시 2. 그리고 3. 처음 4. 수도 5. 아름답다

제 7 과
/je cil gwa/
(tché-tch'il-goua)

RÉVISION ET NOTES
복습 /bogseub/ (pôk-sseup)

Au cours des six premières leçons, vous avez découvert les particularités grammaticales du coréen. Nous les résumons ici :

1. L'**ordre des mots** est sujet - complément d'objet - verbe. Le complément circonstanciel se place soit après le sujet, Ex. *bihaeng'gi-neun gonghang-e caglyukha-bni-da : "l'avion atterrit à l'aéroport"*, soit avant le sujet, en tête de phrase, *Ex. :* haneul-e bihaeng'gi-ga iss-seubni-da : "dans le ciel, il y a un avion". On place le complément circonstanciel en tête de phrase quand on veut le mettre en valeur.

Le verbe et l'adjectif sont **toujours en fin de phrase**. C'est une règle qui ne connaît aucune exception. En français, l'adjectif varie, comme le nom, en genre et en nombre, ex : un jour normal, une année normale, des jours normaux, des années normales ; en coréen, par contre, l'adjectif est plus proche du verbe. On peut même dire que l'adjectif est une variété de verbe, un "verbe qualificatif", mais, pour ne pas nous compliquer la vie, nous continuerons à l'appeler tout simplement "adjectif" et nous découvrirons plus tard ce qui le différencie du verbe.

2. L'**adjectif attribut** : en français, l'adjectif attribut doit être précédé du verbe "être", Ex. "je suis enchanté", "la ville est belle"; en coréen, l'adjectif attribut se suffit à lui-même, Ex. *bangab-seubni-da :* "[je suis] enchanté", *dosi-neun areumdab-seubni-da* : "la ville [est] belle".

Par contre, **l'adjectif épithète est toujours devant le nom** (voir leçon 6, note 1) et prend le suffixe "épithète" *-n après* voyelle et *-eun* après consonne.

SEPTIÈME LEÇON

Comparez *dosi-neun keu-da* : “la ville est grande”, *dosi-neun jag-da :* “la ville est petite”, et *keu-n dosi :* “une grande ville”, *jag-eun dosi* : “une petite ville”.

3. La formation des verbes et des adjectifs : Verbes et adjectifs se décomposent en deux parties : la première indique le sens et la seconde, qui lui fait suite, est formée d’un ou de plusieurs suffixes qui marquent les relations grammaticales. Nous appellerons cette première partie le **radical** et nous le ferons toujours suivre d’un tiret pour bien indiquer qu’on attend quelque chose derrière lui ; en effet, le radical d’un verbe ou d’un adjectif doit toujours être suivi d’un ou de plusieurs **suffixes**.

Le radical d’un verbe ou d’un adjectif se termine soit par une voyelle comme *bo-* : “voir”, *keu-* : “grand”, soit par une consonne comme *iss-* : “exister”, *bangab-* : “enchanté”.

Les suffixes ne se placent pas derrière le radical n’importe comment. Il y a un ordre bien précis à respecter :

1) le suffixe de déférence *-si* (voir leçon 1, note 8),
2) un suffixe de temps - nous découvrirons plus tard les différents suffixes de temps -,
3) le suffixe de politesse *-bni / -seubni* (voir leçon 1, note 4).

Enfin, en fin de phrase, puisque le verbe ou l’adjectif attribut sont toujours en fin de phrase, on trouve au bout de la forme verbale ou adjectivale une **terminaison** qui marque le mode (indicatif, impératif, affirmation, interrogation, etc.). Pour le moment, nous avons vu trois de ces terminaisons : deux pour l’indicatif : *-da* qui

marque une affirmation (déclaration) et *-gga* qui indique une interrogation (leçon 1, note 8) et *jyo* qui marque l'impératif d'invitation (leçon 2, note 5). Ces différents suffixes ne sont pas forcément tous présents en même temps. Par exemple, dans la forme verbale *bo-bni-da* : "on voit", le radical est suivi d'un seul suffixe *-bni* et de la terminaison *-da* ; par contre, dans *annyeongha-si-bni-gga* : "Êtes-vous en paix ?" ("Bonjour"), on a deux suffixes : *-si* pour la déférence et *-bni* pour la politesse plus la terminaison interrogative *-gga*.
Alors, direz-vous, où est le suffixe de temps qui devrait se trouver en deuxième position ? En coréen, tout comme en français, le présent n'est indiqué par aucun suffixe, du moins dans les formes polies.

Dans la forme *annyeongha-si-bni-gga* nous voyons cohabiter un suffixe de déférence *-si* et un suffixe de politesse *-bni*. Il est essentiel de bien faire la différence entre **politesse** et **déférence**. On se sert des suffixes de politesse tels que *-bni / -seubni* pour montrer que l'on s'adresse à son interlocuteur de façon polie (comme le vouvoiement en français). C'est pourquoi on se sert de ces suffixes aussi bien pour parler de soi que pour s'adresser à quelqu'un d'autre. Par contre, le suffixe *-si* a une valeur différente. Il sert à témoigner de la déférence à la personne à qui l'on s'adresse ou, comme nous le verrons plus tard, à la personne dont on parle. Ex. *eoddeoh-ge jinae-si-bni-gga* : "Comment allez-vous ?".

Dans cette phrase, celui qui parle, non seulement parle à son interlocuteur de façon polie (*-bni*), mais, en plus, il fait preuve de déférence (*-si*). c'est pourquoi on n'utilise jamais ce suffixe *-si* pour parler de soi, car il serait outrecuidant de s'honorer soi-même ! Pour cette raison, quand ce suffixe *-si* suit le radical, on est sûr que le sujet n'est pas à la première personne. Par contre, la présence de ce suffixe indique la deuxième personne... sans la nommer ! Nous en resterons là pour le moment, mais, dans les leçons suivantes, nous explorerons petit à petit toutes les "ressources" de *-si*.
Surtout, n'allez pas voir dans cette distinction entre

politesse et déférence quelque subtilité ou raffinement oriental incompréhensible pour nous, pauvres Occidentaux. En France aussi, nous savons faire la différence entre la politesse et la déférence, mais nous n'avons pas recours à des suffixes spéciaux, comme en coréen ; nous marquons la déférence par l'intonation et une élocution particulière.

4. L'ellipse du sujet : Vous avez certainement noté que nombreuses sont les phrases sans sujet. Nous verrons plus tard qu'il y a aussi de nombreuses phrases sans complément d'objet. Cela ne veut pas dire qu'elles n'ont ni sujet ni objet, mais celui-ci est sous-entendu, en particulier quand il est évident ou quand il a déjà été mentionné dans une phrase précédente. Pourquoi ? Disons qu'il s'agit pour l'essentiel de raisons à la fois culturelles et historiques. La société traditionnelle, très hiérarchisée, a disparu à partir de la fin du XIXe siècle, sous les coups de l'occidentalisation. Il y a eu ensuite la colonisation japonaise (1910-1945), la division de la péninsule en deux "frères ennemis" (1948), la guerre de Corée (1950-1953) et enfin, en Corée du Sud, l'édification d'un nouveau pays industrialisé en moins d'un quart de siècle.

Tous ces bouleversements ont provoqué une sorte de chaos social et les rapports entre personnes, qui étaient bien définis dans l'ancienne société hiérarchisée, sont devenus plus délicats. C'est pourquoi, dans la mesure du possible, on préfère rester dans le vague. Le "moi" est haïssable... et le "vous" encore plus ! Déjà, dès l'époque ancienne, le bouddhisme, puis le confucianisme prônaient le respect, l'humilité, la discrétion. Être trop précis, c'est manquer de tact. Vous serez peut-être dérouté au début par cette façon de s'exprimer, mais elle est tellement coréenne que nous avons jugé utile de vous la présenter dès la première leçon.

Et puis, ne trouve-t-on pas aussi en français de tous les jours des phrases sans sujet ou des phrases tronquées, du type : "faut que j'y aille", "reste à savoir s'il viendra", "y a qu'à", "cadeau !", etc. Vous voyez, c'est rassurant, le français familier, voire argotique, offre souvent un très bon point de comparaison avec la langue coréenne !

5. Mise en valeur et marque du sujet : Vous avez remarqué dans les six premières leçons que le sujet était marqué par quatre suffixes différents :

1) *i bun-eun nugu-si-bni-gga* : “Qui est-ce (cette personne, [c’]est qui)?”

2) *je ca-neun jeogi-e iss-seubni-da* : “Ma voiture est là-bas (moi voiture là-bas-à se trouve)”.

3) *ca-ga iss-seubni-gga* : “Avez-vous une voiture (voiture existe)?”

4) *gidali-neun salam-i manh-seubni-da* : “Beaucoup de gens attendent (attendent gens nombreux)”.

Dans l’emploi de ces différents suffixes, la règle de base est la suivante :
-eun et *-neun* indiquent que l’information importante dans la phrase se situe après le sujet: “cette personne, c’est qui?” (on souhaite savoir à qui on a affaire), “Ma voiture, elle est là-bas” (et pas ici). Par contre, *-i* (après consonne) et *-ga* (après voyelle) mettent l’accent sur le sujet lui-même : “C’est les gens qui attendent qui sont nombreux”. En outre, comme nous l’avons déjà vu, *-eun / -neun* sert également à mettre en valeur un élément autre que le sujet, cf.*seoul-e-neun ceoeum-i-bni-gga* : “Et à Séoul, c’est la première fois que vous y venez ?” (leçon 6, note 4).

L’emploi de ces suffixes est l’un des points les plus complexes de la grammaire coréenne. Nous en découvrirons peu à peu les nombreuses facettes dans les leçons suivantes.

6. Les nombres : Vous avez peut-être déjà remarqué qu’en coréen, “un” se disait *il* dans *je il gwa* : “première leçon” (mot à mot “numéro un leçon”, mais *han* (de *hana*) dans *ohu han si-i-bni-da* : “Il est une heure de l’après midi” (mot à mot “après-midi un heure est” – voir leçon 4, note 2). Effectivement, en coréen, on utilise deux séries de nombres : les nombres coréens et les nombres sino-coréens.

Seul l'usage permet de savoir quand il faut utiliser un nombre coréen ou un nombre sino-coréen. Il n'y a pas de quoi crier au casse-tête ! Les Coréens ne sont pas plus "chinois" que nous qui prononçons 4 "quatre" quand il est tout seul, "puissance quatre" quand il est en exposant, "quart" dans une fraction ou "tetra" quand il figure dans une formule chimique ! Tout est une question d'usage. Pour le moment, nous allons apprendre à compter jusqu'à dix en coréen et en sino coréen :

Série coréenne

1	하나	(ha-na)	
2	둘	(toul)	
3	셋	(sét)	la consonne *s* se prononce *t* en finale absolue
4	넷	(nét)	
5	다섯	(ta-sot)	
6	여섯	(yo-sot)	
7	일곱	(il-gôp)	
8	여덟	(yo-dol)	
9	아홉	(a-hôp)	
10	열	(yol)	

Série sino-coréenne

1	일	(il)
2	이	(i)
3	삼	(sam)
4	사	(sa)
5	오	(ô)
6	육 / 륙	(youk / ryuk)
7	칠	(tch'il)
8	팔	(p'al)
9	구	(kou)
10	십	(chip)

N.B. le chiffre **6** s'écrit et se prononce de deux façons : *youk* quand il est à l'initiale d'un mot, *ryuk* à l'intérieur d'un mot et quand il est précédé d'une voyelle ou d'une consonne. Ex. : *youkchip* : "soixante" (six-dix), mais *sim-nyuk* écrit *sip+ryuk* : "seize" (dix+six), *ôryouk* : "cinq ou six".

제 8 과
/je pal gwa/
(tché-p'al-goua)

관광
/gwangwang/
(kouann-gouang)

1 – 서울을 구경하시겠습니까 ? **(1)**
/seoul-eul gugyeongha-si-gess-seubni-gga/
(sô-ou-reul kou-gyong-ha-chi-gué-sseum-ni-kka)

2 – 네, 좋습니다. **(2)**
/ne joh-seubni-da/
(né tchô-sseum-ni-da)

3 – 서울에는 구경할 것이 많습니다. **(3)(4)**
/seoul-e-neun gugyeongha-l geos-i manh-seubni-da/
(so-ou-ré-neunn kou-gyong-hal ko-chi mann-sseum-ni-da)

NOTES

(1) *gugyeongha-si-gess-seubni-gga* : "visiterez-[vous] ?". *-gess* est le **suffixe du futur**, mais un futur plus large que le nôtre. Nous en resterons là pour le moment et nous vous ferons découvrir les autres valeurs de *-gess* dans les leçons à venir.
• Vous avez remarqué la présence du suffixe de déférence *-si* ? Il est de rigueur quand on s'adresse de façon courtoise à quelqu'un qu'on ne connaît pas bien ou qui vous est hiérarchiquement supérieur.
• *gugyeong*, c'est le "spectacle" à tous les sens du terme, car les Coréens sont des badauds dans l'âme ; une prise de bec au coin de la rue ? *gugyeong*, les cerisiers en fleurs ? *gugyeong*, un film, un cirque, un palais, un paysage ? *gugyoeng ! gugyeong ! gugyeong !* le verbe

HUITIÈME LEÇON

La visite

1 – Visiterez-vous Séoul (Séoul, visite-ferez) ?
2 – Oui (bon).
3 – À Séoul, il y a beaucoup de choses à voir (Séoul-à, à voir choses nombreuses).

NOTES (suite)

gugyeongha-da se traduira donc aussi bien par "regarder" (un spectacle) que "visiter" (un site, un monument).

(2) *joh-seubni-da* : mot à mot : "c'est bon" est un "oui d'approbation", utilisé quand on veut indiquer à son interlocuteur qu'on est satisfait par la proposition qui vous est faite.
* "oui" tout court se dit *geureo-seub-ni-da* : "c'est ainsi", vient de l'adjectif *geureoh-da* : "être ainsi". Les militaires diraient : "Affirmatif !".
• *ne* qui le précède peut vouloir dire "oui"... ou "non" ! En fait *ne*, que l'on entend très souvent dans la conversation, est une sorte de signal sonore qui indique à l'interlocuteur que l'on suit ce qu'il dit, qu'on l'écoute. En fonction du contexte et avec l'intonation, la pause appropriées, il pourra indiquer qu'on est d'accord, ou qu'on ne l'est pas.
Ici, le message transmis par ce *ne, joh-seubni-da* est : "J'ai entendu votre question et j'y réponds favorablement".

(3) *seoul-e-neun* : "à Séoul". Comme nous l'avons vu, leçon 2, *-e* est un suffixe qui indique un complément de lieu ; *-neun* le met en valeur. En coréen, quand on veut mettre en valeur un complément de lieu ou de temps, on le place en tête de la phrase et on le fait suivre de *-eun* ou de *-neun*.

(4) *gugyeongha-l geos* : "des choses à voir". *-l* est le suffixe-épithète du verbe qui correspond au futur. Si le radical du verbe se termine par une consonne, on utilise la variante *-eul*. Ex. : *meog-da* (verbe) : "manger", *meog-eul geos* : "chose à manger".

4 박물관과 궁전이 있습니다. **(5)**
/bagmulgwan-gwa gungjeon-i iss-seubni-da/
(bang-moul-gouann-goua koung-djo-ni i-sseum-ni-da)

5 궁전이 넓고 아름답습니다
/gungjeon-i neolb-go areumdab-seubni-da/
(koung-djo-ni nol-kkô a-reum-dap-sseum-ni-da)

6 가게와 백화점도 있습니다. **(6)**
/gage-wa baeghwajeom-do iss-seubni-da/
(ka-gai-oua pai-k'oua-djom-dô i-sseum-ni-da)

7 다방도 많고 식당도 많습니다 **(7)**
/dabang-do manh-go sigdang-do manh-seubni-da/
(ta-bang-dô mann-k'ô chik-tang-dô mann-sseum-ni-da)

4 Il y a des musées et des palais (musées-et palais y a).
5 les palais sont vastes et beaux.
6 Il y a aussi des boutiques et des grands magasins (boutique-et grand magasin-aussi y a).
7 Les cafés et les restaurants sont aussi nombreux (café-aussi nombreux-et restaurant-aussi nombreux).

NOTES (suite)

(5) *-gwa* : "et" ; ce suffixe suit un nom terminé par une consonne ; quand c'est une voyelle qui se trouve en fin de mot, on a recours à la variante *-wa*. Comparez : *bagmulgwan-gwa gungjeon* : "des musées et des palais" et *gagae-wa baeghwajeom* : "des boutiques et des grands magasins".

(6) *-do* : suffixe qui signifie : "aussi". Ici, il est répété pour mettre en parallèle les deux sujets. Cette tournure est fréquente.
• Comme vous le voyez, les noms et les pronoms peuvent être suivis de deux sortes de suffixes. Certains, comme *-i, -ga, -eul, -reul, -e* indiquent la fonction grammaticale (ce sont des "suffixes fonctionnels", d'autres comme *-do* ajoutent au nom une signification particulière, c'est pourquoi on les appelle des "suffixes spécifiques".

(7) *-go* est un suffixe qui suit le radical d'un verbe ou d'un adjectif ; il marque la coordination et se traduit par "et". C'est pourquoi nous le qualifierons de "suffixe-conjonction". Retenez bien que la façon de dire "et" varie selon qu'il s'agit de noms et de pronoms ou de verbes et d'ajectifs.

EXERCICES – 연습 – /yeonseub/ – (yonn-seup)

Exercices – 연습 – /yeonseub/ – (yonn-sseup)

Traduction – 번역 – /beonyeog/ – (po-nyok)

1. 구경할 박물관이 많습니다
(kou-gyong-hal pang-moul-gouan-i mann-sseum-ni-da)

2. 하늘을 봅니다
(ha-neu-reul pôm-ni-da)

3. 서울은 수도이고 큰 도시입니다
(so-ou-reunn sou-dô-i-gô k'eunn tô-chi-im-ni-da)

Mots manquants – 빠지는 단어
/bbaji-neun daneo/ – (ppa-dji-neunn ta-no)

1. *Il y a un avion et une voiture.*
비행기 . 차가 있습니다. (pi-haing-gui- . tch'a-ga i-sseum-ni-da)

2. *Il y a un restaurant et un grand magasin.*
식당 . 백화점이 있습니다. (chik-tang- . pai-k'oua-djo-mi i-sseum-ni-da)

3. *La maison est grande et belle.*
집은 크 . 아름답습니다. (tchi-beunn k'eu- . a-reum-dap-sseum-ni-da)

4. *Il y a beaucoup de choses à voir.*
구경 . 것이 많습니다. (kou-gyong- . -go-chi mann-sseum-ni-da)

EXERCICES (suite)

Exercices d'écriture

Écrivez

/gugyeonghada/	"visiter"
/johseubnida/	"d'accord"
/oeyanggan/	"étable"
/bagmulgwan /	"musée"

CORRIGÉS DES EXERCICES

Traduction

1. Il y a beaucoup de musées à visiter.

2. Je regarde le ciel.

3. Séoul est la capitale et une grande ville.

Mots manquants

1. 와 (oua)
2. 과 (koua)
3. 고 (gô)
4. 할 (hal)

Exercice d'écriture

1. 구경하다 **2.** 좋습니다 **3.** 외양간 **4.** 박물관

À partir d'aujourd'hui, pour vous récompenser de votre effort quotidien, nous vous ferons cadeau du "proverbe du jour" ou d'un dicton ou d'une locution. Cette rubrique vous permettra d'entrer petit à petit dans la civilisation coréenne, tout en nous donnant l'occasion parfois d'illustrer aussi un point de grammaire... autant joindre l'utile à l'agréable, n'est-ce pas ? Voici donc notre premier proverbe :

소 잃고 외양간 고친다.
/so ilh-go oeyanggan goci-n-da/
(sô-il-k'ô ouai-yang-gann kô-tch'inn-da)

"On perd le bœuf et on répare l'étable."
(bœuf perd-et étable répare)

****

제 9 과
/je gu gwa/
(tché-gou-goua)

서울과 파리
/seoul-gwa pari/
(so-ul-goua-p'a-ri)

1 – 서울은 파리보다 큽니다. **(1)**
/seoul-eun pari-boda keu-bni-da/
(so-ou-reunn p'a-ri-bô-da k'eum-ni-da)

2 – 그러나 파리보다 명승고적이 덜 있습니다. **(2)**
/geureona pari-boda myeongseunggojeog-i deol iss-seubni-da/
(keu-ro-na p'a-ri-bô-da myong-sseung-gô-djo-gui tol i-sseum-ni-da)

Un peu de grammaire avant d'aborder la "couleur locale". Nous venons de voir un peu plus haut que le suffixe verbal *-go* qui se traduit en français par "et" marque la coordination. Eh bien, tout comme en français, il indique aussi une succession dans le temps : "on perd (d'abord) le bœuf et (ensuite) on répare l'étable".

• Le bœuf est l'animal domestique par excellence en Corée. C'est celui pour lequel on a le plus d'égards à la campagne. Autrefois, avant la motorisation, quand le laboureur rentrait des champs, c'est lui qui portait la charrue sur son dos, estimant que son bœuf était assez fatigué comme ça !

****

NEUVIÈME LEÇON

Séoul et Paris

1 – Séoul est plus grand que Paris (Séoul Paris-comparé à grand).

2 – Mais, par rapport à Paris, il y a moins de choses à visiter (mais Paris-comparé à choses à visiter moins y a).

NOTES

(1) Le comparatif de supériorité s'exprime au moyen du suffixe *-boda* : "comparé à".

(2) *geureona* : "mais" ; c'est une conjonction. Elles sont d'un emploi plus rare qu'en français, car, comme nous le découvrirons peu à peu, ce sont certains suffixes verbaux qui jouent le rôle de conjonctions.
• *deol* (adverbe) : "moins"; sert à marquer le comparatif d'infériorité.
• *myeongseunggojeog* : "sites pittoresques et monuments historiques"ou, plus simplement, "choses à visiter".

3 – 그래도 서울과 파리 사이에는 공통점이 하나 있습니다. **(3)**
/geuraedo seoul-gwa pari sai-e-neun gongtongjeom-i hana iss-seubni-da/
(keu-rai-dô so-oul-goua p'a-ri sa-i-é-neunn kông-t'ông-djo-mi ha-na i-sseum-ni-da)

4 – 서울은 파리처럼 교통이 복잡합니다. **(4)**
/seoul-eun pari-ceoreom gẏotong-i bogjabha-bni-da/
(so-ou-reunn p'a-ri-tch'o-rom kyô-t'ong-i pôk-tcha-p'am-ni-da)

5 – 차로 다니면 시간이 많이 걸립니다. **(5)**
/ca-ro dani-myeon sigan-i manh-i geolli-bni-da/
(tch'a-rô ta-ni-myonn chi-ga-ni ma-ni kol-lim-ni-da)

NOTES (suite)

(3) *geuraedo* : "néanmoins" : voilà une autre conjonction.
• X *-gwa* / *-wa* Y *sai-e* : "entre"; *sai* (nom) : "intervalle"(dans l'espace ou dans le temps), *-e* : suffixe fonctionnel qui indique le complément de lieu ou de temps, *-neun* sert à mettre en valeur ce complément.
• N'oubliez pas que "et" se dit *-gwa* après une consonne, mais *-wa* après une voyelle. Ex. : *pari-wa seoul sai-e* : "entre Paris et Séoul".
• Vous avez remarqué ? On met le nom d'abord et le chiffre ensuite : *gongtongjeom-i hana iss-seubni-da* : "point commun un y a".

3 – Séoul a néanmoins un point commun avec Paris (néanmoins Séoul-et Paris entre, point commun un y a).

4 – La circulation est aussi difficile qu'à Paris (Paris-comme circulation difficile).

5 – Quand on circule en voiture, ça prend beaucoup de temps (voiture-en circule-quand temps beaucoup prend).

NOTES (suite)

(4) Le suffixe *ceoreom* : “comme” marque le comparatif d'égalité *i*.
• *bogjabha-da* (adjectif) : “compliqué”, “difficile” (en parlant de la circulation).

(5) *dani-da* (verbe) : “circuler” ; *-myeon* : suffixe-conjonction qui, en fonction du contexte, se traduit par “si”ou par “quand”. Si le radical se termine par une consonne, on a recours à la variante *-eumyeon*. Ex. : *meog-eumyeon* : “si on mange / quand on mange”.
• *ca-ro* : “en voiture”. Le suffixe fonctionnel *-ro* marque le complément de moyen. Si le nom se termine par une consonne, on utilise la variante *-euro*. Ex. : *jeosgarag-euro meog-da* : “manger avec des baguettes”.
• *manh-i* (adverbe) : “beaucoup”, tout comme *gath-i* : “ensemble” (leçon 2, note 7), c'est un adverbe en *-i*. Ce suffixe adverbial sert à former des adverbes à partir d'adjectifs, comme *manh-da* : “nombreux”, *gath-da* : “identique”, “pareil”.
• *sigan-i manh-i geolli-bni-da* : “ça prend beaucoup de temps” ; le sens de base du verbe *geolli-da* est : “être accroché” ; on trouve comme sens dérivé : “prendre” (du temps).

6 – 차보다 지하철이 더 빠릅니다. **(6)**
/ca-boda jihaceol-i deo bbareu-bni-da/
(tch'a-bô-da tchi-ha-tch'o-ri to ppa-reum-ni-da)

7 – 그리고 편리하고 쌉니다.
/geurigo pyeonliha-go ssa-bni-da/
(keu-ri-gô p'yol-li-ha-gô ssam-ni-da)

EXERCICES – 연습 – /yeonseub/ – (yonn-seup)

Traduction – 번역 – /beonyeog/ – (po-nyok)

1. 파리는 서울보다 아름답습니다.
(p'a-ri-neunn so-oul-bô-da a-reum-dap-sseum-ni-da)

2. 지하철은 시간이 덜 걸립니다.
(tchi-ha-tch'o-reunn chi-ga-ni tol kol-lim-ni-da)

3. 지하철로 가면 구경할 것이 많습니다.
(tchi-ha-tch'ol-lô ka-myonn kou-gyong-hal ko-chi mann-sseum-ni-da)

6 – Le métro est plus rapide que la voiture (voiture-comparé à métro davantage rapide).
7 – Et aussi, c'est pratique et bon marché (et aussi pratique-et bon marché).

NOTES (suite)

(6) *deo* (adverbe) : "davantage" ; sert à marquer le comparatif de supériorité, mais, comme nous l'avons vu à la phrase 2, sa présence dans la phrase est facultative. Par contre, pour marquer le comparatif d'infériorité, la présence de *deol* : "moins" est obligatoire.
• *jihaceol* (nom) : "métro" ; mot à mot : "chemin de fer (*ceol*) sous (*ha*) la terre (*ji*)".
NB : les trois composantes de *jihaceol* n'existent pas indépendamment en tant que mots. Ce sont des éléments sino-coréens qui servent à former des "mots savants", tout comme chez nous les "racines" grecques dans des mots tels que géographie, échographie, cosmologie, etc.
• *bbareu-da* : "rapide", *pyeonliha-da* : "pratique" et *ssa-da* : "bon marché" sont des adjectifs.

EXERCICES (suite)

Mots manquants – 빠지는 단어
/bbaji-neun daneo/ – (ppa-dji-neunn ta-no)

1. *Le métro est plus rapide que le bus.*
버스보다 지하철이 . 빠릅니다.

2. *Le bus est moins pratique.*
버스가 . 편리합니다.

3. *L'avion est aussi pratique que la voiture*
비행기가 차 .. 편리합니다.

Exercice d'écriture

Écrivez

/myeongseunggojeog/	"choses à visiter"
/gongtongjeom /	"point commun"
/horang'i/	"tigre"
/pyeonlihabnida/	"pratique"
/manhi/	"beaucoup".

호랑이도 제 말 하면 온다
/horang'i-do je mal ha-myeon o-n-da/
(hô-rang-i-dô tché ma-ra-myonn ônn-da)

"Quand on parle du tigre, il arrive." (tigre, propre histoire fait-si arrive)

Et voilà notre proverbe du jour ! "Quand on parle du tigre, il arrive". Ça ne vous dit rien ? Mais si ! On dit bien chez nous : "Quand on parle du loup on en voit la queue". Le tigre est le pendant coréen de notre bon vieux loup des terreurs ancestrales et folkloriques. Comme lui, il était omniprésent, grand dévoreur de chair humaine et héros de contes à croquer debout.

Et maintenant, encore un petit peu de grammaire !

CORRIGÉS DES EXERCICES

Traduction

1. Paris est plus beau que Séoul.
2. Le métro, ça prend moins de temps.
3. Si on y va en métro, il y a beaucoup de choses à voir.

Mots manquants

1. 더 (to)
2. 덜 (tol)
3. 처럼 (tch'o-rom)

Exercice d'écriture

1. 명승고적 **2.** 공통점 **3.** 호랑이 **4.** 편리합니다 **5.** 많이

• *je mal* : "sa propre histoire" ; *je* : "propre" ; le sens premier de *mal* est : "parole", de là on passe à "récit", "histoire", "racontars".
• *o-n-da* : "il arrive", du verbe *o-da* ; le suffixe *-n* indique le présent ; si le verbe se termine par une consonne, on utilise la variante *-neun*. Ex. : *meog-neun-da* : "il mange".

Nous venons de découvrir dans cette leçon deux types de suffixes propres aux verbes et aux adjectifs. Certains comme *-da* (déclaration) ou *-gga* (interrogation) suivent le verbe en fin de phrase. Puisqu'ils terminent la phrase, nous les appellerons des **terminaisons**. D'autres comme *-go* : "et" ou *-myeon* : "si / quand" se trouvent à la fin d'une proposition subordonnée et correspondent pour le sens à nos conjonctions de subordination ; on les appellera tout simplement des "suffixes-conjonctions".

제 10 과
/je sib gwa/
(tché-chip-koua)

남산
/namsan/
(nam-ssann)

1 – 서울에서 제일 높은 곳은 남산입니다.**(1)**
/seoul-eseo jeil nop-eun gos-eun namsan-i-bni-da/
(so-ou-ré-so tché-il nô-p'eunn kô-sseunn nam-sa-nim-ni-da)

2 – 시내에 있습니다. **(2)**
/sinae-e iss-seubni-da/
(chi-nai-é i-sseum-ni-da)

3 – 남산은 높은 산은 아니지만 참 아름답습니다. **(3)**
/namsan-eun nop-eun san-eun ani-jiman cam areumdab-seubni-da/
(nam-sa-neunn nô-p'eunn sa-neunn a-ni-dji-mann tch'am a-reum-dap-sseum-ni-da)

4 – 파리에는 남산과 같은 곳이 없습니다. **(4)**
/pari-e-neun namsan-gwa gat'eun gos-i eobs-seubni-da/
(p'ari-é-neunn nam-sann-goua-ga-t'eunn kô-chi op-sseum-ni-da)

NOTES

(1) *jeil* (adverbe), mot à mot : "numéro un" ; indique le superlatif : "le plus". *gos* (nom) : "lieu", "endroit".
• *nop-eun* : c'est la forme-épithète de l'adjectif *nop-da* : "haut" ; *jeil nop-eun gos* : "l'endroit le plus élevé".

DIXIÈME LEÇON

Namsan

1 – Namsan est l'endroit le plus élevé de Séoul (Séoul-à le plus haut lieu, Namsan-est).
2 – (Namsan) se trouve dans le centre-ville (centre-ville intérieur-à se trouve).
3 – Bien que Namsan ne soit pas une montagne élevée, elle est vraiment jolie (Namsan, elevé montagne n'est pas-bien que vraiment joli).
4 – À Paris, il n'y a rien qui ressemble à Namsan (Paris-à namsan-et pareil lieu y a pas).

NOTES (suite)

(2) *Namsan* (nom de lieu) : mot à mot "la montagne (*san*) du sud (*nam*)" ; colline qui domine le centre de Séoul et qui en est en quelque sorte le symbole.

(3) *-e* : suffixe fonctionnel qui marque le complément de lieu, comme dans *sai-e* : "entre" (leçon 9, note 3).
• *-jiman* (suffixe-conjonction) : "bien que", "mais".
• *cam* (adverbe) : "vraiment".

(4) *namsan-gwa gat-eun gos* : "un endroit pareil à Namsan". Vous avez remarqué ? Nous employons la préposition *à* alors que le coréen a recours à *-gwa / -wa* : "et" ; nous verrons que cet emploi de "et" qui peut nous sembler particulier est courant en coréen.

5 – 몽마르트르는 산이 아니고 언덕입니다. **(5)**
/mongmareuteureu-neun san-i ani-go eondeog-i-bni-da/
(mong-ma-reu-t'eu-reu-neunn sa-ni-a-ni-gô onn-do-guim-ni-da)

6 남산보다 높지 않습니다. **(6)**
/namsan-boda nop-ji anh-seubni-da/
(nam-sann-bô-da nôp-tch'i-ann-sseum-ni-da)

7 – 유감스럽게도 남산에는 포도밭이 없습니다. **(7)**
/yugamseureob-ge-do namsan-e-neun podobat-i eobs-seubni-da/
(you-gam-sseu-ropp-ké-dô nam-sa-né-neunn p'ô-dô-pa-tch'i op-sseum-ni-da)

8 그렇지만 남산에도 좋은 술집은 있습니다. **(8)**
/geureohjiman namsan-e-do joh-eun suljib-eun iss-seub-ni-da/
(keu-ro-tchi-mann nam-sa-né-dô tchô-eunn soul-dji-beunn i-sseum-ni-da)

NOTES (suite)

(5) Dans cette phrase, *mongmarteureu* est le sujet, *san* : "la montagne" et *eondeog* : "la colline" en sont les attributs.

5 – Montmartre n'est pas une montagne, c'est une colline (Montmartre, montagne est pas-et colline est).
6 comparée à Namsan, elle n'est pas haute (Namsan-comparé à haut-ne pas).
7 – Malheureusement, il n'y a pas de vignes à Namsan (regrettablement Namsan-à, vigne y a pas).
8 Cependant, à Namsan aussi il y a de bonnes tavernes (cependant Namsan-à-aussi bon taverne y a).

NOTES (suite)

(6) *namsan-boda nop-ji anh-seubni-da* : "par comparaison à Namsan (Montmartre) n'est pas élevé". Nous découvrons ici la forme négative. Elle se compose du suffixe négatif *-ji* qui suit le radical du verbe ou de l'adjectif et de l'auxiliaire de négation *anh-da*.
• N'oubliez pas que dans le cas de *i-da* : "être" et de *iss-da* : "y avoir", au lieu d'une forme négative, on a recours carrément à un verbe négatif : *ani-da* : "ne pas être", *eobs-da* : "ne pas y avoir".

(7) *yugamseureob-ge-do* : "malheureusement", "dommage" ; adverbe dérivé de l'adjectif *yugamseureob-da* : "dommage", "regrettable" au moyen du suffixe adverbial *-ge* dont l'emploi est plus répandu que *-i* (leçon 9, note 5).
• *do* suffixe spécifique : "aussi", "même" (voir leçon 8, note 6) vient renforcer le sens de l'adverbe.
• *podobat* (nom composé) : "vigne", à partir de *bat* : "champ" et *podo* : "raisin". Le coréen fait la distinction entre le champ utilisé pour les cultures "sèches" (*bat*) et le champ inondé, c'est-à-dire la rizière (*non*).

(8) *geureohjiman* (conjonction) : "cependant"
• *namsan-e-do* : "à Namsan aussi" : le suffixe fonctionnel *-e* est suivi du suffixe spécifique *-do*.
• *joh-eun* : forme-épithète de l'adjectif *joh-da* : "bon".
• *suljib* : "taverne", nom composé à partir de *sul* : "alcool" et de *jib* : "maison". Comme on le voit, on trouve en coréen des nom simples comme *bat* : "champ", *podo* : "raisin", *sul* : "alcool", *jib* : "maison", et des noms composés tels que *podobat* : "vigne", *suljib* : "taverne".

EXERCICES – 연습 – /yeonseub/ – (yonn-seup)

Traduction – 번역 – /beonyeog/ – (po-nyok)

1. 남산은 제일 높은 산입니다.
   (nam-sa-neunn tché-il no-p'eunn sa-nim-ni-da)
2. 밭은 있지만 산은 없습니다.
   (pa-t'eunn i-ttchi-mann sa-neunn op-sseum-ni-da)
3. 여기에서 남산을 봅니다.
   (yo-gui-é-sso nam-sa-neul pôm-ni-da)
4. 이 도시는 아름답지 않습니다.
   (i tô-chi-neunn a-reum-dap-tchi-an-seum-ni-da)

Mots manquants – 빠지는 단어
/bbaji-neun daneo/ – (ppa-di-neunn ta-no)

1. *C'est dans le centre ville* (chi-nai . . i-sseum-ni-da).
   시내 . . 있습니다.
2. *Il n'y a pas d'endroit comme Namsan.*
   남산 . . . 곳이 없습니다 (nam-ssann . . . kô-chi op-sseum-ni-da).
3. *Il y a aussi beaucoup de bonnes tavernes.*
   좋은 술집 . 많습니다 (tchô-eunn soul-djip . mann-sseum-ni-da).

EXERCICES (suite)

Exercice d'écriture

Écrivez

/bat/	"champ"
/non/	"rizière"
/namsan/	"Namsan"
/suljib/	"taverne"
/masida/	"boire"

CORRIGÉS DES EXERCICES

Traduction

1. Namsan est la montagne la plus haute.
2. Bien qu'il y ait des champs, il n'y a pas de montagnes.
3. Ici on voit Namsan.
4. Cette ville n'est pas belle.

Mots manquants

1. 안에 (a-né)
2. 과 같은 (koua ka-t'eunn)
3. 도 (do)

Exercice d'écriture

1. 밭 **2.** 논 **3.** 남산 **4.** 술집 **5.** 마시다

남산에서 돌팔매질을 하면 김씨나 이씨 집 마당에 떨어진다.
/namsan-eseo dolpalmaejil-eul ha-myeon gim-ssi-na i-ssi jib madang-e ddeoreoji-n-da/
(nam-ssa-né-sso tôl-p'al-mai-dji-reul ha-myonn kim-ssi-na i-ssi tchip ma-dang-e tto-ro-djinn-da)

"Si on lance une pierre à Namsan, elle tombe dans la cour de M. Kim ou de M. Yi" (Namsan-à lancer de pierre fait-si Kim-monsieur-ou Yi-monsieur maison cour-dans tombe).

Ce dicton fait allusion au fait qu'en Corée les gens qui s'appellent Kim ou Yi sont légion. Yi est la transcription courante de ce nom de famille qui se prononce (i).

Eh bien, avant de ranger notre caillou, examinons-le de plus près :
• *dolpalmaejil* : "action de lancer une pierre" est un nom composé. *Jil* comme dernier élément d'un nom composé indique une action. Ex. : *darimi* : "fer à repasser".

****

제 11 과
/je sib il gwa/
(tché-chi-bil-goua)

직무
/jigmu/
(tching-mou)

1 – 월요일부터 토요일까지 무엇을 하십니까 ? **(1)**
/weoryoil-buteo toyoil-ggaji mueos-eul ha-si-bni-gga/
(ouo-ryô-il-bou-t'o t'ô-yô-il-kka-dji mou-o-sseul ha-chim-ni-kka)

• *darimijil* ; *dolpalmae* : “pierre qu’on lance”, *dol* est le nom générique pour : “pierre” (objet ou matériau).

• *Ssi* (nom) : “monsieur”, moins déférent que *seonsaeng* (voir leçon 5, note 5).

• *-na* après voyelle, *-ina* après consonne : suffixe spécifique signifiant : “ou”. Ex. : *jib-ina madang* : “la maison ou la cour”.

Vous avez noté les compléments de nom en cascade ? *i-ssi jib madang* : “la cour [de] la maison [de] Monsieur Yi”.

• *-eseo* est le suffixe fonctionnel du complément circonstanciel de lieu quand il s’agit d’un verbe d’action. Ex. *Namsan-eseo dolpalmaejil-eul ha-da* : “lancer une pierre à Namsan”. Par contre, avec un verbe d’état, on utilisera *-e* ; Ex. : *Namsan-e iss-da* : “se trouver à Namsan”.

****

ONZIÈME LEÇON

Au travail

1 – Que faites-vous du lundi au samedi (lundi-depuis samedi-jusqu’à quoi faites) ?

NOTES

(1) *buteo* (suffixe spécifique) : “depuis” ; nous connaissons déjà le suffixe spécifique *ggaji* : “jusqu’à” (voir leçon 4, note 4).

2 – 직장에 다닙니다. **(2)**
/jigjang-e dani-bni-da/
(tchik-tchang-é ta-nim-ni-da)

3 매일 지하철 타고 출퇴근합니다. **(3)**
/maeil jihaceol-tago cultoegeunha-bni-da/
(mai-il tchi-ha-tch'ol-t'a-gô tch'oul-t'ouai-gueunn-ham-ni-da)

4 일곱 시에 집을 떠납니다. **(4)**
/ilgob si-e jib-eul tteona-bni-da/
(il-gôp-chi-é tchi-beul tto-nam-ni-da)

5 – 퇴근 시간은 몇 시입니까 ? **(5)**
/toegeun sigan-eun myeoc si-i-bni-gga/
(t'ouai-gueunn-chi-ga-neunn myo-chi-im-ni-kka)

6 – 여섯 시 반입니다. **(6)**
/yeoseos si ban-i-bni-da/
(yo-sos-chi-ba-nim-ni-da)

NOTES (suite)

(2) *jigjang* (nom) : "emploi", "lieu de travail" ; *dani-da* (verbe) : "aller et venir", "circuler sur un trajet", "fréquenter" (un établissement) ; *jigjang-eul dani-da* : "aller au travail".

(3) • *maeil* (adverbe) : "chaque jour" ; *jihaceol* (nom) : "métro" ; *tago* (postposition) "en", "à" (en parlant d'un moyen de transport), dérivé du verbe *ta-da* : "prendre un moyen de transport" ; *cultoegeunha-da* : "aller à son travail et en partir", c'est le "concentré" de deux verbes : *culgeunha-da* : "partir au travail" et *toegeunhada* : "quitter son travail".

2 – Je vais au travail.
3 Tous les jours je vais travailler en métro (tous les jours métro-en partir-quitter-travail-fais).
4 Je quitte la maison à sept heures (sept heures-à maison quitte).
5 – À quelle heure quittez-vous le travail (quitter travail heure quelle heure-est) ?
6 – À six heures et demie.

NOTES (suite)

* Ce verbe nous permet de mettre le doigt sur une des différences fondamentales entre le français et le coréen. En français, nous disons : "je vais au travail tous les jours", étant bien entendu que si on y va... on en revient ! mais, en coréen, ce n'est pas le cas : il faut que tous les aspects d'une action soient minutieusement décrits, ce qui explique l'existence de verbes tels que *cultoegeunha-da*.

(4) *ilgob si-e* : "à sept heures" ; le suffixe fonctionnel *-e* marque le complément circonstanciel de temps ; *ddeona-da* (verbe) : "quitter", "partir".

(5) *sigan* (nom) : "heure", "temps" ; *myeoc* (adjectif interrogatif) : "combien ?", *myeoc si* : "quelle heure ?" ; comme vous le voyez, quand on demande l'heure ou quand on donne l'heure, on emploie *si*. *Myeoc si-i-bni-gga* signifie aussi : "Quelle heure est-il ?".

(6) *yeoseos si ban* : "six heure et demie" ; *ban* (nom) : "moitié". Nous avons déjà vu ce mot à la fin de l'introduction, dans le proverbe : *sijag-eun ban-i-da* : "Commencer, c'est la moitié (du chemin)".

(7) *hyuil* (nom) : "jour de repos", *iryoil* (nom) : dimanche".

7 휴일은 일요일 밖에 없습니다. **(7)**
/hyuil-eun iryoil-bagg-e eobs-seubni-da/
(hyou-i-reunn i-ryô-il-pa-kké op-sseum-ni-da)

8 그 날만 일하지 않습니다. **(8)**
/geu nal-man ilha-ji anh-seubni-da/
(keu-nal-mann i-ra-dji-ann-sseum-ni-da)

EXERCICES – 연습 – /yeonseub/ – (yonn-seup)

Traduction – 번역 – /beonyeog/ – (po-nyok)

1. 토요일까지 출퇴근합니다.
(t'ô-yô-il-kka-dji tch'oul-touai-gueunn-ham-ni-da)

2. 여섯 시 반에 퇴근합니다.
(yo-sos-chi-ba-né t'ouai-gueunn-ham-ni-da)

3. 몇 시에 집을 떠나십니까 ?
(myo-chi-é tchi- beul tto-na-chim-ni-kka)

4. 서울에서 파리까지 비행기 타고 갑니다.
(so-u-ré-sso p'a-ri-kka-dji pi-haing-gui-t'a-gô kam-ni-da)

7 Je n'ai que le dimanche comme jour de congé (jour de congé dimanche dehors-en y a pas).
8 Ce jour-là seulement je ne travaille pas.

NOTES (suite)

(8) *bagg* (nom) : "extérieur", *bagg-e* : "à l'extérieur", "au dehors", "hormis" ; *bagg-e eobs-da* : mot à mot : "hormis [ce dont il est question] il n'y a pas" est une tournure qui équivaut au français : "ne... que". Cette tournure sert à insister sur l'idée de "seulement". Pour un "seulement" tout simple, il suffit d'avoir recours au suffixe spécifique *-man* : "seulement" (voir ci-dessous).

(9) *geu nal-man* : "ce jour-là seulement", mais *jib-e-man* : "dans la maison seulement". Tous les suffixes spécifiques se substituent aux suffixes fonctionnels uniquement quand il s'agit de *-eun*, *-neun*, *-i*, *-ga*, *-eul*, *-reul.* Dans tous les autres cas, le suffixe spécifique se place après le suffixe fonctionnel.

EXERCICES (suite)

Mots manquants – 빠지는 단어
/bbaji-neun daneo/ – (ppa-dji-neunn ta-no)

1. *C'est congé le dimanche seulement.*
일요일 . 휴일입니다.
(i-ryô-il . hyou-i-rim-ni-da)

2. *À quelle heure quittez-vous votre travail ?*
. . . 퇴근하십니까 ?
(. . . t'ouai-gueunn-ha-chim-ni-kka)

3. *J'y vais en métro.*
지하철 . . 갑니다.
(tchi-ha-tch'ol . . kam-ni-da)

Exercices d'écriture

Écrivez

/myeoc si e/	"à quelle heure"
/ggaji/	"jusqu'à"
buteo	"depuis"
jihaceol	"métro"
cultoegeun	"aller au travail et le quitter"

CORRIGÉS DES EXERCICES

Traduction

1. Je vais au travail jusqu'à samedi.
2. Je quitte le travail à six heures et demie.
3. À quelle heure quittez-vous la maison ?
4. Je vais de Séoul à Paris en avion.

Mots manquants

1. 만 (man)
2. 몇 시에 (myo-chi-é)
3. 타고(t'a-gô)

Corrigé

1. 몇 시에 **2.** 까지 **3.** 부터 **4.** 지하철 **5.** 출퇴근

개 눈에는 똥만 보인다.
/gae nun-e-neun ddong-man bo-i-n-da/
(kai-nou-né-neunn ttông-mann pô-inn-da)

"Aux yeux des chiens il n'y a que de la crotte" (chien œil-à crotte-seulement se voit".

Et voici notre proverbe du jour ! Se dit pour critiquer les gens bornés ou obsédés qui ne voient les choses qu'à travers leur esprit étroit ou leur obsession.

• *bo-i-da* : "se voir", "être vu" ; c'est la forme passive du verbe actif *bo-da* : "voir". Les verbes passifs représentent en coréen un point grammatical complexe. Nous les étudierons en détail ultérieurement.

제 12 과
/je sib i gwa/
(tché-chi-bi-goua)

여가
/yeoga/
(yo-ga)

1 – 오늘은 무슨 요일입니까 ? **(1)**
/oneul-eun museun yoil-i-bni-gga/
(ô-neu-reunn mou-sseunn yô-i-rim-ni-kka)

2 – 화요일입니다. **(2)**
/hwayoil-i-bni-da/
(houa-yô-i-rim-ni-da)

3 – 그러면, 내일은 수요일입니까 ? **(3)**
/geureomyeon naeil-eun suyoil-i-bni-gga/
(keu-ro-myonn nai-i-reunn sou-yô-i-rim-ni-kka)

4 – 그렇습니다. **(4)**
/geureoh-seubni-da/
(keu-ro-sseum-ni-da)

NOTES

(1) *museun* (adjectif interrogatif invariable) : “quel ?”.
Il existe en coréen un certain nombre d’**adjectifs invariables** qui se placent toujours devant un nom. Ex. : *sae jib* : “nouvelle maison”, *heon moja* : “vieux chapeau”. Ces adjectifs invariables se distinguent de l’adjectif simple qui, lui, peut occuper différents emplacements dans la phrase et prendre différents suffixes.
• *yoil* (nom) : “jour de la semaine”. On trouve aussi en coréen *nal* (nom) : “jour”, “journée de 24 heures” et *naj* (nom) : “jour” (contraire de *bam* : “nuit”).

DOUZIÈME LEÇON

Temps libre

1 – Quel jour est-on aujourd'hui (aujourd'hui quel jour-est) ?
2 – Mardi.
3 – Alors, demain c'est mercredi (alors demain mercredi-est) ?
4 – Oui, c'est ça.

NOTES (suite)

(2) *hwayoil* (nom) : "mardi", mot à mot : "jour du feu". Les noms des jours en coréen moderne sont les traductions des noms des jours dans les langues occidentales. Mardi se dit "jour du feu" parce que *hwa,* élément sino-coréen qui signifie "feu" est l'abréviation de *hwaseong* : "la planète Mars". De même on a *suyoil* : "mercredi" (le jour de Mercure), *mogyoil* : "jeudi" (le jour de Jupiter), *geumyoil* : "vendredi" (le jour de Vénus), *toyoil* : "samedi" (le jour de Saturne), *iryoil* : "dimanche" (le jour du soleil - Sunday en anglais) et *weoryoil* : "lundi" (le jour de la lune).

(3) *geureomyeon* (conjonction) : "s'il en est ainsi", "dans ce cas", "alors".
• *naeil* (nom) : "demain", mot à mot : "le jour qui vient". On rencontre un peu plus loin dans la leçon *more* : "après-demain" ; le coréen connaît aussi le nom *geulpi* : "dans trois jours"

(4) *geureo-seubni-da* : "c'est cela", "affirmatif", "oui".

5 – 그 날은 시간이 있습니까 ? **(5)**
/geu nal-eun sigan-i iss-seubni-gga/
(keu-na-reunn chi-ga-ni i-sseum-ni-kka)

6 – 없습니다. **(6)**
/eobs-seubni-da/
(op-sseum-ni-da)

7 – 모레는 어떻습니까 ?
/more-neun eoddeoh-seubni-gga/
(mo-ré-neunn o-tto-sseum-ni-kka)

8 – 목요일. 괜찮습니다. 왜 그러십니까 ? **(7)**
/mogyoil gwaencanh-seubni-da wae geureo-si-bni-gga/
(mô-gyô-il kouainn-tch'ann-sseum-ni-da ouai keu-ro-chim-ni-kka)

9 – 영화 보러 가시지 않으시렵니까 ? **(8)**
/yeonghwa bo-reo ga-si-ji anh-eusi-ryeo-bni-gga/
(yong-houa pô-ro ka-chi-dji a-neu-chi-ryom-ni-kka)

NOTES (suite)

(5) *sigan* (nom) : "temps" ; *geu nal-eun sigan-i iss-seubni-gga* : mot à mot : "ce jour-là y a-t-il du temps ?", ce qui correspond à : "avez-vous du temps ce jour-là ?", "êtes-vous libre ce jour-là ?". Dans cette phrase, le suffixe *-eun* sert à mettre en valeur le complément circonstanciel de temps.

(6) *eobs-seubni-da* : mot à mot : "il n'y a pas" ; utilisé fréquemment avec le sens de "non" comme ici dans ce dialogue : "Avez-vous du temps ce jour-là ?", "Non".

5 – Êtes-vous libre ce jour-là ?
6 – Non.
7 – Que diriez-vous d'après-demain (après-demain comment-est) ?
8 – Jeudi, ça me convient. Pourquoi ?
9 – Ne voudriez-vous pas aller voir un film (film voir-pour aller-ne pas-intention) ?

NOTES (suite)

(7) *gwaencanh-seubni-da* : de l'adjectif *gwaencanh-da* : "convenable", "passable" ; utilisé selon le contexte avec le sens de : "C'est pas mal" ou, comme ici : "Ça me convient".
• *wae* (adverbe interrogatif) : "pourquoi ?".
• *geureo-si-bni-gga* est la forme interrogative déférente (suffixe *si*) de *geureo-seubni-da* (voir ci-dessus note 4) ; *wae geureo-si-bni-gga* : mot à mot : "Pourquoi est-ce ainsi ?".

(8) *yeonghwa* (nom) : "film", *bo-da* (verbe) : "voir", *ga-da* (verbe) : "aller".
• *ga-si-ji anh-eusi-ryeo-bni-gga* : "n'auriez-vous pas l'intention d'aller ?" ; *-ryeo* est un suffixe verbal qui marque l'intention ; quand l'élément qui le précède se termine par une consonne, on utilise la variante *-euryeo*. *-reo* de *bo-reo* est la variante de *-ryeo* quand le verbe qui exprime l'intention est suivi d'un verbe de mouvement, comme ici : *bo-reo ga-da* : "aller voir" ; après consonne, on a recours à la variante *eureo*. Ex. : *gogi-reul jab-eureo ga-si-ji anh-eusi-ryeo-bni-gga* : N'auriez-vous pas l'intention d'aller attraper des poissons ?". Comme on le voit, le suffixe *-ryeo* peut être suivi de la forme de politesse *-seubni* suivie de la terminaison.

10 같이 가시면 어떻겠습니까 ? **(9)**
/gat-i ga-si-myeon eoddeoh-gess-seubni-gga/
(ka-tch'i ka-chi-myonn o-tto-k'é-sseum-ni-kka)

11 – 좋습니다. **(10)**
/joh-seubni-da/
(tchô-sseum-ni-da)

EXERCICES – 연습 – /yeonseub/ – (yonn-seup)

Traduction – 번역 – /beonyeog/ – (po-nyok)

1. 모레는 목요일입니다.
(mô-ré-neunn mô-gyô-i-rim-ni-da)

2. 내일은 시간이 없습니다.
(nai-i-reunn chi-ga-ni op-sseum-ni-da)

3. 몇 시에 영화를 봅니까 ?
(myos-chi-é yong-houa-reul pôm-ni-kka)

4. 일곱 시 반에 봅니다.
(il-gôp-chi-ba-né pôm-ni-da)

10 Que diriez-vous si on y allait tous les deux ?
11 – D'accord.

NOTES (suite)

(9) *gat-i ga-si-myeon eoddeoh-gess-seubni-gga* : mot à mot : "si vous y allez ensemble [avec moi] ce serait comment ?", ce qui signifie : "Que diriez-vous si on y allait tous les deux ?". Ici, le suffixe *-gess* ne marque pas le futur, il correspond tout à fait à notre "conditionnel de politesse".

(10) L'adjectif *joh-da* a un sens plus large qu'en français. Il signifie non seulement "bon", mais aussi "bien" et "beau" quand on parle du temps. En outre, c'est une façon de dire "oui", comme ici, quand on approuve quelque chose. Quand il s'agit de marquer son accord, de donner son assentiment, *joh-seubni-da* est plus fort que *gwaencanh-seubni-da*.

EXERCICES (suite)

Mots manquants – 빠지는 단어
/bbaji-neun daneo/ – (ppa-dji-neunn ta-no)

1. *Il y a un bon film*
. . 영화가 있습니다.
(. . yong-houa-ga i-sseum-ni-da)

2. *Aujourd'hui, je vais à Séoul.*
. . . 서울에 갑니다.
(. . . so-ou-ré kam-ni-da)

3. *Je n'ai pas le temps jusqu'à après-demain.*
. . . . 시간이 없습니다.
(. . . . chi-ga-ni op-sseum-ni-da)

Exercices d'écriture

Écrivez

/weoryoil/	"lundi"
/hwayoil/	"mardi"
/suyoil/	"mercredi"
/mogyoil/	"jeudi"
/geumyoil/	"vendredi"
/toyoil/	"samedi"
/iryoil/	"dimanche"

CORRIGÉS DES EXERCICES

Traduction

1. Après-demain, c'est jeudi.
2. Demain, je n'ai pas le temps.
3. À quelle heure voit-on le film ?
4. On le voit à 7 heures et demie.

Mots manquants

1. 좋은 (tchô-eunn)
2. 오늘은 (ô-neu-reunn)
3. 모레까지 (mô-ré-kka-dji)

Exercice d'écriture

1. 월요일 **2.** 화요일 **3.** 수요일 **4.** 목요일 **5.** 금요일
6. 토요일 **7.** 일요일

쥐구멍에도 볕 들 날이 있다.
/jwi gumeong-e-do byeot deul nal-i iss-da/
(tchoui-gou-mong-é-dô pyot teul na-ri-i-tta)

"Il arrive un jour où le soleil pénètre même dans un trou à rat." (rat trou-dans-même soleil pénètre jour y a)

Deux interprétations de ce proverbe sont possibles : "Tout vient à point à qui sait attendre" ou bien "Après la pluie le beau temps".
• *Byeot* (nom) : "soleil" en tant que rayons et lumière. L'astre solaire se dit *hae*.
• *Deul* est la forme-épithète du verbe *deul-da* : "entrer", "pénétrer".
Le terme "forme épithète" sera expliqué plus en détail dans la leçon de révision 14.

제 13 과
/je sib sam gwa/
(tché-chip-ssam-goua)

식당
/sigdang/
(chik-ttang)

1 – 어제 저녁에 혼자 집에 있었습니다. **(1)**
/eoje jeonyeog-e honja jib-e iss-eoss-seubni-da/
(o-djé-djo-nyo-gué hônn-dja tchi-bé i-sso-sseum-ni-da)

2 냉장고에 먹을 것이 아무것도 없었습니다. **(2)**
/naengjanggo-e meog-eul geos-i amugeosdo eobs-eoss-seubni-da/
(naing-djang-gô-é mo-gueul-go-chi a-mou-go-ttô op-sso-sseum-ni-da)

3 건너편 식당에 가서 식사를 했습니다. **(3)**
/geonneo pyeon sigdang-e ga-seo sigsa-reul haess-seubni-da/
(konn-no-p-yonn chik-ttang-é ka-sso chik-ssa-reul hai-sseum-ni-da)

NOTES

(1) *eoje* (nom) : “hier”, *jeonyeog* (nom) : “soir”, *eoje jeonyeog* : “hier soir”. Pour “hier”, on a aussi la variante *eojeokke*. Plus bas, dans la leçon, nous trouvons le nom *geujeogge* : “avant-hier”.
• *honja* (adverbe) : “seul”.
• *iss-seubni-da* : “je me trouve”, *iss-eoss-seubni-da* : “ je me trouvais”. Comme on le voit, le passé est indiqué en coréen au moyen d’un suffixe : *-eoss* qui se place devant

TREIZIÈME LEÇON

Le restaurant

1 – Hier soir, j'étais seul à la maison (hier soir, seul maison-à ya).
2 Il n'y avait rien a manger dans le réfrigérateur (réfrigérateur-dans à manger chose rien y avait pas).
3 Je suis allé manger au restaurant d'en face (autre côté restaurant-à allé-préalable repas ai fait).

NOTES (suite)

le suffixe de politesse. Ce suffixe existe aussi sous d'autres variantes que nous allons découvrir au cours de la leçon.

(2) *naengjanggo* (nom) : “réfrigérateur”.
• *amugeosdo eobs-eoss-seubni-da* : “il n'y avait rien” ; *amugeot* (pronom indéfini) : “rien”, *eobs-eoss-seubni-da* : passé du verbe *eobs-da* : “il n'y a pas”.
• *meog-eul geos* : “quelque chose à manger”. Ici, le suffixe épithète *-eul* indique l'éventualité, la possibilité.

(3) *geonneopyeon* (nom composé) : “l'autre côté”, “en face”, formé à partir du nom *pyeon* : “côté” et de *geonneo* : radical du verbe *geonneo-da* : “traverser”. *Geonneopyeon sigdang* : “le restaurant d'en face”.
ga-seo : c'est le radical du verbe *ga-da* : “aller” suivi du suffixe-conjonction *-seo* qui marque la condition préalable. En termes plus clairs, notre héros, qui n'a plus rien dans son frigo, doit, s'il veut manger quelque chose, se rendre au préalable dans un restaurant ! Nous vous laissons... digérer ce nouveau suffixe, car on le rencontre fréquemment et il a plusieurs valeurs.
ha-bni-da : “je fais”, *ha-yeoss-seubni-da* : “j'ai fait” ; dans le cas du verbe *ha-da* : “faire”, la marque du passé n'est pas *-eoss* mais *yeoss*. À noter aussi que *ha-yeoss* se contracte souvent en *haess* comme ici.

4 그리고 친구한테서 전화가 왔습니다. **(4)**
/geurigo cingu-hanteseo jeonhwa-ga w-ass-seubni-da/
(keu-ri-gô tch'inn-gou-hann-t'é-sso tcho-noua-ga oua-sseum-ni-da)

5 그 친구는 그저께 한국에 도착했습니다.
/geu cingu-neun geujeogge hangug-e docaghaess-seubni-da/
(keu-tch'inn-gou-neunn keu-djo-kké hann-gou-gué tô-tch'a-k'ai-sseum-ni-da)

NOTES (suite)

(4) *geurigo* (conjonction) qui se traduit par : "et", "et aussi".
• *cingu-hanteseo* : "de la part d'un ami" ; *-hanteseo* est un suffixe fonctionnel qui indique le complément d'agent ; il ne s'emploie que pour les personnes.
• *cingu-hanteseo jeonhwa-ga w-ass-seubni-da* : mot à mot "de la part d'un ami un téléphone est arrivé", ce qui signifie : "j'ai reçu un coup de téléphone d'un ami". *Jeonhwa* (nom) : "téléphone" (appareil) et "coup de téléphone" ; *jeonhwa-reul ha-da* ou *jeonhwaha-da* : "téléphoner", "donner un coup de fil", *jeonhwa-ga o-da* : "recevoir un coup de fil". On peut dire aussi *jeonhwa-reul bad-da* en ayant recours au verbe *bad-da* : "recevoir".
• *w-ass-seubni-da* : "est arrivé", c'est le passé de *o-bni-da* : "arrive".

4 Et aussi j'ai reçu un coup de fil d'un ami (et aussi ami-de téléphone est arrivé).

5 Cet ami est arrivé en Corée avant-hier (ce ami avant-hier Corée-en arrivé est).

NOTES (suite)

• Deux choses sont à remarquer : tout d'abord, le suffixe du passé n'est ni *-eoss*, ni *-yeoss*, ensuite le radical du verbe *o-* et le suffixe du passé *-ass* se contractent en *wass*. Nous verrons plus tard que les contractions sont fréquemment employées en langue coréenne car elles permettent de réduire la longueur des énoncés.
• Quel suffixe du passé employer ? Eh bien, les règles d'emploi sont très simples :
* quand la voyelle du verbe est *a* ou *o*, le suffixe du passé est *-ass* . Ex. : *bihaenggi-reul bo-ass-da* : "J'ai vu un avion", *jeonhwa-reul bad-ass-da* : "J'ai reçu un coup de fil".
* dans tous les autres cas, c'est *-eoss ;* Ex : *eoje sigan-i iss-eoss-seubni-da* : "hier j'avais le temps" ;
* le verbe *ha-da* : "faire" a pour marque du passé *-yeoss* ; *ha-yeoss* se contracte souvent en *haess ;*
* quand un verbe se termine par la voyelle *i*, *i* et *-eoss* se contractent en *yeoss*. Ex. : *masi-da* : "boire", *masy-eoss-seubni-da* : j'ai bu", prononcé : (*ma-chyo-sseum-ni-da*).

6 전화를 받아서 기뻤습니다. **(5)**
/jeonhwa-reul bad-a-seo gibb-eoss-seubni-da/
(tcho-noua-reul pa-da-sso ki-bbo-sseum-ni-da)

NOTES (suite)

(5) *jeonhwa-reul bad-a-seo gipp-eoss-seubni-da* : "J'étais content d'avoir reçu [son] coup de fil". Nous découvrons ici une autre valeur du suffixe-conjonction *-seo* : l'indication de la cause : *jeonhwa-reul bad-a-seo* : "parce que j'avais reçu [son] coup de fil.
• *bad-a-seo* : "parce que j'ai reçu", *bo-a-seo* : "parce que j'ai vu". Le suffixe *-seo* se joint au radical du verbe ou de l'adjectif au moyen d'une **voyelle de liaison**, exigée par la grammaire devant certains suffixes. Les règles de choix de la voyelle de liaison appropriées sont les mêmes que pour les suffixes du passé :
• *a* quand le vocalisme du verbe est soit *a* soit *o*,

EXERCICES – 연습 – /yeonseub/ – (yonn-seup)

Traduction – 번역 – /beonyeog/ – (po-nyok)

1. 건너편 식당에서 전화를 받았습니다.
(kon-no-p'yonn chik-ttang-é-sso tcho-noua-reul pa-da-sseum-ni-da)

2. 어제 영화를 보았습니다.
(o-djé yong-houa-reul pô-a-sseum-ni-da)

3. 같이 식사를 하면 어떻겠습니까 ?
(ka-tch'i chik-ssa-reul ha-myonn o-tto-ké-sseum-ni-kka)

4. 퇴근해서 기뻤습니다.
(t'ouai-gueunn-hai-sso ki-ppo-sseum-ni-da)

6 J'étais content de [son] coup de fil (téléphone reçoit-parce que content).

NOTES (suite)

• *eo* dans tous les autres cas. Ex. : *sigan-i iss-eo-seo* : "parce que j'avais du temps",
• *yeo* pour le verbe *ha-da*, Ex. : *docagha-yeo-seo* : "parce que je suis arrivé", qui peut se contracter en *docaghae-seo*,
• Enfin, quand le radical se termine en *i*, *i* et *eo* se contractent en *yeo*. Ex. : *sul-eul masy-eo-seo* : "parce que j'ai bu de l'alcool", prononcé (*ma-chyo-sso).*
* *gibb-eoss-seubni-da* est le passé de l'adjectif *gibbeu-da* : "content", "heureux". Comme vous le constatez, la voyelle *eu* du radical *gibbeu-* a été "avalée" ("assimilée" comme disent les linguistes) par la marque du passé. C'est normal en coréen, car *eu* est, dans cette langue, une voyelle faible qui s'efface devant une voyelle plus forte.

EXERCICES – 연습 – /yeonseub/ – (yonn-seup)

Mots manquants – 빠지는 단어
/bbadji-neun daneo/ – (ppa-dji-neunn ta-no)

1. *Y avait-il une voiture ?*
차가 . . . . . (tch'a-ga . . . . .)

2. *J'ai vu un avion.*
비행기를 . . . . . (pi-haing-gui-reul . . . . .)

3. *Il y avait beaucoup de monde.*
사람이 . . . . . . (sa-ra-mi . . . . . .)

4. *J'ai visité Séoul.*
서울을 . . . . (so-ou-reul . . . .)

5. *La montagne n'était pas haute*
산은 . . . . (sa-neunn . . . .)

Exercices d'écriture

Écrivez

/badassseubnida/	"on a reçu"
/gibbeossseubnida/	"on était content"
/hayeossseubnida/	"on a fait"
/eobseossseubnida/	"il n'y en avait pas"
/isseossseubnida/	"il y en avait"

CORRIGÉS DES EXERCICES

Traduction

1. J'ai reçu un coup de fil au restaurant d'en face.
2. Hier, j'ai vu un film.
3. Ça vous dirait si nous prenions notre repas ensemble ?
4. Je suis content d'avoir quitté le travail.

Mots manquants

1. 있었습니까 (i-sso-sseum-ni-kka) **2.** 보았습니다 (pô-a-sseum-ni-da) **3.** 많았습니다 (ma-na-sseum-ni-da) **4.** 구경하였습니다 (kou-gyong-ha-yo-sseum-ni-da) **5.** 높지 않았습니다 (nôp-tch'i ann-sseum-ni-da).

Exercice d'écriture

1. 받았습니다 **2.** 기뻤습니다 **3.** 하였습니다 **4.** 없었습니다 **5.** 있었습니다

시어머니가 죽으면 안방이 내 차지
/sieomeoni-ga jug-eumyeon anbang-i nae caji/
(chi-o-mo-ni-ga tchou-gueu-myonn ann-bang-i nai-tch'a-dji)

"Quand ma belle-mère mourra, c'est moi qui occuperai la chambre principale."
(belle-mère meurt-si intérieur-chambre mienne possession).

Voilà un proverbe qui en dit long sur l'affection entre la belle-fille (épouse du fils aîné) et sa belle-mère. Ceci remonte à l'époque traditionnelle où toute la famille vivait

****

제 십 사 과

/je sib sa gwa/
(tché-chip-ssa-goua)

RÉVISION ET NOTES
복습 – /bogseub/ – (pôk-sseup)

Nous voici arrivés à la fin de notre deuxième semaine d'apprentissage du coréen et les choses commencent à se préciser. Nous allons passer en revue nos connaissances. Quand, à propos d'une phrase ou d'une forme, nous nous référerons à une leçon, nous indiquerons son numéro ainsi que celui de la note concernée s'il y a lieu entre parenthèses.

1. Les noms sont de deux sortes :
simples *sul* : "alcool", *jib* : "maison", *podo* : "raisin", *bat* : "champ" et composés : *podobat* : "vigne", *suljib* : "taverne".

2. Les adjectifs, eux, sont simples comme *keu-da* : "grand", *areumdab-da* : "beau", *bbareu-da* : "rapide" ou dérivés (nom + *ha-da*). Ex. : *annyeongha-da* : "tranquille", *bogjabha-da* : "compliqué". Il faut y ajouter une troisième catégorie : les adjectifs invariables comme *museun* : "quel ?".

sous le même toit et où la belle-mère était un véritable dragon familial. Dès son décès, c'était à la femme du fils aîné de prendre sa place dans le *anbang* : mot à mot : "pièce (*bang*) de l'intérieur (*an*)". C'est le quartier général de la maîtresse de maison et la pièce la plus secrète : jamais un étranger ne doit y entrer.

• *caji* (nom) : signifie en propre : "prise de possession".
• *nae* est la contraction de *na-eui* : "de moi" où *na* est le pronom personnel "je" et *-eui* le suffixe fonctionnel du complément de nom (voir leçon 6, note 3).

****

QUATORZIÈME LEÇON

3. Les verbes se subdivisent en verbes simples tels que *i-da* : "être", *iss-da* : "y avoir", *ga-da* : "aller", *bo-da* : "voir", *bad-da* : recevoir" et verbes dérivés en *ha-da*. Ex. : *docagha-da* : "arriver", *gugyeongha-da* : "visiter".

4. Les adverbes sont également simples : *jal* : "bien", *cam* : "vraiment", *wae* : "pourquoi ?" ou dérivés à l'aide des suffixes *-i* ou *-ge* pour les mots d'origine coréenne. Ex. : *manh-da* : "nombreux", *manh-i* : "beaucoup", *eoddeoh-da* : "être ainsi", "*eoddeoh-ge*" : "comment ?". Pour les adverbes d'origine sino-coréenne on utilise le suffixe *-hi*. Ex. : *annyeongha-da* : "paisible", *annyeong-hi* : "paisiblement".

5. Les suffixes nominaux se subdivisent en **suffixes fonctionnels** qui indiquent la fonction du nom dans la phrase : *-i / -ga* : sujet, *-eul / -reul* : objet, *-eui* : complément de nom (déterminant), *-hanteseo* : agent, etc. et en **suffixes spécifiques** qui ajoutent au nom une signification particulière : *-do* : "même", "aussi", *-man* :

seulement", *-buteo* : "depuis", *-ggaji* : "jusque", *-eun / -neun* : "mise en valeur". À noter que ce dernier suffixe est employé souvent pour marquer le sujet.

Attention ! En fonction de sujet ou d'objet, les suffixes spécifiques **remplacent** les suffixes fonctionnels, mais, dans les autres cas, **ils se placent derrière eux**. Comparez : *bihaenggi-reul bo-bni-da* : "il voit un avion", *bihaenggi-do bo-bni-da* : "il voit même un avion" et *Seoul-e ga-bni-da* : "il va à Séoul", *Seoul-e-do ga-bni-da* : "il va même à Séoul".

Les verbes et les adjectifs peuvent prendre, quant à eux, trois différentes sortes de suffixes : les terminaisons, les suffixes-épithètes et les suffixes-conjonctions.

Les terminaisons se trouvent en fin de phrase, comme *-da* qui marque l'affirmation ou *-gga* qui marque l'interrogation. Ex. : *gugyeongha-si-gess-seubni-gga* : "visiterez-vous ?", *geu-saram-eun haneul-eul bo-bni-da* : Cet homme regarde le ciel".

• **Les suffixes-épithètes**, au contraire, se trouvent toujours devant un nom ou un pronom. Ex. : *gidari-neun saram* : "les personnes qui attendent", *gugyeongha-l geos* : "les choses à voir".

• **Les suffixes-conjonctions** terminent une proposition subordonnée. Ils correspondent par leur sens aux propositions du français.
Ex. : *gungjeon-eun neolb-go areumdab-seubni-da* : "Les palais sont vastes et beaux", *horang'i-ga je mal ha-myeon o-n-da* : "Quand on parle du tigre il arrive".

6. Les conjonctions : Nous avons vu qu'en coréen, ce sont les suffixes-conjonctions qui jouent le rôle de nos conjonctions, néanmoins, sous l'influence des langues occidentales, on utilise quelques conjonctions en début de phrase, exactement comme en français : *geureona* : "mais", *geuraedo* : "néanmoins", etc.

7. La négation s'exprime à l'aide du suffixe de négation *-ji* suivi de l'auxiliaire *anh-da*. Ex. : *jeo-neun bihaenggi-reul bo-ji anh-seubni-da* : "Je ne vois pas l'avion", *Namsan-boda nop-ji anh-seubni-da* : "Ce n'est pas plus haut que Namsan".

8. Les temps des verbes et des adjectifs. Le système des temps en coréen est subtil et assez différent de celui du français. Pour le moment, nous nous limiterons à une approche simple. Dans les leçons que nous avons vues, nous avons rencontré trois temps :

• **Le présent :** il n'est marqué par rien quand le verbe ou l'adjectif prennent le suffixe de politesse : *-bni* après voyelle, *-seubni* après consonne. Par contre, quand on n'utilise pas ces suffixes, c'est-à-dire quand on emploie le style "neutre" ou "non poli", comme dans les proverbes et dictons, le présent est marqué par le suffixe *-n* après voyelle et sa variante *-neun* après consonne.
Ex. : *so-reul ilh-go oeyanggan-eul goci-n-da* : "Réparer l'étable après avoir perdu le bœuf" (leçon 8).
Ex. : *oesang-i-myeon so-do jab-a meog-neun-da* : Quand c'est à crédit, on mange même un bœuf (crédit-est-si bœuf-même attrape mange).
NB. Pendant très longtemps, la viande de bœuf était un produit de luxe seulement abordable pour les riches.

• **Le futur :** il est marqué par le suffixe *-gess*.
Ex. : *Seoul-eun gugyeongha-si-gess-seubni-gga* : "Visiterez-vous Séoul ?".

• **Le passé :** Comme nous l'avons indiqué leçon 13 note 4, il existe trois suffixes du passé : *-ass, -eoss* et *-yeoss*.
Ex. : *eoje jeonhwa-reul bad-ass-seubni-da* : "Hier, j'ai reçu un coup de fil" ;
so-reul jab-a meog-eoss—da : "On a mangé un bœuf" ;
eonje cingu-neun docagha-yeoss-seubni-gga : "Quand votre ami est-il arrivé ?".
Ces trois temps se retrouvent dans les formes épithètes des verbes, on a dans ce cas les suffixes suivants :

pour le présent : *-neun* quelle que soit le radical du verbe. Ex. *gidari-neun saram* : “les gens qui attendent”, *mog-neun saram* : “les gens qui mangent” ;

pour le passé : *-n* après voyelle et *-eun* après consonne. Ex. : *gidari-n saram* : “les gens qui ont attendu”, *meog-eun saram* : “les gens qui ont mangé” ;

pour le futur : *-l* après voyelle et *-eul* après consonne. Ex. : *gidari-l saram* : “les gens qui attendront”, *meog-eul saram* : “les gens qui mangeront”.

Les adjectifs se distinguent des verbes sur deux points :

En fonction d’attribut, en fin de phrase, **il n’ont pas de forme du présent**. On dira *saram-i ga-n-da* : “L’homme s’en va”, mais *dosi keu-da* : “La ville est grande”.

À la différence des verbes, ils ne connaissent que deux formes-épithètes : celle du passé qui a valeur de présent et celle du futur qui exprime le futur, le possible, l'éventuel, le conditionnel. Avec un verbe on pourra donc dire *ga-neun saram* : “l’homme qui part”, *ga-n saram* : “l’homme qui est parti”, *ga-l saram* : “l’homme qui partira”, mais avec un adjectif, on n’aura le choix qu’entre *nop-eun* : “qui est haut” et *nop-eul* : “qui sera haut”, “qui pourrait être haut”.

Cette incompatibilité entre l’adjectif et le présent a une explication. En coréen, le présent, c’est aussi l’inaccompli ; or, par définition, une qualité, comme celle d’un adjectif “qualificatif”, ne peut pas être inaccomplie. Subtil, peut-être ? Nous ne pousserons pas plus loin nos explications pour aujourd’hui. Dans les leçons à venir, nous découvrirons peu à peu toutes les facettes des temps du coréen.

Ça y est ? Vous avez tout compris ? Pas tout à fait ? Il faut de la constance, de la patience et de l’a-char-ne-ment. Prêt quand même pour la prochaine semaine ?

Alors, enfourchez le tigre coréen (*horang’i*) et foncez !

고래 싸움에 새우등 터진다
/gorae ssaum-e saeu-deung teoji-n-da/
(kô-rai-ssa-ou-mé sai-ou-deung t'o-djinn-da)

"Dans un combat de baleines, ce sont les crevettes qui trinquent"

• *gorae* (nom) : "baleine", *ssaum* (nom) : "combat", *saeu* (nom) : "crevette", *deung* (nom) : "dos", *teoji-da* (verbe) : "se déchirer", "éclater", d'où par transposition du sens "trinquer".
• le suffixe *-e* marque le complément circonstanciel de lieu.

• Ce proverbe est très révélateur du destin géopolitique de la Corée, petite crevette pacifique coincée entre plusieurs grosses baleines : la Chine, le Japon et, à partir du XIXe siècle, la Russie et les États-Unis.

• Dans votre cas, c'est différent ! Maintenant, il se peut que vous parliez coréen comme une crevette française, mais, si vous continuez à progresser méthodiquement en suivant nos conseils, vous deviendrez aussi fort en coréen qu'une grosse baleine !

제 15 과
/je sib o gwa/
(tché-chi-bô-goua)

우정
/ujeong/
(ou-djong)

1 – 어제 미국에서 돌아온 친구를 만났습니다. (1)
/eoje migug-eseo dorao-n cingu-reul mannass-seubni-da/
(o-djé mi-gou-gué-sso tô-ra-ônn tch'inn-gou-reul mann-na-sseum-ni-da)

2 그 친구가 저에게 선물을 주었습니다. (2)
/geu cingu-ga jeo-ege seonmul-eul ju-eoss-seubni-da/
(keu tch'in-gou-ga tcheo-é-gué sonn-mou-reul tchou-o-sseum-ni-da)

3 미국에서 사온 가방입니다. (3)
/migug-eseo sao-n gabang-i-bni-da/
(mi-gou-gué-sso sa-ônn ka-bang-im-ni-da)

QUINZIÈME LEÇON

L'amitié

1 – Hier j'ai rencontré un ami de retour des États-Unis (hier États-Unis-provenance rentré ami rencontré ai).

2 Il m'a offert un cadeau (cet ami moi-à cadeau donné a).

3 C'est une serviette qu'il a ramenée des États-Unis (États-Unis-de acheté-ramené a serviette-est).

NOTES

(1) -*migug* (nom) : États-Unis, *dorao-da* (verbe) : rentrer, *manna-da* (verbe) : "rencontrer".
• -*eseo* : suffixe fonctionnel indiquant la provenance : *migug-eseo dorao-da* : rentrer des États-Unis.

(2) - *ege* : suffixe fonctionnel qui indique le destinataire, le bénéficiaire ; *seonmul* (nom) : "présent", "cadeau" ; *ju-da* (verbe) : "donner". Ex. : *cingu-ege seonmul-eul ju-da* : faire un cadeau à un ami.

(3) - *sao-da* : verbe composé à partir de deux verbes simples : *sa-da* : acheter" et *o-da* : venir" ; *sao-da* signifie donc : "acheter et venir", ce qui se traduit en français par : "rapporter", "ramener" (un cadeau, des emplettes). Ce genre de verbes composés domine en coréen, car, comme nous l'avons déjà vu (leçon 11, note 2 à propos de *cultoegeunha-da* : "aller au travail et le quitter"), le coréen a un besoin quasi maniaque de préciser toutes les aspects d'une action. En France, nous rapportons un cadeau à un ami, en Corée on l'achète et on arrive !
• Dans cette phrase, -*eseo* de *migug-eseo* a en même temps la valeur de la marque de lieu pour un verbe d'action : *migug-eseo sa-da* : "acheter aux États-Unis" et celle de provenance liée à *o-da* : *migug-eseo o-da* : "venir des États-Unis".

4 가죽으로 만든 제품입니다. **(4)**
/gajug-euro mandeu-n jepum-i-bni-da/
(ka-djou-gueu-rô mann-deunn tché-p'ou-mim-ni-da)

5 우리는 저녁 식사를 했습니다. **(5)**
/uri-neun jeonyeog sigsa-reul haess-seubni-da/
(ou-ri-neunn tcho-nyok-chik-ssa-reul hai-sseum-ni-da)

6 식사를 한 후 야구 경기를 보러 갔습니다. **(6)**
/sigsa-reul ha-n hu yagu gyeonggi-reul bo-reo gass-seubni-da/
(chik-sa-reul hann hou ya-gou-gyong-gui-reul pô-ro-ga-sseum-ni-da)

7 우리가 제일 좋아하는 운동입니다. **(7)**
/uri-ga jeil johaha-neun undong-i-bni-da/
(ouri-ga tché-il tchô-a-ha-neunn ounn-dông-im-ni-da)

NOTES (suite)

(4) - *gajug-euro* : “en cuir” ; le suffixe fonctionnel *-ro / -euro* a de nombreuses valeurs ; ici, il indique la matière ; *jepum* (nom : “produit fabriqué”, “article”.
• *mandeu-n* : forme épithète au passé de *mandeul-da* : “fabriquer”. Tous les verbes dont le radical se termine par la consonne *-l* perdent cette consonne devant les suffixes commençant par *n*.
• Un certain nombre de verbes et d'adjectifs coréens présentent des **irrégularités**. Non ! Ne commencez pas à paniquer ! les “irréguliers” coréens n'ont rien à voir avec l'enfer des verbes irréguliers dans les langues

4 C'est un article en cuir (cuir-en fabriqué article-est).
5 Nous avons dîné (nous soir repas fait avons).
6 Après avoir dîné nous sommes allés voir un match de base-ball (repas fait après base-ball match voir-pour allé sommes).
7 c'est notre sport préféré (nous le plus aimons sport-est).

NOTES (suite)

occidentales... à commencer par le français. Comme vous le découvrirez peu à peu, ces irrégularités sont simples, peu nombreuses et faciles à retenir, cf. les adjectifs en *eu* comme *gibbeu-da* : "heureux" (leçon 13, note 5).

(5) - *uri* (pronom) : "nous" ; *jeonyeog* (nom) : "soir", *jeonyeog sigsa* : "repas du soir", "dîner", on dit souvent tout simplement *jeonyeog*.

(6) - *hu* (nom) : "après" ; précédé d'un verbe à la forme-épithète du passé, ce mot prend la valeur de la conjonction "après" : *sigsa-reul ha-n hu* : "après avoir pris notre dîner".
• *yagu* (nom) : "baseball", *gyeonggi* (nom) : "match". Tout comme les Américains et les Japonais, les Coréens ont une véritable passion pour le baseball.
• *gyeonggi-reul bo-reo ga-da* : "aller voir un match", voir leçon 12, note 8.

(7) *-undong* (nom) : "sport", *johaha-da* : "aimer" (au sens d'aimer quelque chose) ; avec l'adverbe *jeil* : "le plus" prend le sens de : "préférer".
uri-ga jeil johaha-neun undong-i-bni-da : "C'est le sport que nous préférons". En français, on a une proposition principale : – C'est le sport – et une proposition relative : – que nous préférons –, avec "sport" comme antécédent. En coréen, où les propositions relatives n'existent pas, on a recours à une **proposition épithète** qui se place **devant** le mot dont elle est l'épithète : *uri-ga jeil johaha-neun*.

EXERCICES – 연습 – /yeonseub/ – (yonn-seup)

Traduction – 번역

1. 가죽으로 만든 가방입니다.
(ka-djou-gueu-rô mann-deunn ka-bang-im-ni-da)

2. 경기를 구경한 후 식사를 하였습니다.
(kyong-gui-reul kou-gyeong-hann hou chik-ssa-reul ha-yo-sseum-ni-da)

3. 제일 좋아하는 친구입니다.
(tché-il tchô-a-ha-neunn tch'inn-gou-im-ni-da)

4. 어제 만난 사람은 프랑스인입니다.
(o-djé mann-nann sa-ra-meunn p'eu-rang-sseu-i-nim-ni-da)

5. 공항에서 돌아왔습니다.
(kông-hang-é-sso tô-ra-oua-sseum-ni-da)

Mots manquants – 빠지는 단어

1. *C'est un ami qui rentre des États-Unis.*
미국 . . 돌아온 친구입니다.
(mi-goug . . tô-ra-ônn tch'inn-gou-im-ni-da)

2. *Mon ami m'a donné un cadeau.*
제 친구는 선물을 . . . . .
(tché tch'inn-gou-neunn sonn-mou-reul . . . . .)

3. *C'est une maison en bois.*
나무 . . . 집입니다.
(na-mou . . . tchi-bim-ni-da)

CORRIGÉS DES EXERCICES

Traduction
1. C'est une serviette en cuir. **2.** Après avoir vu le match, nous avons pris notre repas. **3.** C'est mon meilleur ami. **4.** L'homme que j'ai rencontré hier est Français. **5.** Je suis rentré de l'aéroport.

Mots manquants
1. 에서 (e-sso) **2.** 주었습니다 (tchou-o-sseum-ni-da) **3.** 로 만든 (rô-mann-deunn).

용두사미로 끝나다
/yongdusami-ro ggeutna-da/
(yông-dou-ssa-mi-rô kkeunn-na-da)

"Finir en queue de poisson"
(dragon tête serpent queue-en finir)

Et voici l'expression du jour ! On peut la traduire par : "finir en queue de poisson", mais le sens exact de *yongdusami* est : "tête de dragon (*yongdu*) [et] queue de serpent (*sami*)". Il s'agit donc de quelque chose qui a commencé de façon magnifique, comme une tête de dragon (animal fabuleux des légendes coréennes, gardien de l'Orient, protecteur des palais et des temples), mais qui finit (*ggeutna-da* : "finir") d'une façon aussi mesquine qu'une queue de serpent. Nous découvrons, en prime, une nouvelle valeur du suffixe fonctionnel *-ro / -euro* : l'indication de la manière : "en".

À l'orée de votre troisième semaine de coréen, voilà... ce qu'il ne faut pas faire ! "Tête de dragon", oui ! mais, finir en queue de serpent, jamais !
Vous devez certainement commencer à vous y retrouver en coréen et vous avez compris qu'en dépit de certains aspects déroutants, c'est une langue, avouez-le, plutôt conviviale et qui vous fait grâce de conjugaisons et de déclinaisons compliquées, ce qui n'est pas le cas de toutes les langues européennes. Alors, promis ? Dragon toujours, et pas "petit dragon", mais grand dragon !

제 16 과
/je sib ryug gwa/
(tché-chim-nyouk-koua)

식당
/sigdang/
(chik-ttang)

1 – 어서 오세요. **(1)**
/eoseo o-seyo/
(o-sso-ô-ssé-yô)

2 몇 분 되십니까 ? **(2)**
/myoc bun doe-si-bni-gga/
(myo-ppounn touai-chim-ni-kka)

3 – 네 명입니다. **(3)**
/ne myeong-i-bni-da/
(né-myong-im-ni-da)

4 – 이리로 오시죠. **(4)**
/iri-ro o-si-jyo/
(i-ri-rô ô-chi-djyô)

5 이 쪽으로 앉으시죠. **(5)**
/i jjog-euro anj-eusi-jiyo/
(i-ttchô-gueu-rô ann-djeu-chi-yô)

NOTES

(1) *-eoso* (adverbe) : “vite” ; *o-seyo* : du verbe *o-da* : “venir” avec la terminaison de l’impératif *-seyo*. Quand le verbe se termine par une consonne, on utilise la variante *-euseyo*, Ex. : *bad-euseyo* : “recevez”. *eoseo o-seyo*, mot à mot : “venez vite !” est la façon coréenne de souhaiter la bienvenue.

SEIZIÈME LEÇON

Le restaurant

1 – Soyez les bienvenus (vite venez) !
2 Vous êtes combien (combien personne se compose) ?
3 – Quatre (quatre personne-est).
4 – Par ici, s'il vous plaît (par ici venez).
5 Asseyez-vous là (ce côté-a asseyez).

NOTES (suite)

(2) *myeoc bun doe-si-bni-gga* : mot à mot : "Vous vous composez de combien de personnes ?" ; *bun* (nom) est le terme de déférence pour *saram* : "personne". Le sens de base du verbe *doe-da* est : "devenir", mais il a de nombreux sens dérivés, comme ici : "se composer de", "consister en".

(3) *nes* (nom) : "quatre" ; en fonction d'épithète devant un nom commençant par une consonne, ce nombre prend la forme *ne.myeong* est une autre façon polie de désigner la personne.

(4) Le coréen dispose de formes spéciales d'adverbes de lieu pour indiquer la direction : *iri* : "par ici" cf. *yeogi* : "ici", *geuri* : "par là" ; cf. *geogi* : "là" et *jeori* : "par là-bas" ; cf. *jeogi* : "là-bas".
• *o-si-jyo* : "venez" : c'est une invite, alors que *o-seyo* : "venez" est un impératif. En français aussi, nous faisons la différence, mais par l'intonation. En coréen, les nuances sont beaucoup plus "grammaticalisées" que dans notre langue.
• *-jyo* est la forme contractée de *-jiyo* que l'on trouve dans la phrase 5 avec le verbe *anj-da* : "s'asseoir".

(5) *jjog* (nom) : "côté", "direction".

6 무엇을 드시겠습니까 ? **(6)**
/mueos-eul deu-si-gess-seubni-gga/
(mou-o-sseul teu-chi-gué-sseum-ni-kka)

7 – 불고기, 비빔밥으로 하겠습니다. **(7)**
/bulgogi bibimbab-euro ha-gess-seubni-da/(poul-gô-gui pi-bim-ba-beu-rô ha-gué-sseum-ni-da)

8 그리고, 맥주 두 병 주세요. **(8)**
/geurigo maegju du byeong ju-seyo/
(keu-ri-gô maik-tchou tou-byong tchou-ssé-yo)

9 – 네, 알았습니다. **(9)**
/ne al-ass-seubni-da/
(nai a-ra-sseum-ni-da)

10 곧갖다 드리겠습니다. **(10)**
/god gajda deuri-gess-seubni-da/
(kôt ka-tta-deu-ri-gué-sseum-ni-da)

NOTES (suite)

(6) *mueos-eul deu-si-gess-seubni-gga* : “Que prendrez-vous ?”, du verbe *deul-da* ; ce verbe a deux sens : “tenir à la main” et “prendre” (de la nourriture)” ; “manger” se dit *meog-da*.

(7) *bulgogi* (nom composé) : mot à mot : “viande (*gogi*) au feu (*bul*)”. C’est en quelque sorte le plat national. De fines lamelles de viande de bœuf, déposées sur un récipient conique et baignant dans un bouillon à base de sauce de soja, sont grillées sur un feu de bois. Un vrai régal !!!
• *bibimbab* (nom composé) : mot à mot : “riz (*bab*) de mélange (*bibim*)”, un autre régal de la cuisine coréenne. On trouve parmi les ingrédients les plus utilisés un œuf sur le plat, des pousses de soja, des épinards, de la pâte de soja fermentée avec un peu de piment et... des

6 Que prendrez-vous ?
7 – Ce sera un *bulgogi* et un *bibimbab* (*bulgogi bibimbab*-avec ferons).
8 Et donnez-nous aussi deux bouteilles de bière (et aussi bière deux bouteilles donnez).
9 – D'accord (compris).
10 Je vous apporte ça tout de suite (tout de suite apporte).

NOTES (suite)

fougères. Si la cuisson se fait dans une marmite en pierre (*dolsot*), c'est encore meilleur.
• *bab* désigne le "riz cuit", l'aboutissement du cycle qui part de *mo* le "plant de riz", en passant par *byeo*, le "riz en épi" et *ssal*, le "riz en grain" après le battage.
• *bulgogi, bibimbab-euro ha-gess-seubni-da* mot à mot : "Je ferai avec du *bulgogi* et du *bibimbab*". Voilà encore un emploi du suffixe *-ro* / *-euro* qui indique ici le choix.

(8) *maegju du byeong* : "bière deux bouteilles". C'est l'ordre normal pour dire : "deux bouteilles de bière". *du* est la variante épithète du nombre *dul* : "deux", utilisée quand il est placé devant un nom.
La bière coréenne est très bonne et se boit souvent dans les repas entre amis.

(9) *-al-ass-seubni-da* : "j'ai compris", du verbe *al-da* : "comprendre", "savoir". se dit souvent pour "oui" au lieu de *geureoh-seubni-da*, quand on veut indiquer qu'on a bien compris les explications ou la demande de quelqu'un ; dans ce cas, le suffixe *-ass* n'indique pas exactement le passé, mais sert à confirmer que le message est bien passé.

(10) *god* (adverbe) : "immédiatement", "tout de suite" ; *gajda deuri-da* (verbe composé) : "apporter", mot à mot : "avoir (*gaj-da*) et donner (*deuri-da*). Ce dernier verbe est le verbe déférent de *ju-da* : "donner" (voir leçon 15, note 2).
• *-gess* indique ici le futur proche.

EXERCICES – 연습 – /yeonseub/ – (yonn-seup)

Traduction – 번역

1. 비빔밥을 드시겠습니까 ?
(bi-bim-ba-beul teu-chi-gué-sseum-ni-kka)
2. 이 식당에 맥주가 있습니까 ?
(i-chik-ttang-é maik-tchou-ga i-sseum-ni-kka)
3. 이리로 왔습니다.
(i-ri-rô oua-sseum-ni-da)
4. 맥주 몇 병 드시겠습니까 ?
(maik-tchou-myo-ppyong teu-chi-gué-sseum-ni-kka)
5. 저는 불고기로 하겠습니다.
(tcho-neunn poul-gô-gui-rô ha-gué-sseum-ni-da)

Mots manquants – 빠지는 단어

1. *Mon ami s'est assis.*
친구는 . . . . . .
(tch'inn-gou-neunn . . . . .)
2. *C'est un restaurant où il n'y a pas de bière.*
. . . . . . 식당입니다.
(. . . . . chik-ttang-im-ni-da)
3. *Que prendrez-vous ?*
무엇을 . . . .
(mou-o-sseul . . . . . .)

CORRIGÉS DES EXERCICES

Traduction

1. Prendrez-vous du *bibimbab* ?
2. Y a-t-il de la bière dans ce restaurant ?
3. Je suis venu ici.
4. Combien de bouteilles de bière prendrez-vous ?
5. Je prendrai du *bulgogi*.

Mots manquants

1. 앉았습니다 (ann-dja-sseum-ni-da) **2.** 맥주가 없는 (maik-tchou-ga-om-neunn) **3.** 드시겠습니까 (teu-chi-gué-sseum-ni-kka)

금강산도식후경
/geumgangsan-do sighugyeong/
(keum-gang-ssann-dô chik-hou-gyong)

“Même les Monts du Diamant ne s’admirent qu’après avoir mangé”
(diamant mont même manger après admirer)

Ce qui pourrait se traduire par : “Ventre affamé n’a pas d’oreilles”, mais c’est autrement pittoresque ! Le sens exact de ce proverbe est : “Même (*do*) les Monts (*san*) du Diamant (*gumgang*) – les plus belles montagnes de la péninsule – on les admire (*gyeong*) après avoir mangé (*sighu*)”. En fait, dans cette phrase, *-do* seul est du coréen pur ; tout le reste est du sino-coréen ; et alors ? Nous avons bien, nous, des expressions en latin ! Nous reviendrons ultérieurement sur les rapports entre le coréen pur et le sino-coréen, qui ne sont pas sans rappeler d’ailleurs ceux qui existent entre le latin et le français, mais, pour le moment, *suo tempore*, chaque chose en son temps !

제 17 과
/je sib cil gwa/
(tché-chip-tch'il-goua)

초대
/codae/
(tch'ô-dai)

1 – 차린 것은 없지만 많이 드세요. **(1)**
/cari-n geos-eun eobs-jiman manh-i deu-seyo/
(tch'a-rinn ko-sseunn op-tchi-mann ma-ni teu-ssé-yô)

2 – 맛있게 잘 먹겠습니다. **(2)**
/masiss-ge jal meog-gess-seubni-da/
(ma-chi-kké tchal mo-kké-sseum-ni-da)

DIX-SEPTIÈME LEÇON

L'invitation

1 – Bien qu'il n'y ait rien de préparé, prenez-en beaucoup (préparé chose y a pas-bien que beaucoup prenez).

2 – Je vais très bien manger (savoureusement bien mangerai).

NOTES

(1) *cari-n,* forme épithète au passé du verbe *cari-da* : préparer de la nourriture".
• *cari-n geos-eun eobs-jiman manh-i deu-seyo* : "bien que des choses préparées, il n'y en ait pas, prenez beaucoup". Cette formule peut paraître surprenante, mais c'est la formule consacrée pour prier un invité de commencer le repas. En Corée, comme dans toute l'Asie, la politesse veut que l'on se sous-estime : on n'a donc pas été capable de préparer grand-chose pour l'invité, mais on le prie quand même de manger beaucoup !

(2) *masiss-ge jal meog-gess-seubni-da* : "Je vais très bien manger". Telle est la formule consacrée prononcée par l'invité au début du repas.
• *masiss-ge* : "savoureusement", adverbe en *-ge* dérivé de *masiss-da* (adjectif) : "savoureux", mot à mot : "saveur (*mas*) y a". Le coréen connaît ainsi quelques adjectifs forgés en ajoutant *-iss-da* à un nom. Ex. : *jaemi* : "intérêt", *jaemiss-da* : "intéressant", *meos* : "élégance", "beauté", *meosiss-da* : "élégant", "chic", "beau".

3 – 젓가락으로 드시기에 불편하지 않으세요 ? **(3)**
/jeosgarag-euro deu-si-gi-e bulpyeonha-ji anh-euseyo/
(tcho-kka-ra-gueu-rô teu-chi-gui-é poul-p'yonn-ha-dji-a-neu-sé-yô)

4 – 전혀 불편하지 않습니다. **(4)**
/jeonhyeo bulpyeonha-ji anh-seubni-da/
(tcho-nyo poul-p'yonn-ha-dji-ann-sseum-ni-da)

5 – 맛은 어떻습니까 ?
/mas-eun eoddeoh-seubni-gga/
(ma-sseunn o-tto-sseum-ni-kka)

6 – 아주 맛있는데요. **(5)**
/aju masiss-neundeyo/
(a-djou ma-chinn-neunn-dé-yô)

7 – 더 드시겠습니까 ?
/deo deu-si-gess-seubni-gga/
(to-deu-chi-gué-sseum-ni-kka)

NOTES (suite)

(3) *jeosgarag* (nom) : "baguettes" avec lesquelles on mange. La Corée est le seul pays d'Asie où ces baguettes sont métalliques... et à peine plus grandes que les aiguilles à tricoter les gants de nos grands-mères ! Pour les "débutants", c'est du grand sport ! *jeosgarag-euro* : "avec des baguettes" : le suffixe fonctionnel *-euro* indique ici le moyen.
• *jeosgarag-euro deu-si-gi-e bulpyeonha-ji anh-euseyo* : mot à mot : "N'est-ce pas incommode dans la prise avec des baguettes ?".
• *bulpyeonha-da* (adjectif) : "incommode", "peu pratique".

3 – N'est-ce pas incommode avec des baguettes (baguettes-avec incommode n'est pas) ?
4 – Pas du tout (absolument incommode n'est pas).
5 – C'est bon (goût, comment est) ?

NOTES (suite)

• *deu-si-gi* : "action de prendre", du verbe *deul-da* : "prendre de la nourriture" ; le radical *deul-* est suivi du suffixe *-si* qui marque la déférence et de *-gi* , suffixe qui transforme un verbe en nom.

• *bulpyeonha-ji anh-euseyo* : "n'est ce pas incommode ?" ; nous l'avons déjà vu (leçon 16, note 1) *eoseo o-seyo* : "venez vite !" (soyez les bienvenus !). Comme on le voit, ce suffixe prend différentes valeurs : impératif, interrogation en fonction de **l'intonation**. Ce suffixe *-euseyo / -seyo* (quand le radical du verbe se termine par une voyelle) remplace deux suffixes : *sib-sio* de *o-sib-sio* : "Venez !" et *-si-bni-gga* de *bulpyeonha-ji anh-eusi-bni-gga* : "N'est-ce pas incommode ?". Les suffixes *sib-sio,* où *sib* est une variante du suffixe de déférence *-si* devant la terminaison de l'impératif *sio* et *si-bni-gga* marquent le plus haut degré de politesse, tandis que *-seyo* représente une politesse moins formelle, plus décontractée et plus affable couramment utilisée dans la conversation courante. Vous remarquerez qu'au début du dialogue, l'hôte emploie *-seyo* pour se montrer affable avec son invité, tandis que celui-ci répond en ayant recours à *-seubni-da*. En fait, au cours d'une conversation, on peut jouer sur les différentes formes de politesse en fonction du moment, mais nous découvrirons ces nuances petit à petit dans les leçons à venir.

(4) *jeonhyeo* (adverbe) : "tout à fait", "totalement" ou "pas du tout" avec une forme négative, comme ici.

(5) *aju masiss-neundeyo* : "C'est très savoureux" ; *-neundeyo* est une terminaison qui marque l'exclamation.

8 – 아닙니다. 충분합니다. **(6)**
/ani-bni-da cungbunha-bni-da/
(a-nim-ni-da tch'oung-bou-nam-ni-da)

9 덕분에 아주 잘 먹었습니다. **(7)**
/deogbun-e aju jal meog-eoss-seubni-da/
(tok-ppou-né a-djou tchal mo-go-sseum-ni-da)

10 – 감사합니다. **(8)**
/gamsaha-bni-da/
(kam-ssa-ham-ni-da)

NOTES (suite)

(6) *cungbunha-da* (adjectif) : "suffisant".
• *ani-bni-da* : "non" poli est le pendant de *geureoh-seubni-da* : "oui".

(7) *deogbun-e aju jal meog-eoss-seubni-da* : "Grâce à vous j'ai très bien mangé" est la formule consacrée prononcée par l'invité à la fin du repas.

(8) *gamsaha-da* (verbe) : "remercier" *gamsaha-bni-da* : "Je vous remercie" ou tout simplement : "Merci".

*****

Vous venez d'apprendre les quelques phrases de politesse qui doivent être prononcées lorsque vous êtes invité à un repas. Vous voyez, ce n'est pas sorcier ! Ici, pas de "chinoiseries".
Un des charmes de la politesse coréenne, c'est sa dignité et sa sobriété, accompagnées d'une très grande écoute de l'autre.

6 – Délicieux (très savoureux) !
7 – En prendrez-vous davantage (davantage prendrez) ?
8 – Non. C'est suffisant.
9 J'ai très bien mangé (grâce-à très bien ai mangé).
10 – Merci.

*****

냉수 먹고 이 쑤시기
/naengsu meog-go i ssusi-gi/
(naing-ssou-mo-kkô i-ssou-chi-gui)

"manger de l'eau fraîche et se curer les dents"
(eau fraîche mange-et dent curetage)

À la fin d'un bon repas, il est permis de se servir d'un cure-dent ; malheureusement, il arrive à certains d'en user même s'ils n'ont mangé... que de l'eau froide ! Cette phrase se moque de ceux qui, tout en n'ayant rien dans le ventre ou dans la cervelle, prennent des airs importants. C'est aussi une pique lancée autrefois contre les habitants de Séoul. Comme ils se prenaient pour des aristocrates, ils avaient tendance à penser que travailler c'était déchoir, et leur garde-manger était souvent vide. Toutefois, par souci de sauver la face, ils sortaient de chez eux avec un cure-dent à la bouche, pour que tout le voisinage soit persuadé qu'ils venaient de manger de la viande, plat de luxe il y a encore une trentaine d'années.

• le suffixe-conjonction *-go* marque dans cette phrase la succession dans le temps : **après** avoir mangé de l'eau fraîche, on utilise un cure-dent.
• *i* (nom) : "dent", *ssusi-da* (verbe) : "se curer les dents". "Cure-dent" se dit *issusigae*.
• *gi* : suffixe nominal ; voir note 3 ci-dessus.

EXERCICES – 연습 – /yeonseub/ – (yonn-seup)

Traduction – 번역

1. 친구는 불고기를 많이 먹었습니다.
(tch'inn-gou-neun poul-gô-gui-reul ma-ni mo-go-sseum-ni-da)

2. 젓가락으로 드셨습니까 ?
(tcho-kka-ra-gueu-rô teu-chyo-sseum-ni-kka)

3. 비빔밥 참 맛있습니다.
(pi-bim-ba-beunn tch'am ma-chi-sseum-ni-da)

4. 맥주는 있지만 불고기는 없습니다.
maik-tchou-neunn i-ttchi-mann poul-go-gui-neunn op-sseum-ni-da)

5. 불편한 것이 많습니다.
(poul-p'yonn-hann ko-chi mann-sseum-ni-da)

Mots manquants – 빠지는 단어

1. *J'ai mangé avec des baguettes.*
젓가락으로 . . . . . .
(tcho-kka-ra-geu-rô . . . . .)

2. *S'il n'y a pas de baguettes, ce n'est pas pratique.*
. . . . 불편합니다.
(. . . . . . . poul-p'yonn-ham-ni-da)

3. *Il n'y avait rien au restaurant.*
식당에 . . . .
(chik-ttang-é . . . .)

CORRIGÉS DES EXERCICES

Traduction

1. Mon ami a mangé beaucoup de *bulgogi*.
2. Avez-vous mangé avec des baguettes ?
3. Le *bibimbab,* c'est vraiment savoureux.
4. Il y a de la bière, mais il n'y a pas de *bulgogi*.
5. Il y a beaucoup de choses peu pratiques.

Mots manquants

1. 먹었습니다 (mo-go-sseum-ni-da) **2.** 젓가락이 없으면 (tcho-kka-ra-gui op-sseu-myonn) **3.** 아무것도 없었습니다 (a-mou-go-ttô op-sso-sseum-ni-da)

제 18 과
/je sib pal gwa/
(tché-chi-p'al-goua)

음식
/eumsig/
(eum-chik)

1 – 어떤 음식을 제일 좋아하십니까 ? **(1)**
/eoddeo-n eumsig-eul jeil johaha-si-bni-gga/
(o-ttonn eum-chi-gueul tché-il tchô-a-ha-chim-ni-kka)

2 – 한국 음식입니다.
/hangug eumsig-i-bni-da/
(hann-gouk eum-chi-guim-ni-da)

3 – 너무 맵지 않습니까 ? **(2)**
/neomu maeb-ji anh-seubni-gga/
(no-mou maip-tchi-ann-sseum-ni-kka)

4 – 아니요, 매운 것을 좋아합니다. **(3)**
/aniyo, maeu-n geos-eul johaha-bni-da/
(a-ni-yô mai-ounn-go-sseul tchô-a-ham-ni-da)

NOTES

(1) *eoddeo-n* : "quel ?" ; c'est la forme-épithète de l'adjectif *eoddeoh-da* : "être comment" (leçon 12, note 9). Par rapport à l'adjectif interrogatif *museun* : "quel ?" (leçon 12, note 1), *eoddeon* apporte la nuance de : "quel genre de", "quelle espèce de".
• *eumsig* (nom) : "nourriture".

(2) *neomu* (adverbe) : "trop", *maeb-da* (adjectif) : "piquant", "épicé". La cuisine coréenne est très relevée et les

DIX-HUITIÈME LEÇON

La nourriture

1 – Quel genre de nourriture préférez-vous (quel nourriture le plus aimez) ?
2 – La nourriture coréenne (Corée nourriture est).
3 – N'est-elle pas trop épicée (trop épicé) ?
4 – Non, j'aime ce qui est épicé (épicé chose aime).

NOTES (suite)

Coréens en tirent une sorte de fierté. C'est pourquoi "manger piquant" constitue pour eux un test d'assimilation de l'hôte étranger.

(3) *maeu-n* est la forme-épithète de l'adjectif *maeb-da*. Une partie des verbes et des adjectifs en *-b* voient ce *b* se transformer en *u* devant une consonne ; c'est ainsi que ce qui devrait être *maeb-eun* donne en fait *maeu-n*. Attention ! noubliez pas : **une partie seulement**. Il vous faura donc apprendre petit à petit quels sont les verbes et les adjectifs qui, comme *maeb-da*, transforment leur *b* en *u*, et ceux qui sont réguliers d'un bout à l'autre, comme *job-da* : "étroit", cf. *job-eun gil* : "route étroite".
• *maeu-n geos* : "la chose piquante", "ce qui est piquant".
• *aniyo* est une forme plus décontractée de *ani-bni-da* : "non".

5 매울 수록 더욱 맛있지요. **(4)**
/maeu-l surog deoug masiss-jiyo/
(mai-oul-ssou-rôk to-ouk ma-chi-ttchiyô)

6 – 그렇습니까 ? 김치도 잘 잡수십니까 ? **(5)**
/geureoh-seubni-gga gimci-do jal jabsu-si-bni-gga/
(keu-ro-sseum-ni-kka kim-tch'i-dô tchal tchap-ssou-chim-ni-kka)

7 – 물론이지요. **(6)**
/mullon-i-jiyo/
(moul-lô-ni-dji-yô)

8 김치뿐만 아니라 고추, 마늘도 잘 먹습니다. **(7)**
/gimci-bbun-man-ani-ra gocu maneul-do da jal meog-seubni-da/
(kim-tch'i-ppounn-ma-na-ni-ra kô-tch'ou ma-neul-dô da tchal mog-sseum-ni-da)

NOTES (suite)

(4) *maeu-l surog deoug masiss-jiyo* : "Plus c'est fort meilleur c'est". Le suffixe-conjonction *-l surog* (*-eul surog* si le radical du verbe se termine par une consonne) a le sens de : "plus... plus" ; *deoug* (adverbe), forme renforcée de *deo* : "plus", "davantage".
Nous avons déjà vu (leçon 16, note 4) la terminaison *-jiyo* marquant l'invite. Ici, l'intonation est différente (écoutez bien l'enregistrement !) et le sens aussi. Dans cette phrase, *-jiyo* marque une "question rhétorique", c'est-à-dire une question qui n'est pas vraiment une question, mais qui cherche plutôt l'assentiment, l'approbation de l'interlocuteur, ce qui correspond tout à fait à notre "n'est-ce pas ?".

5 Plus c'est épicé, meilleur c'est (épicé plus davantage savoureux).

6 – Ah oui ? et vous mangez aussi du kimchi (kimchi aussi mangez) ?

7 – Bien sûr !

8 Je mange de tout, non seulement du kimchi, mais aussi du piment rouge et de l'ail (kimchi non seulement mais piment rouge ail aussi tout bien mange).

NOTES (suite)

(5) *geureoh-seubni-gga* : c'est le pendant interrogatif de *geureoh-seubni-da* (leçon 12, note 4). Peut se traduire par : "ah oui ?", "vraiment ?".
• *gimci* (nom) : se traduit par... kimchi ! Ce plat figure traditionnellement dans tout menu coréen. Il s'agit de légumes, essentiellement du chou chinois, qui ont trempé dans une sauce rouge très piquante à base de saumure. "kimchi" est la transcription la plus courante dans la littérature concernant la Corée.
• *jabsu-da* : verbe de déférence pour *meog-da* : "manger". Comme il est pratiquement toujours suivi du suffixe de déférence *-si*, certains dictionnaires donnent *jabsusi-da*. N'oubliez surtout pas que "manger" ne se dit pas de la même façon selon que l'on parle de soi (*meog-da*) ou de quelqu'un d'autre (*jabsu-si-da*).

(6) *mullon* (adverbe) : "bien entendu", "bien sûr" ; *i-jiyo* : c'est le verbe "être" (*i-da*) avec la terminaison *-jiyo* qui apporte une nuance d'évidence. *mullon-i-jiyo* : "bien sûr que oui !".

(7) *bbun-man-ani-ra* : expression toute faite signifiant : "non seulement, mais". Mot à mot : "seulement" (*bbun-man*) n'est pas (*ani-*) mais (*-ra*).
• *da* (adverbe) : "tout", "en totalité".
• Le kimchi, l'ail (*maneul*) et le piment rouge (*gocu*) sont les ingrédients de base de la cuisine coréenne, une des plus volcaniques du monde !

EXERCICES – 연습 – /yeonseub/ – (yonn-seup)

Traduction – 번역

1. 매운 고추를 잘 먹습니다.
(mai-oun kô-tch'ou-reul tchal mok-sseum-ni-da)

2. 한국음식을 좋아하는 사람이 많습니다.
(hann-gou-gueum-chi-gueul tchô-a-ha-neunn sa-ra-mi mann-sseum-ni-da)

3. 한국음식은 맵지만 맛있습니다.
(hann-gou-gueum-chi-gueunn maip-tchi-mann ma-chi-sseum-ni-da)

4. 어떤 음식을 잡수셨습니까 ?
(o-ttonn eum-chi-gueul tchap-ssou-chyo-sseum-ni-kka)

5. 마늘보다 고추가 더 맵습니다.
(ma-neul-bô-da kô-tch'ou-ga to maip-sseum-ni-da)

Mots manquants – 빠지는 단어

1. *Je ne mange pas ce qui est trop piquant.*
. . . . 먹지 않습니다.
(. . . . . . mok-tchi-ann-sseum-ni-da)

2. *Non seulement le piment rouge, mais l'ail aussi est piquant.*
. . . . 마늘도 맵습니다.
(. . . . . . . ma-neul-dô maip-sseum-ni-da)

3. *Plus c'est bon, plus j'en mange.*
. . . . 더 먹습니다.
(. . . . . . to mok-sseum-ni-da)

CORRIGÉS DES EXERCICES

Traduction

1. Je mange bien le piment rouge épicé.
2. Beaucoup de personnes aiment la nourriture coréenne.
3. Bien que la nourriture coréenne soit piquante, elle est savoureuse.
4. Quel genre de nourriture avez-vous mangé ?
5. Le piment rouge est plus piquant que l'ail.

Mots manquants

1. 너무 매운 것은 (no-mou mai-ounn-go-sseunn) **2.** 고추뿐만 아니라 (kô-tch'ou ppounn-ma-na-ni-ra) **3.** 맛이 좋을 수록 (ma-chi tchô-eul-ssou-rôk)

작은 고추가 맵다
/jag-eun gocu-ga maeb-da/
(tcha-gueunn kô-tch'ou-ga maip-tta)

"Le petit piment est piquant"
(petit piment piquant)

Ce dicton philosophico-culinaire nous rappelle que la force de caractère n'a rien à voir avec l'envergure physique d'un individu.

La force de caractère, telle est la qualité N°1 pour apprendre une langue. Ce n'est pas ce qui vous manque puisque vous êtes toujours avec nous. Persévérez ! et vous découvrirez davantage de proverbes et d'expressions qui vous permettront de mieux connaître la langue coréenne et la mentalité de ceux qui la parlent. Voilà une proposition qui ne manque pas... de piment !

제 19 과
/je sib gu gwa/
(tché-chip-kkou-goua)

여관
/yeogwan/
(yo-gouann)

1 – 방이 있습니까 ? **(1)**
/bang-i iss-seubni-gga/
(pang-i i-sseum-ni-kka)

2 네, 있습니다. **(2)**
/ne iss-seubni-da/
(né i-sseum-ni-da)

3 – 며칠 동안 투숙하실 겁니까 ? **(3)**
/myeocil dong'an tusugha-si-l geo-bni-gga/
(myo-tch'il tông-ann t'ou-ssou-k'a-chil kom-ni-kka)

4 – 하루만 묵을 겁니다. **(4)**
/haru-man mug-eul geo-bni-da/
(ha-rou-mann mou-gueul-gom-ni-da)

NOTES

(1) *bang* (nom) : "pièce", "chambre" ; mot à mot : "Y a-t-il une chambre ?", autrement dit : "Avez-vous une chambre ?".
• *yeogwan* (nom) "auberge", sert surtout à désigner un hôtel à la coréenne ; pour l'hôtel à l'occidentale on utilise un mot emprunté à l'anglais : *hotel*.

(2) *iss-seubni-da* : "il y en a", ce qui est une façon de dire "oui" quand il s'agit de la présence ou de l'existence de quelque chose ou de quelqu'un. Si la réponse avait été

DIX-NEUVIÈME LEÇON

L'hôtel à la coréenne

1 – Avez-vous une chambre (chambre y a) ?
2 – Oui (y a).
3 Combien de jours resterez-vous (combien jour pendant séjournerez) ?
4 – Un jour seulement (un jour seulement séjournerai).

NOTES (suite)

"non", nous aurions trouvé dans un tel contexte *eobs-seubni-da* : "non" ; Ex. : *bang-i iss-seubni-gga ? eobs-seubni-da* : "Avez-vous une chambre ? – Non".

(3) *myeocil* (nom), selon le contexte : "plusieurs jours", "combien de jours" ; *dong'an* (nom) : "période", "délai" ; utilisé ici comme postposition signifiant : "pendant" ; *myocil dong'an* : "pendant combien de jours ?".
• *tusugha-da* (verbe) : "séjourner dans un hôtel".

(4) *haru* (nom) : "un jour". Il existe en coréen une série de mots pour le décompte des jours : *iteul* : "deux jours", *saheul* : "trois jours", *naheul* : "quatre jours", *dassae* : "cinq jours", etc.
• *mug-da* (verbe) : "loger", "passer la nuit à l'hôtel", terme plus courant et moins "technique" que *tusugha-da* (voir ci-dessus).
• *mug-eul geo-bnida* : forme abrégée de *mug-eul geos-i-bni-da.*
• *-eul geos-ibni-da* sert à indiquer le futur. Se décompose en *geos-i-da* : "c'est une chose qui", précédé d'un verbe à la forme épithète du futur.
• *-eul* ou *-l* devant voyelle. Par comparaison avec le suffixe *-gess* qui marque lui aussi le futur (voir leçon 8, note 1), le futur exprimé par la tournure *-eul geos-i-da* est plus catégorique, plus certain. *myocil dong'an tusugha si-l geo-bni-gga ? haru-man mug-eul geo-bni-da* : "Pendant combien de jours resterez vous ? – Seulement un jour".

5 숙박료는 얼마입니까 ? **(5)**
/sugbagryo-neun eolma-i-bni-gga/
(souk-pang-nyô-neunn ol-ma-im-ni-kka)

6 – 삼만원입니다. **(6)**
sam man weon-i-bni-da/
(sam-ma-nouo-nim-ni-da)

7 – 좋습니다. **(7)**
/joh-seubni-da/
(tchô-sseum-ni-da)

8 – 그럼, 방으로 안내해 드리지요. **(8)**
/gueureom bang-euro annaehae deuri-jiyo/
(keu-rom pang-eu-rô ann-nai-hai-deu-ri-dji-yô)

NOTES (suite)

(5) *sugbagryo* (nom composé) : "frais d'hôtel", "prix de la chambre", à partir de *sugbag* (nom) : "séjour à l'hôtel" et *ryo* (élément sino-coréen) : "tarif".
• *eolma* (adverbe interrogatif) : "combien ?".

(6) *sam man weon-i-bni-da* : "Ça fait trente mille won". Le *weon* dont la transcription courante est "won" (mot à mot : "le rond") est l'unité monétaire coréenne.
• En Corée, tout comme en Chine et au Japon, on a un barreau supplémentaire dans l'échelle des valeurs : *sib* "dix", *baeg* "cent", *ceon* "mille" et *man* "dix mille" ; c'est pourquoi trente mille se dit *sam man* : "trois [fois] dix mille". En coréen, "cent mille" se dit *sib man* ("dix fois dix mille") et "un million" *baeg man* ("cent fois dix mille").

(7) *joh-seubni-da* : "bien", "d'accord". C'est en quelque sorte un "oui" d'approbation.

5 C'est combien (séjour-tarif combien est) ?
6 – trente mille won (trois dix-mille won est)
7 – D'accord (bon).
8 – Alors, je vais vous montrer votre chambre (alors chambre montrer donnerai).

NOTES (suite)

(8) *bang-euro annaehae deuri-gess-seubni-da* : "je vais vous montrer votre chambre". *annaeha-da* (verbe) : "informer" ; *deuri-da,* verbe de déférence pour *ju-da* : "donner" ; *deuri-da* est ici employé comme **verbe auxiliaire**. On appelle verbe auxiliaire un verbe qui se greffe sur un autre verbe pour apporter une nuance de sens supplémentaire. Dans cet emploi, *deuri-da* indique que l'action est faite au profit d'autrui, en l'occurrence que l'employé de l'auberge montre la chambre au client. Dans ce cas, *deuri-da* peut se rendre en français par un pronom personnel. Comparez : *bang-eul annaeha-gess-seubni-da* : "Je vais montrer la chambre" et *bang-eul annaehae deuri-gess-seubni-da* : "Je vais vous montrer votre chambre".
• le verbe principal et le verbe auxiliaire sont reliés par la voyelle de liaison.
• *geureom* : forme parlée de *geureomyeon* (conjonction) : "s'il en est ainsi", "dans ce cas", "alors".
• *-jiyo* est une terminaison affirmative qui marque l'affabilité et représente une invite.

EXERCICES – 연습 – /yeonseub/ – (yonn-seup)

Traduction – 번역

1. 방이 있습니다.
(pang-i i-sseum-ni-da)

2. 그 사람은 며칠 동안 서울에서 묵습니다.
(keu-ssa-ra-meunn myo-tch'il tông-ann so-ou-ré-sso mouk-sseum-ni-da)

3. 하루 얼마입니까 ?
(ha-rou-ol-ma-im-ni-kka)

4. 이 여관은 싸지않습니다.
(i-yo-goua-neunn ssa-dji-ann-sseum-ni-da)

5. 숙박료는 오만원입니다.
(souk-pang-nyo-neunn ô-ma-nouo-nim-ni-da)

Mots manquants – 빠지는 단어

1 *C'est cent mille won par jour.*
하루 . . . . (ha-rou . . . . . .)

2 *Si vous restez deux jours, c'est quarante mille won.*
. . . . 사만원입니다. (. . . . . . . sa-ma-nouo-nim-ni-da)

3 *Pendant combien de jours travaillerez-vous ?*
. . . . . 일하시겠습니까 ? (. . . . i-ra-chi-gué-sseum-ni-kka)

CORRIGÉS DES EXERCICES

Traduction

1. Il y a une chambre.
2. Il restera quelques jours à Séoul.
3. C'est combien par jour ?
4. Cette auberge n'est pas bon marché.
5. Le prix de la chambre est de cinquante mille won.

Mots manquants

1. 십만원입니다 (chim-ma-nouo-nim-ni-da) **2.** 이틀 투숙하시면 (i-t'eul t'ou-ssou-k'a-chi-myonn) **3.** 며칠 동안 (myo-tch'il tông-ann)

하룻강아지 범 무서운 줄 모른다
/harusgang'aji beom museou-n jul moreu-n-da/
(ha-rout-kkang-a-dji pom mou-sso-ounn tchoul mô-reunn-da)

"Un chiot qui vient de naître ne sait pas qu'on doit avoir peur du tigre"
(un jour-chiot tigre effrayant fait ignore)

C'est le dicton du jour et, vous l'avez compris, il veut dire qu'inexpérience et inconscience sont mères de la témérité.

Vous avez aussi noté que *haru* : "un jour" est devenu *harus*. Ce **s intercalaire** sert, dans certains cas, à joindre les deux noms simples qui forment un nom composé, comme ici : *haru* : "un jour" et *gang'aji* : "chiot" qui donnent *harusgang'aji* : "chiot d'un jour", c'est-à-dire : "chiot qui vient de naître".

Si vous vous reportez au dicton de la leçon 9, vous y constaterez que nous y avons déjà rencontré le tigre, mais sous un autre nom : *horang'i* ; ici, on a *beom*. On trouve en coréen beaucoup de synonymes, surtout pour les noms d'animaux, ce qui pourrait s'expliquer par les origines multiples du peuple coréen actuel.

• *museu-n* est la forme épithète de l'adjectif *museob-da* : "effrayant" ; tout comme *maeb-da* : "piquant" (leçon 18), c'est un adjectif irrégulier en *-b*.

• *jul* : C'est un mot qui se place toujours devant le verbe *al-da* : "savoir", ou son contraire *moreu-da* : "ignorer". Il fait en quelque sorte le lien entre ces verbes et la proposition qu'ils "gouvernent", comme en français la conjonction *si* dans "savez-vous s'il est là ?" ou "j'ignore s'il est là." Nous découvrirons peu à peu d'autres mots de ce type dont la fonction est essentiellement grammaticale. C'est pourquoi nous les appellerons des **mots grammaticaux**.

Comme vous le constatez, dans les proverbes ou dans le parler "décontracté", on se passe allègrement des suffixes indiquant la fonction des noms. On est très près de ce que nous appelons le style télégraphique : "un jour chiot tigre effrayant ignorer". Cela n'est possible que quand la phrase est courte et le contexte dénué de toute ambiguïté. Cette constatation doit vous rassurer, car vous découvrez au fil des leçons qu'il y a entre le coréen parlé et le français plus de similitudes que ne le pensiez. Tout comme *horang'i* et *beom* ne sont en définitive qu'un seul et même animal !

제 20 과
/je i sib gwa/
(tché-i-chip-koua)

주문
/jumun/
(tchou-mounn)

1 – 들어가도 될까요 ? **(1)**
/deureo-ga-do doe-lggayo/
(teu-ro-ga-dô touail-kka-yô)

2 – 네, 들어오세요. **(2)**
/ne deureo-o-seyo/
(né teu-ro-ô-ssé-yô)

NOTES

(1) *deur-eo-ga-do doel-lggayo* : mot à mot : “même si j’entre, serait-ce permis ?” En coréen, c’est une façon de demander la permission ; la traduction de cette phrase est donc : “Puis-je entrer ?”.
• *deureoga-do* : “même si j’entre”, du verbe *deur-eo-ga-da* : “entrer”.
• Le suffixe-conjonction *-do* a la valeur de : “même si” ; il est relié au radical du verbe par la voyelle de liaison. Ex. : *meog-eo-do* : “même si je mange”, *bad-a-do* : “même si je reçois”. Ici, comme la voyelle du radical *deureoga-* est identique à la voyelle de liaison, on en fait l’économie.
• *doe-da* : nous avons vu que ce verbe prenait de nombreuses significations (leçon 16, notre 2) ; ici il signifie” : “être permis”, “convenir”.
• *doe-lggayo* : “serait-ce permis ?”. Par rapport à l’interrogation en *-bni-gga,* l’interrogation en *-lggayo* apporte une nuance d’incertitude qui rend la question plus atténuée, plus polie, exactement comme en français quand nous employons le conditionnel (“pourrais-je entrer ?”) au lieu de l’indicatif (“puis-je entrer ?”).

VINGTIÈME LEÇON

La commande

1 – Puis-je entrer (entre même si permis) ?
2 – Oui, entrez.

NOTES (suite)

(2) *ne, deur-eo-o-seyo* : “Oui, entrez”. Pourquoi “entrer” se dit-il de deux façons différentes : *deur-eo-ga-da* et *deur-eo-o-da* ? Cela est dû au fait qu’en coréen, tous les **verbes de mouvement**, comme *deul-da* : “entrer”, existent sous deux formes composées, l’une avec *o-da* : “venir” et l’autre avec *ga-da* : “s’en aller”. Selon que l’action se fait en direction du point de référence ou en s’éloignant de lui, on utilisera le *verbe composé* en *o-da* ou en *ga-da.*
Dans la phrase 1, le serveur est à l’extérieur de la pièce dans laquelle il souhaite pénétrer ; c’est pourquoi il emploie *deur-eo-ga-da* ; le client, lui, se trouve au contraire à l’intérieur de la pièce et c’est pourquoi il dit au serveur *deur-eo-o-se-yo*. Nous reviendrons sur le mécanisme de la “composition” dans la prochaine leçon de révision (21).

3 – 주문하신 차를 가져왔는데요. **(3)**
/jumunha-si-n ca-reul gajy-eo-wass-neundeyo/
(tchou-mounn-ha-chinn tch'a-reul ka-djyo-ouann-neunn-dé-yô)

4 – 탁자 위에 놓아 주세요. **(4)**
/tagja wi-e noh-a ju-seyo/
(t'ak-tcha oui-é nô-a-djou-sé-yo)

5 – 여기 싸인을 해주시겠습니까 ? **(5)**
/yeogi ssain-eul hae ju-si-gess-seubni-gga/
(yo-gui ssa-i-neul hai-djou-chi-gué-sseum-ni-kka)

6 더 필요하신 것은 없습니까 ? **(6)**
/deo piryoha-si-l geos-eun eobs-seubni-gga/
(to p'i-ryô-ha-chil ko-sseunn op-sseum-ni-kka)

NOTES (suite)

(3) Même remarque pour *gajy-eo-wass-seubni-da* : "je [vous] apporte". À partir du verbe *gaji-da* : "avoir avec soi", on a créé deux verbes de mouvement : *gajy-eo-o-da* : "apporter" et *gajy-eo-ga-da* : "emporter".
• *jumun* (nom) : "commande", *jumunha-da* (verbe) : "commander" ; *-si,* le suffixe de déférence, se rend dans cette phrase par "vous" et *-n,* la forme épithète passée du verbe, par le passé et le pronom relatif : *jumunha-si-n* : "que vous avez commandé".
• *-neundeyo* : terminaison exclamative (leçon 17, note 5). *-neundeyo* marque une exclamation atténuée ; cette terminaison est utilisée fréquemment dans la conversation pour attirer l'attention de l'interlocuteur sur ce qu'on dit.

3 – J'apporte le thé que vous avez commandé (commande avez thé apporte).
4 – Posez-le s'il vous plaît sur la table (table dessus au poser donnez).
5 – Voudriez-vous signer ici s'il vous plaît (ici signature faire donnez).
6 Avez-vous besoin d'autre chose (davantage nécessaire chose y a pas) ?

NOTES (suite)

(4) *tagja* (nom) : "table".
• *noh-a ju-seyo* : du verbe *noh-da* : "poser". *ju-da* est ici un verbe auxiliaire (voir leçon 19, note 8) qui indique que l'action est faite au profit de quelqu'un d'autre. *noh-euseyo* indique que le serveur fait l'action au profit du client, mot à mot : "donnez à poser".

(5) *ssain-eul ha-da* ou aussi *ssainha-da* (verbe) : "signer" ; *ssain* (nom) : "signature" de l'anglais *to sign*. *ssainhae ju-seyo* : "donnez à signer" ; le client signe "au profit" du serveur. Dans les deux cas, "s'il vous plaît" semble être le meilleur moyen de rendre cette nuance. On trouve sur les portes des grands magasins l'inscription : *mun dad-a ju-seyo* : "Fermez (du verbe *dad-da*) la porte (*mun*) au profit des autres (*ju-seyo*)", ce qui se traduit justement en français par : "Fermez la porte SVP".
• Le suffixe *-gess* marque ici l'intention, l'éventualité et, dans le discours poli, il correspond assez bien au "conditionnel de politesse" du français (voir leçon 12, note 9).
• *ssainhae ju-si-gess-seubni-gga* : "Voudriez-vous bien signer s'il vous plaît ?".

(6) *deo piryoha-si-l geon-eun eobs-seubni-gga* : "Auriez-vous encore besoin d'autre chose ?", de l'adjectif *piryoha-da* : "nécessaire". **Attention !** "Ne pas être nécessaire", "ne pas avoir besoin de" se dit *piryo(-ga) eobs-da*.
• Les phrases 3 et 6 illustrent bien les différences de temps indiquées par les suffixes-épithètes *-n* et *-l* : *jumunha-si-n ca* : "le thé que vous avez commandé" (passé), *piryoha-si-l geos* : "quelque chose dont vous auriez besoin" (futur-éventualité).

7 – 없습니다.
/eobs-seubni-da/
(op-sseum-ni-da)

8 아. 잠깐만요. **(7)**
/a jamgganman-yo/
(a tcham-kkann-ma-nyô)

9 내일 아침 여섯 시에 깨워 주실 수 있겠습니까 ? **(8)**
/naeil acim yeoseos si-e ggaew-eo ju-si-l su iss-gess-seubni-gga/
(nai-il a-tch'im yo-ssos-chi-é kkai-ouo-djou-chil-ssou-i-kké-sseum-ni-kka)

EXERCICES – 연습 – /yeonseub/ – (yonn-seup)

Traduction – 번역

1. 차를 갖다 드릴까요 ?
(tch'a-reul ka-tta-deu-ril-kka-yô)

2. 주문하실 것이 있습니까 ?
(tchou-mounn-ha-chil ko-chi i-sseum-ni-kka)

3. 하루 묵어도 될까요 ?
(ha-rou mou-go-dô touail-kka-yô)

4. 가방을 가져가세요.
(ka-bang-eul ka-djyo-ga-ssé-yo)

5. 여관 앞에서 기다려 주세요.
(yo-goua-na-p'é-sso-ki-da-ryo-djou-ssé-yô)

7 – Non (y a pas).
8 Ah, un moment !
9 Pourriez-vous s'il vous plaît me réveiller demain matin à six heures (demain matin six heure à réveiller donnez).

NOTES (suite)

(7) *jamgganman* (adverbe) : "un moment", "un instant" ; *-yo* est en quelque sorte un suffixe universel de politesse que l'on peut placer derrière n'importe quel mot, pour montrer que l'on s'adresse à son interlocuteur sur un ton affable.

(8) *naeil* (nom) : "demain", *acim* (nom) : "matin".
• *ggaew-eo ju-si-l su iss-gess-seubni-gga* : "pourriez-vous me réveiller s'il vous plaît ?", du verbe *ggaeu-da* : "réveiller".
• *su* est un mot grammatical (voir leçon 19, dicton) qui indique la "possibilité". Le verbe devant *su* est obligatoirement à la forme-épithète du futur (*-l* / *-eul*) et ce mot grammatical ne peut être suivi que de deux verbes :
• *iss-da* et *eobs-da* . Ex. : *i eumsig-eul meog-eul su iss-da* : "On peut manger cette nourriture", *i eumsig-eul meog-eul su eobs-da* : "On ne peut pas manger cette nourriture".
• dans cette phrase, la valeur de *ju-da* est aussi rendue par le pronom personnel : "moi".

EXERCICES (suite)

Mots manquants – 빠지는 단어

1. *Il est entré dans la pièce.*
그가 방에 . . . . . . (keu-ga pang-é . . . . . .)

2. *Qu'est-ce que vous m'avez donné ?*
. . . . 무엇입니까 ? (. . . . mou-o-chim-ni-kka)

3. *Je n'ai besoin de rien.*
아무것도 . . . . . . (a-mou-go-ttô . . . . . .)

하늘이 무너져도 솟아날 구멍이 있다.
/haneul-i muneojy-eo-do sosana-l gumeong-i iss-da/
(ha-neu-ri mou-no-djyo-dô sô-ssa-nal kou-mong-i i-tta)

"Même si le ciel s'écroule, il y a un trou par où sortir"
(ciel s'écroule même si sortir trou y a)

Eh oui ! les Coréens sont d'incorrigibles optimistes, mais ils sont aussi, comme nous l'avons déjà dit, très attentifs aux autres. En effet, on prendra toujours soin de sauver la face de l'autre et, donc, de lui ménager une porte de sortie. Nous voulons dire par là que ce proverbe nous transmet un double message : tout d'abord, il ne faut jamais désespérer : même dans la pire des situations, il y a une issue. Ce qui nous montre que les Coréens savent échapper au cliché de l'Asiatique fataliste. Ensuite, ce proverbe nous dit qu'il faut toujours ménager l'autre. Si celui-ci se trouve dans une situation où il risque de perdre la face, il faut s'arranger pour trouver un compromis qui lui permette de la sauver. Cette dernière attitude résulte du sentiment d'appartenance au groupe qui est très fort en Corée ; c'est pourquoi on essaie toujours de préserver sa cohésion.

Nous avons déjà vu (leçons 11, note 3, et 15, note 3) qu'il existe en coréen des verbes composés. Sur ce point, cette

CORRIGÉS DES EXERCICES

Traduction

1. Je vous apporte du thé ?
2. Avez-vous quelque chose à commander ?
3. Puis-je rester un jour ?
4. Emportez la serviette.
5. Attendez-moi devant l'auberge.

Mots manquants

1. 들어갔습니다 (teu-ro-ga-sseum-ni-da) **2.** 주신 것이 (tchou-chinn-go-chi) **3.** 필요없습니다 (p'i-ryô-op-sseum-ni-da)

langue s'écarte considérablement du français. Cela est dû au fait que le français décrit les actions d'une façon plutôt abstraite et synthétique, au moyen d'un seul verbe, tandis que le coréen est une langue en quelque sorte maniaque du détail, qui éprouve le besoin de décrire cette action dans ses différents aspects.

Revenons sur quelques verbes que nous avons déjà rencontrés. Le français se contente de "entrer", mais en coréen on dira soit *deur-eo-ga-da* : "entrer et s'en aller", soit *deur-eo-o-da* : "entrer et venir" selon que l'action se fait en s'éloignant ou en se rapprochant de celui qui parle ; de même "emporter" se dira *gajy-eo-ga-da* : "avoir quelque chose et s'en aller" et "apporter" se dira *gajy-eo-o-da* : "avoir quelque chose et venir".

• *sosana-da* : "jaillir", "s'enfuir" est un verbe composé de *sos-da* : "jaillir" (comme des larmes), "se dresser" (comme un montagne) et de *na-da* : "naître", "apparaître". Il faudra que vous assimiliez (c'est le cas de le dire !) cette façon très concrète de décrire les actions. Nous ferons petit à petit connaissance de ces verbes composés dans les leçons à venir et, vous verrez, c'est passionnant : grâce à eux, le coréen vous permettra de redécouvrir le monde sous un éclairage tout nouveau !

제 21 과
/je i sib il gwa/
(tché-i-chi-bil-goua)

복습
RÉVISION ET NOTES

Nous voici au terme de notre troisième semaine de coréen et, vous l'avez certainement remarqué, les choses commencent non pas à se compliquer, mais à se préciser et même à s'affiner. On pénètre dans le domaine des nuances.

1. Les verbes : Nous avons découvert les principales catégories de verbes que l'on rencontre en coréen ; ce sont :

- les **verbes composés** (leçons 15, note 3, et 20, dicton) : alors qu'il y a en coréen à peine un millier de verbes simples, les verbes composés avoisinent les quatre mille... c'est dire leur importance ! Elle s'explique, comme nous l'avons dit, par un besoin quasi maniaque de préciser tous les aspects d'un état et surtout les différentes phases d'une action. Il n'est pas exagéré de dire que, sur ce point, français et coréen sont à l'opposé : le français décrira les choses de façon plutôt abstraite et synthétique, tandis que le coréen le fera de façon concrète et analytique. Relisez attentivement les phrases et les notes des leçons où ces verbes composés apparaissent. Plus nous avancerons dans la méthode, plus nous rencontrerons ce type de verbe. En voici pour commencer quelques exemples, comparez-les avec leur équivalent français et... méditez !

Ex. : à partir des verbes simples *al-da* : "savoir" et *deud-da* : "écouter", le coréen a créé le verbe *al-a-deud-da* : "comprendre" (entendre et savoir) ; à partir du verbe *moreu-da* : "ignorer" et du verbe *bo-da* : "voir", on a construit *molla-bo-da* : "ne pas reconnaître [quelqu'un]" (voir et ignorer) ; à partir de *gal-da* : "changer", de *ib-da* :

"s'habiller" et de *anj-da* : "s'asseoir" on obtient *gal-a-ib-da* : "changer [de vêtement]" et *gal-a-anj-da* "changer [de train]", mot à mot : "changer et s'asseoir [dans un autre wagon]". On pourrait multiplier les exemples à l'envi, mais nous aurons souvent l'occasion de découvrir de nouveaux verbes composés. Et, au fil de ces découvertes, il faudra que vous vous habituiez à exprimer en coréen au moyen de deux verbes soudés en un verbe composé ce que nous, en français, nous exprimons au moyen d'un seul verbe simple.

- Les **verbes de mouvement** (leçon 20, note 2 et dicton) sont justement une variété de verbes composés. Des verbes simples tels que *na-da* : "sortir", *deul-da* : "entrer", *dol-da* : "revenir" ne s'utilisent, exception faite de certaines expressions idiomatiques, que suivis soit de *ga-da* : "s'en aller", soit de *o-da* : "venir" pour indiquer la direction du mouvement à partir de celui qui parle ou du point de référence. Si quelqu'un entre dans une pièce, un Français dira tout simplement : "il entre dans la pièce", mais un Coréen, lui, devra choisir entre *deul-eo-o-da* ("entrer et venir") s'il se trouve à l'intérieur la pièce et *deul-eo-ga-da* ("entrer et s'en aller") s'il se trouve à l'extérieur de la pièce. On retrouve ce genre de précision en français avec "apporter" : *gajy-eo-o-da* ("avoir avec soi et venir") et emporter : *gajy-eo-ga-da* ("avoir avec soi et s'en aller").

- Les **verbes auxiliaires** (leçons 19, note 8, et 20, notes 4 et 5) apportent une nuance de sens au verbe principal qui le précède. Là aussi on a affaire à une variété de verbe composé qui permet de bien préciser les détails de l'action ou de l'état. Pour le moment, nous n'en avons rencontré qu'un seul *ju-da* qui indique que l'action se fait au profit d'autrui. En français, ce verbe auxiliaire se rend par le pronom personnel concerné par l'action : *bang-eul annaehae-deuri-jiyo* : "Je vais **vous** montrer [votre] chambre", *tagja wi-e noh-a-ju-seyo* : "Posez [pour **moi** le thé] sur la table", *ssain-eul hae-ju-si-gess-seubni-gga* : "Voudriez-vous **me** donner une signature ?". Comme valeur annexe, il a celle de : "s'il vous plaît" : "Posez le thé sur la table s'il vous plaît", "Voudriez-vous me donner une signature s'il vous plaît ?".

- Les **verbes de déférence** (leçons 16, note 10, et 18, note 5).
god gajda-deuri-gess-seubni-da, gimci-do jal jabsu-si-bni-gga.
Nous avons déjà parlé de l'importance de la déférence en langue coréenne (leçon 7, note 3). Elle s'exprime entre autres au moyen de verbes de déférence que l'on emploie quand on s'adresse à quelqu'un ou quand on parle de lui. Ex. *god gajda-deuri-gess-seubni-da* : "Je vous apporte ça tout de suite" où *deuri-da* est l'équivalent déférent de *ju-da* : "donner" ; *gimci-do jal jabsu-si-bni-gga ?* : "Et vous mangez aussi du kimchi ?" où *jabsu-da* est l'équivalent déférent de *meog-da* : "manger". Dans le cas du verbe auxiliaire *ju-da*, l'emploi de *ju-da* ou de *deuri-da* permet de préciser la personne. Comparez : *bang-eul annaehae-deuri-gess-seubni-gga* : "Est-ce que je **vous** montre votre chambre ?" et *bang-eul annaehae-ju-si-gess-seubni-gga* : "Est-ce que vous allez **me** montrer ma chambre ?". En effet, *deuri-da* est le verbe que le sujet emploie quand il estime qu'il doit être déférent vis-à-vis de son interlocuteur et, donc, en l'absence de pronoms, *deuri-da* indique que le sujet est "je" et le bénéficiaire "vous". Au contraire, *ju-da* ne s'utilise jamais pour soi quand on s'adresse à un supérieur ; en outre, le suffixe de déférence *si* exclut que le sujet de la phrase soit "je" ; puisque le sujet n'est pas "je", le bénéficiaire de l'action de montrer, c'est "moi".

Un peu compliqué peut-être ? Patience ! Vous vous accoutumerez peu à peu dans les leçons à venir à cette manière très coréenne d'indiquer la personne tout en évitant de l'indiquer de façon trop précise, comme nous le faisons justement en ayant recours aux pronoms personnels. Nous avons vu que les pronoms personnels existent aussi en coréen, mais... il vaut mieux ne pas les employer !

- Les **verbes et adjectifs irréguliers :** Nous avons rencontré dans les leçons précédentes quelques verbes et adjectifs irréguliers : *gibbeu-da* : "heureux" (leçon 13, note 5), *mandeul-da* : "fabriquer" (leçon 15, note 4), *maeb-da* : "épicé" (leçon 18, note 3). Dans certains cas (*gibbeu-da, mandeul-da*), tous les verbes ou adjectifs sont irréguliers, dans d'autres (*maeb-da*), une partie seulement des verbes ou adjectifs sont irréguliers, les autres se "conjuguent" régulièrement. Nous poursuivrons l'exploration des autres types irréguliers dans les leçons à venir.

2. L'intonation : Bien qu'en coréen la fonction grammaticale soit en général marquée à l'aide d'un suffixe, l'intonation joue aussi un rôle non négligeable. Avec le suffixe *-seyo* (leçon 17, note 3), c'est l'intonation qui seule indiquera s'il s'agit d'une déclaration, d'une interrogation ou d'un ordre. Il en va de même pour *-jiyo* (contracté en *-jyo*) qui indique l'invite (leçon 16, note 4) ou la "question rhétorique" (leçon 18, note 4) en fonction de l'intonation qui accompagne ce suffixe.

3. Les suffixes fonctionnels : Au cours de cette semaine, nous avons découvert un nouveau suffixe : *-ege* qui marque le destinataire, ainsi que de nouvelles fonctions du suffixe *-ro / -euro* : l'indication de la matière (leçon 15, note 4), du choix (leçon 16, note 7) et du moyen (leçon 17, note 3).

4. le futur : Le futur s'indique en coréen de deux façons : soit au moyen de la tournure *-l geos-i-da / -eul geos-i-da*, soit au moyen du suffixe *-gess*. La première tournure sert à marquer un futur objectif, certain, catégorique (leçon 19, note 4), tandis que le suffixe *-gess* exprime un futur plus subjectif. Vous comprendrez mieux si nous comparons deux exemples simples à partir du verbe *ga-da* : “aller”. Comparez : *ga-l geos-i-bni-da* : “il faut que j’y aille” (des circonstances extérieures à moi font que je suis obligé d’y aller) et *ga-gess-seubni-da* : “j’irai”, “Je vais y aller” (l’action d’aller ne dépend que de moi). Ce n’est peut-être pas encore très évident, mais, patience ! cette différence de futurs s’éclairera au fur et à mesure que vous progresserez dans Assimil.

5. Les trois niveaux de politesse : On distingue en coréen trois niveaux de politesse : non-poli, poli et très poli, marqués respectivement par *-da*, *-seyo* et *-bni-da / -seubni-da* : La forme *-da* est employée pour s’adresser à un enfant, à un ami ou à un inférieur ; celle en *-seyo* est la plus courante dans la conversation entre adultes de même niveau social ; enfin *-bni-da / -seubni-da* s’emploient dans des circonstances plus formelles ou quand on s’adresse à un supérieur ou à un public (leçon 17, note 3). Enfin, pour les textes d’une portée générale, comme les dictons, on écrit à la forme en *-da* sans employer de suffixes de politesse. La aussi, c’est en continuant – et en persévérant ! – que vous assimilerez petit à petit le mode d’emploi des niveaux de politesse.

딸이 셋이면 문 열어 놓고 잔다.
/ddal-i ses-i-myeon mun yeol-eo noh-go ja-n-da/
(tta-ri sé-chi-myonn mounn yo-ro-nô-k'ô tchann-da)

"Quand on a trois filles, on dort en laissant les portes ouvertes."
(fille trois est quand porte ouvert laisse et dort)

En Corée... comme ailleurs, marier une fille, ça représente des dépenses. Alors, si il y en a trois, on peut dormir toutes portes ouvertes... les voleurs savent que ce n'est pas la bonne maison ! Comme vous le constatez, les problèmes familiaux sont les mêmes partout, mais en Corée, pour une question de "face", on ne peut pas se permettre de se marier ou de s'enterrer "en toute simplicité".

• *ddal* (nom) : "fille", *ses* (nom) : "trois", *mun* (nom) : "porte", *yeol-da* (verbe) : "ouvrir", *ja-da* (verbe) : "dormir".
• *noh-da* (verbe) : "poser", "placer", est utilisé ici en tant que **verbe auxiliaire** dont la fonction est d'indiquer que le résultat de l'action est conservé. *mun-eul yeol-da* : "ouvrir la porte", et la refermer peut-être quelques secondes plus tard, mais *mun-eul yeol-eo noh-da* : "ouvrir la porte et la laisser ouverte", autrement dit, "laisser la porte ouverte".
mun yeol-eo noh-go ja-n-da : "on dort les portes ouvertes" : dans les dictons tout comme dans la conversation, on fait souvent l'économie d'un suffixe fonctionnel, ici, en l'occurrence, de *-eul* pour indiquer que *mun* : "la porte" est le complément d'objet direct de *yeol-da* : "ouvrir".
• *-go* : ce suffixe-conjonction est souvent utilisé, comme ici, dans des locutions, des expressions toutes faites ; sa fonction consiste seulement à relier cette locution au reste de la phrase. Ex : *maeum noh-go* : mot à mot : "en posant son cœur" signifie : "en toute tranquillité", "en toute quiétude".

제 22 과
/je i sib i gwa/
(tché-i-chi-bi-goua)

전화
/jeonhwa/
(tcho-noua)

1 – 여보세요 **(1)**
/yeoboseyo/
(yo-bô-ssé-yô)

2 – 죄송하지만 모로선생님 계시는지요 ? **(2)**
/joesongha-jiman moro seonsaengnim gyesi-neunjiyo/
(tchouai-ssông-ha-dji-mann mô-rô sonn-saing-nim kyé-chi-neunn-dji-yô)

3 – 지금 외출 중이십니다. **(3)**
/jigeum oecul jung-i-si-bni-da/
(tchi-geum ouai-tch'oul-djoung-i-chim-ni-da)

4 누구시라고 전해드릴까요 ? **(4)**
/nugu-si-ra-go jeonhae-deuri-lggayo/
(nou-gou-chi-ra-gô tcho-nai-deu-ril-kka-yô)

NOTES

(1) *yeoboseyo* (interjection) : correspond à “allô” au téléphone ou à “hep !” ou “s'il vous plaît” quand on s'adresse à quelqu'un. C'est l'abréviation de *yeogi* : “ici” *bo-seyo* : “regardez”.

VINGT-DEUXIÈME LEÇON

Le coup de téléphone

1 – Allô ?
2 – Je m'excuse, mais Monsieur Moreau est-il là ?
3 – Il est sorti maintenant (maintenant sortie en cours est).
4 C'est de la part de qui (qui s'appelle transmet) ?

NOTES (suite)

(2) *joesongha-da* (verbe) : "s'excuser", *joesongha-jiman* correspond exactement au français : "Je m'excuse, mais...". Nous avons déjà vu le suffixe-conjonction -*jiman* : "bien que", "mais" (leçon 10, note 3).
• *-neunjiyo* : terminaison interrogative. Plus dubitative que *-gga,* elle renforce la politesse de la question, tout comme le fait en français le conditionnel à la place du présent ou du futur.

(3) *jigeum* (adverbe) : "maintenant", *oecul* (nom) : "sortie", *jung* (nom) : "milieu" ; *jung-i-da* : mot à mot : "c'est le milieu de...", signifie : "être en train de", "être en cours de" ; *oecul jung-i-si-bni-da* : mot à mot : "Il est en cours de sortie", nous disons en français : "Il est sorti".
• *-si* est le suffixe de déférence (leçon 1, note 8).

(4) *nugu* (pronom interrogatif) : "qui ?" ; *jeonha-da* (verbe) : transmettre ; *-rago* (suffixe de citation, ou "discours rapporté") : "qu'on appelle". Contentez-vous de le noter pour le moment, nous le verrons plus en détail ultérieurement ; *-lggayo* : suffixe interrogatif moins catégorique que *-gga.*
• *nugu-si-rago jeonhae-deuri-lggayo* : mot à mot : "transmettrais-je comment s'appelle qui [a appelé] ?", formule qui correspond à notre : "de la part de qui ?"
• *deuri-da* est le verbe honorifique pour *ju-da* "faire pour quelqu'un".

5 – 네. 김철수라는 학생입니다. **(5)**
/ne gim ceol-su-ra-neun hagsaeng-i-bni-da/
(né kim-tch'ol-ssou-ra-neunn hak-ssaing-im-ni-da)

6 그럼 나중에 다시 전화 드리겠습니다. **(6)**
/geureom najung-e dasi jeonhwa deuri-gess-seubni-da/
(keu-rom na-djoung-é ta-chi tcho-noua teu-ri-gué-sseum-ni-da)

7 – 감사합니다. 안녕히 계십시오.
/gamsaha-bni-da annyeong-hi gye-sib-sio/
(kam-ssa-ham-ni-da ann-nyong-hi ké-chip-chi-ô)

EXERCICES – 연습 – /yeonseub/ – (yonn-seup)

Traduction – 번역

1. 죄송하지만 전화가 있습니까 ?
(tchouai-sông-ha-dji-mann tcho-noua-ga i-sseum-ni-kka)

2. 전화가 없는 집이 없습니다.
(tcho-noua-ga-om-neunn tchi-bi-op-sseum-ni-da)

3. 김철수라는 학생이 전화했습니다.
(kim-tch'ol-ssou-ra-neunn hak-ssaing-i tcho-noua-hai-sseum-ni-da)

4. 맥주 한 병을 마셨습니다.
(maik-tchou hann pyong-eul ma-chyo-sseum-ni-da)

5. 전할 것이 있습니까 ?
(tcho-nal-go-chi i-sseum-ni-kka)

5 – De la part de son étudiant Kim Ceol-su (Kim Ceol-su qui s'appelle étudiant est).

6 Eh bien, je rappellerai plus tard (eh bien ultérieurement de nouveau coup de téléphone donnerai).

7 – Merci. Au revoir.

NOTES (suite)

(5) *-ra-neun* est la forme épithète de *-rago* ; *gim ceol-su-ra-neun hagsaeng-i-bni-da* : mot a mot : "Je suis un étudiant qui s'appelle Kim Ceol-su".

(6) *jeonhwa deuri-da* : "donner avec déférence (*deuri-da*) un [coup de] téléphone", façon déférente de dire "téléphoner" (*jeonhwaha-da*).
• *najung-e* (adverbe) : "plus tard", "ultérieurement".

EXERCICES (suite)

Mots manquants – 빠지는 단어

1. *Ce grand magasin est en face du musée.*
이 백화점은 . . . . . 있습니다 (i paik-houa-djo-meunn . . . . . i-sseum-ni-da)

2. *Excusez-moi, mais qui êtes-vous ?*
. . . . . 누구십니까 ? (. . . . . nou-gou-chim-ni-kka)

3. *Monsieur est-il là ?*
선생님 . . . . (sonn-ssaing-nim . . . .) ?

*****

가시 없는 장미는 없다.
/gasi eobs-neun jangmi-neun eobs-da/
(ka-chi-om-neunn tchang-mi-neunn op-tta)

"Il n'y a pas de roses sans épines."
(épines y a pas roses y a pas)

Dans cette phrase, on a recours à la double négation : "Une rose qui n'a pas d'épines, ça n'existe pas". Vous avez peut-être remarqué que le sujet *jangmi* est suivi de *-neun*. Comme nous l'avons déjà dit (leçon 6, note 4), ce suffixe ne sert pas seulement à marquer le sujet, mais indique

CORRIGÉS DES EXERCICES

Traduction

1. Je m'excuse, mais avez-vous le téléphone ?
2. Il n'y a pas de maison sans téléphone.
3. Un étudiant qui s'appelle Kim Ceol-su a téléphoné.
4. J'ai bu une bouteille de bière.
5. Y a-t-il quelque chose à transmettre ?

Mots manquants

1. 박물관 앞에 (pang-moul-goua-na-p'é) **2.** 죄송하지만 (tchouai-ssông-ha-dji-mann) **3.** 계십니까 (ké-chim-ni-kka).

*****

aussi la mise en valeur du mot qui le précède. C'est une façon d'insister sur la négation, sur l'absence. On sait marquer la même nuance en français ; comparez : “Il n'y a pas de roses” et “Des roses, il n'y en a pas”. C'est pourquoi, si on voulait traduire exactement la nuance apportée par *-neun,* il faudrait traduire : “Des roses sans épines, ça n'existe pas”.

Encore un exemple qui ne manque pas de piquant ! Vous devez vous dire que le coréen est décidément une langue pleine d'épines... Mais, comme vous le voyez, nous les enlevons les unes après les autres. Alors, courage ! Persévérez !

제 23 과
/je i sib sam gwa/
(tché-i-chip-ssam-goua)

비서실
/biseosil/
(pi-sso-chil)

1 – 실례지만 여기가 비서실입니까 ? **(1)**
/sillye-jiman yeogi-ga biseosil-i-bni-gga/
(chil-lé-dji-mann yo-gui-ga pi-sso-chi-rim-ni-kka)

2 – 네. 그렇습니다. 누구를 찾으십니까 ? **(2)**
/ne geureoh-seubni-da nugu-reul caj-eusi-bni-gga/
(né keu-ro-sseum-ni-da nou-gou-reul tch'a-djeu-chim-ni-kka)

3 – 김사장님 계십니까 ? **(3)**
/gim sajang-nim gyesi-bni-gga/
(kim-ssa-djang-nim ké-chim-ni-kka)

4 – 지금 안 계십니다. **(4)**
/jigeum an gyesi-bni-da/
(tchi-gueum ann-gué-chim-ni-da)

NOTES

(1) *sillye-jiman* est la contraction de *sillyeha-jiman* : "Je m'excuse, mais", du verbe *sillyeha-da* : "s'excuser", mot à mot : "faire une impolitesse" ; ce verbe est dérivé du nom *sillye* : "impolitesse", "manquements (*sil*) aux rites (*rye*).
• *sillye-jiman* est moins fort que *joesongha-jiman* (leçon 22, note 2).
• *biseo* (nom) : "secrétaire", *biseosil* (nom composé) : "secrétariat".

VINGT-TROISIÈME LEÇON

Le secrétariat

1 – Excusez-moi, est-ce bien le secrétariat (excuse mais ici secrétariat est) ?
2 – Oui. Qui demandez-vous ?
3 – M. Kim est-il là (Kim P-DG est) ?
4 – Il n'est pas là maintenant.

NOTES (suite)

(2) *caj-da* (verbe) : "chercher" et "demander quelqu'un".

(3) *sajang* (nom) : "président directeur général"; suivi du suffixe de déférence *-nim*. En Corée, comme dans des pays plus proches de nous (Pologne, Portugal), on préfère utiliser le titre plutôt qu'un simple "monsieur". Ne pas oublier l'importance de la face et de la hiérarchie sociale !

(4) *jigeum an gyesi-bni-da* : "Il n'est pas là maintenant". *an* est la forme épithète de l'auxiliaire de négation *anh-da* (leçon 10, note 5). La forme épithète s'utilise surtout dans la conversation, tandis que la terminaison *-ji anh-da* est réservée à l'écrit dans la plupart des cas.

5 두 시간 후에 돌아오실 겁니다. **(5)**
/du sigan hu-e dol-a-o-si-l geo-bni-da/
(tou-chi-gann-hou-é tô-ra-ô-chil-gom-ni-da)

6 – 네. 알겠습니다. 나중에 다시 들르지요. **(6)**
/ne al-gess-seubni-da najung-e dasi deulleu-jiyo/
(né al-gué-sseum-ni-da na-djoung-é ta-chi teul-leu-dji-yô)

7 그럼. 수고하십시오. **(7)**
geureom sugoha-sib-sio/
(keu-rom sou-gô-ha-chip-chi-ô)

8 – 안녕히 가세요! **(8)**
/annyeong-hi ga-seyo/
(ann-nyong-hi ka-ssé-yô)

NOTES (suite)

(5) *du sigan hu-e dol-a-o-si-l-geo-bni-da* : "Il reviendra dans deux heures". *-l geo-bni-da* est la forme abrégée de *-l geos-i-bni-da*, marque du futur de certitude, du futur objectif (leçon 21, 4). *dol-a-o-da* : "revenir (vers celui qui parle)" est une des deux formes du verbe de mouvement *dol-da* : "revenir" ; l'autre forme est *dol-a-ga-da* : "repartir (en s'éloignant de celui qui parle)", (leçons 20, note 2 et 21, n°1).

5 Il sera de retour dans deux heures (deux heures après reviendra).
6 – Entendu. Je repasserai plus tard (ultérieurement de nouveau passe).
7 Eh bien, au revoir (bon courage) !
8 – Au revoir (paisiblement partez) !

NOTES (suite)

(6) *al-gess-seubni-da* : "entendu" : du verbe *al-da* : "savoir", mot à mot : "je saurai". Cette expression s'utilise pour signifier à son interlocuteur qu'on a reçu le message et qu'on en tiendra compte pour une action ou une situation ultérieure. Dans cette phrase, *al-gess-seubni-da* signifie : "J'ai compris que M. Kim n'est pas là maintenant, donc je repasserai le voir plus tard".
• *deulleu-da* (verbe) : "visiter en passant", "passer".

(7) *sugoha-sib-sio* : mot à mot : "donnez-vous de la peine !". Surprenant ? Pas tant que ça ! Cette salutation qui est une variante de "au revoir" s'utilise seulement quand on s'adresse à quelqu'un qui a fait quelque chose pour vous. C'est ici le cas de la secrétaire qui a renseigné l'étudiant sur la possibilité de rencontrer M. Kim. On pourra dire *sugoha-sib-sio* ou plutôt *sugoha-seyo* (moins formel) en prenant congé d'un chauffeur de taxi ou d'un livreur. L'équivalent le plus proche en français est : "Bon courage !"

(8) *annyeong-hi ga-seyo* : c'est la forme "décontractée" de *annyeong-hi ga-sib-sio* : mot à mot : "partez en paix", c'est-à-dire : "au revoir" dit par celui qui reste à celui qui s'en va. Ce dernier dit à celui qui reste *annyeonghi gye-seyo / annyeong-hi gye-sib-sio,* mot à mot : "demeurez en paix". Pour nous... ce n'est qu'un au revoir, mais les Coréens, avec leur obsession de préciser les modalités de l'action, ont créé deux façons de prendre congé.

EXERCICES – 연습 – /yeonseub/ – (yonn-seup)

Traduction – 번역

1. 실례지만, 비서실이 어디에 있습니까 ?
(chil-lé-dji-mann pi-sso-chi-ri o-di-é i-sseum-ni-kka)

2. 지금 사장님은 안 계십니다.
(tchi-gueum sa-djang-nim-eunn ann ké-chim-ni-da)

3. 나중에 비빔밥을 먹겠습니다.
(na-djoung-é pi-bim-ba-beul mok-ké-sseum-ni-da)

4. 민선생님은 고선생님을 찾습니다.
(minn-sonn-ssaing-ni-meunn kô-sonn-ssaing-ni-meul tch'a-sseum-ni-da)

5. 들른 사람은 많습니까 ?
(teul-leunn sa-ra-meunn mann-sseum-ni-kka)

Mots manquants – 빠지는 단어

1. *Je m'excuse, mais qui demandez-vous ?*
실례지만, 누구를 . . . . . ?
(chi-lé-dji-man nou-gou-reul . . . . .)

2. *Monsieur le Président se trouve au secrétariat.*
. . . . 비서실에 계십니다.
(. . . . pi-so-chi-ré ké-chim-ni-da)

3. *Cet étudiant est passé hier.*
이 학생은 어제 . . . . .
(i-hak-ssaing-eunn o-djé . . . . .)

CORRIGÉS DES EXERCICES

Traduction

1. Excusez-moi, mais où se trouve le secrétariat ?
2. Monsieur le Président n'est pas là actuellement.
3. Je prendrai plus tard un *bibimbab*.
4. M. Min demande M. Ko.
5. Est-ce que beaucoup de gens sont passés ?

Mots manquants

1. 찾으십니까 ? (tch'a-djeu-chim-ni-kka) **2.** 사장님은 (sa-djang-nim-eunn) **3.** 들렀습니다. (teul-lo-sseum-ni-da)

소 귀에 경 읽기
/so gwi-e gyeong ilg-gi/
(sô-goui-é kyong-il-kki)

"Lire des sutras aux oreilles des vaches"

Les sutras (*gyeong*) sont les textes sacrés du bouddhisme que seuls les bouddhistes chevronnés arrivent à comprendre. Donc, les laisser tomber dans les oreilles (*gwi*) des vaches (*so*), autant "parler à un sourd"ou "prêcher dans le désert", comme nous disons chez nous.

• *ilg-gi* : "action de lire", "lecture", du verbe *ilg-da* : "lire"; *-gi* est un suffixe nominal qui indique une action (leçon 17, note 3).

제 24 과
/je i sib sa gwa/
(tché-i-chip-ssa-goua)

택시
/taegsi/
(t'aik-chi)

1 – 택시 !
/taegsi/
(t'aik-chi)

2 – 어디로 가십니까 ?
/eodi-ro ga-si-bni-gga/
(o-di-rô ka-chim-ni-kka)

3 – 인사동으로 갑시다. **(1)**
/insadong-euro ga-bsida/
(inn-ssa-dông-eu-rô kap-chi-ta)

4 – 네, 알겠습니다. **(2)**
/ne al-gess-seubni-da/
(né al-gué-sseum-ni-da)

5 – 우체국에서 왼쪽으로 가 주세요. **(3)**
/ucegug-eseo oenjjog-euro ga ju-seyo/
(ou-tch'é-goug-é-sso ouainn-ttchô-gueu-rô ka-dju-ssé-yô)

6 그리고 우회전 해 주세요. **(4)**
/geurigo uhoejeon hae ju-seyo/
(keu-ri-gô ou-houai-djonn hai-dju-ssé-yô)

VINGT-QUATRIÈME LEÇON

Le taxi

1 – Taxi !
2 – Où allez-vous ?
3 – [Allons] à Insadong !
4 – Entendu !
5 – Prenez à gauche au bureau de poste (bureau de poste à gauche vers aller donnez).
6 Ensuite, tournez à droite.

NOTES

(1) *Insadong* : vieux quartier du centre de Séoul qui a su garder tout son charme. On y trouve des antiquaires et des salons de thé "classe". En Corée, les villes sont subdivisées en "arrondissements"(*gu*) qui comptent chacun plusieurs *dong* : "quartiers".
• *insadong-euro ga-bsida* : "Allons à Insadong". *-bsida* est une terminaison verbale qui correspond à notre impératif de la première personne du pluriel. Nous nous proposons de l'appeler "**propositif**" pour la distinguer de l'impératif. En effet, on l'utilise de préférence à l'impératif quand on propose à quelqu'un de faire quelque chose, Ex. : *gongweon-e ga-bsida !* : "Allons au parc !". Le propositif est très souvent utilisé en tant qu'impératif atténué, comme ici.

(2) *al-gess-seubni-da* : "Entendu !", voir leçon 23, note 6.

(3) *ucegug* (nom) : "bureau de poste"; *oenjjog* (nom) : la gauche", *oreunjjog* (nom) : "la droite" ; *ga ju-seyo* : ici *ju-da* est utilisé en tant qu'auxiliaire (leçons 19, note 8, et 20, note 4) : "donnez moi à aller sur la gauche", "conduisez-moi à gauche s'il vos plaît".

(4) *uhoejeon* (nom composé) : "virage (*hoejeon*) [à] droite (*u*)" ; on a de même *jwahoejeon* : "virage à gauche"; *uhoejeonhae ju-seyo* : "tournez à droite s'il vous plaît".

7 이젠 똑바로 가시면 됩니다. **(5)**
/ijen ddogbaro ga-si-myeon doe-bni-da/
(i-djénn ttô-ppa-rô ka-chi-myonn touim-ni-da)

8 바로 저기입니다. **(6)**
/baro jeogi-i-bni-da/
(pa-rô tcho-gui-im-ni-da)

9 저 건물 앞에 세워 주세요. **(7)**
/jeo geonmul ap-e seweo ju-seyo/
(tcho konn-moul a-p'é sé-ouo-djou-ssé-yô)

EXERCICES – 연습 – /yeonseub/ – (yonn-seup)

Traduction – 번역

1. 공항으로 가 주세요.
(kông-hang-eu-rô ka-djou-ssé-yô)

2. 택시는 인사동에서 세웠습니다.
(t'aik-chi-neunn inn-ssa-dông-é-sso sé-ouo-sseum-ni-da)

3. 좌회전하면 공항입니다.
(tchoua-houai-djonn-ha-myonn kông-hang-im-ni-da)

4. 택시를 탑시다 !
(t'aik-chi-reul t'ap-chi-ta)

5. 우체국 앞에서 우회전해 주세요.
(ou-tch'é-gou-ga-p'é-sso ou-houai-djonn hai-djou-ssé-yô)

7 Maintenant, tout droit (maintenant tout droit allez si convient).
8 C'est là (précisément là-bas est).
9 Déposez-moi devant ce bâtiment (ce bâtiment devant à déposer donnez).

NOTES (suite)

(5) *-ije* (adverbe) : maintenant ; *ijen* est la contraction de *ije-neun*. Nous avons déjà vu que les compléments circonstanciels de lieu ou de temps peuvent être mis en valeur en début de phrase par *-neun* (leçon 6, note 4).
• *ddogbaro* (adverbe) : "tout droit" ; *ddogbaro ga-si-myeon doe-bni-da* : mot à mot : "Si vous allez tout droit, ça convient". Nous avons déjà vu les différentes valeurs du verbe *doe-da* (leçons 16, note 2, et 20, note 1). Cette tournure est utilisée pour signifier une permission ou une approbation. Un peu comme quand nous disons : "Et maintenant, si vous allez tout droit, c'est parfait !".

(6) *baro jeogi-i-bni-da* : "C'est là". *baro* (adverbe) : "justement", "précisément".

(7) *seweo ju-seyo* : "arrêtez-moi", "déposez-moi", du verbe *seu-da* : "arrêter".

EXERCICES (suite)

Mots manquants – 빠지는 단어

1. *Allez tout droit !*
. . . 가세요 ! (. . . ka-ssé-yô)

2. *Déposez-moi à l'aéroport.*
공항에서 . . . . . (kông-hang-é-sso . . . . .)

3. *Monsieur le Président-Directeur Général est arrivé.*
. . . . 도착하셨습니다 . . . . tô-tch'a-k'a-chyo-sseum-ni-da)

*****

그림의 떡
/geurim-eui ddeog/
(keu-ri-meui ttok)

"Un gâteau de riz en image"
(image de gâteau de riz)

• *ddeog* (nom) : "gâteau de riz" : la friandise préférée des enfants... et des adultes, dans un pays où les douceurs et les desserts ne font pas spécialement partie de l'art culinaire.

• *geurim* : "dessin", "image", "peinture" est un de ces innombrables noms coréens qui ont été formés à partir du

CORRIGÉS DES EXERCICES

Traduction

1. Conduisez-moi à l'aéroport.
2. Le taxi s'est arrêté à Insadong.
3. Si on tourne à gauche, c'est l'aéroport.
4. Prenons un taxi !
5. Tournez à droite devant le bureau de poste.

Mots manquants : 1. 똑바로 (ttôk-ppa-rô) **2.** 세워 주세요 ! (sé-ouo-djou-ssé-yô) **3.** 사장님이 (sa-djang-ni-mi)

*****

radical d'un verbe, en l'occurrence *geuri-da* : "dessiner", auquel on ajoute le suffixe *-m* (*-eum* après consonne) qui transforme verbes et adjectifs en nom. Ex. : *cu-da* : "danser", *cum* : "la danse", *jug-da* : "mourir", *jugeum* : "la mort".

"Un gâteau de riz en image, c'est un gâteau dont on ne peut pas se régaler" : Cette expression désigne un objet inaccessible, un désir qu'on ne peut réaliser.

Cela vous a peut-être mis l'eau à la bouche ? Persévérez ! et vous serez bientôt capable de vous commander un plein plateau de *ddeog* délicieux. Pas besoin de vous faire un dessin !

제 25 과
/je i sib o gwa/
(tché-i-chi-bô-goua)

우체국
/ucegug/
(ou-tch'é-gouk)

1 – 안녕하세요 ! **(1)**
/annyeonha-seyo/
(ann-nyong-ha-ssé-yô)

2 편지를 프랑스로 부치고 싶은데요... **(2)**
/pyeonji-reul peurangseu-ro buci-go sip-eundeyo/
(p'yonn-dji-reul p'eu-rang-sseu-rô pou-tch'i-gô chi-p'eunn-dé-yô)

3 – 항공편입니까 ? **(3)**
/hanggongpyeon-i-bni-gga/
(hang-gông-p'yo-nim-ni-kka)

4 – 네.
/ne/
(né)

5 – 저울대 위에 올려 놓으시지요. **(4)**
/jeouldae wi-e ollyeo noh-eusi-jiyo/
(tcho-oul-tai-oui-é ol-lyo-nô-eu-chi-dji-yô)

6 – 얼마입니까 ?
/eolma-i-bni-gga/
(ol-ma-im-ni-kka)

VINGT-CINQUIÈME LEÇON

Le bureau de poste

1 – Bonjour !
2 je voudrais envoyer une lettre en France (lettre France en envoyer envie).
3 – Par avion (avion moyen est) ?
4 – Oui.
5 – Posez-la sur le plateau de la balance (balance-plateau dessus au montez posez).
6 – C'est combien ?

NOTES

(1) *annyeongha-seyo* : "bonjour !" : c'est la forme plus décontractée et plus affable de *annyeongha-sib-ni-gga* (leçon 5, note 1). Nous avons déjà vu la terminaison *-seyo* (leçon 16, note 1 et leçon 17, note 3) dont la valeur varie en fonction du contexte et de l'intonation.

(2) Nous avons déjà vu la terminaison exclamative *-neundeyo* (leçons 17, note 5, et 20, note 3). Avec les adjectifs terminés par une consonne, comme ici *sip-da* : "avoir envie de", cette terminaison est *-eundeyo* ; si l'adjectif se termine par une voyelle, on utilise la variante *-ndeyo* ; Ex. : *ca-da* : "glacé", *ca-ndeyo* : "c'est glacé !".
• *pyeonji* (nom) : "lettre"; *buci-da* (verbe) : "envoyer", "expédier"(par la poste).
• Le verbe qui précède l'adjectif *sip-da* prend toujours le suffixe-conjonction *-go* : *pyeonji-reul peuranseu-ro buci-go sip-eundeyo* : "je voudrais envoyer une lettre en France".

(3) *hanggong* (nom) : "aviation", "navigation aérienne" ; *pyeon* (nom) : "côté", "part"et ici "moyen" ; *hanggong pyeon* correspond à notre : "par avion".

(4) *jeoul* (nom) : "balance", *dae* (nom : "plateau"; *olli-da* (verbe) : "lever", "élever" ; *noh-da* (verbe) : "poser". Encore un excellent exemple du besoin de précision du coréen : là où le français ne fait appel qu'à un seul verbe : "poser", le coréen, lui, a besoin de deux : "élever" et "poser", étroitement liés au moyen de la voyelle de liaison. **N.B.** *olli-eo* se contracte en *ollyeo.*
• *-jiyo* est la terminaison de l'invite (leçon 16, note 4).

7 – 팔백원입니다.
/pal baek weon-ibni-da/
(p'al-bai-gwo-nim-ni-da)

8 – 도착하는데 며칠 쯤 걸릴까요 ? **(5)**
/docagha-neunde myeocil jjeum geolli-lggayo/
(tô-tch'a-k'a-neunn-dé myo-tch'il ttcheum kol-lil-kka-yô)

9 – 사흘내지 일주일 정도 걸립니다. **(6)**
/saheul-naeji il juil jeongdo geolli-bni-da/
(sa-heul-nai-dji il-djou-il-djong-dô kol-lim-ni-da)

7 – Huit cents won.
8 – Ça prendra combien de jours environ pour arriver (arrive et combien de jours environ prend)
9 – C'est de l'ordre de trois jours à une semaine (trois jours de à une semaine degré prend).

NOTES (suite)

(5) *docagha-neunde myeocil jjeum geolli-lggayo* : "Ça prendra combien de jours environ pour arriver ?" ; *jjeum* (adverbe) : "environ", "à peu près" ; *docagha-da* (verbe) : "arriver".
• *-neunde* (suivant un verbe), *-eunde* (derrière un adjectif terminé par une consonne), *-nde* (derrière un adjectif terminé par une voyelle) est un suffixe-conjonction qui se rend de plusieurs façons en français en fonction du contexte. Ici, il correspond à "pour". C'est un suffixe-conjonction d'un maniement plutôt délicat. Aujourd'hui, nous nous contenterons de faire connaissance avec lui ; nous le découvrirons plus en détail ultérieurement.

(6) *saheul-naeji il juil* : "de trois jours à une semaine" ; *-naeji* est un suffixe qui a le sens de "de... à" ; *saheul* : "trois jours" ; nous avons déjà vu (leçon 19, note 4) qu'il existe en coréen des noms pour le décompte des jours. *jeongdo* (nom) : "degré", "niveau" ; dans cette phrase, correspond au français : "de l'ordre de".

EXERCICES – 연습 – /yeonseub/ – (yonn-seup)

Traduction – 번역

1. 여기는 우체국입니다.
(yo-gui-neunn ou-tch'é-gou-guim-ni-da)

2. 편지를 항공으로 부쳤습니다.
(p'yonn-dji-reul hang-gông-eu-rô pou-tch'yo-sseum-ni-da)

3. 사흘 쯤 걸립니다.
(sa-heul-ttcheum kol-lim-ni-da)

4. 지금 퇴근하고 싶은데요.
(tchi-gueum t'ouai-gueunn-ha-gô-chi-p'eunn-dé-yô)

5. 편지를 프랑스로 부치는데 얼마입니까 ?
(p'yonn-dji-reul p'eu-rang-sseu-rô pou-tch'i-neunn-dé ol-ma-im-ni-kka)

Mots manquants – 빠지는 단어

1. *Ça prend une semaine ?*
. . . 걸립니까 ? (. . . kol-lim-ni-kka)

2. *Pendant combien de jours avez-vous attendu la lettre ?*
편지를 . . . . 기다렸습니까 ? (p'yonn-dji-reul . . . . ki-da-ryo-sseum-ni-kka)

3. *Ça prend de deux à trois jours.*
. . . . . 걸립니다. (. . . . . kol-lim-ni-da)

CORRIGÉS DES EXERCICES

Traduction

1. Ici, c'est le bureau de poste.
2. J'ai envoyé la lettre par avion.
3. Ça prend trois jours environ.
4. J'ai envie de quitter le travail maintenant.
5. C'est combien pour envoyer une lettre en France ?

Mots manquants : 1. 일주일 (il-djou-il) **2.** 며칠 동안 (myo-tch'il-dông-ann) **3.** 이틀내지 사흘 (i-t'eul-nai-dji sa-heul)

뒷간과 사돈 집은 멀수록 좋다.
/dwisgan-gwa sadon jib-eun meol-surog joh-da/
(toui-kkann-goua sa-dônn-dji-beunn mol-ssou-rôk tchô-t'a)

"Les cabinets et les parents par alliance, plus ils sont éloignés, mieux c'est."
(cabinets et parents par alliance maison loin plus bon).

Vous vous dites peut-être que les Coréens ont la dent dure, mais ils sont réalistes ! Et il faut aussi les comprendre : en Corée, la famille est tellement tentaculaire et les obligations si nombreuses que les parents par alliance, on préfère les oublier !

• *dwisgan* 'nom) : "cabinets", "petit coin", mot à mot : "la pièce de derrière" ; vient de *dwi* : "derrière", "arrière" et *gan* : "pièce". C'est un terme archaïque ; maintenant, on préfère dire *hwajangsil* : "toilettes". Nous avons déjà expliqué le "s intercalaire"(leçon 19, dicton).
• *sadon* (nom) : "parent par alliance".
• *meol-da* (adjectif) : "éloigné", "lointain".

제 26 과
/je i sib ryug gwa/
(tché-i-chim-nyouk-koua)

슈퍼마켓
/syupeomakes/
(chou-p'o-ma-k'ét)

1 – 지금 슈퍼마켓에 가는데 필요한 것 없어요 ? **(1)**
/jigeum syupeomakes-e ga-neunde piryoha-n geos eobs-eoyo/
(tchi-geum chou-p'o-ma-k'é-t'é ka-neunn-dé p'i-ryô-hann kot op-sso-yô)

2 – 성냥 한 갑, 치솔 세 자루 그리고 필름 네 통만 사 주세요. **(2)**
/seongnyang han gab cisol se jaru geurigo pilleum ne tong-man sa ju-seyo/
(song-nyang hann-gap tch'i-ssôl sé-dja-rou keu-ri-gô p'il-leum né-t'ông-mann sa-djou-sé-yô)

3 – 그것뿐이에요 ? **(3)**
/geugeos-bbun-i-e-yo/
(keu-go-ppou-ni-yé-yô)

NOTES

(1) *supeomakes-e ga-neunde piryoha-n geos eobs-eoyo ?* : "Je vais au supermarché, avez-vous besoin de quelque chose ?". Comme on le voit, dans cette phrase, *-neunde* ne se traduit pas par "pour"(leçon 25, note 5). Ici, dans le contexte de la phrase, ce suffixe-conjonction se traduit par... rien. *-neunde* est un suffixe-conjonction qui indique une situation qui est en quelque sorte le **point de départ** de la seconde proposition. Comme nous l'avons déjà dit, les valeurs de ce suffixe sont très nombreuses car tout dépend du contexte, et les façons de le rendre en français

VINGT-SIXIÈME LEÇON

Le supermarché

1 – Maintenant je vais au supermarché, avez-vous besoin de quelque chose (maintenant supermarché à vais nécessaire chose y a pas) ?
2 – Achetez-moi s'il vous plaît une boîte d'allumettes, trois brosses à dents et aussi quatre films pour appareil photo (allumette une boîte brosse à dent trois objet à manche cylindrique et aussi quatre rouleaux seulement acheter donnez).
3 – C'est tout (cela seulement est) ?

NOTES (suite)

sont, pour la même raison, encore plus nombreuses. Cela doit vous paraître bien brumeux ! mais dites-vous que ce suffixe est in-con-tour-na-ble. Pour le moment, contentez-vous d'enregistrer, la lumière viendra plus tard.
• *piryoha-n geos eobs-eoyo ?* : "avez-vous besoin de quelque chose ?", mot à mot : "chose nécessaire n'y a-t-il pas ?" ; la valeur interrogative de *eobs-eoyo* provient non du mot lui-même, mais de l'intonation. Ecoutez bien les enregistrements et faites bien attention à l'intonation, c'est capital !

(2) *gab, jaru* et *tong* sont ce qu'on appelle des **classificateurs**. En coréen, tout objet qui se compte est affecté d'un mot spécial qui indique la classe d'objets à laquelle il appartient. Nous en avons ici trois exemples : *gap* : "boîte", *jaru* : "objet à manche cylindrique" (en particulier le manche d'un outil), *tong* : "rouleau". En français, quand on compte, on dit : "trois brosses à dents" ; en coréen, il faut dire : "brosse à dent trois objets à manche cylindrique".
• *sa ju-seyo* : "achetez pour moi s'il vous plaît"; du verbe *sa-da* : "acheter"suivi de l'auxiliaire *ju-da* : "faire quelque chose au profit d'autrui".

(3) *bbun* (mot grammatical) : "seulement" est généralement suivi de *i-da* : "être". Nous l'avons déjà rencontré dans l'expression *bbun-man ani-ra* (leçon 18, note 7).

4 – 아, 잊어버릴 뻔했어요, 공책 다섯 권이랑 양말 여섯 켤레도 사 주세요. **(4)**
/a ijeobeori-l bbeonhaess-eoyo gongcaeg taseos gweon-irang yangmal yeoseos kyeolle-do sa ju-seyo/
(a i-djo-bo-ril-ppon-hai-sso-yô kông-tch'aik ta-sso-kkouo-ni-rang yang-mal yo-sso-k'yol-lé-dô sa-djou-sé-yô)

5 그리고, 혹시 생선 가게에 들르시면 도미 한 마리만 사 주실래요 ? **(5)**
/geurigo hogsi saengseon gage-e deulleu-si-myeon domi han mari-man sa ju-si-llaeyo/
(keu-ri-gô hôk-chi saing-ssonn ka-gué teul-leu-chi-myonn tô-mi-han-ma-ri-mann sa-djou-chil-lai-yô)

6 – 알겠습니다.
/al-gess-seubni-da/
(al-gué-sseum-ni-da)

4 – Ah, j'allais oublier ! Achetez-moi aussi s'il vous plaît cinq cahiers et six paires de chaussettes (oublier ai failli cahier cinq volume et chaussette six paire aussi acheter donnez).

5 Et si vous passez à la poissonnerie, voudriez-vous m'acheter juste une dorade (et aussi à l'occasion poisson magasin passez si dorade un animal seulement acheter voudrez) ?

6 – Entendu.

NOTES (suite)

(4) *ijeobeori-l bbeonhaess-eoyo* ; *iojeobeori-da* "oublier" est un verbe dérivé plus usité que *ij-da* du même sens. *Beori-da* est un verbe auxiliaire qui apporte la nuance de "complètement". *ij-eul bbeonhaess-neunde* : "j'ai failli oublier". Le mot grammatical *bbeon* indique qu'une action a failli avoir lieu ; il est toujours précédé d'un verbe d'action à la forme-épithète "future": *-l* après voyelle ou *-eul* après consonne et suivi du verbe auxiliaire *ha-da* toujours au passé. Ex. *ca sago-ro jug-eul bbeonhaess-eoyo* : "J'ai failli mourir dans un accident d'auto".
• *gongcaek* (nom) : "cahier", *gweon* : classificateur des volumes (livres, cahiers, etc.), *yangmal* (nom) : "chaussette", *kyeolle* (nom) : "paire".
• *-irang* après consonne, *-rang* après voyelle : suffixe de coordination : "et". S'emploie de préférence à *-wa / -gwa* dans les énumérations.

(5) *hogsi* (adverbe) : "à l'occasion".
• *saengseon* (nom) : "poisson frais", le poisson en tant qu'aliment. Le poisson en tant qu'animal se dit *mulgogi* (mot à mot : "viande d'eau" !) ou, quand on ne risque pas de confondre avec *gogi* : "viande", *gogi* tout court.
• *gage* (nom) : "magasin", *saengseon gage* (nom composé) : "poissonnerie".
• *mari* est le classificateur des animaux.
• *sa ju-si-llaeyo* : "voudriez-vous m'acheter" ; *-llaeyo, -eullaeyo* après consonne, est une terminaison familière qui marque une demande, une requête. Ex. : *ddeog ju-llaeyo ?* : "Voulez-vous (que je vous donne) un gâteau de riz ?".

EXERCICES – 연습 – /yeonseub/ – (yonn-seup)

Traduction – 번역

1. 슈퍼마켓에서 양말 한 켤레 샀어요.
(chou-p'o-ma-k'é-t'é-sso yang-mal hann k'yol-lai sa-sso-yô)

2. 필요한 것이 많아서 가게에 갔어요.
(p'i-ryô-hann-go-chi ma-na-sso ka-gué-é ka-sso-yô)

3. 그림의 떡은 돈으로 살 수 없어요.
(keu-ri-meui tto-gueunn to-neu-rô sal-ssou-op-sso-yô)

4. 생선보다 고기가 더 좋아요.
(saing-ssonn-bô-da kô-gui-ga to tchô-a-yô)

5. 성냥 사는 것을 잊어버릴뻔했어요.
(song-nyang sa-neunn-go-sseul i-djo-bo-rill-ppon-hai-sso-yô)

Mots manquants
빠지는 단어

1. *J'ai apporté trois dorades.*
도미 . . . 가져왔어요. (tô-mi . . . ka-djyo-oua-sso-yô)

2. *Je n'ai qu'une brosse à dents.*
칫솔 . . . . (tch'i-ssôl . . . .)

3. *Donnez-moi seulement deux boîtes d'allumettes.*
성냥 ... 주세요. (song-nyang . . . tchou-sé-yô)

CORRIGÉS DES EXERCICES

Traduction

1. J'ai acheté une paire de chaussettes au supermarché.
2. Je suis allé à la boutique parce que j'avais besoin de beaucoup de choses.
3. Un gâteau de riz en image, on ne peut pas l'acheter avec des won.
4. Je préfère la viande au poisson.
5. J'ai failli oublier d'acheter des allumettes.

Mots manquants : 1. 세 마리 (sé-ma-ri) **2.** 한 자루뿐이예요 (hann-dja-rou-ppou-ni-yé-yô) **3.** 두 갑만 (tou-gam-mann)

행복은 돈으로 살 수 없다
/haengbog-eun don-euro sa-l su eobs-da/
(haing-bô-gueunn tô-neu-rô sal-ssou-op-tta)

"L'argent ne fait pas le bonheur"
(bonheur argent avec acheter possibilité y a pas)

• *haengbog* (nom) : "bonheur" ; c'est le complément d'objet du verbe *sa-da* : "acheter", mais, comme il est mis en valeur en tête de phrase, on utilise le suffixe *-eun* au lieu de *-eul*.

En français, quand on ne sait pas très bien qui est le sujet, ou quand le sujet peut être n'importe qui, on a recours à "on". En coréen, on ne met rien. Plus simple, non ?

제 27 과
/je i sib cil gwa/
(tché-i-chip-tch'il-goua)

저녁시간
/jeonyeog sigan/
(tcho-nyok-chi-gann)

1 – 저녁식사를 하신 후에 대개 무엇을 하십니까 ? **(1)**
/jeonyeog sigsa-reul ha-si-n hu-e daegae mueos-eul ha-si-bni-gga/
(tcho-nyok-chik-ssa-reul ha-chinn-hou-é tai-gai mou-o-sseul ha-chim-ni-kka)

2 – 차 한두 잔 하면서 음악을 듣습니다. **(2)**
/ca handu jan ha-myeonseo eumag-eul deud-seubni-da/
(tch'a hann-dou-djann ha-myonn-sso eu-ma-gueul teu-sseum-ni-da)

3 아니면 책을 읽거나 비디오테이프를 봅니다. **(3)**
/ani-myeon caeg-eul ilg-geona bidioteipeu-reul bo-bni-da/
(a-ni-myonn tch'ai-gueul il-kko-na bi-di-ô-t'é-i-p'eu-reul pôm-ni-da)

4 – 어떤 종류의 책을 주로 읽으십니까 ? **(4)**
/eotteo-n jonglyu-eui caeg-eul ju-ro ilg-eusi-bni-gga/
(o-ttonn tchông-nyu-eui-tch'ai-gueul tchou-rô il-gueu-chim-ni-kka)

NOTES

(1) *daegae* (adverbe) : "la plupart du temps", "en général".
• *jeonyeog sigan* : "la soirée", mot à mot : "le temps (*sigan*) du soir (*jeonyeog*)".

VINGT-SEPTIÈME LEÇON

La soirée

1 – Après le dîner, que faites-vous en général (soir repas mangé après en général quoi faites) ?

2 – J'écoute de la musique tout en buvant une ou deux tasses de thé (thé un-deux tasse faisant musique écoute).

3 Sinon je lis ou je regarde une vidéo (n'est pas si livre lit ou vidéo voit).

4 – Quel genre de livre lisez-vous surtout (quel genre de livre surtout lisez) ?

NOTES (suite)

(2) *handu* : "une à deux"; nous verrons qu'en coréen il existe une série de "nombres approximatifs".
• *ca handu jan ha-myeonseo* : "tout en buvant une ou deux tasses de thé", le suffixe-conjonction *-myeonseo* marque la simultanéité de deux actions.

(3) *animyeon* (conjonction) : "sinon", mot à mot : "si ce n'est pas".
• *-geona* : suffixe-conjonction qui marque l'alternative, correspond à notre "ou", "ou bien".
En France, nous avons le franglais, en Corée on trouve le "Konglish" : *supeomakes* et *bidioteipeu* en sont des exemples très représentatifs.

(4) *eoddeo-n* : forme épithète de l'adjectif *eoddeoh-da* ; *eoddeo-n* est un adjectif interrogatif qui signifie : "quelle sorte de". Nous avons déjà rencontré un autre adjectif interrogatif : *museun* : "quel ?"(leçon 12, note 1).
• *jonglyu* (nom) : "espèce", "sorte", "genre".
• *ju-ro* (adverbe) : "principalement", à partir de l'élément sino-coréen *ju* : "essentiel". Le suffixe fonctionnel *-ro /-euro* qui, entre autres, marque la manière, est utilisé pour fabriquer des adverbes principalement à partir d'éléments ou de mots sino-coréens. Ex. : *sasil* (nom) : "réalité", "vérité", *sasil-lo* (adverbe) : "en réalité".

5 – 추리소설을 제일 좋아합니다. **(5)**
/curisoseol-eul jeil johaha-bni-da/
(tch'ou-ri-ssô-sso-reul tché-il tchô-a-ham-ni-da)

6 – 저는 수필을 더 좋아합니다. **(6)**
/jeo-neun supil-eul deo johaha-bni-da/
(tcho-neunn sou-pi-reul to tchô-a-ham-ni-da)

7 재미있는 대목은 시간이 늦어도 계속 읽지요. **(7)**
/jaemiiss-neun daemog-eun sigan-i neuj-eo-do gyesog ilg-jiyo/
(tchai-mi-inn-neunn tai-mô-gueunn chi-ga-ni neu-djo-dô ké-ssôk il-tchi-yô)

8 때로는 밤 새도록 봅니다. **(8)**
/ddae-ro-neun bam sae-dorog bo-bni-da/
(ttai-rô-neunn pam-ssai-dô-rôk pôm-ni-da)

5 – Je préfère les romans policiers (déduction roman premier aime).
6 – Moi, je préfère les essais (moi essai davantage aime).
7 Quand c'est captivant, je continue de lire même si c'est tard (intéressant point capital temps tard même si sans discontinuer lis).
8 Parfois, je lis toute la nuit (parfois nuit éclaircir jusqu'à voit).

NOTES (suite)

(5) *curisoseol* (nom composé) : "roman policier", mot à mot : "roman de déduction", à partir de *soseol* : "roman"et de *curi* : "raisonnement", "déduction".

(6) *supil* (nom) : "essai", mot à mot : "en suivant le pinceau". Autrefois, on écrivait à l'encre de chine et au pinceau. L'essai littéraire est un genre très en vogue en Corée. Par contre, de nos jours, on a délaissé le pinceau au profit du *pen* : "stylo"... encore un enfant du Konglish.

(7) *daemog* (nom) : "point le plus important" ; ici, c'est le passage capital du livre ou de la vidéo.
• *gyesog* (nom) : "continuation", souvent utilisé, comme ici, en tant qu'adverbe avec le sens de : "sans arrêt", "sans discontinuer".

(8) *ddae-ro-neun* : "parfois", à partir de *ddae* (nom) : "temps" ; le suffixe *-ro* qui marque la manière sert à créer de nombreuses expressions adverbiales ; *-neun* met en valeur le complément circonstanciel en tête de phrase.
• *bamsae-dorog* : "toute la nuit", "jusqu'à l'aube", expression créée à partir de *bam* (nom) : "nuit"et de *sae-da* (verbe) : "poindre" (en parlant du jour) ; *-dorog* est un suffixe-conjonction qui marque le degré : "au point que". Ex. : *jug-dorog sarangha-da* : "aimer (*sarangha-da*) à en mourir (*jug-da*)", titre d'un film des années soixante.
• *bo-da* : le sens de base de ce verbe est "voir", mais, dans la conversation, on l'utilise souvent au sens de "lire" (un livre) ou de "regarder" (un film, une vidéo).

EXERCICES – 연습 – /yeonseub/ – (yonn-seup)

Traduction – 번역

1. 소설을 읽은 후에 차 한 잔을 마십니다.
(sô-sso-reul il-gueunn-hou-é tch'a hann-dja-neul ma-chim-ni-da)

2. 식사를 하면서 비디오테이프를 봅니다.
(chik-ssa-reul ha-myonn-sso bi-di-ô-t'é-i-p'eu-reul pôm-ni-da)

3. 밤새도록 계속 읽었습니다.
(pam-ssai-dô-rôk ké-ssôk il-go-sseum-ni-da)

4. 일요일은 운동을 하거나 식당에 갑니다.
(i-ryô-i-reunn ounn-dông-eul ha-go-na chik-ttang-é kam-ni-da)

5. 추리소설 세 권을 샀습니다.
(tch'ou-ri-sô-sol sé-gwuo-neul sa-sseum-ni-da)

Mots manquants – 빠지는 단어

1. *Après avoir fait du sport, je lis un livre.*
운동을 . . . 책을 읽습니다 (ounn-dông-eul . . . tch'ai-gueul ik-sseum-ni-da)

2. *J'ai regardé une vidéo jusqu'au matin.*
. . . . 비디오테이프를 보았습니다 (. . . . bi-di-ô-reul pô-a-sseum-ni-da)

3. *Quel genre de voyage faites-vous ?*
. . 여행을 합니까 (. . yo-haing-eul ham-ni-kka)

CORRIGÉS DES EXERCICES

Traduction

1. Après avoir lu un roman, je bois une tasse de thé.
2. Je regarde une vidéo tout en prenant mon repas.
3. J'ai lu sans discontinuer jusqu'à l'aube.
4. Le dimanche, je fais du sport ou je vais au restaurant.
5. J'ai acheté trois romans policiers.

Mots manquants : 1. 한 후에 (hann-hou-é) **2.** 밤새도록 (pam-ssai-dô-rôk) **3.** 어떤 (o-ttonn)

일석이조
/il seog i jo/
(il-sso-gui-djô)

"Faire d'une pierre deux coups"
(un pierre deux oiseau)

Ce dicton n'est pas à proprement parler du coréen, mais du **sino-coréen**, c'est-à-dire que chaque syllabe est la prononciation coréenne d'un caractère chinois : *il* : "un", *seog* : "pierre", *i* : "deux", *jo* : "oiseau".

De même qu'il existe en français nombre d'expressions en latin, de même, en coréen, on trouve des expressions ou des dictons qui sont en fait du chinois prononcé à la coréenne.

Et vous, vous avez fait d'une pierre quatre coups, puisque vous en êtes arrivés à votre quatrième semaine ! Bravo ! Continuez... mais sans oublier les révisions de la leçon 28 !

제 28 과
/je i sib pal gwa/
(tché i-chip-p'al-goua)

복습
RÉVISION ET NOTES

1. Les nombres : Lors de la première révision (leçon 7), nous avons appris les nombres jusqu'à 10. Maintenant que vous êtes plus "grand", nous allons compter jusqu'à mille !

Série sino-coréenne : *i sib* 20, *sam sib* 30, *sa sib* 40, *o sib* 50, *yug sib* 60, *cil sib* 70, *pal sib* 80, *gu sib* 90, *baeg* 100, *ceon* 1000.

Série coréenne : *seumul* 20, *seoreun* 30, *maheun* 40, *swin* 50, *yesun* 60, *ilheun* 70, *yeodeun* 80, *aheun* 90.

Comme vous le constatez, la série sino-coréenne n'a pas de mots propres pour les dizaines supérieures à dix et se borne à les désigner par : "deux dix", "trois dix", etc. En outre, au-dessus de 100, on n'utilise plus que la série sino-coréenne. Enfin, en sino-coréen tout comme en coréen, "onze", "douze", "treize", "quatorze", "quinze", "seize" se disent : "dix un", "dix deux", dix trois", "dix quatre", "dix cinq", dix six", à savoir : *sib il / yeol hana* 11 ; *sib i / yeol dul* 12, *sib sam / yeol ses*13, *sib sa / yeol nes* 14, *sib o / yeol taseos* 15, *sib lyug* (prononcé *chimnyouk*) / *yeol yeoseos* 16, *yeol ilgob* 17, *yeol yeodeolb* 18 et *yeol ahob* 19.

Le coréen connaît aussi des **nombres approximatifs**, Ex. : *ca handu jan* : "une ou deux tasses de thé" (leçon 27, note 2). Ce sont : *handu* : "un ou deux", *duses /duse* : "deux ou trois", *seoneos / seoneo* : "trois ou quatre", *neodaes* : "quatre ou cinq", *daeyeoseos* : "cinq ou six", *yenilgop* : "six ou sept".

VINGT-HUITIÈME LEÇON

2. Les classificateurs : Au cours de cette semaine, nous avons fait connaissance avec un certain nombre de classificateurs. Il faut bien distinguer deux choses : d'une part il y a des classificateurs qui permettent de compter des objets qui existent en tant qu'unités, Ex. : *cisol se jaru* : "trois brosses à dents (brosse à dents trois objets cylindriques)" ; *gongcaeg daseos gweon* : "cinq cahiers (cahier cinq volumes)" et, d'autre part, on trouve des classificateurs qui servent à compter des **quantités** qu'on ne trouve pas à l'unité, Ex. : *ca han jan* : "une tasse de thé (thé une tasse)" ; *maegju du byeong* : "deux bouteilles de bière (bière deux bouteilles)". Il arrive aussi que certains objets se décomptent à la fois à l'unité et à la quantité, Ex. : *dambae han gab* : "un paquet de cigarettes" et *dambae han dae* : "une cigarette" ; *seongnyang han gab* : "une boîte d'allumettes" et *seongnyang han gaebi* : "une allumette" ; *gaebi* est le classificateur des morceaux de bois, que ce soit des allumettes... ou des bûches ; quant à *dae*, c'est le classificateur des "tiges".

3. Le suffixe-conjonction *-neunde* : Ce suffixe est quelque peu déroutant parce qu'il n'a pas d'équivalent précis en français. L'essentiel est de bien saisir sa valeur : la proposition qui se termine par *-neunde* présente le point de départ, le cadre, les circonstances dans lesquelles va se situer ce qui apparaîtra dans les propositions suivantes. La proposition en *-neunde* contient en quelque sorte l'**information prioritaire**. Ceci étant bien compris, reste à traduire ce suffixe en français. Pour cela, il y a un "truc" : se laisser guider par le contexte ; c'est lui qui suggérera la traduction la plus naturelle. Ex. : *docagha-neunde myeocil jjeum geolli-lggayo* : mot à mot : "dans des circonstances où ça arrive, ça prend combien de jours", ce qui se traduira par : “Ça prendra combien de jours environ pour arriver” (leçon 25, note 5) ; *jigeum syupeomakes-e ga-neunde piryoha-n geos eobs-eoyo* : mot à mot : “dans des circonstances où je vais au marché maintenant, n’y a-t-il pas quelque chose de nécessaire”, ce qui signifie : “Maintenant je vais au supermarché, avez-vous besoin de quelque chose ?” ; *i os-eun cam joh-eunde don-i eobs-eoyo* : mot à mot : “dans des circonstances où ce vêtement est vraiment bien, il n’y a pas d’argent, ce qui veut dire : “Ce vêtement est vraiment bien, mais je n’ai pas d’argent .”

4. Le suffixe *-ra* : Ce suffixe qui existe sous deux formes : *-ra* après une voyelle, *-ira* après une consonne, sert à noter le **discours rapporté** (leçon 22, note 4), c’est-à-dire : “ce que quelqu’un a dit” ou “ce qu’on appelle”. Ex. : *i saengseon-eun domi-ra-go ha-bni-da* : “Ce poisson s’appelle la dorade” ; *i dosi-neun seoul-ira-go ha-bni-da* : “Cette ville s’appelle Séoul”. Le *-go* de *-ra-go* est le suffixe-conjonction *-go* dont le rôle est de relier le discours rapporté marqué par *-ra* au verbe d’opinion qui suit : *ha-da* : “dire”. Si on remplace *-go* par *-neun,* on met le discours rapporté à la forme épithète (leçon 22, note 5), Ex. : *domi-ra-neun saengseon* : “un poisson qui s’appelle dorade” ; *seoul-ira-neun dosi* : “une ville qui s’appelle Séoul”.

Le discours rapporté joue un rôle très important en coréen ; Nous y reviendrons donc ultérieurement pour étudier ses autres emplois.

원숭이도 나무에서 떨어질 때가 있다.
/weonsung'i-do namu-eso ddeoreoji-l ddae-ga iss-da/
(ouonn-soung-i-dô na-mou-é-sso tto-ro-djil-ttai-ga i-tta)

"Il y a des moments où même le singe tombe de l'arbre."

Cela correspond à notre proverbe : "Il n'y a si bon cheval qui ne bronche", autrement dit : "Nul n'est parfait" !

• *weonsung'i* (nom) : "singe", *namu* (nom) : "arbre", *ddae* (nom) : "temps", "moment", *ddeoreoji-da* (verbe) : "tomber".

• *-do*, suffixe spécifique qui, selon le contexte, signifie soit : "aussi", soit : "même" ; *-eseo* : suffixe fonctionnel marquant la provenance.

Bien sûr, nul n'est parfait, mais, en quatre semaines, vous vous êtes drôlement perfectionné en coréen ! Alors, continuez ! Et sans broncher ! ! !

제 29 과
/je i sib gu gwa/
(tché-i-chip-kou-goua)

지하철
/jihaceol/
(tchi-ha-tch'ol)

1 – 서울 지하철은 파리 지하철보다 더 깨끗해요.
/seoul jihaceol-eun pari jihaceol-boda deo ggaeggeushaeyo/
(so-oul tchi-ha-tch'o-reunn p'a-ri tchi-ha-tchol-bô-da to kkai-kkeu-t'ai-yô)

2 시민들이 휴지나 깡통을 아무데나 버리지 않습니다. **(2)**
/simin-deul-i hyuji-na ggangtong-eul amudena beori-ji anh-seubni-da/
(chi-minn-deu-ri hyou-dji-na kkang-t'ông-eul a-mou-dé-na po-ri-dji-ann-sseum-ni-da)

3 승차시에 한줄로 서서 차례를 기다립니다. **(3)**
/seungca-si-e han jul-lo seo-seo carye-reul gidari-bni-da/
(seung-tch'a-chi-é hann-djoul-lô so-sso tch'a-ré-reul ki-da-rim-ni-da)

NOTES

(1) *ggaeggeusha-da* (adjectif) : "propre" ; *ggaeggeushaeyo* : forme contractée de *ggaeggeusha-yeo-yo*, forme de politesse la plus courante entre adultes de même niveau social (leçon 21, 5).

(2) *simin* (nom) a deux sens : "citoyen" et "citadin".
• *-deul* est un suffixe qui marque le pluriel ; ce suffixe est facultatif. Dans les cas ou la notion de pluriel est évidente

VINGT-NEUVIÈME LEÇON

Le métro

1 – Le métro de Séoul est plus propre que celui de Paris (Séoul de métro Paris métro comparé à propre).

2 Les gens ne jettent pas n'importe où les papiers ou les boîtes de conserve (citadins papier ou boîte de conserve n'importe où jette pas).

3 Au moment de monter en voiture, ils attendent leur tour en faisant la queue (montée en voiture moment à queue en faisant tour attendent).

NOTES (suite)

en fonction du contexte (comme dans la phrase 6 ci-dessous), on s'en passe allégrement !
• *hyuji* (nom) : "déchets de papier ou de chiffon" que l'on jette dans *hyujitong* : "corbeille à papier" ; *ggangtong* : "boîte de conserve", mot très intéressant parce que composé de *ggang*, "coréanisation" de l'américain *can* : "boîte de conserve"et du mot purement coréen *tong* : "boîte".
• *beori-da* verbe : "jeter".
• *amudena* (adverbe) : "n'importe où" ; comporte le suffixe d'indétermination *-na* que l'on retrouve dans d'autres adverbes indéterminés tels que *eonjena* : "toujours", à partir de *eonje* : "quand ?", *nuguna* : "n'importe qui", de *nugu* : "qui ?" ou *eodiena* : "partout", de *eodi* : "où". *-e* marque le complément circonstanciel de temps.

(3) *seungca* (nom) : "montée en voiture", *si* : "moment", *seungcasi-e* : "au moment de monter en voiture" ; *hanjul* (nom) : "une rangée", "une ligne", *seo-da* (verbe) : "se tenir debout" et "se tenir immobile", *hanjul-lo seo-da* : "se tenir en ligne", "faire la queue" ; *-ro* marque le complément circonstanciel de manière ; *hanjul-lo seo-seo* : "en faisant la queue" ; nous découvrons ici une troisième valeur du suffixe-conjonction *-seo* : l'indication d'un état. *carye* (nom) : "ordre", "tour", *carye-reul gidari-da* : "attendre [son] tour".

4 퇴근 시간에는 인파가 몰려 대단히 복잡합니다. **(4)**
/toegeun sigan-e-neun inpa-ga mollyeo daedan-hi bogjabha-bni-da/
(t'ouai-geunn-chi-ga-né-neunn inn-p'a-ga môl-lyo tai-dan-hi pôk-tcha-p'am-ni-da)

5 – 파리 지하철도 그 시간에는 마찬가지입니다. **(5)**
/pari jihaceol-do geu sigan-e-neun macangaji-i-bni-da/
(p'a-ri tchi-ha-tch'ol-dô keu-chi-ga-né-neunn ma-tch'ann-ga-dji-im-ni-da)

6 – 교통 문제는 대도시의 큰 문젯거리 중에 하나라고 봅니다. **(6)**
/gyotong munje-neun daedosi-eui keu-n munjesgeori jung-e hana-ra-go bo-bni-da/
(kyô-t'ong mounn-djé-neunn tai-dô-chi-eui k'eunn mounn-djé-kko-ri-djoung-é ha-na-ra-gô pôm-ni-da)

7 – 저도 그렇게 생각합니다. **(7)**
/jeo-do geureoh-ge saenggagha-bni-da/
(tcho-dô keu-ro-k'é saing-ga-k'am-ni-da)

NOTES (suite)

(4) *inpa* (nom) : "foule", "bousculade", mot à mot : "vague humaine" ; *molli-da* (verbe) : "affluer" ; *daedan-hi* (adverbe) : "considérablement", "extrêmement".

(5) *macangaji* (nom) : "identité", "similitude", *macangaji-i-da* : expression qui signifie : "c'est pareil", "c'est la même chose".

4 À la sortie du travail, il y a foule et ce n'est pas facile (sortie du travail heure à foule afflue extrêmement compliqué).

5 – À cette heure-là, c'est la même chose à Paris (Paris métro aussi cette heure à similitude est).

6 – On considère que le problème de la circulation est un des grands problèmes des grandes villes (circulation problème grande ville de problème parmi un considère).

7 – Je pense comme vous (moi aussi ainsi pense).

NOTES (suite)

(6) *munje* (nom) : "problème", *munjesgeori* (nom) a exactement le même sens de "problème", mais, par rapport à *munje* qui est le nom "standard", c'est un mot plus familier, utilisé uniquement dans la langue parlée. *daedosi* (nom composé) : "grande ville".
• Nous avons déjà vu le nom *jung* : "milieu" (leçon 22, note 3) ; *jung-e*, avec le suffixe *-e* qui marque le complément circonstanciel de lieu, fonctionne comme une postposition avec le sens de : "au milieu de", "parmi".
• Nous avons aussi déjà vu le verbe *bo-da* : "voir" ; ici il est employé avec le sens dérivé de : "considérer comme".
• *hana-ra-go bo-bni-da* : mot à mot : "on considère que [le problème de la circulation] est un (*hana*) [des grands problèmes des grandes villes]". Nous avons déjà vu le suffixe de citation *-ra-go* (leçon 22, note 4) ; il indique que ce qui précède est une opinion émise, un jugement porté sur quelque chose ou sur quelqu'un. C'est pourquoi les verbes qui suivent *-ra-go* sont appelés des **verbes d'opinion** (dire, penser, considérer, estimer, supposer, etc.). Nous y reviendrons lors de la leçon de révision 35.

(7) *geureoh-ge* (adverbe) : "ainsi", dérivé de l'adjectif *geureoh-da* (leçon 12, note 4) au moyen du suffixe adverbial *-ge* (leçon 4, note 4) ; *saenggagha-da* (verbe) : "penser" ; *jeo-do geureoh-ge saenggagha-bni-da* : "Moi aussi je pense comme ça".

EXERCICES – 연습 – /yeonseub/ – (yonn-seup)

Traduction – 번역

1. 시민들은 차례를 기다립니다.
(chi-min-deu-reunn tch'a-ré-reul ki-ida-rim-ni-da)

2. 휴지를 아무데나 버리지 않습니다.
(hyou-dji-reul a-mou-dé-na po-ri-dji-ann-sseum-ni-da)

3. 지하철은 택시보다 빠릅니다.
(tchi-ha-tch'o-reunn t'aik-chi-bô-da ppa-reum-ni-da)

4. 대도시에는 문제가 많습니다.
(tai-dô-chi-é-neunn mounn-djé-ga mann-sseum-ni-da)

5. 이것은 대단히 복잡한 문제입니다.
(i-go-sseunn tai-dann-hi pôk-tcha-p'ann mounn-djé-im-ni-da)

Mots manquants – 빠지는 단어

1. *Ce restaurant est le meilleur restaurant de la ville.*
이 식당은 도시 식당 . . 제일 좋은 식당입니다.
(i-chik-ttang-eunn tô-chi-chik-ttang .. tché-il tchô-eunn chik-ttang-im-ni-da)

2. *Faisons la queue.*
. . 섭시다.
(. . sop-chi-ta)

3. *Je ne pense pas comme vous.*
저는 . . . 생각하지 않습니다.
(tcho-neunn . . . saing-ga-k'a-dji-ann-sseum-ni-da)

CORRIGÉS DES EXERCICES

Traduction

1. Les gens attendent leur tour.
2. Je n'ai pas jeté les papiers n'importe où.
3. Le métro est plus rapide que le taxi.
4. Il y a beaucoup de problèmes dans les grandes villes.
5. C'est un problème extrêmement compliqué.

Mots manquants : 1. 중에 (djoung-é) **2.** 줄을 (tchou-reul)
3. 그렇게 (keu-ro-k'é)

티끌 모아 태산이다.
/tiggeul mo-a taesan-i-da/
(t'i-kkeul mô-a t'ai-ssa-ni-da)

"un amoncellement de poussière devient le mont Taishan."
(poussière rassemble Taishan est)

• *tiggeul* (nom) : "poussière", *moeu-da* (verbe) : "rassembler" ; la voyelle finale *eu* a été assimilée par la voyelle de liaison (voir leçon 12, note 5).
• *taesan* : les monts Taishan (1545 m) ; dans les pays de civilisation chinoise, ils étaient considérés comme les plus hautes montagnes du monde. *taesan-i-da* : "C'est les monts Taishan" ; cette expression désigne quelque chose d'énorme, de monumental.

Vous avez peut-être déjà découvert le proverbe français qui se cache derrière ces montagnes : "Les petits ruisseaux font les grandes rivières", bien sûr !

제 30 과
/je sam sib gwa/
(tché-sam-chip-koua)

버스
/beoseu/
(po-sseu)

1 – 잔돈을 가지고 계세요 ? **(1)**
/jandon-eul gaji-go gye-seyo/
(tchann-dô-neul ka-dji-gô ké-ssé-yô)

2 – 왜요 ? 잔돈이 필요합니까 ? **(2)**
/wae-yo jandon-i piryoha-bni-gga/
(ouai-yô tchan-dô-ni p'i-ryô-ham-ni-kka)

3 – 네, 버스 승차시 요금을 잔돈으로 준비하세요. **(3)**
/ne beoseu seungcasi yogeum-eul jandon-euro junbiha-seyo/
(né po-sseu seung-tch'a-chi yô-gueu-meul tchann-dô-neu-rô tchounn-bi-ha-ssé-yô)

4 그렇지 않으면 대단히 불편합니다.
/geureo-ji anh-eumyeon daedan-hi bulpyeonha-bni-da/
(keu-ro-dji-a-neu-myonn tai-dann-hi poul-p'yonn-ham-ni-da)

NOTES

(1) *jandon* (nom) : "monnaie" ; *gaji-da* (verbe) : "avoir sur soi" ; *jandon-eul gaji-go gye-seyo* : mot à mot : "êtes-vous en train d'avoir de la monnaie ?".
• *-go iss-da* est la **forme progressive** du verbe qui se traduit en français par : "être en train de". Ex. : *soseol-eul ilg-go iss-seubni-da* : "Je suis en train de lire un roman".

TRENTIÈME LEÇON

L'autobus

1 – Avez-vous de la monnaie ?
2 – Pourquoi ? A-t-on besoin de monnaie (monnaie nécessaire) ?
3 – Oui, quand on prend l'autobus, vous devez prévoir de la monnaie pour payer votre place (autobus montée moment tarif monnaie en préparez).
4 Sinon, ça pose des problèmes (extrêmement incommode).

NOTES (suite)

Dans certains cas, comme ici, cette forme progressive indique l'existence d'un état : "Avez-vous de la monnaie". *gyesi-da* (leçon 22, phrase 2) est le verbe de déférence de *iss-da*.

(2) *jandon-i piryoha-bni-gga* : mot à mot : "La monnaie est-elle nécessaire ?", autrement dit : "A-t-on besoin de monnaie ?".

(3) *yogeum* (nom) : "prix", "tarif" ; *-euro* indique ici la manière : "sous forme de monnaie" ; *junbiha-da* (verbe) : "préparer".

5 아니면, 승차전 버스표를 미리 사시면 됩니다. **(4)**
/ani-myeon seungcajeon beoseupyo-reul miri sa-si-myeon doe-bni-da/
(a-ni-myonn seung-tch'a-djonn po-sseu-p'yô-reul mi-ri sa-chi-myonn touaim-ni-da)

6 – 어디서 살 수 있습니까 ? **(5)**
/eodi-seo sa-l su iss-seubni-gga/
(o-di-sso sal-ssou-i-sseum-ni-kka)

7 – 각 정류소마다 "버스표 판매기"가 있습니다. **(6)**
/gag jeonglyuso-mada beoseupyo panmaegi-ga iss-seubni-da/
(kak tchonn-nyou-ssô-ma-da po-sseu-p'yô p'ann-mai-gui-ga i-sseum-ni-da)

EXERCICES – 연습 – /yeonseub/ – (yonn-seup)

Traduction – 번역

1. 잔돈을 가지고 계시면 됩니다.
(tchann-dô-neul ka-dji-gô ké-chi-myonn touaim-ni-da)

2. 승차전 잔돈을 준비합시다.
(seung-tch'a-djonn tchnann-dô-neul tchounn-bi-hap-chi-ta)

3. 버스표를 잃어버릴뻔 했어요.
(pô-sseu-p'yô-reul i-ro-bo-ril-pponn-hai-sso-yô)

4. 퇴근 시간에 지하철 타면 대단히 불편합니다.
(t'ouai-gueunn-chi-ga-né tchi-ha-tch'ol-t'a-myonn tai-da-ni poul-p'yonn-ham-ni-da)

5. 판매기는 어디서 찾을 수 있습니까 ?
(p'ann-mai-gui-neunn o-di-sso tch'a-djeul-ssou-i-sseum-ni-kka)

5 Ou alors, il faut acheter son ticket à l'avance avant de monter en voiture (n'est pas si montée en voiture avant autobus ticket à l'avance achetez si convient).

6 – Où peut-on l'acheter ?

7 – Il y a un distributeur automatique de tickets à chaque station d'autobus (chaque autobus station chaque autobus ticket machine de vente y a).

NOTES (suite)

(4) *seungcajeon* (locution) : "avant de monter en voiture" composée de *seungca* : "montée en voiture" et de *jeon* : "avant", "devant".
• *pyo* (nom) : "ticket", *beoseupyo* (nom composé) : "ticket de bus".
• *miri* (adverbe) : "à l'avance".
• *sa-si-myeon doe-bni-da* : "il faut que vous achetiez" (voir, leçon 24, note 5), mot à mot :"si vous achetez, ça convient".

(5) *eodi-seo* : forme contractée de *eodi-eseo* ; quand le suffixe fonctionnel *-eseo* qui indique le complément circonstanciel de lieu se suffixe à un nom terminé par une voyelle, il se contracte en *-seo*.

(6) *gag* : préfixe sino-coréen ayant la valeur de : "chaque", renforce le suffixe spécifique *-mada* : "chaque".
• *jeonlyuso* (nom composé) : "arrêt d'autobus".
• *panmaegi* (nom composé) : mot à mot : "machine (*ki*) de vente (*panmae*), autrement dit : "distributeur automatique".

EXERCICES (suite)

Mots manquants – 빠지는 단어

1. *Avez-vous une brosse à dents ?*
치솔을 . . . . . . (tch'i-sô-reul . . . . . .)

2. *Si ce n'est pas le cas, achetez-en une avant de monter en voiture.*
. . . 승차전에 하나 사세요. (. . . seung-tch'a-djonn-é ha-na sa-ssé-yô)

3. *Peut-on acheter les billets dans toutes les stations ?*
. . . . . . 표를 살 수 있습니까 (. . . . . . p'yô-reul sal-ssou-i-sseum-ni-gga)

*****

온고지신
/on go i ji sin/
(ônn-gô-i-dji-chinn)

"Réfléchir sur le passé permet de connaître l'avenir"
(réchauffer ancien et connaître nouveau)

Encore une maxime en sino-coréen, puisée aux sources même du confucianisme : les *Entretiens de Confucius* (Livre II, paragraphe 11 : "Qui comprend le nouveau en

CORRIGÉS DES EXERCICES

Traduction

1. Il faut que vous ayez de la monnaie.
2. Préparons la monnaie avant de monter en voiture.
3. J'ai failli perdre les tickets d'autobus.
4. Si on prend le métro à l'heure de retour du travail, c'est extrêmement désagréable.
5. Où peut-on trouver un distributeur automatique ?

Mots manquants : 1. 가지고 계세요 (ka-dji-gô-ké-ssé-yô) **2.** 아니면 (a-ni-myonn) **3.** 각 정류소마다 (kak tchong-nyou-ssô-ma-da)

*****

réchauffant l'ancien peut devenir un maître").
Pour la traduction française des pensées du maître, on peut se reporter à *Confucius, entretiens avec ses disciples*, introduction, traduction, notes et commentaires par André Lévy, 1994, Flammarion.

Elle illustre bien l'esprit de la Corée moderne, fière de sa tradition, mais résolument tournée vers le XXIe siècle. Autre leçon à tirer de cette phrase : pour les Coréens, il n'y a aucune solution de continuité entre l'ancien et le nouveau, le passé et l'avenir.

제 31 과
/je sam sib il gwa/
(tché-ssam-chi-bil-goua)

경로사상
/gyeonglosasang/
(kyong-nô-ssa-ssang)

1 – 지하철에는 표지판이 많습니다. **(1)**
/jihaceol-e-neun pyojipan-i manh-seubni-da/
(tchi-ha-tch'o-ré-neunn p'yô-dji-p'a-ni mann-sseum-ni-da)

2 표지판 덕택으로 승객들은 질서있게 행동합니다. **(2)**
/pyojipan deogtaeg-euro seunggaeg-deul-eun jilseoiss-ge haengdongha-bni-da/
(p'yô-dji-p'ann tok-ttae-gueu-rô seung-gaik-teu-reunn tchil-sso-i-kké haing-dông-ham-ni-da)

3 – "지정석"은 무슨 뜻인가요 ? **(3)**
/jijeongseog-eun museun ddeus-i-ngayo/
(tchi-djong-so-gueunn mou-sseunn tteu-chinn-ga-yô)

NOTES

(1) *gyeonlo* (nom) : "respect pour les personnes âgées", *sasang* (nom) : "pensée", "état d'esprit" ; *gyeonglo sasang* : "le respect des personnes âgées".
• *pyojipan* (nom) : "panneau de signalisation".

(2) *deogtaeg* (nom) : "faveur", "bienfait", *deogtaeg-euro* : "grâce à", où *-euro* est le suffixe fonctionnel qui indique le moyen.

TRENTE ET UNIÈME LEÇON

le respect des personnes âgées

1 – Dans le métro, il y a beaucoup de panneaux (métro dans panneaux nombreux).
2 Grâce aux panneaux, les usagers se conduisent de façon disciplinée.
3 – Que veut dire "siège réservé" (siège réservé quel sens est) ?

NOTES (suite)

• *seunggaeg* (nom) : "passager", "usager".
• *jilseo* (nom) : "ordre", *jilseoiss-da* (adjectif) : "qui est en ordre", "discipliné". Nous avons déjà vu (leçon 17, note 2) qu'il existe en coréen un certain nombre d'adjectifs composés d'un nom suivi de *iss-da* : "il y a" : *mas* : "saveur", *masiss-da* : "savoureux", *jaemi* : "intérêt", *jaemiiss-da* : mot à mot : "qui a de l'intérêt", d'où : "intéressant" (leçon 27, phrase 7).
• *haengdong* (nom) : "conduite", *haengdongha-da* (verbe) : "se conduire".

(3) *jijeongseog* (nom) : "place réservée" ; *ddeus* (nom) : "sens", "signification".
• *-ngayo / -eungayo* après consonne : terminaison d'interrogation dubitative : *museun ddeus-i-ngayo* : mot à mot : [je me demande] quel sens c'est ?".

4 – 노약자나 임산부를 위한 자리라는 뜻입니다. **(4)**
/noyagja-na imsanbu-reul wiha-n jari-ra-neun ddeus-i-bni-da/
(nô-yak-tcha-na im-sann-bou-reul oui-hann tcha-ri-ra-neunn tteu-chim-ni-da)

5 한국에서는 전통적으로 나이드신 분들을 존경합니다. **(5)**
/hangug-eseo-neun jeontongjeog-euro naideu-si-n bun-deul-eul jon'gyeongha-bni-da/
(hann-gou-gué-sso-neunn tchonn-t'ông-djo-gueu-rô na-i-deu-chinn-boun-deu-reul tchôn-gyong-ham-ni-da)

6 "경로사상"이라고 합니다. **(6)**
/gyeonglo sasang-ira-go ha-bni-da/
(kyong-nô-ssa-ssang-i-ra-gô-ham-ni-da)

NOTES (suite)

(4) *noyagja* (nom) : "vieillards et infirmes", *imsanbu* (nom) : "femme enceinte".
• *wiha-da* (verbe) : "faire quelque chose en faveur de", équivaut à la préposition française : "pour" : *noyagja-na insanbu-deul-eul wiha-n jari* : une place pour les vieillards, les infirmes ou les femmes enceintes" ; *jari* (nom) : "place". *noyagja-na imsanbu-deul-eul wiha-n jari-ra-neun ddeus-i-bni-da* : mot à mot : "c'est le sens (*ddeus*) qui veut dire (*ra-neun*) une place pour les vieillards, les infirmes ou les femmes enceintes", autrement dit : "ça signifie une place destinée aux vieillards, aux infirmes ou aux femmes enceintes". Nous avons déjà vu que *ra-neun* est la forme épithète de *ra-go* (leçon 22, note 5).

4 – Ça signifie une place pour les vieillards, les infirmes ou les femmes enceintes (personnes âgées et infirmes ou femmes enceintes destiné place s'appelle signification est).

5 En Corée, traditionnellement, on respecte les personnes âgées.

6 C'est ce qu'on appelle "respect aux personnes âgées" (respect aux personnes âgées pensée dit).

NOTES (suite)

(5) *jeontong* (nom) : "tradition", *jeontongjeog* (adjectif) : "traditionnel", *jeontongjeog-euro* (adverbe) : "traditionnellement".
• *-jeog* est un suffixe sino-coréen qui permet de transformer un nom sino-coréen en adjectif ; ensuite, à l'aide du suffixe adverbial *-euro* (leçon 27, note 4), cet adjectif est à son tour transformé en adverbe. On retrouve donc en coréen les mêmes "triades" qu'en français du type : "constitution", "constitutionnel","constitutionnellement".
• *naideul-da* (adjectif) : "âgé" ; vient de *nai* (nom) : "âge" et de *deul-da* (verbe) : "entrer". Tous les verbes dont le radical se terminent par *l* perdent cette consonne devant un suffixe commençant par *s*.
Ex. : *mueos-eul deu-si-gess-seubni-gga* : "Que prendrez-vous ?" (leçon 17, note 6). Vous n'aviez pas oublié ?
• *jonggyeong* (nom) : "respect", *jongyeongha-da* (verbe) : "respecter".

(6) *gyeonglo sasang-i-ra-go ha-bni-da* : "On appelle cela respect des personnes âgées", mot à mot : "on dit que c'est le respect des personnes âgées" ; le verbe *ha-da* signifie "faire" et aussi "dire" ; Il est amusant de constater le parallélisme non seulement de sens mais aussi de construction entre le coréen et le français argotique : "C'est le respect des personnes âgées qu'il (lui) fait". comme nous l'avons vu (leçon 29, note 6), *-ra-go* / *-irago* après une consonne assure le lien entre le verbe d'opinion (*ha-da*) et ce qui est énoncé (*gyeonglo sasang*).

EXERCICES – 연습 – /yeonseub/ – (yonn-seup)

Traduction – 번역

1. 지하철에는 지정석이 있습니다.
(tchi-ha-tch'o-ré-neunn tchi-djong-so-gui i-sseum-ni-da)

2. 퇴근 시간에는 자리가 없습니다.
(t'ouai-gueunn chi-ga-né-neunn tcha-ri-ga op-sseum-ni-da)

3. 노약자를 위한 자리는 지정석이라고 합니다.
(nô-yak-tcha-reul oui-hann tcha-ri-neunn tchi-djong-so-gui-ra-gô ham-ni-da)

4. 경로사상 덕택으로 나이드신 분들은 앉으실 수 있습니다.
(kyong-nô-ssa-ssang tok-t'ai-gueu-rô na-i-teu-chinn-bounn-deu-reunn ann-djeu-chil-ssou-i-sseum-ni-da)

5. 서울 지하철에 표지판이 많이 보입니다.
(so-oul tchi-ha-tch'o-ré p'yô-dji-pa-ni ma-ni pô-im-ni-da)

Mots manquants – 빠지는 단어

1. *Les sièges réservés sont des places pour les personnes âgées.*
지정석은 나이드신 분을 . . . . (tchi-djong-so-gueunn na-i-teu-chinn pou-neul . . . .)

2. *Que signifie ce panneau ?*
표지판은 . . . . (p'yô-dji-p'a-neunn . . . . . .)

3. *La capitale de la Corée s'appelle Séoul.*
한국의 수도는 . . . . (hann-gou-gueui sou-dô-neunn . . . .)

CORRIGÉS DES EXERCICES

Traduction

1. Dans le métro, il y a des places réservées.
2. À l'heure de sortie du travail, il n'y a pas de place.
3. Les places pour les personnes âgées et infirmes s'appellent places réservées.
4. Grâce au respect des personnes âgées, les personnes âgées peuvent s'asseoir.
5. On voit beaucoup de panneaux dans le métro de Séoul.

Mots manquants : 1. 위한 자리입니다 (oui-hann tcha-ri-im-ni-da) **2.** 무슨 뜻인가요 (mou-sseunn tteu-chinn-ga-yô) **3.** 서울이라고 합니다 (so-ou-ri-ra-gô-ham-ni-da)

실패는 성공의 어머니다.
/silpae-neun seonggong-eui eomeoni-da/
(chil-p'ai-neunn song-gông-eui o-mo-ni-da)

"Échec est mère du succès"
(échec succès de mère est)

• *silpae* (nom) : "échec", *seonggong* (nom) : "succès", *eomeoni* (nom) : "mère".
• *eomeoni-da* est la forme contractée de *eomeoni-i-da*. Voilà bien le tempérament coréen ! En Corée, on ne nie pas les difficultés de l'existence avec leur cortège d'échecs, mais, comme nous le savons déjà, il y a toujours un trou par où s'échapper. Et ce n'est pas tout, parce que les Coréens sont des "coriaces" et des gagneurs, ils ne se contentent pas d'échapper aux conséquences de l'échec, ils l'utilisent comme tremplin pour réussir... comme vous qui touchez au but, puisque vous arriverez bientôt à la fin de la première partie de la méthode. Félicitations !

제 32 과
/je sam sib i gwa/
(tché-sam-chi-bi-goua)

약속시간
/yagsog sigan/
(yak-ssôk-chi-gann)

1 – 늦어서 죄송합니다. 차가 막혔어요. **(1)**
/neuj-eo-seo joesongha-bni-da ca-ga mag-hy-eoss-eoyo/
(neu-djyo-sso tchouai-ssông-ham-ni-da tch'a-ga ma-k'yo-sso-yô)

2 오래 기다리셨습니까 ? **(2)**
/orae gidari-sy-eoss-seubni-gga/
(ô-rai ki-da-ri-chyo-sseum-ni-kka)

3 – 아닙니다. 괜찮습니다. **(3)**
/ani-bni-da gwaencanh-seubni-da/
(a-nim-ni-da kouainn-tch'ann-sseum-ni-da)

4 – 한국인들은 약속 시간을 잘 지킵니다. **(4)**
/hangugin-deul-eun yagsog sigan-eul jal jiki-bni-da/
(hann-gou-guinn-deu-reunn yak-ssôk-chi-gan-eul tchal chi-k'im-ni-da)

5 – 네. 그렇습니다. 프랑스인들은 약속 시간을 잘 지킵니까 ?
/ne geureoh-seubni-da peurangseuin-deul-eun yagsog sigan-eul jal jiki-bni-gga/
(né keu-ro-sseum-ni-da p'eu-rang-sseu-inn-deu-reunn yak-ssôk-chi-ga-neul tchal tchi-k'im-ni-kka)

TRENTE-DEUXIÈME LEÇON

L'heure du rendez-vous

1 – Excusez-moi d'être en retard. Il y avait des embouteillages (retard cause excusez voitures étaient engorgées).
2 Vous avez attendu longtemps.
3 – Non. Ça ne fait rien.
4 – Les Coréens respectent bien l'heure du rendez-vous.
5 – Oui, c'est vrai , et les Français (est ainsi France personnes rendez-vous heure bien respecte) ?

NOTES

(1) *yagsog sigan* : "l'heure du rendez-vous" ; *yagsog* (nom) : "promesse", "rendez-vous".
• *neuj-eo-seo joesongha-bni-da* : "Je m'excuse d'être en retard" ; ici, le suffixe conjonction *-seo* est utilisé avec sa valeur causale.
• *ca-ga maghy-eoss-seoyo* : peut se traduire par : "il y avait des embouteillages" ou "ça roulait mal", mot à mot : "les voitures étaient engorgées" ; le verbe *mag-hi-da* : "être bouché" est un verbe passif, dérivé au moyen du suffixe de passif *hi* du verbe actif *mag-da* : "boucher" (un trou, une bouteille, etc.). Il n'y a pas de règles grammaticales générales du passif en coréen. Il faut, hélas ! apprendre au coup par coup. Nous donnerons une vue d'ensemble de ce problème complexe en fin de méthode.

(2) *orae* (adverbe) : "longtemps", que nous avons déjà vu dans l'expression *oraeganman-i-bni-da* : "Ça fait longtemps que nous ne nous étions pas rencontrés" (leçon 5, note 2).

(3) Nous avons déjà vu *gwaencanh-seubni-da* au sens de : "ça me convient" (leçon 12, phrase 8). Cet adjectif peut aussi s'utiliser avec le sens de : "Ça ne fait rien".

(4) *jiki-da* (verbe) : "respecter", "observer".

6 – 대부분 잘 지키는 편이지만 지방마다 조금씩 차이가 있습니다. **(5)**
/daebubun jal jiki-neun pyeon-i-jiman jibang-mada jogeumssig cai-ga iss-seubni-da/
(tai-bou-bounn tchal tchi-k'i-neunn-p'yo-ni-dji-mann tchi-bang-ma-da chô-gueum-chik tch'a-i-ga-i-sseum-ni-da)

7 – 어떤 차이가 있습니까 ?
/eoddeo-n cai-ga iss-seubni-gga/
(o-ttonn tch'a-i-ga i-sseum-nikka)

8 – 예를 들면 남부지방 사람들은 대개 약속 시간보다 30분 정도 늦게 옵니다. **(6)**
/ye-reul deul-myeon nambu jibang saram-deul-eun daegae yagsog sigan-boda sam sib bun jeongdo neuj-ge o-bni-da/
(yé-reul teul-myonn nam-bou-dji-bang sa-ram-deu-reunn tai-gai yak-ssôk-chi-gan-bô-da sam-chip-pounn tchong-dô neu-kké ôm-ni-da)

비행기가 늦었어요.

6 – La majorité la respecte plutôt bien mais, selon les régions, il y a quelques différences (majorité bien respecte côté est mais région chaque quelque peu différence y a).

7 – Quel genre de différence trouve-t-on (quel genre différence y a) ?

8 – Par exemple, les méridionaux arrivent en général une demi-heure plus tard que l'heure du rendez-vous (exemple prend si sud partie région personnes en général rendez-vous temps comparé trente minutes degré tardivement viennent).

NOTES (suite)

(5) *daebubun* (nom) : "majorité".
• *pyeon* : le sens de base de ce nom est : "côté", "direction" et, de là, il sert à établir une comparaison implicite entre deux choses ou deux personnes, comme dans : *daebubun jal jiki-neun pyeon-i-jiman* : mot à mot : "c'est un côté où la majorité respecte bien", mais... il y en a d'autres qui arrivent carrément avec une demi-heure de retard ! Comparez : *geu-neun ki-ga jag-da* : "il est petit" (lui taille petit) - constatation dans l'absolu, et *geu-neun ki-ga jag-eun pyeon-i-da* : "Il est plutôt petit" (par rapport aux autres). Très souvent, "plutôt" est un bon moyen de rendre la nuance apportée par *pyeon*.
• *jibang* (nom) : "région" , *jogeumssig* (adverbe) : "peu à peu", "quelque peu" ; *cai* 'nom) : "différence".

(6) *ye* (nom) : "exemple", *ye-reul deul-myeon* : "si on prend un exemple", c'es-à-dire : "par exemple".
• *nambu jibang-eui saram-deul* : "les méridionaux" ; *nam* : " sud", *nambu* (nom) : "partie sud".
• *neuj-ge* (adverbe) : "en retard", dérivé de l'adjectif *neuj-da* : "tardif".
Pour ceux qui se sentiraient visés, nous signalons qu'en Konglish on trouve l'expression : *Korean time* ou : "heure coréenne" très, très méridionale. Il faut quand même reconnaître qu'elle est en voie de disparition.

EXERCICES – 연습 – /yeonseub/ – (yonn-seup)

Traduction – 번역

1. 비행기가 늦었어요.
(pi-haing-gui-ga neu-djo-sso-yô)

2. 길이 막혀서 늦게 도착했습니다.
(ki-ri-ma-k'yo-sso neu-kké tô-tch'a-k'ai-sseum-ni-da)

3. 약속 시간을 잘 지킵시다.
(yak-ssôk-chi-ka-neul tchal tchi-k'ip-chi-ta)

4. 지방마다 차이가 있습니다.
(tchi-bang-ma-da tch'a-i-ga i-sseum-ni-da)

5. 이 책을 읽을 시간이 있습니까 ?
(i-tch'ai-gueul il-gueul-chi-ga-ni i-sseum-ni-kka)

Mots manquants – 빠지는 단어

1. *Je m'excuse d'être en retard.*
. . . 죄송합니다 (. . . tchouai-ssông-ham-ni-da).

2. *Excusez-moi, je n'ai pas de monnaie.*
잔돈이 . . . 미안해요 (tchann-dô-ni . . . mi-ann-hai-yô).

3. *Il est plutôt grand.*
그는 키가 . . . . . (keu-neunn k'i-ga . . . . .)

CORRIGÉS DES EXERCICES

Traduction

1. L'avion était en retard.
2. Je suis arrivé en retard parce que la route était encombrée.
3. Respectons bien l'heure des rendez-vous.
4. Chaque région a ses différences.
5. Avez-vous le temps de lire ce livre ?

Mots manquants : 1. 늦어서 (neu-djo-sso) **2.** 없어서 (op-sso-sso) **3.** 큰 편입니다 (k'eunn-p'yo-nim-ni-da)

아는 길도 물어서 가라.
/a-neun gil-do mul-eo-seo ga-ra/
(a-neunn-guil-dô mou-ro-sso ka-ra)

"Même le chemin que tu connais, prends-le après avoir demandé."
(connaîs chemin même demande va !)

• *a-neun* est la forme-épithète du verbe *al-da* : "savoir", "connaître".
• *gil* (nom) : "chemin" ; *mur-eo-seo* : "après avoir demandé au préalable" : dans cette phrase, le suffixe-conjonction *-seo* marque la condition préalable (leçon 13, note 3).
• *mur-eo-seo* vient du verbe *mud-da*. Une partie des verbes dont le radical se termine par la consonne *d* sont irréguliers : le *d* se transforme en *r* devant une voyelle ; sinon, le restant de ces verbes est régulier, tout comme

****

제 33 과
/je sam sib sam gwa/
(tché-ssam-chip-ssam-goua)

여행
/yeohaeng/
(yo-haing)

1 – 한국에 오신지 얼마나 되셨어요 ? **(1)**
/hangug-e o-si-nji eolmana doe-sy-eoss-eoyo/
(hann-gou-gué ô-chinn-dji ol-ma-na - touai-chyo-sso-yô)

2 – 한 달 쯤 됩니다.
/han dal jjeum doe-bni-da/
(hann-dal-ttcheum touaim-ni-da)

l'homonyme de *mud-da* : "enterrer", cf. *mud-eo-seo* : "après avoir enterré au préalable".
• *ga-ra !* : "Va !" ; *-ra* est le suffixe de l'impératif non poli, utilisé seulement avec des inférieurs ou des intimes. S'utilise dans les maximes et proverbes, tout comme en français le *tu*.

Avant de prendre la route, il vaut mieux demander son chemin, même si on le connaît. Comme nous le disons : "Deux précautions valent mieux qu'une".

Quant à vous, même si vous avez bien appris, n'hésitez jamais à revenir sur les leçons précédentes. Nos renvois aux points de.grammaire déjà vus sont là pour vous y inciter. Vous les avez appris, bien sûr ! Mais nous vous montrons quand même le chemin !

****

TRENTE-TROISIÈME LEÇON

Le voyage

1 – Depuis combien de temps êtes-vous arrivé en Corée (Corée en venu combien devenu) ?
2 – Un mois environ.

NOTES

(1) *hangug-e o-si-n-ji eolmana doe-sy-eoss-eoyo* : "Depuis combien [de temps] êtes-vous arrivé en Corée ?" ; *ji* est un mot grammatical qui marque la durée d'un événement depuis qu'il s'est produit jusqu'au moment présent ; le verbe qui le précède est toujours à la forme épithète du passé : *-n* / *-eun* quand le radical se termine par une consonne.
Nous avons déjà vu que le verbe *doe-da* a de nombreux sens. Ici, il signifie : "se produire", "arriver". Ex. : *bom-i doe-eoss-seubni-da* : "C'est le printemps" (le printemps est arrivé).

3 – 그 동안 여행은 하셨어요 ?
/geu dong'an yeohaeng-eun ha-sy-eoss-eoyo/
(keu tông'ann yo-hain-gueunn ha-chyo-sso-yô)

4 – 많이 못 했습니다. 단지 서울만 구경했습니다. **(2)**
/manh-i mos haess-seubni-da danji seoul-man gugyeonghaess-seubni-da/
(ma-ni mô-t'ai-sseum-ni-da tann-dji so-ul-mann kou-gyong-hai-sseum-ni-da)

5 그리고, 한국말이 서툴러서 혼자 여행하기가 아직은 힘듭니다. **(3)**
/geurigo hangugmal-i seotul-leo-seo honja yeohaengha-gi-ga ajig-eun himdeu-bni-da/
(keu-ri-gô hann-goung-ma-ri so-toul-lo-sso hônn-dja yo-haing-ha-gui-ga a-dji-gueunn him-deum-ni-da)

6 – 한국 친구를 사귀면 되잖아요 ? **(4)**
/hangug cingu-reul sagwi-myeon doe-janh-ayo/
(hann-gouk tch'inn-gou-reul sa-goui-myonn touai-dja-na-yô)

NOTES (suite)

(2) *mos* est un mot grammatical qui marque l'impossibilité ; il se place devant le verbe qu'il détermine ; on peut aussi le mettre après le verbe ; dans ce cas, le verbe doit être suivi du suffixe de négation *-ji* (leçon 10, note 5) et *mos* est suivi de l'auxiliaire *ha-da*. Ex. : *i caeg-eul ilg-ji mos haess-seubni-da* : "Je n'ai pas pu lire ce livre".
• *danji* (adverbe) : "seulement".

3 – Avez-vous voyagé pendant ce temps-là ?
4 – Je n'ai pas pu le faire beaucoup. J'ai seulement visité Séoul.
5 Et puis, c'est encore difficile [pour moi] de voyager seul, étant donné que je ne me débrouille pas bien en coréen (et Corée langue malhabile seul voyager fait encore difficile).
6 – Vous devriez vous faire des amis coréens (Corée ami fréquentez si ne conviendrait pas ?).

NOTES (suite)

(3) *hangugmal* (nom composé) : "la langue coréenne", "le coréen", *mal* (nom) : "mot", "parole", "langue". La "langue" en tant qu'organe se dit *hyeo*.
• *seotureu-da* (adjectif) : "maladroit", "malhabile" ; tous les verbes ou adjectifs terminés en *reu* transforment ce *reu* en *ll* devant la voyelle de liaison ou le passé. Ex. : *oreu-da* : "grimper", *olla-seo* : "parce qu'il a grimpé", *ollass-seubni-da* : "il a grimpé". *hangugmal-i setull-eo-seo* : mot à mot : "parce que la langue coréenne est malhabile", ce qu'on peut traduire : "parce que je ne me débrouille pas bien en coréen".
• *himdeul-da* (adjectif) : "difficile" ; le verbe qui le précède est toujours à la forme nominale en *-gi*
• *ajig-eun* : *ajig* (adverbe) : "encore", renforcé au moyen du suffixe *-eun*.

(4) *sagwi-da* (verbe) : "fréquenter" ; *doejanh-ayo* : forme contractée de *doe-ji anh-ayo* : "est-ce qu'il ne conviendrait pas ?" : *hangug cingu-reul sagwi-myeon doejanh-ayo* : mot à mot : "Si vous rencontrez des amis coréens, est-ce que ça ne conviendrait pas ?", autrement dit : "Vous devriez vous faire des amis coréens".

7 – 네. 한국 사람은 외국인에게 친절하지만, 친구로 만들기에는 어려운 것 같습니다. **(5)**
/ne hangug saram-eun oegugin-ege cinjeolha-jiman cingu-ro mandeul-gi-e-neun eoryeou-n geot gat-seubni-da/
(né hann-goug-ssa-ram-eunn ouai-gou-gui-né-gué tch'inn-djo-ra-dji-mann tch'inn-gou-rô mann-deul-gui-é-neunn o-ryo-ounn-got-ka-sseum-ni-da)

EXERCICES – 연습 – /yeonseub/ – (yonn-seup)

Traduction – 번역

1. 한국에 온지 두 달 쯤 됩니다.
(hann-gou-gué-ônn-dji tou-dal ttcheum touaim-ni-da)

2. 여행을 많이 못 했습니다.
(yo-haing-eul ma-ni mô-t'ai-sseum-ni-da)

3. 한국친구를 사귀기가 힘듭니다.
(hann-gouk tch'inn-gou-reul sa-goui-gui-ga him-deum-ni-da)

4. 그는 친구가 많은 것 같습니다.
(keu-neunn tch'inn-gou-ga ma-neunn kot ka-sseum-ni-da)

5. 한국을 구경하는 외국인은 많습니다.
(hann-gou-gueul kou-gyong-ha-neunn ouai-gou-gui-neunn mann-sseum-ni-da)

7 – Oui, les Coréens sont gentils avec les étrangers, mais il semble que ce soit difficile de se faire des amis (Corée personne étranger envers gentil mais ami fabrication à difficile semble).

NOTES (suite)

(5) *oegug* (nom) : "pays étranger", *oegugin* (nom) : "personne étrangère", "étranger" ; *cinjeolha-da* (adjectif) : "gentil" ; le suffixe *-ege* marque le bénéficiaire : *oegugin-ege cingjeolha-da* : "gentil envers les étrangers".
• *mandeul-da* (verbe) : "fabriquer", *eoryeob-da* (adjectif) : "difficile" ; comme tous les adjectifs ou verbes irréguliers en *b*, ce *b* se transforme en *u* à la forme épithète : *eoryeob-da*, *eoryeou-n* (leçon 18, note 3).
• *geos gat-da* : mot à mot : "chose pareille" ; c'est une tournure qui signifie : "il semble que" : *cingu-ro mandeul-gi-e eoryeou-n geos gat-seubni-da* : "cela semble difficile de se faire des amis" (*mandeul-i-e* : "dans le fait de fabriquer).

EXERCICES (suite)

Mots manquants – 빠지는 단어

1. *Ça fait un an qu'il est parti en France.*
. . . . . . 일년이 되었습니다 (. . . . . . il-nyo-ni touai-o-sseum-ni-da).

2. *Je n'ai pas pu y aller parce qu'il n'y avait pas de place.*
자리가 없어서 . . . . . . (tcha-ri-ga-op-sso-sso . . . . .).

3. *Ce livre est difficile à lire.*
이 책은 . . . . (i-tch'ai-gueunn . . . .).

CORRIGÉS DES EXERCICES

Traduction

1. Cela fait deux mois que je suis arrivé en Corée.
2. je n'ai pas pu voyager beaucoup.
3. Il est difficile de se faire des amis coréens.
4. On dirait qu'il a beaucoup d'amis.
5. Il y a beaucoup d'étrangers qui visitent la Corée.

Mots manquants : 1. 프랑스에 간지 (p'eu-rang-sseu-é kann-dji) **2.** 못 갔습니다 (mô-kka-sseum-ni-da) **3.** 읽기 어렵습니다 (il-kki-o-ryop-sseum-ni-da)

아니 땐 굴뚝에 연기 나랴.
/ani ddae-n gulddug-e yeongi na-rya/
(a-ni-ttainn koul-ttou-gué yonn-gui na-rya)

"Il n'y a pas de fumée sans feu"
(non fait du feu cheminée dans fumée sort ?)

• *ani* : forme archaïque de *an* : forme épithète de la négation ; *ddae-da* (verbe) : "faire du feu" ; *gulddug* (nom) : "cheminée" ; *yeongi* (nom) : "fumée" ; *na-da* (verbe) : "apparaître", "sortir". *-rya* terminaison archaïque marquant l'hypothétique" : "de la fumée pourrait-elle sortir d'une cheminée où on n'a pas fait de feu ?".

Comme vous le voyez, certains proverbes sont universels. Dans l'exploration d'une langue et d'une culture étrangères, il n'y a pas que des zones d'ombre, certaines bases de sagesse universelle sont comme autant de pierres de gué qui nous permettent de franchir le fleuve de l'inconnu, ou comme autant de panaches de fumée qui nous guident.

제 34 과
/je sam sib sa gwa/
(tché-ssam-chip-ssa-goua)

쇼핑 (1)
/syoping/
(chô-p'ing)

1 – 여름 옷을 사려고 합니다. **(2)**
/yeoreum os-eul sa-ryeo-go ha-bni-da/
(yo-reu-mô-sseul sa-ryo-gô-ham-ni-da)

2 어디에서 사면 싸고 좋은 옷을 구할 수 있나요 ? **(3)**
/eodi-eseo sa-myeon ssa-go joh-eun os-eul guha-l su iss-nayo/
(o-di-é-sso-ssa-myonn ssa-gô-djô-eunn o-sseul kou-hal-ssu-inn-na-yô)

3 – 남대문 시장을 아시는지요 ? **(4)**
/namdaemun sijang-eul a-si-neun-jiyo/
(nam-dai-mounn-chi-djang-eul a-chi-neunn-dji-yô)

4 – 전에 들어본 적이 있습니다. **(5)**
/jeon-e deul-eo-bo-n jeog-i iss-seubni-da/
(tcho-né teu-ro-bônn-djo-gui i-sseum-ni-da)

NOTES

(1) *syoping* (nom) : "shopping", encore un beau spécimen de Konglish qui, par ailleurs, montre bien les liens de parenté entre le Konglish et le franglais... mondialisme oblige !

TRENTE-QUATRIÈME LEÇON

Shopping

1 – Je voudrais [m'] acheter des vêtements d'été.
2 Où puis-je en trouver de bonne qualité et qui soient bon marché (où achète si bon marché et bon vêtement se procurer peut) ?
3 – Vous connaissez certainement le marché de Namdaemun ?
4 – J'en ai déjà entendu parler (avant à entendre expérience y a).

NOTES (suite)

(2) *os* (nom) : "vêtement", "habit" ; *yeoreum* (nom) : "été", les noms des autres saisons sont : *gaeul* : "automne", *gyeoul* : "hiver" et *bom* : "printemps".

(3) *guha-da* (verbe) : "se procurer", "acheter" ; *-nayo* : terminaison interrogative légèrement dubitative : "Je me demande où je pourrais me procurer...".

(4) *sijang* (nom) : "marché" ; *Namdaemun* : "La Grande Porte du Sud", une des quatre portes monumentales de l'ancienne enceinte fortifiée de Séoul, classée trésor national N°1. Un des quartiers les plus animés de la capitale, réputé en particulier pour son marché en plein air, sous terre et qui déborde sur les trottoirs !
• *a-si-jiyo* : "Vous connaissez certainement", où *-jiyo* marque la question rhétorique (leçon 18, note 4).

(5) *jeon-e deul-eo bo-n jeog-i iss-seubni-da* : "J'ai déjà eu l'occasion d'en entendre parler" ; *jeon-e* : "auparavant", *deul-eo-bo-da* : vient du verbe *deud-da* : "entendre" ; *jeog* (nom) : "époque", "moment", "occasion" ; la tournure *jeog-i iss-da / eobs-da* indique si on a eu l'occasion ou pas de faire telle ou telle expérience. Ex. : *hangug-e gabo-n jeog-i iss-seubni-gga ? - eobs-seubni-da* : "Êtes-vous allé en Corée ? – Non." Le verbe qui fait l'objet de l'expérience, comme *deud da* : "entendre", *ga-da* : "aller", est en général suivi du verbe *bo-da* : "voir", au sens de "voyons voir" (faire l'expérience de).

5 – 그 곳의 옷들은 저렴한 가격에 살 수 있습니다. **(6)**
/geu gos-eui os-deul-eun jeoryeomha-n gagyeog-e sa-l su iss-seubni-da/
(keu-gô-sseui ô-tteu-reunn tcho-ryom-hann-ga-guyo-gué sal-ssou-i-sseum-ni-da)

6 – 티셔츠는 얼마쯤 하나요 ? **(7)**
/tisyeoceu-neun eolma-jjeum ha-nayo/
(t'i-cho-tch'eu-neunn ol-ma-tcheum ha-na-yô)

7 – 아마, 오천원 정도면 충분히 사실 수 있을겁니다. **(8)**
/ama o ceon weon jeongdo-myeon cungbun-hi sa-si-l su iss-eul-geo-bni-da/
(a-ma ô-tch'o-wonn tchong-dô-myonn tch'oung-boun-hi sa-chil-ssu-i-sseul-gom-ni-da)

5 – On peut y acheter des vêtements à des prix raisonnables (cet endroit vêtement raisonnable prix à acheter peut).

6 – Il faut compter combien environ pour un T-shirt (T-shirt combien environ fait) ?

7 – Vous devriez pouvoir en acheter un avec cinq mille weon (probablement cinq mille won ordre est si suffisamment acheter pourrez).

NOTES (suite)

(6) *gagyeog* (nom) : "prix", *jeryeomha-da* (adjectif) : "raisonnable", "modique".

(7) *tiseoyceu* (nom) : Konglish qui ressemble comme un frère à notre franglais "T-shirt" !
• *eolmajjeum ha-nayo* : "Ça fait combien environ ?", du verbe *ha-da* : "faire".

(8) *ama* (adverbe) : "probablement" ; *jeongdo-myeon* est la contraction de *jeongdo-i-myeon* : "si c'est de l'ordre de..." ; *cungbunha-da* (adjectif) : "suffisant", *cungbun-hi* (adverbe) : "suffisamment". Les adjectifs et les verbes en *-ha-da* sont transformés en adverbes en remplaçant *ha-da* par le suffixe adverbial *-hi*.
• *sa-si-l su iss-eulgeo-bni-da* : contraction de *sa-si-l su iss-eul geos-i-bni-da* où *-eul geos-i-da* marque le "futur catégorique" (leçon 19, note 4) ; ici, cette tournure marque une très forte probabilité.

EXERCICES – 연습 – /yeonseub/ – (yonn-seup)

Traduction – 번역

1. 옷을 사려면 남대문 시장에 가세요.
(ô-sseul-sa-ryo-myonn nam-dai-mounn-chi-djang-é ka-ssé-yô)

2. 어느 시장에서 이 생선을 구했어요 ?
(o-neu-chi-djang-é-sso i-ssaing-sso-neul kou-hai-sso-yô)

3. 아직은 남대문 시장에 가본 적이 없습니다.
(a-dji-gueunn nam-dai-mounn-chi-djang-é ka-bônn-djo-gui op-sseum-ni-da)

4. 이 시장은 가격이 저렴합니까 ?
(i-chi-djang-eunn ka-gyo-gui tcho-ryom-ham-ni-kka)

5. 쇼핑을 하려면 돈이 필요합니다.
(chyô-p'ing-eul ha-ryo-myonn tô-ni p'i-ryô-ham-ni-da)

Mots manquants – 빠지는 단어

1. *J'ai l'intention de faire l'acquisition d'une serviette pas chère et de bonne qualité.*
싸고 좋은 가방을 . . . . (ssa-gô-djô-eunn ka-bang-eul . . . .)

2. *Avez-vous assez d'argent ?*
돈이 . . . . . . ? (dô-ni . . . . .)

3. *Peut-on acheter un tee-shirt bon marché ?*
. . . . . . 구할 수 있나요 ? (. . . . . kou-hal-ssou-inn-na-yô)

CORRIGÉS DES EXERCICES

Traduction

1. Si vous voulez acheter des vêtements, allez au marché de Namdaemun.
2. Où avez-vous trouvé ce poisson ?
3. Je ne suis pas encore allé à Namdaemun.
4. Est-ce que dans ce marché les prix sont raisonnables ?
5. Si on veut faire du shopping, il faut de l'argent.

Mots manquants : 1. 구하려고 합니다 (kou-ha-ryo-gô-ham-ni-da) **2.** 충분합니까 (tch'oung-bou-nam-ni-kka) **3.** 싼 티셔츠를 (ssann t'i-chyo-tch'eu-reul)

싼 게 비지 떡.
/ssa-n ge biji ddeog/
(ssann-gué pi-dji-ttok)

"Ce qui est bon marché revient toujours plus cher."
(bon marché chose résidu de soja gâteau)

• *ge* est la contraction de *geos-i* , sujet de *i-da* : "être", sous-entendu dans cette phrase comme dans de très nombreux dictons. Le mot à mot est donc : "la chose bon marché est le gâteau de résidus de soja".

• Un gâteau (*ddeog*) fait avec ce qui reste de soja, une fois préparée la pâte (*dubu*, en coréen), c'est un gâteau de rien du tout. Pas étonnant alors qu'il soit bon marché !
Encore une bonne illustration du réalisme des Coréens : il ne faut pas s'attendre à des miracles, si c'est bon marché, il y a une bonne raison à cela.

제 35 과
/je sam sib o gwa/
(tché sam-chi-bô-goua)

복습
RÉVISION ET NOTES

1. L'indication du pluriel et le suffixe *-deul* : Le coréen possède un suffixe nominal de marque du pluriel : *-deul* (leçon 29, note 2), Ex. : *simin-deur-i hyuji-na ggangtong-eul amudena beori-ji anh-seubni-da* : "Les gens ne jettent pas n'importe où les papiers et les boîtes." Concernant ce suffixe, trois remarques s'imposent :

Premièrement, *-deul* est facultatif car, conformément à l'esprit de la langue coréenne, on préfère s'en remettre au maximum à la situation pour faire passer le message. Si le contexte est sans ambiguïté ou s'il y a dans la phrase un mot qui suggère qu'il y a pluralité, on n'aura pas recours à *-deul*, Ex. : *seoul-e-neun gugyeongha-l geos-i manh-seubni-da* : "À Séoul, il y a beaucoup de choses à voir" (leçon 8, note 4).

Deuxièmement, le seul cas où *-deul* est obligatoire, c'est pour indiquer le pluriel des pronoms de la troisième personne : *geu* : "il", *geu-deul* : "ils", *geunyeo* : "elle", *geunyeo-deul* : "elles".

Troisièmement, dans une phrase avec ellipse du sujet (voir leçon 7, 4), *-deul* peut suivre un mot de cette phrase pour indiquer que le sujet sous-entendu est au pluriel. Ex : *eodi-deul ga-seyo* : "Où allez-vous ?" où la présence de *-deul* "agglutiné" à l'adverbe interrogatif *eodi* : "où ?" indique que le sujet du verbe *ga-da* : "aller" est au pluriel.

2. Le discours rapporté : Nous avons déjà appris que la combinaison des deux suffixes *-ra-go* marque un discours rapporté suivi d'un verbe d'opinion (leçon 28, 4), Ex. : *gyotong munje-neun daedosi-eui keu-n munjesgeori jung-e hana-ra-go bo-bni-da* : "On considère que le problème

TRENTE-CINQUIÈME LEÇON

de la circulation est un des grands problèmes des grandes villes." (leçon 29, note 6). Dans cette phrase, *gyotong munje-neun daedosi-eui keu-n munjesgeori jung-e hana-i-da* : "La circulation est un des grands problèmes des grandes villes" est donné comme un discours rapporté dépendant du verbe d'opinion *bo-da* : "considérer que". Pour ce faire, la terminaison *-da* est remplacée par le suffixe du discours rapporté *-ra* et le discours rapporté sous la forme : *gyotong munje-neun daedosi-eui keu-n munjesgeori jung-e hana-ra* est reliée au verbe d'opinion *bo-bni-da* au moyen du suffixe conjonction *-go*. Vous avez remarqué que *hana-i-da* est devenu *hana-ra*, ce qui est normal car le *i* de *i-da* : "être" disparaît quand l'attribut qui le précède se termine par une voyelle.

Avec des verbes ou des adjectifs autres que *i-da*, le discours rapporté est indiqué par quatre suffixes que nous allons découvrir en comparant une phrase simple et une phrase au discours rapporté : *bihaenggi-ga caglyugha-bni-da* : "L'avion atterrit" / *ceolsu-neun bihaenggi-ga caglyugha-n-da-go malha-bni-da* : "Ceolsu dit que l'avion atterrit" (déclaratif), *bihaenggi-ga caglyugha-bni-gga* : "L'avion atterrit-il ?" / *ceolsu-neun bihaenggi-ga caglyugha-neunya-go mureobo-bni-da* : "Ceolsu demande si l'avion atterrit" (interrogatif), *gat-i ga-bsida* : "Allons-y ensemble !" / *gim-seonsaeng-eun Min-seonsaeng-ege gat-i ga-ja-go jeanha-bni-da* : "M. Kim propose à M. Min d'y aller ensemble (propositif), *bballi ga-sib-sio !* : "Allez-y vite !" / *sajang-nim-eun mun-seonsaeng-ege bballi ga-ra-go myeonglyeongha-bni-da* : "Le Directeur ordonne à M. Mun d'y aller vite" (impératif). On peut donc dire qu'une proposition qui représente un discours rapporté se terminera par une de ces quatre "terminaisons" : *da-go, -neunya-go, ja-go* et *-ra-go*.

Comme on le voit, par "verbe d'opinion", on entend un large éventail de verbes : "dire", "demander, "proposer", "ordonner" auxquels on pourrait ajouter : "considérer", "supposer", "affirmer", "nier" etc.

Les suffixes de politesse présents dans les phrases simples disparaissent dans le discours rapporté ; seul le verbe d'opinion qui suit le discours rapporté prend ces suffixes. Au vu des exemples examinés, on serait tenté de dire que le discours rapporté du coréen et le discours indirect du français ne font qu'un, mais ce serait inexact. Le discours rapporté en coréen joue un rôle beaucoup plus vaste et beaucoup plus important que le discours indirect du français. C'est un point assez complexe de la grammaire du coréen que nous examinerons ultérieurement.

3. Le suffixe *-eun / -neun*, marque de la mise en valeur. Nous avons déjà vu que le suffixe *-eun / -neun* sert à indiquer le sujet (leçon 1 note 6), mais, à côté de l'indication du sujet, il remplit une fonction tout aussi importante : mettre en valeur un constituant de la phrase. Ce constituant peut être, bien entendu, un sujet comme dans : *je ca-neun jeogi-e iss-seubni-da* : "ma voiture est là-bas" (leçon 7, N°5), mais ce peut être aussi un complément d'objet, Ex. : *haengbog-eun don-euro sa-l su eobs-da* : "Le bonheur, ça ne peut pas s'acheter avec de l'argent" (leçon 26, dicton) ou un complément circonstanciel, Ex. : *seoul-e-neun ceoeum-i-bni-gga* : "C'est la première fois que vous venez à Séoul ?" (leçon 7, N° 5), *ddae-ro-neun bam sae-dorog bo-bni-da* : "Parfois, je lis toute la nuit" (leçon 27, note 8). Enfin, devant un verbe de négation, comme *ani-da* : "ne pas être" ou *eobs-da* : "ne pas exister", "ne pas y avoir", *-eun / -neun* insiste sur la négation, Ex. : *gasi eobs-neun jangmi-neun eobs-da* : "Des roses sans épines, ça n'existe pas" (leçon 22, dicton).

4. Les verbes irréguliers : Dans la première moitié du livre, nous avons rencontré un certain nombre de verbes irréguliers. Nous allons vous donner ci-dessous la liste de ces irrégularités. Vous verrez qu'elles sont peu nombreuses et que les verbes irréguliers coréens, par comparaison aux verbes irréguliers des langues occidentales, ce ne sont que des tigres de papier !

• **verbes irrégulier en *-eu*** : Ex. : *gibbeu-da* (leçon 13, note 5) : la seule irrégularité de ces verbes, qui est plutôt un phénomène d'assimilation phonétique, est que la voyelle *eu* disparaît quand elle est au contact de la voyelle de liaison *-eo* ou du suffixe du passé *-eoss*, Ex. : *keu-da* : "grand", *keu + -eo* donne *keo*, *keu + eoss + da* donne *keoss-da* : "C'était grand".

• **le verbe ha-da** (leçon 13, note 4) : La seule irrégalité de ce verbe est sa voyelle de liaison qui est *-yeo* ; en outre, la forme *ha-yeo* se contracte souvent en *hae* ; les formes du passé de *ha-da* sont *ha-yeoss-da* ou sa forme contractée *haess-da*.

• **verbes irréguliers en *-l*** : Ex. : *mandeul-da* (leçon 15, note 4), *deul-da* (leçon 16, note 6, leçon 17, note 3, leçon 31, note 5), *meol-da* (leçon 25, dicton) : Tous les verbes dont le radical se termine par la consonne *-l* perdent ce *-l* devant *b, n* et *s*. Ex. : *sal-da* : "vivre", *sal + -bni-da* devient *sa-bni-da*, *sal + -neun* devient *sa-neun*, *sal + si-bni-da* devient *sa-si-bni-da*.

• **adjectifs et verbes irréguliers en *-b*** : Ex. : *maeb-da* (leçon 18, note 3), *museob-da* (leçon 19, dicton) : À la différence des catégories examinées ci-dessus, tous les verbes et adjectifs terminés par la consonne *-b* ne sont pas irréguliers. Comparons deux adjectifs : *job-da* : "étroit" (régulier) et *maeb-da* : "épicé" : l'adjectif régulier conserve toujours son *-b* tandis que l'adjectif irrégulier transforme *-b* en *-u* devant la voyelle de liaison ou devant un suffixe commençant par *-eu* ; Ex. : *job-a* mais *maeb + eo* qui devient *maeu + -eo* qui se contracte en *maeweo* ; *job-a-seo* : "parce que c'est étroit", mais *maeweo-seo* : "parce que c'est piquant" ; *job-eun* : "étroit" (forme épithète), mais *maeb + eun* qui se transforme en *maeu + -n* : *maeun* : "épicé" ; puisque devant le suffixe de la forme épithète *-eun* le radical *maeb* est devenu *maeu*, *-eun*, la forme de ce suffixe devant consonne, devient *-n* , puisque le radical se termine maintenant par une voyelle ! Non, ce n'est pas si compliqué que vous le croyez ! Il suffit de savoir se livrer à une petite gymnastique grammaticale. Dans ce cas encore, il ne vous est pas demandé d'apprendre par cœur et de savoir tout de suite, mais de comprendre et d'assimiler au fil des leçons à venir. C'est la seule façon d'acquérir le mécanisme grammatical requis.

• **verbes irréguliers en *-d* :** une partie seulement de ces verbes est irrégulière, les autres sont réguliers. Dans le cas des verbes irréguliers, le *d* de leur radical se transforme en *-r* devant la voyelle de liaison ou les suffixes commençant par la voyelle *-eu*. Comparons deux verbes homophones *mud-da* : "enterrer" (verbe régulier) et *mud-da* : "demander" (verbe irrégulier), on a : *mud-eo-seo* : "parce qu'on enterre", mais *mur-eo-seo* : "parce qu'on demande", *mud-eumyeon* : "si on enterre", mais *mur-eumyeon* : "si on demande", etc.

• **verbes irréguliers en *-reu* :** Tous les verbes et adjectifs dont le radical se termine par la syllabe *-reu* voient ce *-reu* se transformer en *-ll* devant la voyelle de liaison et les formes du passé. Ex. : *seodureu-da* (adjectif) : "malhabile", *seodull-eo-seo* : "parce qu'il est malhabile", *sedull-eoss-da* : "il a été malhabile" ; *oreu-da* (verbe) : "grimper", "gravir", *oll-a-seo* : "parce qu'on gravit", *oll-ass-da* : "on a gravi".

나는 새도 깃을 쳐야 날아간다

/na-neun sae-do gis-eul cyeo-ya naraga-n-da/
(na-neunn sai-dô ki-sseul tch'o-ya na-ra-gann-da)

"Même l'oiseau qui vole, pourvu qu'il ait des plumes, il s'envole"

Avant de renoncer, il faut essayer... On ne risque pas toujours d'y perdre des plumes.
• *nal-da* (verbe) : "voler", comme tous les verbes irréguliers en *-l*, la forme épithète du présent est *na-neun*..
• *sae* (nom) : "oiseau" ; *gis* (nom) : "plume" ; *ci-da* (verbe) : "pousser" (comme des bourgeons... ou des plumes).
• *ya* (suffixe conjonction) : "pourvu que".
• *naraga-da* : "s'envoler" est un verbe composé de deux verbes simples : *nal-da* : "voler" et *ga-da* : "partir". C'est aussi ce qu'on appelle un "verbe de mouvement".

제 36 과
/je sam sib ryuk gwa/
(tché sam-chim-nyouk-koua)

길 묻기
/gil mud-gi/
(kil-mout-kki)

1 – 차를 정비시켜야 하는데, 괜찮은 카 센터 좀 가르쳐 주시겠어요 ? **(1)**
/ca-reul jeongby-si kyeo-ya ha-neunde gwaencanh-eun ka senteo jom gareucy-eo ju-si-gess-eoyo/
(tch'a-reul tchong-bi-chi-kyo-ya-ha-neunn-de kwainn-tcha-neunn k'a-sse'n-to tchôm k-reu-tch'yo tchou-chi-ghé-sso-yô)

LEÇON TRENTE-SIX

Maintenant que vous avez franchi le cap de la moitié de votre méthode, nous considérons que vous êtes assez "grand" pour vous passer, la plupart du temps, du mot à mot dans la traduction. Nous ne vous l'indiquerons désormais que lorsque nous aborderons des formulations vraiment nouvelles. Rassurez-vous, nous ne vous abandonnons pas complètement, puisque vous trouverez dans les notes tout ce qu'il faut pour vous soutenir dans vos pas encore chancelants.

Demander son chemin

1 – Il faut que je fasse réviser ma voiture, pourriez-vous m'indiquer un bon garage?

NOTES

(1) *jeongbi* (nom) "révision"; *jeongbisiki-da* (verbe) "faire réviser"; *ka senteo* ("car center") : Konglish branché pour "garage".
-neunde est un suffixe-conjonction qui sert à introduire dans la phrase l'information prioritaire. Ici, celui qui parle cherche l'adresse d'un bon garagiste et, pour présenter en quelque sorte sa demande d'information et préparer son interlocuteur à réagir dans le sens qu'il souhaite, il commence par déclarer qu'il a besoin de faire réparer sa voiture. Comme vous le constatez, l'équivalent français est une pause à l'oral ou une virgule à l'écrit, dans ce contexte du moins. Nous verrons ultérieurement que *-neunde* comporte plusieurs nuances qui peuvent se rendre en français de différentes façons.
• *gwaencanh-da* (adjectif) : "convenable" au sens de "pas mal", "qui fait l'affaire". En France, nous demandons un "bon" garagiste, mais, en Corée, cette exigence de qualité serait quelque peu déplacée et risquerait de mettre dans l'embarras celui à qui on le demande ; c'est pourquoi on se contente de s'enquérir d'un garage "qui fera l'affaire" !
• *ya* : mot grammatical marquant l'obligation. Ex. : *ca-reul jeongbisky-eo ya ha-bni-da* : je dois faire réviser ma voiture.

2 – 알기는 아는데, 여기서 조금 먼데... **(2)**
/al-gi-neun a-neunde yeogi-seo jogeum meo-nde/
(al-gui-neunn a-neunn-dé yo-gui-sso tchô-gueum monn-dé)

3 – 할 수 없죠, 뭐. **(3).**
/ha-l su eobs-jyo mweo/
(hal-ssou-op-tchyô mouo)

4 – 아니면, 가까운 데 하나 있기는 한데 값이 조금 비싸. **(4)**
/ani-myeon gaggau-n de hana iss-gi-neun ha-nde gabs-i jogeum bissa/
(a-ni-myonn ka-kka-ounn dé ha-na i-kki-neunn hann-dé kap-chi tchô-gueum pi-ssa)

NOTES (suite)

(2) *al-gi-neun a-neunde* : mot à mot "pour ce qui est de connaître, je connais". Le verbe *al-da* : "connaître" est "nominalisé", c'est-à-dire transformé en nom au moyen du suffixe *-gi*, et la forme *al-gi* : "le fait de connaître" est mise en valeur par le suffixe *-neun*. C'est une tournure qui permet d'insister sur quelque chose.
• *a-neunde* : "Je connais, mais..." ; nous découvrons ici une des nombreuses nuances du suffixe *-neunde*, le "mais atténué". Nous avons déjà vu qu'il existe avec le sens de "mais" un suffixe-conjonction *-na / -euna* qui, lui, marque un "mais franc et massif". Avec *-neunde*, la nuance provient ici du contexte, du contraste entre les deux propositions : "je connais bien un garage (mais) il est un peu loin."
• *meo-nde* : vient de l'adjectif *meol-da* : "loin" ; *-nde* est la forme que prend *-neunde* quand ce suffixe s'adjoint à un adjectif. Ici, il s'agit du *-neunde* exclamatif.

2 – J'en connais bien un, mais il est un peu loin.
3 – Bah, ça ne fait rien.
4 – Sinon, il y en a un près d'ici, mais il est un peu cher.

NOTES (suite)

(3) *ha-l su eobs-jyo* : mot à mot "On n'y peut rien" ; *-jyo* est la forme contractée de *-jiyo*, terminaison de l'évidence (leçon 18, note 4). On rencontre souvent aussi l'expression adverbiale *ha-l su eobs-i* : "faute de mieux", "faute de pouvoir faire (autrement)".
• *mweo* : interjection qui peut se traduire par "quoi !".

(4) *ani-myeon* : "si ce n'est pas (le cas)" ; la traduction la plus naturelle en français est "sinon".
• *gaggau-n de* : "un endroit proche" ; *gaggau-n* est la forme épithète de l'adjectif *gaggab-da* : "proche" et *de* est un nom qui signifie : "lieu", "endroit".
• *iss-gi-neun ha-nde* : "il y en a bien un, mais" ; on retrouve ici la forme *-gi-neun*, mais cette fois suivie du verbe *ha-da* (*ha-nde* est la forme raccourcie de *ha-neunde*). La mise en valeur avec *ha-da* est plus forte que celle de la note 2.
• *bissa* vient de l'adjectif *bissa-da* : "cher" ; cette forme est un peu plus familière que la forme en *-yo* : *bissa-yo*. Quand un verbe ou un adjectif se termine par une voyelle identique à la voyelle de liaison (soit *-a* soit *-eo*, leçon 13, note 5), on fait l'économie de cette dernière ; avec l'adjectif *manh-da* : "nombreux", par exemple, on aurait respectivement *manh-a* et *manh-ayo* ; avec *jeoog-da* : "peu nombreux", on aurait *jeog-eo* et *jeog-eoyo*.

5 그리고, 항상 손님이 많아서 오래 기다려야 돼. **(5)**
/geurigo hangsang sonnim-i manh-a-seo orae gidary-eo-ya-dwae/
(keu-ri-gô hang-ssang sôn-ni-mi ma-na-sso ô-rai ki-da-ryo-ya touai)

6 – 전화로 미리 약속시간을 정하면 안 되나요 ? **(6)**
/jeonhwa-ro miri yagsog sigan-eul jeongha-myeon an doe-nayo/
(tcho-noua-rô mi-ri yak-sôk-chi-ga-neul tchong-ha-myonn ann touai-na-yô)

7 – 한국에서는 대체로 오는 순서대로 손님을 받는다네. **(7)**
/hangug-eseo-neun daece-ro o-neun sunseo-daero sonnim-eul bad-neun-dane/
(hann-gou-gué-sso-neunn tai-tch'é-rô ô-neunn sounn-sso-dai-rô sônn-ni-meul pann-neunn-da-né)

NOTES (suite)

(5) *manh-a-seo* : ici, l'adjectif *manh-da* est assorti du suffixe *-seo* qui indique la cause (leçon 13, note 5) .
• *gidary-eo ya dwae* : mot à mot "pourvu que l'on attende, ça marche" ; une autre façon de dire "il faut", avec toutefois une nuance moins contraignante que *-ya ha-da*.
• *dwae* est la forme contractée de *doe-eo*, du verbe *doe-da* : "devenir" et, au sens dérivé, "marcher", "réussir". Si vous avez bricolé votre interrupteur et que ça marche, vous vous exclamez *dwaess-da* ! (forme contractée du passé *doe-eoss-da*) : "Ça marche !"

5 Et aussi, comme il y a beaucoup de clients, il faut attendre longtemps.
6 – Il ne faut pas prendre rendez-vous par téléphone ?
7 – En Corée, en général, on prend les clients dans leur ordre d'arrivée.

NOTES (suite)

(6) *yagsog* (nom) : "promesse" et aussi "rendez-vous".
• *jeongha-myeon* : du verbe *jeongha-da* : "fixer" ; *jeongha-myeon an doe-nayo* : mot à mot "Et si on fixe l'heure du rendez-vous, ça ne marche pas ?" ; *-nayo* est composé de *-na*, terminaison interrogative qui apporte une nuance de doute, suivie de *-yo* qui rend la forme plus affable.

(7) *-daero* est un suffixe fonctionnel qui se traduit par "selon", "en fonction de".
• *-dane* est une terminaison familière, utilisée à l'adresse de quelqu'un de jeune, par une personne plus âgée et qui ne lui est pas hiérarchiquement inférieure. Si cette personne âgée s'adressait à un égal ou à un supérieur, elle aurait dit *bad-seubni-da*.

EXERCICES – 연습

Plus de prononciation figurée ! Vous allez peut-être trouver que nous sommes particulièrement sévères avec vous : non seulement nous vous privons de la "béquille" du mot à mot, mais nous vous infligeons une autre nouveauté ! Rassurez-vous encore une fois : cela n'a rien d'une punition ; bien au contraire, nous rendons hommage à vos progrès. Et puis, si vous calez, vous pouvez toujours trouver la solution dans les enregistrements, si vous avez eu la sagesse de vous les procurer.

번역

1. 주차장에 가려면 어디서 내려야 돼요 ?
2. 항상 손님이 많아서 오래 기다려야 해요.
3. 전화로 미리 약속 시간을 정했다.
4. 식당이 많이 있기는 있지만 좋은 식당을 찾기는 힘들어요.
5. 지하철이 없어서 할 수 없이 걸어서 갔어요.

빠지는 단어

1. *Ici on fait réviser sa voiture.*
여기서 차를 . . . .

2. *Étant donné que c'est trop cher, je ne peux pas y aller.*
값이 너무 비싸 . . 가요

3. *Venez à l'heure de votre rendez-vous.*
약속 시간을 . . . . . 오세요.

CORRIGÉS DES EXERCICES

Traduction

1. Où doit-on descendre pour aller au parking ?
2. Il faut attendre longtemps parce qu'il y a toujours beaucoup de clients.
3. J'ai pris rendez-vous par téléphone.
4. Des restaurants, il y en a, mais en trouver un bon est difficile.
5. Comme il n'y avait pas de métro, j'y suis allé à pied, faute de mieux.

Mots manquants : 1. 정비시켜요 **2.** 서 못 **3.** 정하는대로

안 보면 멀어진다.
/an bo-myeon meol-eo-ji-n-da/
(ann pô-myonn mo-ro-djinn-da)

"Loin des yeux, loin du cœur."
(mot à mot : "si on ne voit pas, [ça] s'éloigne.")

• Le verbe auxiliaire *ji-da* permet de transformer un adjectif en verbe. Il est relié à l'adjectif au moyen de la voyelle de liaison : *meol-da* : "loin", "éloigné", *meol-eo-ji-da* : "s'éloigner" ; *jag-da* : "petit", *jag-a-ji-da* : "rapetisser".

À priori, la phrase coréenne a l'air très différente de la phrase française, mais l'idée de base est la même : on ne se voit plus, on ne s'aime plus. La française, en échange, joue sur la répétition : "loin... loin", et le rythme : un, deux, trois / un, deux, trois ; de syntaxe, point ! La coréenne, elle, plus proche du génie de la langue, analyse toute les cruelles subtilités du processus d'absence : si on ne se voit plus, l'éloignement s'installe. Quoique... grâce au sino-coréen, le coréen, quand il le veut, peut être aussi concis

****

제 37 과
/je sam sib cil gwa/
(tché sam-chip-tch'il-goua)

이발소
/ibalso/
(i-bal-ssô)

1 – (이발사) 어서 오세요 ! **(1)**
/*(ibalsa)* eoseo o-seyo/
o-sso ô-ssé-yô

NOTES

(1) *ibalsa* (nom) : "coiffeur" ; l'élément sino-coréen *sa* est utilisé comme suffixe pour indiquer la personne qui exerce un métier : *ibal* : "coiffure", *ibalsa* : "coiffeur",

que le français classique. Témoin, l'aussi célèbre :

무소식 희소식
/mu sosig heui sosig/
(mou-ssô-chik hi-ssô-chik)
autrement dit : "Pas de nouvelles, bonnes nouvelles".

• *sosig* , c'est la "nouvelle" ; *mu* est un préfixe sino-coréen qui signifie : "absence de" et *heui* , prononcé *hi*, un élément sino-coréen qui veut dire : "joyeux".

Pas très gai, direz-vous... Tout est relatif. Dans toutes les cultures, il y a des affirmations qui ne se séparent pas de leur contraire. Plus tard, quand vous volerez vraiment de vos propres ailes, vous découvrirez le chef-d'œuvre de la littérature classique *Cunhyangjeon,* "Histoire de Cunhyang" et vous découvrirez comment l'héroïne Cunhyang ("Printemps parfumé") déjoue tous les pièges du destin pour retrouver son amoureux dont elle a été brutalement séparée.

Alors, de près ou de loin, gardez courage, et activez-vous !

****

TRENTE-SEPTIÈME LEÇON

Le coiffeur pour hommes

1 – *(le coiffeur)* Soyez le bienvenu !

NOTES (suite)

ki : "technique", *kisa* : "technicien".
• En Corée, où tout le monde accorde une extrême importance à sa mise, de fréquentes visites chez le coiffeur sont indispensables. Vu le puritanisme confucéen, il n'existe pas encore de salons mixtes, mais les messieurs ne dédaignent pas avoir recours à des coiffeuses plutôt qu'à des coiffeurs. Pour les deux, "salon de beauté" serait un terme plus approprié, car, outre la coupe et le shampooing, on peut aussi se faire masser le visage, le dos et les bras et, si c'est un peu "classe", manucurer.

2 어떻게 머리를 깎아 드릴까요 ?
/eddeoh-ge meori-reul ggagg-a deuri-lggayo/
(o-tto-k'é mo-ri-reul kka-kka-deu-ril-kka-yô)

3 – (손님) 요즘 유행하는 식으로 **(2)**
/*(sonnim)* yojeum yuhaengha-neun sig-euro/
(yô-djeum you-haing-ha-neunn chi-gueu-rô)

4 귀 위로 짧게 깎아 주시고 앞머리 부분은 스포츠형으로 짧게 쳐 주세요. **(3)**
/gwi wi-ro jjalb-ge ggagg'a ju-si-go apmeori bubun-eun seupocheu hyeong-euro jjalb-ge cy-eo-ju-seyo/
(koui ui-rô ttchal-kké kka-kka-djou-chi-gô am-mo-ri pou-bou-neunn seu-p'ô-tch'eu hyong-eu-rô tchal-kké tch'yo-djou-ssé-yô)

5 – 이 쪽으로 오세요. 머리를 감아 드릴까요 ? **(4)**
/i jjog-euro o-seyo meori-reul gam-a deuri-lggayo/
(i-ttchô-gueu-rô ô-ssé-yô mo-ri-reul ka-ma-deu-ril-kka-yô)

NOTES (suite)

(2) *yojeum,* que l'on trouve aussi sous la forme *yojeueum* (adverbe) : "ces temps-ci".
• *yuhaengha-da* (verbe) : "être à la mode", vient du nom *yuhaeng* : "mode" (cf. *yuhaengga* : "chanson à la mode", "tube") ; *ga* est l'élément sino-coréen qui signifie "chanson" dans les noms composés ; le nom simple pour "chanson" est *norae*.
• *sig* (nom) : "style", "manière" ; le suffixe fonctionnel *-euro* sert justement à marquer le complément de manière : *sig-euro* : "à la manière de".

2 Comment je vous les coupe ?
3 – *(le client)* Faites-moi une coupe à la mode.
4 Coupez-les moi court au-dessus des oreilles et, sur le devant, bien dégagé, à la sportive.
5 – Venez par ici, je vous prie, je vous lave les cheveux ?

NOTES (suite)

(3) *ggagg-a ju-si-go* : "coupez-moi", mot à mot "donnez à couper". Nous avons déjà étudié le verbe auxiliaire *ju-da* (leçon 20, note 4). Tout au long de cette leçon, vous pourrez observer l'alternance *ju-da / deuri-da* selon que l'on parle de soi (*ju-da*) ou que l'on s'adresse à son interlocuteur. *deuri-da* est en effet le verbe de déférence de *ju-da*. C'est un des nombreux procédés par lesquels le coréen exprime la personne, là où le français a recours aux pronoms personnels : "Comment je **vous** les coupe ? – Faites-**moi** une coupe à la mode".
• *hyeong* (nom) : "style", "modèle" ; Ex. *sinhyeongca* : "une voiture (*ca*) nouveau (*sin*) modèle (*hyong*)", exemple parfait de nom composé exclusivement d'éléments sino-coréens. *seupoceuhyeong-euro* "à la sportive", "selon le modèle sportif" ; vous avez certainement reconnu au passage le "konglish" *seupocheu* : "sport", qui a détrôné son grand-père sino-coréen *undong*.

(4) *jjog* (nom) : "côté", "direction" ; *i jjog-euro* : "de ce côté", "dans cette direction", "par ici".
• *gam-da* (verbe) : "laver", employé principalement avec pour complément *meori* : "tête", "cheveux" ; on retrouve ce verbe dans *miyeoggam-da* : "prendre un bain en plein air".

6 비듬약 발라 드릴까요 ? **(5)**
/bideumyag balla deuri-lggayo/
(pi-deu-myak pal-la-deu-ril-gga-yô)

7 – 그렇게 해 주시면 좋겠습니다. **(6)**
/geureoh-ge hae ju-si-myeon joh-gess-seubni-da/
(keu-ro-k'é hai-djou-chi-myonn tchô-k'é-sseum-ni-da)

8 – 면도도 해 드릴까요 ? **(7)**
/myeondo-do hae deuri-lggayo/
(myonn-dô-dô hai-deu-ril-kka-yô)

9 – 괜찮습니다. **(8)**
/gwaencanh-seubni-da/
(kwain-tch'ann-seum-ni-ida)

NOTES (suite)

(5) *bideumyag* (nom composé) : "shampooing antipelliculaire", formé à partir de *bideum* (nom) : "pellicule" et de *yag* . Le sens de ce dernier nom est très étendu. Il désigne, au sens large, tout ce qui produit un effet curateur ou bénéfique, d'où le sens de "médicament", ou d'"engrais" dans *nongyag,* mot composé à l'aide de l'élément sino-coréen *nong* : "agriculture". *yag* tout seul, c'est aussi... la pile que l'on met dans son caméscope ou dans son baladeur.
• *bareu-da* (verbe) : "coller", "enduire", "appliquer". Vous avez sûrement remarqué que le coréen est plus précis que le français ; là où nous nous contentons d'un verbe de sens très général tel que "faire", le coréen a besoin de préciser la modalité de l'action. On ne se fait pas un shampooing, on se l'enduit ou on se l'applique !

6 Je vous fais un shampooing antipelliculaire ?
7 – Oui, c'est une bonne idée.
8 – Je vous rase aussi ?
9 – Non, merci, ça ira comme ça.

NOTES (suite)

(6) mot à mot "Oui, si vous me faites ainsi, ce serait bien". • *joh-gess-seubni-da* : "ce serait bien". Dans cet emploi, *-gess* correspond tout à fait au "conditionnel de politesse du français". Autre exemple, *moreu-gess-seubni-da* : "Je ne sais pas", "Je ne saurais (vous) dire", de *moreu-da* (verbe) : "ignorer".

(7) *myeondo* (nom) : "rasage", *myeondoha-da* (verbe) : "raser", "se raser" ; *myeondonal* : "lame de rasoir", *myeondo binu* : "crème à raser", *myeondo sol* : "blaireau". Cette énumération, peut-être un peu... barbante, attire votre attention sur un des traits caractéristiques du vocabulaire coréen, bien agréable pour l'apprenant ; le vocabulaire est moins opaque qu'en français, car beaucoup de notions s'expriment au moyen de noms composés dont les éléments sont des noms simples d'usage courant : *nal* : "lame", *binu* "savon", *sol* : "brosse", que l'on retrouve dans *cisol* : "brosse à dents". Ceci est encore plus vrai – nous aurons l'occasion de le voir – dans le vocabulaire savant.

(8) *gwoaencanh-da* : Nous avons présenté cet adjectif à la leçon 36, note 1 ; ici, il est utilisé comme un "non" atténué, tout comme en français on refuse en disant "Ça ira comme ça".

EXERCICES – 연습

번역

1. 머리를 짧게 깎지 마세요.
2. 그 이발소는 비듬약이 없어요.
3. 약을 바르기 전에 면도해 주세요.
4. 이발할 때마다 머리를 감는 것은 좋습니다.
5. 귀 밑으로 머리를 그냥 두시면 너무 깁니다.

빠지는 단어

1. *Il n'est pas beau parce que ses cheveux sont trop longs.*
머리가 . . . . . . 멋이 없습니다.

2. *Ne me faites pas de shampooing antipelliculaire.*
비듬약을 . . . .

3. *Est-ce que je vous coupe les cheveux court ?*
머리를 짧게 . . . . ?

*****

콩 심는데 콩 나고 팥 심는데 팥 난다.
/kong sim-neunde kong na-go pat sim-neunde pat na-n-da/
(k'ông chim-neunn-dé k'ông na-gô pat chim-neunn-dé pat nann-da)

"On sème du soja et il pousse du soja, on sème des haricots rouges et il pousse des haricots rouges."

• *kong* (nom) : "soja", *pat* (nom) : "haricot rouge", *sim-da* (verbe) : "semer", *na-da* (verbe) : "apparaître", "pousser" ; ce dernier verbe a de multiples sens que nous découvrirons ultérieurement.

CORRIGÉS DES EXERCICES

Traduction

1. Ne me coupez pas les cheveux court.
2. Ce salon de coiffure n'a pas de shampooing antipelliculaire.
3. Rasez-moi avant de me faire un shampooing.
4. C'est bien de se faire laver la tête chaque fois qu'on va chez le coiffeur.
5. Si vous ne touchez pas à vos cheveux sous les oreilles, ils seront trop longs.

Mots manquants : 1. 너무 길어서 **2.** 바르지 마세요 **3.** 깎아 드릴까요

*****

• Très bon exemple pour saisir la valeur du suffixe-conjonction *-neunde* qui introduit une première information, en général prioritaire. Le plus simple pour rendre cette nuance est de faire appel au "et", mais rien n'empêche d'être plus explicite, comme ici : "quand on sème du soja", ou "si on sème du soja".

Ce dicton veut dire en quelque sorte : "On récolte ce qu'on a semé", mais sans porter un jugement de valeur. Il s'agit d'une constatation : "On a semé du soja ? et bien, c'est du soja qui poussera, pas des perles ou des joyaux, comme dans les contes de fées". Au moins, a-t-on la satisfaction de voir ses efforts récompensés.

제 38 과
/je sam sib pal gwa/
(tché sam-chip-p'al-goua)

미용실
/miyongsil/
(mi-yông-chil)

1 – (미용사) 안녕하세요. 오래간만에 오셨네요. **(1)**
/*(miyongsa)* annyeongha-seyo oraeganman-e o-sy-eoss-neyo/
(ann-nyong-ha-ssé-yô ô-rai-gann-ma-né o-chyonn-né-yô)

2 – (손님) 네. 요즘 좀 바빠서 **(2)**
/*(sonnim)* ne yojeum jom babba-seo/
(né yô-djeum tchôm pa-ppa-sso)

3 – 머리를 끊으실 거예요 ? **(3)**
/meori-reul ggeunh-eusi-l geo-yeyo/
(mo-ri-reul kkeu-neu-chil ko-yé-yô)

NOTES

(1) *miyongsa* (nom) : "coiffeuse" pour dames, alors que *ibalsa* désigne le "coiffeur pour hommes". *miyongsil* (nom composé) : "salon de coiffure pour dames" est formé à partie du nom *miyong* : "soins de beauté" et de l'élément sino-coréen *sil* : "salle", "pièce", que l'on retrouve dans des mots tels que *samusil* : "bureau", *gyosil* : "salle de classe".
• *-neyo* : terminaison exclamative.
• Nous avons déjà vu *oraeganman* dans la formule de politesse *oraeganman-i-bni-da* : "Ça fait longtemps que nous ne nous étions pas rencontrés". Ici, elle est abrégée en *ô-rai-gann-ma-né.*

TRENTE-HUITIÈME LEÇON

Le salon de coiffure pour dames

1 – *(la coiffeuse)* Comment allez-vous ? Ça fait longtemps que vous n'étiez pas venue.
2 – *(la cliente)* Oui, c'est que j'étais trop occupée ces temps-ci.
3 – Vous voulez vous faire couper les cheveux ?

NOTES (suite)

(2) *babba-seo* : vient de l'adjectif *babbeu-da* : "occupé" ; *-seo* est le suffixe-conjonction qui indique la cause (leçon 13, note 5). Vous remarquerez qu'il se trouve en fin de phrase. Cette licence grammaticale est de plus en plus fréquente dans la langue parlée où, quand ce qu'on dit tombe sous le sens, on fait allègrement l'économie de la proposition principale ; celle-ci, en bonne logique grammaticale coréenne, devrait venir après une proposition subordonnée terminée par un suffixe-conjonction.

(3) *ggeunh-da* (verbe) : "couper". Ce verbe simple s'utilise pour tout ce qui se coupe, tandis que *ibalha-da* est un verbe plus technique, utilisé uniquement pour la coiffure. Quant à *ggagg-da* (voir leçon 37), c'est à la fois "couper" et "tailler" puisqu'on peut l'utiliser pour dire "tailler un crayon, une planche etc".
• *geo-yeyo* : forme contractée de *geos-i-eyo* ; la forme neutre est *-l geos-i-da*. Cette tournure est utilisée pour indiquer un futur certain, objectif, tandis que *-gess* marque un futur plus hypothétique, plus subjectif, c'est-à-dire qui dépend davantage d'une option personnelle. Nous avons déjà parlé de ces deux nuances du futur en coréen (leçon 23, note 5).

4 – 아뇨, 파마 좀 할려고 해요. **(4)**
/anyo pama jom ha-llyeo-go haeyo/
(a-nyô p'a-ma tchôm hal-lyo-gô-hai-yô)

5 그리고 피부 마사지도 좀 해 주세요 ? **(5)**
/geurigo pibu masaji-do jom hae ju-seyo/
(keu-ri-gô p'i-bou ma-ssa-dji-dô tchôm hae-djou-ssé-yô)

6 – 환절기라 피부 관리를 잘 해야 돼요. **(6)**
/hwanjeolgi-ra pibu gwanli-reul jal hae-ya doaeyo/
(houann-djol-gui-ra p'i-bou koual-li-reul tchal hai-ya touai-yô)

7 잡지 보시겠어요 ? **(7)**
/japji bo-si-gess-eoyo/
(tchap-tchi pô-chi-gué-sso-yô)

8 – 예, "여성중앙" 좀 주세요. **(8)**
/ye yeoseongjung'ang jom ju-seyo/
(yé yo-ssong-djung-ang tchôm tchu-sé-yô)

NOTES (suite)

(4) *ha-llyeo-go haeyo* : c'est la forme renforcée de *ha-ryeo-go haeyo* : "j'ai l'intention de faire". Le suffixe *-ryeo / -euryeo* sert à marquer l'intention. En fin de phrase, comme ici, il est suivi du verbe auxiliaire *ha-da* auquel il est relié par le suffixe-conjonction de la coordination *-go*. • Dans la langue parlée, le son *r* est souvent redoublé en *ll* pour qu'il s'entende mieux. C'est ainsi qu'on ne dit pas *seoul yeog* : "la gare de Séoul", mais *seoullyeog*. Ce son renforcé, c'est ce que certains linguistes baptisent du joli nom d' "épaississeur phonique" !

4 – Non, j'aurais plutôt envie d'une permanente.
5 Et pourriez-vous me faire aussi un massage de peau ?
6 – Au changement de saison, il faut bien s'occuper de sa peau.
7 Vous voulez une revue ?
8 – Oui, donnez-moi s'il vous plaît "Madame Jung'ang".

NOTES (suite)

(5) Vous avez certainement reconnu au passage le "konglish" *massage*.

(6) *hwanjeol* (nom) : "changement de saison", terme auquel on a ajouté l'élément sino-coréen *gi* : "période".
• *-ra* est un suffixe-conjonction surtout employé dans la langue parlée pour indiquer la cause : "Parce que c'est la période du changement de saison, il faut bien traiter la peau".
• *gwanli* (nom) : c'est au sens propre la "gestion" l'"administration", donc, s'agissant de la peau, le "traitement".

(7) mot à mot "Voulez-vous voir une revue ?". En français, où on éprouve moins qu'en coréen ce besoin de précision, on se contente de dire "Voulez-vous une revue ?".

(8) *yeoseong* (nom) : "femme", "personne de sexe féminin" ; il s'agit d'un nom composé de deux éléments sino-coréens *yeo* : "femme" et *seong* : "sexe". On a, de même, *namseong* : "homme", "individu de sexe masculin". Dans le titre de la revue, *jung'ang* : "centre" est l'abréviation de *jung'ang ilbo* : "le quotidien du centre", un des titres les plus connus de la presse coréenne. Comme tout grand quotidien qui se respecte, il publie une revue féminine qui, on l'aurait deviné, s'intitule *yeoseong jung'ang* : "Madame Jung'ang".

EXERCICES – 연습

번역

1. 머리를 끊지 마시고 파마를 해 주세요.
2. 너무 바빠서 미용실에 못 갔어요.
3. 저는 피부 마사지가 좋아요.
4. 잡지가 너무 많아서 다 읽을 수 없었어요.
5. 이발할려고 일찍떠났어요.

빠지는 단어

1 *Où se trouve le salon de coiffure le plus proche ?*
. . . . . . 미용실은 어디예요 ?

2 *Au changement de saison, il faut s'occuper de sa peau.*
. . . . . . 피부 관리해야 해요.

3 *Mais vous regardez "Madame Jung'ang" !*
"여성중앙"을 . . . . !

CORRIGÉS DES EXERCICES

Traduction

1. Ne me coupez pas les cheveux, faites-moi une permanente s'il vous plaît.
2. Je n'ai pas pu aller au salon de coiffure parce que j'étais trop occupée.
3. J'aime les massages de peau.
4. Je n'ai pas pu tout lire, il y avait trop de revues.
5. Je suis parti de bonne heure pour aller chez le coiffeur.

Mots manquants : 1. 제일 가까운 **2.** 환절기에는 **3.** 보시네요

낫 놓고 기역자도 모른다.
/nas noh-go giyeogja-do moreu-n-da/
(nan-nô-k'ô ki-yok-ttcha-dô mô-reunn-da)

"On pose sa faucille et on ne sait même pas que c'est la lettre *gieog.*"

Ce dicton ne peut se comprendre que si on connaît l'écriture et la civilisation coréennes. Vous savez déjà que la lettre coréenne ㄱ, qui s'appelle *giyeog,* a la forme d'un angle droit. Or, en Corée, la faucille n'est pas en forme de demi-lune comme chez nous, mais dessine précisément un angle droit. C'est pourquoi, en Corée, le comble de l'ignorance est de poser sa faucille sans même savoir qu'elle ressemble à la première lettre de l'alphabet !
Lors de la prochaine révision, nous apprendrons le nom des lettres de l'alphabet.

*****

Eh bien, maintenant, vous pouvez poser votre livre sans vous dire que vous ne connaissez rien ! Vous voyez ? vos efforts sont récompensés. Vous commencez à en savoir, des choses ! Alors courage ! Et persévérance !

Leçon 38

제 39 과
/je sam sib gu gwa/
(tché sam-chip-kou-goua)

부탁
/butag/
(pou-t'ak)

1 – 철수 ! 부탁이 있는데 여기 적혀 있는 대로 물건 좀 사다 줘. **(1)**
/ceolsu butag-i iss-neunde yeogi jeog-hyeo iss-neun daero mulgeon jom sada jweo/
(tch'ol-ssou pou-t'a-gui inn-neunn-dé yo-gui tcho-k'yo-inn-neunn-dae-rô moul-gonn tchôm sa-da-djouo)

2 – 어디 봐. 뭔데 ? **(2)**
/eodi bwa mweo-nde/
(o-di-boua mouonn-dé)

NOTES

(1) *butag* (nom) : "service" que l'on demande à quelqu'un. *butag-i iss-da* : mot à mot "il y a un service", mais le sens réel est "J'ai un service à te demander" ; ici, *butag-i iss-neunde* : "J'ai un service à te demander, et...".
• Comme nous l'avons déjà vu dans les leçons précédentes, *-neunde* présente **la première information**. Dans ce contexte, là où le coréen a besoin d'un suffixe-conjonction, le français se contente d'une pause et de l'intonation. N'oubliez pas ce point ! C'est important ! Dans les deux langues, le message est le même, mais ce sont les moyens pour faire passer ce message qui diffèrent. Le coréen fait appel à la **grammaire**, le français à l'**intonation**.

TRENTE-NEUVIÈME LEÇON

Rendre service

1 – Ceolsu ! J'ai un service à te demander ; achète-moi, s'il te plaît, ce que j'ai marqué ici.
2 – Voyons voir, c'est quoi ?

NOTES (suite)

• *yeogi jeog-hy-eo iss-neun daero* : "selon que c'est noté ici". Le point de départ est *jeog-da* : "noter", verbe actif transformé en verbe passif au moyen du suffixe *-hi* : *jeog-hi-da* : "être noté" ; *jeog-hy-eo iss-da* : mot à mot "être à l'état noté". Nous dirons qu'il est à la "forme d'état". Celle-ci est marquée par le radical du verbe suivi de la voyelle de liaison et de *iss-da*. Nous expliquerons plus en détail cette "forme d'état" lors de la prochaine révision.
• *sa-da jweo* : Cette forme est un peu différente de celle à laquelle on s'attendait : *sa jweo* où *jweo* est la contraction de *ju-eo* du verbe auxiliaire *-juda* : "faire quelque chose au profit d'autrui". Ici, *sa-da* est la forme abrégée de *sa-daga* ; le suffixe *-daga* qui peut être abrégé en *-ga* indique le changement d'action, comme ici. En effet, *sa-da jweo* signifie "tu achètes les choses et (changement d'action) tu me les donnes". Nous verrons ultérieurement ce nouveau suffixe-conjonction de façon plus détaillée.

(2) *eodi* (interjection) : "Voyons !", "Eh bien !" ; *bwa* est la forme contractée de *bo-a*, du verbe *bo-da* : "voir". *eodi bwa* correspond donc exactement au français : "Voyons voir !".
• *mweonde* est la forme contractée de *mueos-i-nda* : "C'est quoi ?".

3 뭐가 이렇게 많아 ? **(3)**
/mweo-ga ireoh-ge manh-a/
(mouo-ga i-ro-k'é ma-na)

4 – 그러니까 내가 부탁하는 거잖아. **(4)**
/geureonigga nae-ga butagha-neun geo-janh-a/
(keu-ro-ni-kka nai-ga pou-t'a-k'a-neunn ko-dja-na)

5 남대문 시장 가서 포도 일 킬로만 사다 주고 **(5)**
/namdaemun sijang ga-seo podo il killo-man sa-da ju-go/
(nam-dai-mounn chi-djang ka-sso p'ô-dô il-k'il-lô-mann sa-da-djou-gô)

NOTES (suite)

(3) *mweo-ga ireo-ge manh-a* : mot à mot "C'est quoi (qui est) ainsi nombreux ?". Le suffixe du sujet *-ga / -i* met l'accent sur le sujet, tandis que le suffixe *-eun / -neun* met au contraire l'accent sur ce qui vient après le sujet. Comparez : *ceolsu-neun mulgeon-eul sa-n-da* : "Ceolsu fait des courses" et *ceolsu-ga mulgeon-eul sa-n-da* : "C'est Ceolsu qui fait des courses". Voilà pourquoi, quand on pose une question sur quelque chose et que ce quelque chose est le sujet de la phrase interrogative, ce sujet est toujours marqué par *-i / -ga*.

(4) *geureonigga* (conjonction) : "parce que", "c'est pourquoi" ; très usitée en coréen en début de phrase. Ici, la traduction française la plus appropriée semble être un "mais" de justification.
• *geo-janh-a ?*, forme contractée de *geos-i-ji anh-a ?* "N'est-ce pas ce que ?". Ici, l'interrogation négative est utilisée pour donner plus de force à ce que l'on dit, comme en français "Tu ne crois pas ?", "N'est-ce pas ?".

3 Il y en a tant que ça ?
4 – Mais c'est un service que je te demande !
5 Tu vas au marché de Namdaemun et tu m'achètes seulement un kilo de raisins.

NOTES (suite)

(5) *namdaemun sijang* : "le marché de Namdaemun" est un des plus grands marchés (*sijang*) couverts de la capitale. On y trouve de tout et en si grandes quantités que les échoppes débordent dans les ruelles avoisinantes et s'infiltrent même dans les couloirs du métro pour ne s'arrêter qu'à la lisière des arcades commerçantes et des grands magasins du centre.
• *ga-seo* : du verbe *ga-da* : "aller" ; ici, *-seo* est le suffixe-conjonction qui marque la condition préalable (leçon 13, note 3) : pour acheter du raisin, il faut, au préalable, se rendre au marché de Namdaemun.
• *podo il killo* : "raisin un kilo", tel est l'ordre des mots en coréen pour indiquer une mesure, une quantité. Le raisin coréen est d'un grain plus petit et plus charnu que le raisin européen. Depuis quelques années, en particulier grâce à la coopération avec des sociétés françaises, la Corée produit du vin... qui est loin d'être imbuvable !

6 동대문 농산물 시장에서 배추 한 포기만사다 줘 **(6)**
/dongdaemun nongsanmul sijang-eseo baecu han pogi-man sa-da jweo/
(tôngdaimounn nông-sann-moul chi-djang-é-sso pai-tch'ou-hann-p'ô-gui-mann sa-da-djouo)

7 그리고 인천 생선 시장에 가서 싱싱한 고등어 한 마리 부탁해요. **(7)**
/geurigo inceon saengseon sijang-e ga-seo singsingha-n godeung'eo han mari butaghaeyo/
(keu-ri-gô inn-tch'onn saing-sonn chi-djang-é ka-sso ching-ching-hann kô-deung-o hann-ma-ri pou-t'a-k'ai-yô)

NOTES (suite)

(6) *nongsanmul* : encore un nom composé d'éléments sino-coréens, *nong* : “agriculture”, *san* : “production” et *mul* : “objet”, ce qui donne *sannmul* : “produit” et *nongsanmul* : “produit agricole”.
• *sijang-eseo* : “au marché” ; *-eseo* est le suffixe fonctionnel qui indique le complément de lieu d'un verbe d'action tel que *sa-da* : “acheter” (leçon 10, dicton).
• *baecu han pogi* : “chou une tête” ; *baecu* est le nom du chou chinois que les Coréens appellent fièrement... “chou coréen”. Par rapport au chou de nos campagnes, c'est un chou plus allongé, plus blanc et aux feuilles plus épaisses.
• Nous avons déjà vu qu'il existe en coréen deux séries de nombres parallèles : une purement coréenne et l'autre sino-coréenne. Cette dichotomie ne vaut que jusqu'à *baeg* : “cent”. Au-delà de ce chiffre, tous les nombres sont exclusivement sino-coréens : *ceon* : “mille”, *man* :

6 Au marché de produits agricoles de Dongdaemun, tu ne m'achètes qu'une tête de chou.

7 Ensuite, tu vas au marché aux poissons d'Inchon et tu me prends un maquereau bien frais.

NOTES (suite)

"dix mille", *eog* : "cent millions" et *jo* : "un billion". En fonction du nom de mesure ou du classificateur (leçon 26, note 2), on utilise la série sino-coréenne, comme dans *podo il killo* : "un kilo de raisins", ou la série purement coréenne, comme dans *baecu han pogi* : "un chou".
• *Dongdaemun sijang* : Autre grand marché de la capitale, beaucoup plus important que celui de Namdaemun. Autrefois Namdaemun et Dongdaemun étaient les "grandes portes" (*daemun*) sud (*nam*) et est (*dong*) de l'enceinte fortifiée de Séoul. Ce sont de magnifiques exemples de l'architecture militaire de la dynastie des Yi (1392-1910). Namdaemun est classée "trésor national N°1". La "grande porte de l'ouest" (*Seodaemun*) n'existe plus, mais un quartier porte son nom. C'est là que se trouvent la gare de Séoul, l'ambassade de France et plusieurs grandes universités.

(7) Inchon (aussi Inch'on), version francisée du coréen *Inceon*, est le nom du second port de Corée du Sud après Pusan. C'est le port de Séoul, dont il n'est séparé que par une cinquantaine de kilomètres. Sa population dépasse le million d'habitants. Grâce au RER séoulite, il ne se trouve plus qu'à quarante minutes du cœur de la capitale, ce qui est bien pratique pour trouver des maquereaux frais (*singsingha-n godeung'eo*) ! Le maquereau est un poisson très prisé qu'on peut déguster cru. Les Coréens sont très friands de *hoe* : "plat de poissons crus".
• *saengseon* est le nom qui désigne le "poisson" en tant que nourriture ; le poisson en tant qu'animal se dit *mulgogi* : "chair (*gogi*) d'eau (*mul*)". Tout seul, le nom *gogi* signifie "viande" ou, s'il n'y a a aucune ambiguïté, "poisson".

8 슈퍼마켓에서 사오면 안 돼. **(8)**
/syupeomakes-eseo sao-myeon an dwae/
(chu-p'o-ma-k'é-t'é-sso sa-ô-myonn ann-douai)

9 물건이 싱싱하지가 못 해. **(9)**
/mulgeon-i singsingha-ji-ga mos hae/
(moul-go-ni ching-ching-ha-dji-ga mô-t'ai)

EXERCICES – 연습

번역

1. 배추 몇 포기 필요해 ?
2. 인천에 가서 생선 세 마리 사와 !
3. 동대문 시장에서 농산물을 많이 삽니다.
4. 슈퍼마켓에서 사지 못 해 !
5. 이 생선은 싱싱하잖아 ?

8 Et tu ne dois rien acheter au supermarché !
9 Les produits ne sont pas frais !

NOTES (suite)

(8) *sa-o-da* : verbe composé de *sa-da* : "acheter" et *o-da* : "venir" ; on peut donc le traduire par : "ramener". *sa-o-myeon an dwae* : "Si tu me ramènes (un poisson du supermarché), ça ne va pas" ; cette tournure : un verbe terminé par le suffixe-conjonction *-myeon*, qui marque la condition, suivi de *an dwae,* marque l'obligation ; *dwae* est la forme contractée de *doe-eo* qui vient du verbe *doe-da* : "devenir", "réussir", "marcher" (leçon 36, note 5). *an* est la forme épithète de la négation (leçon 23, note 4).

(9) *mulgeon* (nom composé) : "chose", "objet", "article" (qu'on achète) dans lequel on retrouve l'élément sino-coréen *mul* dont il a été question ci-dessus (note 6).
• *singsingha-ji-ga mos hae* : "ne peut pas être frais" ; nous avons déjà rencontré (leçon 33, note 1) le mot grammatical *mos* qui marque l'impossibilité.
• Vous avez sans doute remarqué que, dans cette leçon, aucun verbe, aucun adjectif n'est terminé par le suffixe *-yo*. C'est normal, car ce dialogue a lieu entre un garçon et une fille qui sont bons copains et utilisent, donc, le style familier où les verbes et les adjectifs ne portent aucune forme de politesse : *sa-da jweo* : "achète-moi", *manh-a* : "il y en a beaucoup (de courses)", *an dwae* : "ça ne va pas", *mos hae* : "on ne peut pas". La seule exception se trouve dans la phrase 7 : *butaghae-yo* : "Je (te) demande (ce service)". Cette présence de *-yo* peut s'interpréter comme une façon d'insister gentiment sur ce que l'on demande. Dans le style poli, on aurait respectivement : *sa-da ju-se-yo, manh-a-yo, an doe-eo-yo, mos hae-yo* et dans le style déférent : *sa-da ju-sib-sio, manh-seubni-da, an doe-seubni-da, mos ha-bni-da*. Ces trois façons de parler : **familière, polie** et **très polie** sont les plus usitées de nos jours en Corée (leçon 21, n° 5).

EXERCICES (suite)

빠지는 단어

1 *J'ai un service à te demander, achète-moi trois kilos de raisins.*
부탁 . . . . 포도 삼 킬로 사줄래.

2 *Fais ce que je t'ai demandé !*
부탁 . . . . 해 !

3 *Et ne me ramène pas du poisson pas frais !*
싱싱하지 못 한 생선을 . . . . . !

*****

윗물이 맑아야 아랫물도 맑다
/wismul-i malg-a-ya araesmul-do malg-da/
(ouim-mou-ri mal-ga-ya a-raim-moul-tô mal-ta)

"Pourvu que l'eau soit claire en amont, elle sera claire en aval."

• *wi* (nom) : "dessus", *arae* (nom) : "dessous", *wismul* : "eau du dessus", autrement dit : "l'eau en amont d'un cours d'eau" et *araesmul* : "l'eau en aval".
• Nous avons déjà rencontré (leçon 19, dicton) le "s intercalaire" qui sert de liant entre les deux éléments d'un nom composé.
• Le suffixe-conjonction *-ya* qui se rattache au verbe ou à l'adjectif par la voyelle de liaison est l'équivalent de :

CORRIGÉS DES EXERCICES

Traduction

1. Il faut combien de choux ?
2. Ramène-moi trois poissons d'Inchon !
3. On achète beaucoup de produits agricoles au marché de Dongdaemun.
4. On ne peut pas en acheter au supermarché !
5. Il n'est pas frais, ce poisson ?

Mots manquants : 1. 이 있는데 **2.** 하는대로 **3.** 가져오면 안 돼

*****

"pourvu que".
• *malg-da* (adjectif) : "clair", "limpide".

Ce dicton est tout imprégné de confucianisme et renvoie à la figure centrale de cette philosophie morale : l'homme supérieur (*gunja*). Par sa bonne conduite, il donne l'exemple aux autres et, de ce fait, assure l'harmonie de la société et, au-delà, de l'univers. Il se réfère aussi à la structure très hiérarchisée de la société coréenne qui opère une distinction stricte entre *ussaram* : "supérieurs" et *araessaram* : "inférieurs" (*u* est une variante de *wi*). Appliqué aux tranches d'âge, *usmul* désigne les adultes et *araesmul* les jeunes. Moralité : si les adultes donnent le bon exemple, les jeunes le suivront. Ça marche encore en Corée, et même très bien.

제 40 과
/je sa sib gwa/
(tché-ssa-chip-koua)

부탁 (계속)
/butag gyesog/
(pou-t'ak ké-ssôk)

1 – 새로 산 옷 입고 나가. **(1)**
saero sa-n os ib-go naga/
(sai-rô sann ôt ip-kkô na-ga)

2 여기 오만 원. **(2)**
/yeogi o man weon/
(yô-gui ô-ma-nouonn)

3 차비에도 보태쓰고 장도 봐. 아마 남을지도 모를 거야. **(3)**
/cabi-e-do botaesseu-go jang-do bwa ama nam-eul-ji-do moreu-l geo-ya/
(tch'a-bi-é-dô pô-t'ai-sseu-gô tchang-dô poua a-ma na-meul-dji-dô mô-reul ko-ya)

NOTES

(1) *saero sa-n os ib-go naga* : mot à mot "sors **après** avoir mis ton nouvellement acheté costume". Dans cette phrase, le suffixe-conjonction *-go* marque la succession dans le temps.
• *saero* (adverbe) : "nouvellement" ; composé de l'adjectif invariable *sae* auquel on a adjoint le suffixe fonctionnel *-ro* qui marque le complément de manière et sert à former des adverbes (leçon 15, dicton).

QUARANTIÈME LEÇON

Rendre service (suite)

1 – Mets ton nouveau costume pour sortir.
2 Tiens, voilà cinquante mille wons.
3 Même avec les frais de transport, tu auras de quoi faire ton marché. Il devrait même te rester quelque chose.

NOTES (suite)

(2) Mot à mot : "Ici cinquante mille wons". Comme vous le constatez, dans le discours parlé, on se passe allègrement du verbe final.

(3) *cabi* (nom) : "frais de transport" ; *botaesseu-da* : verbe composé de deux verbes simples : *botae-da* : "ajouter" et *sseu-da* : "utiliser" et aussi : "dépenser" ; *jang* (nom) : "marché", "foire", *jang bo-da* : "faire le marché" ("voir" le marché). Le mot à mot de cette phrase est : "Tu complètes avec les frais de transport et tu fais aussi le marché".
• *ama* (adverbe) : "probablement" ; *nam-da* (verbe) : "rester".
• *ji* est un mot grammatical qui exprime le doute. Il est précédé d'un verbe ou d'un adjectif à la forme épithète et généralement suivi soit de *al-da* : "savoir" soit de *moreu-da* : "ignorer".
• *l geo-ya* est la variante familière de *-l geo-yeyo / l geos-i-bni-da*, tournure qui indique le futur. Nous avons vu à la leçon 39 les trois façons de s'adresser à quelqu'un : familière, polie, très polie.
• Le mot à mot de cette phrase est : "Je ne saurai pas s'il en restera probablement." *-do* de *moreul-ji-do* est le suffixe spécifique qui signifie : "même" (leçon 8, note 6).

4 더운 날씨에 수고스럽겠지만 부탁해. **(4)**
/deou-n nalssi-e sugo-seureob-gess-jiman butaghae/
(to-ounn nal-ssi-é sou-gô-sseu-rop-ké-ttchi-mann pou-t'a-k'ai)

5 한 세 시간이 걸리겠지... 이따 봐. **(5)**
/han se sigan-i geolli-gess-ji idda bwa/
(hann sé-chi-ga-ni kol-li-gué-ttchi i-tta pôa)

6 – 하루종일 걸리지도 몰라. **(6)**
/harujong'il geolli-ji-do molla/
(ha-rou-djông-il kol-li-dji-dô môl-la)

7 왠지 쫓겨나는 것 같아 기분이 별론데 ? **(7)**
/waenji jjocgyeona-neun geos gat-a gibun-i byeollo-nde/
(ouainn-dji ttchô-kkyo-na-neunn kot ka-t'a kibou-ni pyol-lônn-dé)

NOTES (suite)

(4) *deou-n* est la forme épithète de l'adjectif *deob-da* : "chaud" ; *nalssi* (nom) : "temps" au sens météorologique : le temps "temporel" se dit *sigan* (voir ci-dessous phrase 5).
• *sugo-seureob-da* (adjectif) : "pénible", "dur", formé du nom *sugo* : "effort", "peine", "travail pénible" et du suffixe *-seureob-da*, grâce auquel sont créés de nombreux adjectifs à partir des noms.
• *sugoha-seyo* : mot à mot : "Vous vous êtes donné beaucoup de mal" est une façon de dire "merci" à quelqu'un qui vous à rendu un service : un livreur, un chauffeur de taxi (cf. leçon 23, note 7).
• *-jiman* : suffixe-conjonction qui correspond à : bien que", "quoique" et, dans certains contextes, à : "mais" (leçon 10, note 3).

(5) *han* (adverbe) : "environ".
• *geolli-gess-ji* : "Ça devrait te prendre" ; *-gess* dans ce contexte marque la probabilité ; *-ji* est le mot

4 Ce n'est pas amusant avec cette chaleur, mais c'est un service que je te demande.
5 Ça devrait te prendre dans les trois heures... À tout à l'heure !
6 – Ça me prendra peut-être toute la journée.
7 Pourquoi je me sens bizarre, on dirait que je suis poursuivi.

NOTES (suite)

grammatical exprimant le doute ; dans cette phrase le verbe *moreu-da* : "ignorer" est sous-entendu : "[Je ne sais pas si] ça te prendra trois heures".
• *idda* : forme familière de l'adverbe *iddaga* : "plus tard" ; *idda bwa* : "On se voit plus tard", "À tout à l'heure".

(6) *harujong'il* (adverbe) : "toute la journée".

(7) *waenji* (expression adverbiale interrogative) : "pourquoi est-ce que ?" ; il s'agit de la forme contractée de *wae-i-n-ji*, à savoir l'adverbe interrogatif *wae* : "pourquoi ?" suivi de *i-n-ji* : le verbe être suivi du mot grammatical *-ji* exprimant le doute (voir ci-dessus). La phrase complète serait *wae-i-n ji moreu-gess-da* : "Je ne sais pas pourquoi c'est comme ça."
• *jjocgyeona-da* (verbe composé) : "être poursuivi", formé à partir du verbe passif *jjoc-gi-da* : "être poursuivi", lui-même dérivé du verbe actif *jjoc-da* : "poursuivre" à l'aide du suffixe *-gi* qui transforme certains verbes actifs en verbes passifs. Nous avons déjà vu un autre suffixe passif : *-hi* (leçon 39, note 1). Il n'y a malheureusement aucune règle qui permette de prédire quel sera le verbe passif correspondant à un verbe actif. Le "par cœur", il n'y a pas d'autre solution ! Le passif en coréen est d'un emploi très complexe, mais, avec la pratique, vous l'assimilerez progressivement.
• *geos gat-da* : "il semble que", "on dirait que" (leçon 33, note 5).
• *gibun* (nom) : "humeur", *byeollo* (adverbe en *-ro,* voir ci-dessus note 1) : "spécialement", *byeollo-nde* est la contraction de *byeollo-i-nde* où *i-* est le radical de *i-da* : "être" et *-nde* la terminaison exclamative (leçon 25, note 2) ; *gibun-i byeollo-nde* peut se traduire par "Je me sens bizarre".

8 – 별소리 다하네. **(8)**
/byeolsori daha-ne/
(pyol-ssô-ri ta-ha-né)

EXERCICES – 연습

번역

1. 장 보려고 하니까 삼 만 원 받아.
2. 날씨가 덥지만 수고하세요.
3. 두 시간이 넘을 거야.
4. 돈이 남을지도 몰라
5. 부탁하는 것이 많다.

빠지는 단어

1. *J'ai marché toute la journée.*
. . . . 걸어갔어.

2. *Ne raconte pas n'importe quoi, tu dois faire ce que je t'ai ordonné.*
별소리 하지 말고 시키 . . . 해야지.

3. *Bien que tu aies beaucoup de choses à faire, je te le demande.*
. . . . 부탁해요.

8 – Qu'est-ce que tu racontes ?

NOTES (suite)

(8) *byeolsori* : nom composé de l'élément sino-coréen *byeol* qui signifie "spécial" (et qu'on vient de voir ci-dessus dans l'adverbe *byeol-lo*) et du nom *sori* : "bruit", "son" ; *byeolsori* signifie "parole inutile" et l'expression *byeolsori daha-da* veut dire "dire des paroles inutiles", "raconter n'importe quoi". Ici *byeol* : "spécial" a la même valeur dépréciative qu'en français parlé, quand on dit "C'est spécial", "Il est spécial". Le sens de base du verbe *daha-da* est "épuiser".
• *ne* : terminaison exclamative (voir *-neyo*, leçon 38, note 1).

CORRIGÉS DES EXERCICES

Traduction

1. Puisque tu vas au marché, tiens, voilà trente mille wons.
2. Bien qu'il fasse chaud, merci de vous donner tant de peine.
3. Ça prendra plus de deux heures.
4. Je ne sais pas s'il restera de l'argent.
5. J'ai beaucoup de choses à te demander.

Mots manquants : 1. 하루종일 **2.** 는 대로 **3.** 할 일이 많지만

숭어가 뛰니까 피라미도 뛴다
/sung'eo-ga ddwi-nigga pirami-do ddwi-n-da/
(soung-o-ga ttoui-ni-kka p'i-ra-mi-dô ttwinn-da)

"Puisque la muge saute, la vandoise saute aussi."

• La muge (*sung'eo*) est un gros poisson qui trouble l'eau dormante des étangs par ses bonds majestueux. La vandoise (*pirami*), ridicule petit poisson, s'efforce de l'imiter. C'est la transposition coréenne de notre "grenouille qui voulait se

****

제 41 과
/je sa sib il gwa/
(tché sa-chi-bil-goua)

고통의 불편 (1)
/gyotong-eui bulpyeon/
(kyô-t'ông-eui poul-p'yonn)

1 – 차 안에서 한 시간이나 보냈어. **(2)**
/ca an-eseo han sigan-ina bonae-ss-eo/
(tch'a a-né-sso hann chi-ga-ni-na pô-nai-sso)

2 서울 교통은 정말 큰일이야. **(3)**
/seoul gyotong-un jeongmal keunil-i-ya/
(so-oul kyô-t'ông-eunn tchong-mal k'eu-ni-ri-ya)

NOTES

(1) *gyotong* (nom) : "circulation", *bulpyeon* (nom) : "inconvénient", "désagrément".
• À Séoul, mégalopole de plus de douze millions d'habitants et où vit un Coréen sur quatre, la circulation n'est pas un mince problème, d'autant plus que tout le

faire plus grosse que le bœuf".
• *ddwi-da* (verbe) : "sauter".
• *-nigga / -eunigga* : suffixe-conjonction qui marque la raison, la justification, d'où sa traduction par : "puisque".

Pour vous, pas question de jouer à la vandoise ! Et encore moins à la muge ! Vous ne devez avoir qu'un objectif : aller jusqu'au bout... et rugir de plaisir, en vrai tigre coréen !

****

QUARANTE ET UNIÈME LEÇON

Les désagréments de la circulation

1 – Ça fait environ une heure qu'on roule.
2 La circulation à Séoul, vraiment, c'est la catastrophe.

NOTES (suite)

monde ou presque a maintenant sa voiture. C'est la rançon du progrès !

(2) *-ina* après consonne / *-na* après voyelle : suffixe marquant l'approximation ; *han sigan-ina* : "une heure environ".
• *bonae-da* (verbe) : "passer le temps".

(3) *jeongmal* (adverbe) : "vraiment" ; *keunil* (nom) : "malheur", "catastrophe" ; nom composé de *keu-n*, forme épithète de l'adjectif *keu-da* : "grand" et du nom *il* : "chose", "affaire", "événement".
• *i-ya* : C'est le verbe être au style familier. Quand ce verbe suit un nom terminé par une voyelle, il se contracte en *-ya* (leçon 40, note 3).

3 날씨는 왜 이리 덥지 ? **(4)**
/nalssi-neun wae iri deob-ji/
(nal-ssi-neunn ouai i-ri top-ttchi)

4 내가 왜 물건 사러 이렇게 먼 시장까지 가야되지 ? **(5)**
/nae-ga wae mulgeon sa-reo ireoh-ge meo-n sijang-ggaji ga-ya doe-ji/
(nai-ga ouai moul-gonn sa-ro i-ro-k'é monn chi-djang-kka-dji ka-ya-douai-dji)

5 버스는 또 왜 이렇게 안 오는 거야 ? **(6)**
/beoseu-neun ddo wae ireoh-ge an ô-neun geo-ya/
(po-sseu-neunn ttô ouai i-ro-k'é ann o-neunn-go-ya)

6 해는 다 져 가는데 ! **(7)**
/hae-neun da jy-eo ga-neunde/
(hai-neunn ta chyo-ga-neunn-dé)

3 Pourquoi fait-il si chaud ?
4 Pourquoi faut-il que j'aille si loin faire des courses ?
5 Et le bus, pourquoi, encore une fois, n'arrive-t-il pas ?
6 Et le soleil qui se couche !

NOTES (suite)

(4) *iri* (adverbe) : "autant".
• *deob-ji* : C'est la forme familière de *deob-jiyo*. Nous avons déjà vu que le style familier se caractérise par l'absence de *-yo* en fin de phrase (leçon 39, note 9).

(5) *mulgeon sa-reo* : "pour acheter des produits", autrement dit "pour faire des courses" ; *-reo* /*-eureo* après consonne, est une variante du suffixe de l'intention *-ryeo* / *euryeo*, utilisée quand le verbe en *-reo* / *-eureo* est suivi d'un verbe de mouvement. Ex. *mulgeon sa-reo sijang-e ga-yo* : "Je vais faire des achats au marché".

(6) *ddo* (adverbe) : "encore une fois", "de nouveau".
• *an o-neun geo-ya* : forme familière de *an o-neun geos-i-bni-gga* ; *geo-ya* / *geos-i-jyo* / *geos-i-bni-gga* est une façon renforcée d'exprimer l'interrogation.

(7) *hae-ga ji-da* : "Le soleil se couche" ; *ji-da* : "se coucher" (astre). *hae-ga jy-eo ga-neunde* : mot à mot "le soleil va se couchant".
• Le verbe auxiliaire *ga-da* marque la "persistance" de l'action ; il indique que l'action qui a lieu actuellement ne s'arrête pas mais va se poursuivre dans un avenir plus ou moins proche. Dans cette phrase, ce n'est qu'une question de minutes.
• *-neunde* est une terminaison exclamative.

7 더워 죽겠고, 다리도 아프고 배도 고프고... **(8)**
/deow-eo jug-gess-go dari-do apeu-go bae-do gopeu-go/
(to-ouo tchou-kké-kkô ta-ri-dô a-p'eu-gô pai-dô kô-p'eu-gô)

8 내가 어쩌다 이렇게 됐지 ? **(9)**
/nae-ga eojjeoda ireoh-ge dwae-ss-ji/
(nai-ga o-tcho-da i-ro-k'é touai-ttchi)

EXERCICES – 연습

번역

1. 차 안이 덥지.
2. 교통이 복잡하면 큰일이야.
3. 영화를 보러 시내에 갔어.
4. 동대문 시장은 정말 재미있다.
5. 친구하고 시간을 재미있게 보냈어.

빠지는 단어

1. *Je meurs de faim.*
배가 . . . . .

2. *Je sors pour aller au marché.*
장 보 . . .

3. *Ça m'a pris environ quatre heures pour aller à Pusan.*
부산에 가는데 . . . .

7 Il fait une chaleur à crever, j'ai mal aux jambes, j'ai faim...

8 Comment ai-je pu en arriver là ?

NOTES (suite)

(8) *dew-eo jug-gess-go* vient de *dew-eo jug-gess-da :* mot à mot "Je vais mourir d'avoir chaud". Suivant un adjectif exprimant un sentiment, un état, une émotion, la forme *jug-gess-da* : "je vais mourir", du verbe *jug-da* : "mourir", met l'emphase sur ce sentiment, cet état, cette émotion, tout comme en français, quand nous disons : "Il fait une chaleur à crever", "elle aime à en mourir", etc.
• *-do... -do* dans *dari-do... bae-do* : "aussi... aussi". La répétition de ce suffixe indique l'accumulation des malheurs du pauvre usager, victime des embarras de Séoul.
• *apeu-da* (adjectif) : "douloureux", *gopeu-da* (adjectif) : "affamé" ; *dari-ga apeu-da* : "les jambes sont douloureuses", "j'ai mal aux jambes" ; *bae-ga gopeu-da* : "le ventre est affamé", "j'ai faim". "J'ai soif" se dit *mog-i mareu-da* : "la gorge est desséchée".
• *jug-gess-go... apeu-go... gopeu-go* : le pauvre usager énumère ses malheurs... et nous offre un très bel exemple de l'emploi du suffixe-conjonction *-go* : "et" dans une énumération.

(9) *eojjeoda* : forme abrégée de l'adverbe *eojjeodaga* : "par hasard".

범의 굴에 들어가야 범을 잡는다.
/beom-eui gul-e deureoga-ya beom-eul jab-neun-da/
(po-meui kou-ré teu-ro-ga-ya bo-meul tcham-neunn-**da)**

"Il suffit d'entrer dans la tanière du tigre pour l'attraper"

Ce dicton est l'équivalent coréen de notre : "Qui ne risque rien n'a rien". Il illustre bien la valeur du suffixe-conjonction *-ya* déjà rencontré dans le dicton de la leçon 39 : "pourvu que", "à condition que", "il suffit de".
• *beom* (nom) : "tigre", *gul* (nom) : "caverne", "grotte", "tanière" ; *deureoga-da* : "entrer", "pénétrer".
• Nous avons déjà vu que "tigre" se disait aussi *horang'i* (leçon 9, dicton). On trouve en coréen plusieurs noms pour le même animal, par exemple : *neugdae* et *iri* pour "loup", *goni* et *baegjo* pour "cygne", ce qui suggère que les Coréens actuels sont issus de plusieurs peuplements parlant des langues différentes.

****

제 42 과
/je sa sib i gwa/
(tché sa-chi-bi-goua)

복습
RÉVISION ET NOTES

1. Le suffixe-conjonction *-neunde :* On l'utilise à la fin de la première proposition d'une phrase complexe pour introduire une information prioritaire (leçon 36, note 1). Comparez les phrases 1 et 2 de cette leçon 36 :

1 *ca-reul jeongby-si kyeo-ya ha-neunde gwaencanh-eun ka senteo jom gareuky-eo ju-si-gess-eoyo* : "Il faut que je fasse réviser ma voiture, pourriez-vous, s'il vous plaît, m'indiquer un bon garage ?"

2 - *al-gi-neun a-neunde yeogi-seo jogeum meo-nde* : "J'en connais un, mais il est un peu loin d'ici ."

CORRIGÉS DES EXERCICES

Traduction

1. Il fait chaud dans la voiture.
2. Si la circulation est difficile, c'est la catastrophe.
3. Je suis allé dans le centre voir un film.
4. Le marché de Dongdaemun est vraiment intéressant.
5. J'ai passé un moment agréable avec mon ami.

Mots manquants : 1. 고파 죽겠다 **2.** 러 나간다. **3.** 네 시간이나 걸렸어

"Qui ne risque rien n'a rien", mais vous, vous avez pénétré dans la tanière de la langue coréenne et, si vous n'en voyez pas encore le fond, vous êtes sur la bonne voie. Alors, foin des tigres, loups et autres animaux proverbiaux ! Avancez !

****

QUARANTE-DEUXIÈME LEÇON

Comme on le remarque, il y a plusieurs façons de traduire ce suffixe en français, la traduction appropriée étant suggérée par le contexte. Dans la phrase 1, où *-neunde* se borne à introduire une première information, on peut éviter de le traduire et le rendre tout simplement par une pause à l'oral ou par une virgule à l'écrit. Dans la phrase 2, par contre, où l'on trouve une certaine opposition entre la première proposition et la seconde, "mais" est la traduction qui vient tout naturellement à l'esprit. Prenons un autre exemple :
dongdaemun sijang-e ga-ryeo-neunde eoneu beoseu ta-myeon doe-bni-gga : "Quel bus faut-il prendre pour aller au marché de Dongdaemun ?" (mot à mot "on a l'intention d'aller au marché de Dongdaemun *neunde* si on prend quel bus ça marche"). Dans ce cas, "pour" est la traduction qui vient naturellement à l'esprit.

Dans les leçons à venir, vous trouverez d'autres phrases avec *-neunde* qui vous permettront de mieux saisir les différentes façons de rendre ce suffixe en français.

2. Les différentes valeurs du suffixe-conjonction *-seo* : Ce suffixe-conjonction a trois valeurs :

1) Il sert à indiquer la cause, comme dans la phrase 5 de la leçon 36 :
hangsang sonnim-i manh-a-seo orae gidary-eo-ya dwae : "Comme il y a beaucoup de clients, il faut attendre longtemps."

2) La proposition terminée par *-seo* représente la condition préalable à l'action de la proposition suivante, comme dans la phrase 5 de la leçon 39 :
namdaemun sijang ga-seo podo il killo-man sa-da ju-go : "Tu vas au marché de Namdaemun et tu m'achètes seulement un kilo de raisins", où aller au marché constitue la condition préalable à l'achat de fruits.

3) Enfin, ce suffixe-conjonction peut indiquer l'état, comme dans la phrase 3 de la leçon 29 :
seungca-si-e hanjullo seo-seo carye-reul gidri-bni-da : "Au moment de monter en voiture, ils attendent leur tour en faisant la queue".
Quand le suffixe *-seo* marque la condition préalable, les deux propositions doivent avoir un même sujet. Il en va de même quand *-seo* indique l'état ; il faut aussi, dans ce dernier cas, que le verbe suivi de *-seo* soit un verbe d'état, cela va de soi !
Nous verrons ultérieurement que l'on trouve en coréen un certain nombre de suffixes-conjonctions, comme *-seo*, *-neunde*, *-nigga*, *-go*, dont la valeur est fonction du sens de la phrase.

3. Les mots grammaticaux : Le mot grammatical est un mot qui, à la différence du nom, n'est pas autonome et n'a pas non plus de valeur lexicale comme *jib* : "maison", *salam* : "être humain", *jayu* : "liberté", etc. Le mot grammatical possède deux caractéristiques :

a) il n'a qu'une valeur grammaticale,

b) il n'apparaît que dans un seul et même contexte. Par exemple *su* ("possibilité") ne peut apparaître qu'entre *-l / -eul* et *iss-da / eobs-da*. Il en va de même pour le mot grammatical *ji* qui exprime le doute ; il ne peut être suivi que de deux verbes : soit *al-da* : "savoir" soit *moreu-da* : "ignorer". Quant au verbe ou à l'adjectif qui se trouve devant lui, il est obligatoirement à la forme épithète ; celle-ci varie en fonction du temps verbal. Ex. *bi-ga o-n ji-moreu-bni-da* : "Je ne sais pas s'il a plu".*bi-ga o-neun ji moreu-bni-da* : "Je ne sais pas s'il pleut". *bi-ga o-l ji moreu-bni-da* : "Je ne sais pas s'il va pleuvoir". Comme on le voit, *ji* correspond au "si" d'incertitude du français.

4. Les trois niveaux de politesse du coréen : Depuis le début de votre apprentissage du coréen, vous avez découvert que les terminaisons du verbe et de l'adjectif varient en fonction de l'interlocuteur. Comme nous l'avons vu, en particulier à la note 9 de la leçon 39, on a recours en coréen à trois façons de parler (styles) ou niveaux de politesse.

1) Entre intimes, familiers, ou quand on s'adresse à des enfants, on emploie le **style familier**, comme dans la phrase 9 de la leçon 39 : *mulgeon-i singsingha-ji-ga mos-hae* : "Impossible d'y trouver des produits frais."

2) Entre personnes de rang égal ou avec des inconnus à qui on ne doit pas témoigner de respect, comme un passant dans la foule, on utilisera le **style poli**. Dans ce style, la phrase 9 devient *mulgeon-i singsingha-ji-ga mos hae-yo*. Comme on le voit, l'adjonction du suffixe *-yo* permet de passer du style familier au style poli.

3) Enfin, devant une personne avec laquelle on doit se montrer très poli, ou dans certaines situations qui exigent un certain niveau de politesse – présentations, remerciements, prendre congé de ses hôtes, entretien officiel, etc. –, on se

servira du **style très poli** par l'emploi du suffixe *-bni / -seubni*. La phrase 9 devient donc *mulgeon-i singsingha-ji-ga mos ha-bni-da*.

Prenons un autre exemple : pour "on sort", on dira, suivant les circonstances et les interlocuteurs, *naga* (familier), *naga-yo* (poli), *naga-bni-da* (très poli) . Ne pas oublier que le coréen marque aussi la **déférence** (leçons 7 et 8). On peut être poli ou très poli, sans être pour autant déférent. Si, par exemple, on utilise le suffixe de déférence *-si* avec le verbe *naga-da* : "sortir", on aura respectivement *naga-si-n-da*, *naga-se-yo* (où *-se* est une variante de *-si* dans la forme en *-yo*) et *naga-si-bni-da*. *naga-si-n-da* vous aura peut-être surpris, parce qu'on utilise un suffixe de déférence avec un verbe qui se termine par une terminaison familière.

Pour un Coréen, tout s'explique : la forme familière indique que l'on s'adresse à un intime ou à un enfant ; or, le *-si* ne peut pas s'appliquer à l'interlocuteur, c'est-à-dire à la deuxième personne ni, bien sûr, à la première, donc, le sujet ne peut être qu'une tierce personne et *naga-si-n-da* ne peut signifier que : "il sort". Élémentaire, mon cher Kim ! *naga-si-n-da* pourra être dit, par exemple, par un employé à son collègue en voyant leur P-DG sortir de son bureau. De même, un Coréen dira à un adulte en guise de salutation *annyeongha-si-bni-gga ?*, mais s'il demande à un petit voisin des nouvelles de son père, il lui dira *abeoji annyeongha-si-nya ?* : "Ton père va bien ?".

Nous reviendrons sur ces formes de politesse, car il n'y a qu'une seule façon de les posséder à fond : l'assimilation !

5. Les verbes irréguliers en *-b* : Nous avons déjà vu à la leçon 15, note 4 qu'il existait en coréen un certain nombre de verbes et d'adjectifs irréguliers. Les verbes et les adjectifs dont le radical se termine par la consonne *-b* se subdivisent en deux catégories : les réguliers, qui conservent ce *-b,* quel que soit le suffixe qui le suit, et les irréguliers. Dans ce dernier cas, la consonne *b* se transforme en voyelle *-u* devant la voyelle de liaison ou un suffixe commençant par la voyelle *eu*. Comparons deux verbes : *bbob-da* : “choisir” (régulier) et *dob-da* : “aider” (irrégulier). On aura respectivement *bbob-a-seo* : “parce qu’on a choisi”, *bbob-eumyeon* : “si on choisit”, mais *dou-a-seo* contracté en *dowa-se* : “parce qu’on aide”, *dou-myeon* : “si on aide”.

Comme vous le constatez, l’irrégularité en coréen n’est pas si terrible que ça, mais, encore une fois, il faut assimiler !

6. Le gibun : Nous avons vu à la phrase 7 de la leçon 40 (*waenj jjocgyona-neun geos gat-a gibuni byeolo-nde* : “Pourquoi je me sens bizarre, comme si j’étais poursuivi ?”) le nom *gibun* que nous avons traduit par “humeur” (note 7). En fait, *gibun*, c’est plus que l’humeur, c’est aussi la disposition, bonne ou mauvaise, le sentiment, l’état d’esprit. Le concept de *gibun* est un des piliers de l’âme coréenne, la clef de voûte des relations interpersonnelles. C’est quelque chose de si profondément enraciné dans la sensibilité coréenne que les spécialistes traduisent *gibun* par... “gibun” !

Le français, malgré tout, ne manque pas de ressources pour en donner des équivalents. Ex. *gibun-i joh-da* : “Mon gibun est bon” = “Je suis de bonne humeur”, *gibun-i nabbeu-da* : “Mon gibun est mauvais” = “Je suis de mauvaise humeur”, *gibun-eul jeonhwansiki-da* : “faire changer son gibun”, autrement dit “se changer les idées”. En Corée, il est primordial de faire attention au *gibun* des autres de façon à ne pas le détériorer. Nous en reparlerons !

7. Les lettres de l’alphabet coréen : Nous avons appris dans le dicton de la leçon 38 que les lettres de l’alphabet coréen (한글 **/hangeul/**), plus précisément les consonnes, ont un nom. Nous vous donnons ci-dessous les noms des consonnes :

ㄱ : 기역 /giyeog/,
ㄴ : 니은 /nieun/,
ㄷ : 디귿/digeut/,
ㄹ : 리을 /rieul/,
ㅁ : 미음 /mieum/,
ㅂ : 비읍 /bieub/,
ㅅ : 시옷 /sios/,
ㅇ : 이응 /ieung/,
ㅈ : 지읒 /jieuj/,
ㅊ : 치읓 /cieuc/,
ㅋ : 키읔 /kieuk/,
ㅌ : 티읕 /tieut/,
ㅍ : 피읖 /pieup/,
ㅎ : 히읗 /hieuh/

Les voyelles, elles, n'ont pas de nom particulier :
아 애 야 얘 어 에 여 예 오 와 왜 외 요 우 워 웨 위 유 으 의 이.

Les consonnes dont les noms sont donnés ci-dessus sont dans l'ordre alphabétique des lettres du coréen. Les voyelles figurent toutes sous la lettre ㅇ : 이응 /ieung/.

시어머니가 오래 살다가 며느리 환갑 날 국수 양푼에 빠져 죽는다

/sieomeoni-ga orae sal-daga myeoneuri hwangab nal gugsu yangpun-e bbajy-eo jug-neun-da/

(chi-o-mo-ni-ga ô-rai sal-da-ga myo-neu-ri houann-gam-nal kouk-ssou yang-p'ou-né ppa-jyo tchoung-neunn-da)

"La belle-mère à la vie longue meurt en tombant dans une cuvette de nouilles le jour du soixantième anniversaire de sa belle-fille."

• *sieomeoni* (nom) : "belle-mère", *myeoneuri* (nom) : "belle-fille", *hwangab* (nom) : "soixantième anniversaire", *nal* (nom) : "jour", *gugsu* (nom) : "nouilles coréennes", *yangpun* (nom) : "cuvette en cuivre", *bbaji-da* (verbe) : "tomber dans".

• Le soixantième anniversaire est une des dates les plus importantes de la vie d'un individu. Nous lui consacrerons la leçon 62.

Ce dicton est un très bon exemple de la valeur du suffixe *-daga* qui indique un changement brusque d'action, en l'occurrence le passage de vie à trépas dans un chaudron de nouilles ! C'est aussi un excellent exemple de ce qu'il faut faire pour gâcher le *gibun* de quelqu'un. Nous avons déjà appris, grâce au dicton de la leçon 13, qu'en Corée, les relations entre la belle-mère et la belle-fille, surtout l'épouse du fils aîné, étaient loin d'être idylliques. Une vraie belle-mère coréenne ne pourrait pas inventer meilleur moyen de gâcher l'anniversaire de sa belle-fille, même au prix de passer pour une nouille !

제 43 과
/je sa sib sam gwa/
(tché sa-chip-ssam-goua)

사계절 (1)
/sa gyejeol/
(sa-gué-djol)

1 – 낙엽이 떨어지는 가을은 멋진 계절입니다. (2)
/nagyeob-i ddeoreoji-neun gaeul-eun meosji-n gyejeol-i-bni-da/
(na-gyo-bi tto-ro-dji-neunn ka-eu-reunn mo-ttchinn ké-djo-rim-ni-da)

2 – 가을을 좋아하세요 ?
/gaeul-eul johaha-seyo/
(ka-eu-reul tchô-a-ha-ssé-yô)

3 – 네, 그렇지만, 태양빛이 부신 여름을 더 좋아해요. (3)
/ne geureohjiman taeyangbic-i busi-n yeoreum-eul deo johahaeyo/
(né keu-ro-tch'i-mann t'ai-yang-bi-tch'i pou-chinn yo-reu-meul to tchô-a-hai-yo)

4 – 그러면, 겨울은 싫어하시겠네요 ?
/geureomyeon gyeoul-eun sirheoha-si-gess-ne-yo/
(keu-ro-myonn kyo-ou-reunn chi-ro-ha-chi-guénn-né-yô)

QUARANTE-TROISIÈME LEÇON

Les quatre saisons

1 – Les feuilles mortes en automne, c'est beau.
2 – Vous aimez l'automne ?
3 – Oui, mais je préfère les rayons du soleil en été.
4 – Alors, vous devez détester l'hiver.

NOTES

(1) *sagyejeol* : "les quatre saisons", de *gyejeol* (nom) : "saison" et de *sa*, le chiffre sino-coréen pour "quatre". On n'aime pas beaucoup ce nombre en Corée car il est homonyme d'un autre élément sino-coréen signifiant "mort" et on dit qu'il porte la poisse. Aussi, dans les immeubles et surtout dans les hôpitaux, ne cherchez pas le quatrième étage, il n'y en a pas ! Pour ce qui est des numéros de téléphone avec beaucoup de 4, on les refile aux étrangers !

(2) le mot à mot de cette phrase est "l'automne *(gaeul)* [où] les feuilles mortes *(nagyeob)* tombent *(ddeoreoji-da)*, c'est une belle saison".
• *meosji-da* (adjectif) signifie "beau", mais avec pour nuance : "chic", "qui a de la classe" ; vient du nom *meos* : "beauté élégante". L'adjectif pour "beau" au sens le plus général est *areumdab-da* (leçon 10, phrase 3).

(3) *geureohjiman* (conjonction) : "mais", "cependant", "néanmoins" ; plus nuancé qu'un simple "mais" (*geureona*).
• *taeyang* (nom) : "soleil", *bic* (nom) : "lumière", *busi-da* (adjectif) : "éblouissant". Mot à mot : "Je préfère davantage l'été (quand) est éblouissante la lumière du soleil."

5 – 꼭 그렇지는 않습니다. **(4)**
/ggog geureoh-ji-neun anh-seubni-da/
(kkôk keu-ro-tch'i-neunn ann-sseum-ni-da)

6 겨울은 그 나름대로 매력있는 계절이라고 봅니다. **(5)**
/gyeoul-eun geu nareum-daero maeryeogiss-neun gyejeol-irago bo-bni-da/
(kyo-ou-reunn keu na-reum-dai-rô mai-ryo-guinn-neunn ké-djo-ri-ra-gô pôm-ni-da)

NOTES (suite)

(4) *ggog* (adverbe) : "sans faute", "absolument", "à tout prix". • *ggog geureoh-ji-neun anh-seubni-da* : "Ce n'est pas du tout ça". Le suffixe de la négation *-ji* est renforcé par *-neun*. Quand *-eun* / *-neun* précède l'auxiliaire de la négation *anh-da, ani-da* : "ce n'est pas", ou *eobs-da* : "il n'y a pas", c'est pour insister sur la négation. Comparez *don-i eobs-da* : "(Je) n'ai pas d'argent" et *don-eun eobs-da* "De l'argent, (mais je) n'en ai pas."

5 – Absolument pas.
6 Pour moi, l'hiver est aussi une saison qui a son charme.

NOTES (suite)

(5) *geu nareum-daero* : expression qui peut se traduire par : "à sa façon" ; elle est formée du nom *nareum* : "manière", "façon", suivi du suffixe spécifique *-daero* : "selon". Ex. *maeum-daero* : "selon son cœur", c'est-à-dire "à sa guise".
• *maeryeog* (nom) : "charme", *maeryeogiss-da* (adjectif) : "charmant", "qui a du charme" (sur les adjectifs en *-iss-da,* voir leçon 31, note 2).
• *ira-go bo-bni-da* : mot à mot "je considère que" ; formé à partir du verbe *bo-da* : "voir", "considérer que" et de *ira*, suffixe qui indique que ce qui précède exprime une opinion, celle de celui qui parle ou celle des autres. C'est ce que les linguistes appellent le "discours rapporté" (Leçon 35, 2). Le suffixe-conjonction *-go* sert seulement à relier le "discours rapporté" au verbe d'opinion *bo-da*. Pour les Coréens, *gyeoul-eun geu nareum-daero maeryeogiss-neun gyejeol-ira-go bo-bni-da* : "Je considère que l'hiver est une saison qui a du charme à sa façon", autrement dit "Pour moi, l'hiver est une saison qui a son charme" est une phrase plus polie que *gyeoul-eun geu nareum-daero maeryeogiss-neun gyejeol-i-bni-da* : "L'hiver est une saison qui a son charme". En effet, cette dernière phrase donne l'impression qu'on assène une vérité universelle à laquelle tout le monde est sensé adhérer, tandis que la première phrase sonne plus modeste, car, grâce à *-ira-go bo-bni-da*, celui qui parle indique qu'il ne s'agit que d'un jugement personnel qui n'engage pas les autres.

Nous verrons ultérieurement les différents emplois de ce discours rapporté qui joue un rôle crucial en coréen.

EXERCICES – 연습

번역

1. 사계절 중에 어느 계절이 제일 멋진 계절입니까 ?
2. 낙엽이 떨어지네요 !
3. 매력이 있으면 멋도 있습니다.
4. 그는 너무 부신 빛을 싫어합니다.
5. 그것은 사람나름입니다.

빠지는 단어

1. L'automne est une belle saison, cependant je préfère l'été.
   가을은 멋진 계절입니다 . . . . 여름을 더 좋아합니다.

2. Je le trouve élégant.
   그 사람은 멋진 사람 . . . 봅니다.

3. Quand les feuilles tombent, c'est l'automne.
   . . . . 가을입니다.

CORRIGÉS DES EXERCICES

Traduction

1. Quelle est la plus belle des quatre saisons ?
2. Les feuilles mortes tombent !
3. S'il y a du charme, il y a aussi de la beauté.
4. Il n'aime pas la lumière trop éblouissante.
5. Cela dépend de la personne.

Mots manquants :1. 그렇지만 **2.** 이라고 **3.** 낙엽이 떨어지면

밑 빠진 독에 물 붓기다
/mit bbaji-n dog-e mul busgi-da/
(mit ppa-djinn dô-gué moul pou-kki-da)

"Verser de l'eau dans une jarre sans fond"

Autrement dit, faire quelque chose d'absolument inutile.

• *mit* (nom) : "fond", *bbaji-da* (verbe) : "tomber" (comme une dent, les cheveux), *dog* (nom) : "jarre". On utilise beaucoup les jarres en Corée ; il y en a de tous les formats et certaines peuvent atteindre la taille d'un homme. On y conserve tous les ingrédients piquants et fermentés qui plaisent tant au palais des Coréens, à commencer par le *kimchi* (leçon 18, note 5).

Dieu merci, toutes les jarres coréennes ne sont pas sans fond ! Si l'on versait dans l'une d'elles, une grande de préférence, tous vos efforts depuis le début de votre apprentissage du coréen, on aurait, comme on dit, un "bon niveau". Alors, versez ! ou plutôt, persévérez ! La jarre se remplit !

제 44 과
/je sa sib sa gwa/
(tché sa-chip-ssa-goua)

휴가
/hyuga/
(hyou-ga)

1 – 지난 여름 바캉스에 뭘 했습니까 ? **(1)**
/jina-n yeoreum bakangseu-e mweol haess-seubni-gga/
(tchi-nann yo-reum pa-k'ang-sseu-é mouol hai-sseum-ni-kka)

2 – 가족과 함께 해외 여행을 다녀 왔습니다. **(2)**
/gajog-gwa hamgge haeoe yeohaeng-eul dany-eo wass-seubni-da/
(ka-djôk-kkoua ham-kké hai-ouai-yo-haing-eul ta-nyo-oua-sseum-ni-da)

3 – 어디를 갔습니까 ? **(3)**
/eodi-reul gass-seubni-gga/
(o-di-reul ka-sseum-ni-kka)

NOTES

(1) *hyuga* (nom) est le terme général pour "congé", "vacances", "permission militaire" ; *bakangseu* (nom) est un néologisme emprunté au français (vous l'aviez deviné !) très à la mode actuellement.
• *mweol* est la forme contractée de *mueos-eul*, le pronom interrogatif "quoi ?" et le suffixe fonctionnel du complément d'objet.

QUARANTE-QUATRIÈME LEÇON

Les vacances

1 – L'été dernier, qu'avez-vous fait pendant les vacances ?
2 – J'ai voyagé à l'étranger avec ma famille.
3 – Où êtes-vous allé ?

NOTES (suite)

(2) *hamgge* (adverbe) : "ensemble" ; précédé du suffixe nominal de la coordination *-wa / -gwa,* est utilisé au sens de "avec" ; *gajog-gwa hamgge* : "avec ma famille", *cingu-wa hamgge* : "avec un ami".
• *haeoe* : "à l'extérieur (*oe*) de la mer (*hae*)", "outre-mer" ; s'emploie souvent au sens de "à l'étranger". Il ne faut pas oublier que la Corée du Sud, péninsule entourée par la mer sur trois côtés et ayant en guise de frontière septentrionale une zone démilitarisée infranchissable, est de fait une île, d'où cet amalgame entre "outre-mer" et "étranger". Cette zone démilitarisée, longue de 346 km et large de 4 km, a été fixée par l'armistice qui a mis fin à la guerre entre la Corée du Nord et la Corée du Sud (1950-1953). Elle est bordée de part et d'autre par des troupes en position de combat. Il n'y a qu'un seul point de passage : Pammunjom.
• *dany-eo wass-seubni-da* : de *dany-eo o-da,* forme composée du verbe simple *dani-da* : "effectuer une tournée", "faire un circuit" et de *o-da* : "venir", "arriver". Mot à mot : "J'ai fait un circuit de voyage à l'étranger et je suis arrivé". Les Coréens éprouvent toujours le besoin de décrire les actions de façon très minutieuse.

(3) *eodi-reul gass-seubni-gga* : "Où êtes-vous allé ?". Le verbe *ga-da* : "aller" peut avoir son complément de lieu marqué par *-reul / -eul* dans certaines expressions idiomatiques.

4 – 프랑스, 영국, 이태리 등지를 다녀 왔습니다. **(4)**
/peurangseu yeonggug itaeri deungji-reul dany-eo wass-seubni-da/
(p'eu-rang-sseu yong-gouk i-t'ai-ri teung-dji-reul ta-nyo-oua-sseum-ni-da)

5 유럽은 대단히 아름다운 곳이며, 사람들이 친절했습니다. **(5)**
/yureob-eun daedan-hi areumdau-n gos-i-myeo saram-deur-i cinjeolhaess-seubni-da/
(you-ro-beunn tai-da-ni a-reum-da-ounn kô-chi-myo sa-ram-deu-ri tch'inn-djo-rai-sseum-ni-da)

6 아름다운 추억거리를 많이 간직한 여행이었습니다. **(6)**
/areudau-n cueoggeori-reul manh-i ganjigha-n yeohaeng-i-eoss-seubni-da/
(a-reum-da-ounn tch'ou-ok-kko-ri-reul ma-ni kann-dji-k'ann yo-haing-i-o-sseum-ni-da)

4 – Je suis allé en France, en Angleterre et en Italie.
5 L'Europe est un endroit magnifique et les gens sont gentils.
6 Ça a été un voyage dont je garde un bon souvenir.

NOTES (suite)

(4) *deungji* : suffixe grammatical qui marque le pluriel derrière une énumération de noms de lieu.

(5) *areumdab-da* (adjectif) : "beau", *cinjeolha-da* (adjectif) : "gentil", "aimable".
• Le suffixe-conjonction *-myeo* (*-eumyeo* après consonne) indique la simultanéité de deux actions ou de deux états, comme ici : L'Europe, c'est un endroit extrêmement beau et en même temps les gens sont gentils.
• *daedan-hi* (adverbe) : "extrêmement", vient de l'adjectif *daedanha-da* : "considérable", "remarquable", "énorme" ; est plus fort que *aju* (adverbe) : "très" (leçon 6, note 2).

(6) *cueoggeori* (nom) : "souvenir". Quand le "souvenir" est un objet qu'on rapporte d'un voyage, on utilise le mot *gineyeompum*.
• *ganjigha-da* (verbe) : "garder", "conserver".

EXERCICES – 연습

번역

1. 친절한 사람과 함께 여행을 하는 것을 좋아합니다.
2. 작년에 한국에 다녀 왔습니다.
3. 한국사람들은 많이 일하며 친절합니다.
4. 유럽의 도시는 대단히 아름답습니다.
5. 해외에서 바캉스를 지냈습니다.

빠지는 단어

1. *Venez avec votre ami.*
   . . . . . . 오세요.

2. *Ceux qui sont allés en Europe en gardent un bon souvenir.*
   유럽에 . . . 사람은 아름다운 추억거리를 간직합니다.

3. *Où allez-vous ?*
   . . . 가세요 ?

CORRIGÉS DES EXERCICES

Traduction

1. J'aime voyager avec des gens gentils.
2. Je suis allé en Corée l'an dernier.
3. Les Coréens travaillent beaucoup et sont gentils.
4. Les villes d'Europe sont extrêmement belles.
5. J'ai passé mes vacances outre-mer.

Mots manquants :1. 친구와 함께 **2.** 다녀 온 **3.** 어디

봄눈 녹듯하다
/bomnun nog-deusha-da/
(pôm-nounn nôk-teu-t'a-da)

"Fondre comme neige au printemps".

Chez nous, nous disons plutôt : "Fondre comme neige au soleil". Voilà un dicton sans frontière qui met l'accent sur l'impermanence des choses, concept très bouddhiste.

• *bomnun* : nom composé de *bom* : "printemps" et de *nun* : "neige" ; *nog-da* (verbe) : "fondre" ; *deusha-da*, verbe entrant dans la locution : "être comme", se place directement derrière le radical du verbe qu'il modifie.
Le coréen a un très joli mot pour désigner la neige ou le froid qui revient au début du printemps : *ggocsaem* : mot à mot : "jalousie (*saem*) à l'encontre des fleurs (*ggoc*)".

제 45 과
/je sa sib o gwa/
(tché sa-chi-bô-goua)

거절
/geojeol/
(ko-djol)

1 – 요즘 정신없이 바쁘시겠네요. **(1)**
/yeojeum jeongsin-eobs-i babbeu-sigess-ne-yo/
(yo-djeum tchong-chi-nop-chi pa-ppeu-chi-guénn-né-yô)

2 – 네, 휴가 뒤라 일들이 너무 많이 밀렸습니다. **(2)**
/ne hyuga dwi-ra il-deul-i neomu manh-i milly-eoss-seubni-da/
(né hyou-ga-doui-ra il-deu-ri no-mou ma-ni mil-lyo-sseum-ni-da)

3 – 모두들 분주하게 움직이고 있습니다. **(3)**
/modu-deul bunjuha-ge umjigi-go iss-seubni-da/
(mô-dou-deul pounn-djou-ha-gué oum-dji-gui-go i-sseum-ni-da)

4 바쁘시겠지만, 저녁이라도 함께 할 시간이 없으세요 ? **(4)**
/babbeu-si-gess-jiman jeonyeog-irado hamgge ha-l sigan-i eobs-euseyo/
(pa-ppeu-chi-gué-ttchi-mann tcho-nyo-gui-ra-dô ham-kké hal chi-ga-ni op-sseu-ssé-yô)

QUARANTE-CINQUIÈME LEÇON

Le refus

1 – Ces temps-ci, vous devez être si occupé que vous ne savez où donner de la tête !
2 – Oui, (comme c'est) après les vacances, j'ai trop de choses à faire.
3 – Tout le monde est très pris.
4 Bien que vous soyez très occupé, n'aurez-vous pas le temps de dîner avec moi ?

NOTES

(1) *yojeum* (adverbe) : "ces temps-ci".
• *jeongsin* (nom) : "esprit", "conscience" ; *jeongsin-i eobs-da* : mot à mot "je n'ai pas d'esprit", est une expression qui signifie "je ne sais où donner de la tête". Sa forme adverbiale est *jeongsin-i eobs-i*.
• *babbeu-da* (adjectif) : "occupé", "pris".
• *-neyo* : terminaison exclamative.

(2) *dwi-ra* est la forme contractée de *dwi-i-ra* : le nom *dwi* : "après", suivi du radical du verbe "être" (*-i-*) auquel s'ajoute le suffixe-conjonction *-ra* qui marque la cause (leçon 38, note 6) : "parce que c'est après les vacances".
• *milli-da* (verbe) : "s'accumuler" ; mot à mot "les choses trop beaucoup s'accumulent", c'est-à-dire "j'ai trop de choses à faire".

(3) *bunjuha-da* (adjectif) : "occupé", "surchargé de travail", plus fort que *babbeu-da*. Mot à mot "Tous sont en train de bouger de façon occupée", autrement dit "tout le monde est très pris".

(4) *-irado* / *-rado* après voyelle : suffixe spécifique qui apporte la nuance de "faute de mieux". Ex. *gica-rado ta-bsi-da* : "Prenons le train", sous-entendu "faute de pouvoir prendre un moyen de transport plus rapide, comme l'avion, ou plus agréable, comme la voiture." Ici, l'emploi de *-irado* a une valeur d'atténuation de politesse : "Voudriez-vous prendre avec moi ne serait-ce qu'un dîner". Autre exemple : *ca-rado deu-si-gess-eoyo* : "Prendrez-vous du thé ?", sous-entendu (par *-rado*) "Je n'ai que cela à vous proposer".

5 – 대단히 죄송하지만 틈이 없습니다. **(5)**
/daedan-hi joesongha-jiman teum-i eobs-seubni-da/
(tai-da-ni tchouai-ssông-ha-dji-mann t'eu-mi op-sseum-ni-da)

6 – 그럼, 시간이 되는 대로 제게 꼭 연락을 주십시오. **(6)**
/geureom sigan-i doe-neun-daero je-ge ggog yeonlag-eul ju-sib-sio/
(keu-rom chi-ga-ni touai-neunn-dai-rô tché-gué kkôk yol-la-gueul tchou-chip-chi-ô)

7 – 그렇게 하겠습니다. **(7)**
/geureoh-ge ha-gess-seubni-da/
(keu-ro-k'é ha-gué-sseum-ni-da)

5 – Je suis vraiment désolé, mais je n'ai pas un seul moment libre.
6 – Alors, dès que vous aurez un peu de temps, faites-moi signe.
7 – Je n'y manquerai pas.

NOTES (suite)

(5) *joesongha-da* (adjectif) : "désolé" ; utilisé pour exprimer ses excuses ; est plus fort que *mianha-da* (adjectif) : "mal à l'aise", qui équivaut à "pardon" et que *sillyeha-da* (verbe) : "s'excuser" (leçon 23, note 1).
• *teum* (nom) : "interstice" et, au sens figuré, "moment libre".

(6) *sigan-i doe-neun-daero* : mot à mot "selon que le temps devient", autrement dit "quand vous aurez le temps", "quand l'occasion se présentera".
• *je-ge* est la forme contractée de *jeo-ege* : "à moi".
• *yeonlag* (nom) : "liaison", "contact", "information", d'où *yeonlag-eul ju-da* : "faire signe".

(7) mot à mot "Ainsi ferais-je". C'est un "oui" d'intention. Plus fort que *geureoh-seubni-da* : "oui", "affirmatif" (leçon 12, note 4).

EXERCICES – 연습

변역

1. 너무 바빠서 정신이 없습니다.
2. 휴가라 분주하지 않습니다.
3. 그가 전화하면 꼭 연락해 주세요.
4. 틈이 있으시면 만납시다.
5. 요즘 일이 있습니까 ?

빠지는 단어

1. *Je ne sors pas parce que c'est dimanche.*
   일요일 . . 안 나갑니다.

2. *Téléphonez-moi à l'occasion.*
   시간이 . . . . 전화해 주세요.

3. *Je suis désolé, mais je suis trop occupé.*
   . . . . . . 너무 바쁩니다.

CORRIGÉS DES EXERCICES

Traduction

1. Je suis si pressé que je ne sais où donner de la tête.
2. Je n'ai rien à faire, c'est les vacances.
3. S'il téléphone, prévenez-moi sans faute.
4. Rencontrons-nous si vous en avez le temps.
5. Avez-vous du travail ces temps-ci ?

Mots manquants : 1. 이라 **2.** 되는 대로 **3.** 죄송하지만

원수는 외나무 다리에서 만난다.
/weonsu-neun oenamu dari-eseo manna-n-da/
(ouonn-ssou-neunn ouai-na-mou ta-ri-é-sso mann-nann-da)

"C'est sur un pont fait d'un seul tronc d'arbre que les ennemis se rencontrent."

Vaste programme ! Ce dicton, qui pourrait se traduire par "Le crime ne paie pas", signifie en fait que l'on finit toujours par payer très cher ses mauvais coups : Non seulement on doit un jour faire face à ses responsabilités, mais, en plus, la vie se charge de nous rendre la tâche encore plus difficile en nous mettant en position de faiblesse à ce moment-là.

• *oe-* est un préfixe que l'on rencontre dans un certain nombre de noms composés. Il signifie : "seul", "unique". Ex. *oenun* (œil uniquc) : "borgnc", *oeadeul* : "fils unique".
• *weonsu* (nom) : "ennemi".
• *manna-da* (verbe) : "rencontrer".

제 46 과
/je sa sib ryug gwa/
(tché sa-chim-nyouk-koua)

우연한 만남 (1)
/uyeonha-n mannam/
(ou-yonn-hann mann-nam)

1 – 웬일이예요. 이렇게 우연히 여기서 만나다니 ! **(2)**
/wenil-i-ye-yo ireoh-ge uyeon-hi yeogi-seo manna-dani/
(ouai-ni-ri-é-yô i-ro-k'é ou-yo-ni yo-gui-sso mann-na-da-ni)

2 – 그러게 말예요. 요즘, 잘 지내세요 ? **(3)**
/geureoge mal-yeyo yojeum jal jinae-seyo/
(keu-ro-gué ma-ryé-yô yô-djeum tchal tchi-nai-ssé-yô)

3 – 네, 덕분에 잘 지냅니다. 왜 그렇게 통 소식이 없으셨어요 ? **(4)**
/ne deogbun-e jal jinae-bni-da wae geureoh-ge tong sosig-i eobs-eusy-eoss-eoyo/
(nai tok-ppou-né tchal tchi-naim-ni-da ouai keu-ro-k'é t'ông sô-chi-gui op-sseu-chyo-sso-yô)

NOTES

(1) *mannam* (nom) : "rencontre" ; du verbe *manna-da* : "rencontrer".
• Le suffixe *-m* (*-eum* après consonne) permet de transformer un verbe ou un adjectif en nom. Il a servi à créer un très grand nombre de substantifs en coréen.

QUARANTE-SIXIÈME LEÇON

Une rencontre imprévue

1 – Ça alors ! Vous ici ! C'est vraiment le hasard !
2 – N'est-ce pas ? Que devenez-vous ces temps-ci ?
3 – Je vais bien, merci. Pourquoi m'avez-vous laissé sans nouvelles ?

NOTES (suite)

Ex. *cu-da* : "danser", *cum* : "danse", *nol-da* : "jouer", *nol-eum* : "jeu".
• Il existe d'autres suffixes formateurs de nom que nous verrons ultérieurement.

(2) *wen* (adjectif interrogatif) : "on ne sait quel" ; *wen il-i-e-yo* : "on ne sait quelle chose", autrement dit "Que se passe-t-il ?", "Qu'est-ce qui nous arrive ?", "Comment se fait-il ?".
• *uyeonha-da* (adjectif) : "imprévu", d'où est tiré l'adverbe *uyeon-hi* : "de façon imprévue", "par hasard".
• *-dani* : terminaison qui marque l'étonnement : *yeogi-seo manna-dani* :"[Quelle surprise] de vous rencontrer ici !".

(3) *geureoh-ge mal-yeyo* : forme contractée de *geureoh-ge mal-i-e-yo* : mot à mot : "par conséquent (*geureogie*) c'est la parole (*mal-i-eyo*)" ; selon le contexte, correspond à : "N'est-ce pas ?" , "C'est le cas de le dire !".

(4) *deogbun-e* (expression adverbiale) : "grâce [à vous]", construite à partir du nom *deogbun* : "bienfait", "grâce". S'emploie beaucoup... même si l'interlocuteur n'y est pour rien ! C'est une des "fleurs" de la politesse coréenne.
• *tong* (adverbe) : "pas du tout", "absolument pas".

4 – 워낙 바빠서요. **(5)**
/weonag babba-seo-yo/
(ouo-nak pa-ppa-sso-yô)

5 – 서로 소식 좀 자주 전하며 삽시다. **(6)**
/seoro sosig jom jaju jeonha-myeo sa-bsida/
(so-rô sô-chik tchôm tcha-djou tcho-na-myo sap-chi-ta)

6 – 꼭 그럽시다. **(7)**
/ggog geureo-bsida/
(kkôk keu-rop-chi-ta)

EXERCICES – 연습

번역

1. 그런 말을 하다니.
2. 바캉스에서 우연히 만났어요.
3. 덕분에 잘 먹었습니다.
4. 시간이 되는대로 소식을 좀 전해 주세요.
5. 그는 자주 해외 여행을 해요.

4 – J'étais trop occupé.
5 – Nous devrions rester en contact.
6 – Tout à fait d'accord.

NOTES (suite)

(5) *weonag* (adverbe) : "trop" ; plus fort que *neomu*.
• *babba-seo-yo* : de l'adjectif *babbeu-da* : "occupé". *-seo* est le suffixe-conjonction qui indique la cause (leçon 38, note 2). Le suffixe *-yo* donne à la phrase un ton affable.

(6) mot à mot "vivons (*sa-bsida*) tout en [nous] transmettant (*jeonha-myeo*) un peu plus (*jom*) souvent (*jaju*) des nouvelles (*sosig*)".
• Nous retrouvons dans cette phrase le suffixe-conjonction *-myeo* / *-eumyeo* qui marque la simultanéité de deux propositions (leçon 44, note 5).

(7) mot à mot "faisons ainsi absolument".

EXERCICES (suite)

빠지는 단어

1. *C'est à cette heure qu'il arrive !*
이렇게 늦게 오 . .

2. *Je déteste les rencontres imprévues.*
. . . . 싫어합니다.

3. *Il ne vient pas du tout ces temps-ci.*
요즘 그는 . 오지 않아요.

발 없는 말이 천리 간다
/bal eobs-neun mal-i ceon li ga-n-da/
(ba-rom-neunn ma-ri tch'ol-li kann-da)

"Les paroles sans pattes franchissent mille lis".

• *bal* (nom) : "pied", "patte".
• *eobs-neun* : forme épithète du verbe *eobs-da* : "il n'y a pas" ; se rend souvent par "sans".
• Il y a un jeu de mot sur *mal* qui note deux mots homonymes : "parole" et "cheval".
• *li* (nom) : "li", "lieue", mesure de distance ; dix lis équivalent à 4 km.
• *ceonlima* : "le cheval [qui parcourt] mille lis". Cheval mythique qui pouvait parcourir mille lis en une journée. S'emploie de nos jours au sens de "cheval rapide".

CORRIGÉS DES EXERCICES

Traduction

1. Comment peut-on dire une chose pareille ?
2. Je l'ai rencontré par hasard en vacances.
3. J'ai fait un excellent repas grâce à vous.
4. Donnez-moi de vos nouvelles à l'occasion.
5. Il voyage souvent à l'étranger.

Mots manquants : 1. 다니 **2.** 우연한 만남을 **3.** 통

Voilà que vous en êtes maintenant à goûter les jeux de mots en langue coréenne ! Vous en avez parcouru du chemin, depuis les premiers coups de sabots hésitants ! Et finalement sans trop de "mal". C'est bien ! Continuez ! ! Ça commence à sentir l'écurie ! ! !

제 47 과
/je sa sib cil gwa/
(tché sa-chip-tch'il-goua)

동창회 (1)
/dongcanghoe/
(t'ông-tch'ang-houai)

1 – 오늘 누굴 만나니 ? 이렇게 멋지게 차려입고... **(2)**
/oneul nugu-l manna-ni ireoh-ge meosji-ge caryeoib-go/
(ô-neul nou-goul mann-na-ni i-ro-k'é mo-ttchi-gué tch'a-ryo-ip-kkô)

2 – 응, 동창회 모임이 있어. **(3)**
/eung dongcanghoe moim-i iss-eo/
(eung tông-tch'ang-houai mô-i-mi-i-sso)

3 – 대학 동창들이니 ?
/daehag dongcang-deul-i-ni/
(tai-hak-tông-tch'ang-deu-ri-ni)

NOTES

(1) *dongcanghoe* (nom composé) : "association d'anciens élèves", formé de l'élément sino-coréen *hoe* : "association", "assemblée" et du nom *dongcang* : "condisciple", "camarade de la même promotion". Le *dongcang* occupe une place très importante dans la vie des Coréens, car, dans une société confucéenne hautement hiérarchisée, c'est – avec l'ami intime – la seule personne avec qui on a des relations d'égalité. Les rencontres de camarades de promotion sont toujours une bonne occasion de se retrouver, éventuellement de s'entraider et surtout de laisser les rites au vestiaire et de se défouler !

QUARANTE-SEPTIÈME LEÇON

L'association des anciens élèves

1 – Qui vois-tu aujourd'hui ? [Où vas-tu] si bien habillé...
2 – Eh bien, j'ai une réunion de camarades de promotion.
3 – De l'université ?

NOTES (suite)

(2) *nugu-l* : forme contractée de *nugu-reul*. Le coréen, comme bien d'autres langues, à commencer par le français, a recours à de nombreuses formes contractées dans la conversation.
• *-ni,* terminaison de l'interrogation dans le style familier.
• Nous avons déjà vu l'adjectif *mosji-da* : "chic", "élégant" (leçon 43, note 2) ; nous le retrouvons ici à la forme adverbiale *mosji-ge*.
• *caryeoib-go* : vient du verbe composé *caryoib-da*, formé à partir des verbes simples *cari-da* : "s'habiller pour sortir" et *ib-da* : "porter un vêtement". Pour nous, francophones, cela peut paraître redondant, mais les Coréens aiment bien "couper les actions en quatre", d'où leur souci presque maniaque de préciser toutes les phases des actions ou des états.
• *caryeoib-go...* La phrase est inachevée, on peut sous-entendre : *eodi ga-ni ?* : "Où vas-tu (si bien habillé) ?".
• *ireoh-ge* (adverbe) : "ainsi" ; en fonction du contexte peut signifier "de la sorte", "tant", "tellement".

(3) *eung,* (interjection) qui peut se traduire par "hum" quand on marmonne une réponse ou par "oui" si on s'adresse à un familier.
• *moim* (nom) : "réunion", du verbe *moi-da* : "se réunir". Encore un nom formé à partir d'un verbe à l'aide du suffixe de nominalisation *-m* (leçon 46, note 1).

4 – 아니, 고등학교 동창들이야. **(4)**
/ani godeunghaggyo dongcang-deul-i-ya/
(a-ni kô-deung-hak-kkyô tông-tch'ang-deu-ri-ya)

5 – 벌써 몇년이나 지났으니 다들 어떻게 변했을까 ? **(5)**
/beolsseo myeocnyeon-ina jinass-euni da-deul eoddeo-ge bieonhaess-eulgga/
(pol-sso myonn-nyeo-ni-na tchi-na-sseu-ni ta-deul o-tto-k'é pyonn-hai-sseul-kka)

6 – 아마, 서로 못 알아볼지도 모르겠다. **(6)**
/ama seoro mos arabo-l-ji-do moreu-gess-da/
(a-ma so-rô môt a-ra-bôl-dji-dô mô-reu-gué-tta)

7 – 설마, 아무튼 즐거운 시간 보내길 바란다. **(7)**
/seolma amuteun jeulgeou-n sigan bonae-gi-l bara-n-da/
(sol-ma a-mou-t'eunpn tchol-go-ounn chi-gann pô-nai-gil pa-rann-da)

NOTES (suite)

(4) *ani* est la forme familière de *ani-bni-da* : "non".
• *godeunghaggyo* (nom composé) : "lycée". En Corée, l'enseignement secondaire comporte deux types d'établissement : le *junghaggyo*, "collège" qui couvre les trois premières années du secondaire (ce terme signifie mot à mot "école moyenne" ; c'est un calque de l'anglais *middle school*), et *godeunghaggyo*, "lycée" (mot à mot "école supérieure", de l'anglais *high school*) qui couvre les trois dernières années. Pendant les six premières années qui précèdent le secondaire, les enfants étudient à la *codeunghaggyo* : "école primaire". Pour ce qui est du supérieur, on va à l'université (*daehaggyo*), mot à mot "grande (*dae*) école (*haggyo*)".

4 – Non, du lycée.
5 – Depuis toutes ces années ! Ils ont dû changer ?
6 – Peut-être qu'on ne se reconnaîtra même pas.
7 – Mais non ! En tout cas, j'espère que tu passeras un agréable moment.

NOTES (suite)

(5) *-ina* (*-na* après voyelle) : suffixe spécifique qui marque l'approximation ; *myeocnyeon-ina* : "je ne sais pas au juste combien d'années" (leçon 41, note 2).
• *-euni* (*-ni* après voyelle) est la forme abrégée de *-eunigga / -nigga*, suffixe-conjonction qui indique la raison, la justification de quelque chose. Mot à mot : "Étant donné que plusieurs années sont déjà passées, comment ont-ils dû changer tous !" (leçon 40, dicton).
• *-eulgga* (*-lgga* après voyelle) : terminaison interrogative marquant le doute ; *byeonhaess-eulgga* : "je me demande [à quel point] ils ont dû changer".

(6) *ama* (adverbe) : "probablement".
• *arabo-da* (verbe composé) : "reconnaître quelqu'un" ; à partir de *al-da* : "savoir" et de *bo-da* : "voir".
• *arabo-l-ji-do moreu-gess-da* : "je ne sais même pas si on se reconnaîtra". Nous avons déjà vu cette marque du doute (leçon 40, note 3) .

(7) *seolma* (interjection) : "Mais non !", "Impossible !".
• *amuteun* (adverbe) : "de toute façon", "en tout cas", contraction de *amureohdeun, amureohdeunji*.
• *bonae-gi-l* : forme contractée de *bonae gi-reul* ; *-gi* est un autre suffixe formateur de noms qui permet de transformer un verbe en nom. Alors que *-m / -eum* indique surtout le concept, *-gi*, lui, marque surtout l'action. Il est en outre exigé devant certains verbes comme ici *bara-da* : "espérer"

EXERCICES – 연습

번역

1. 내일 동창들을 만날지 모르겠다.
2. 우리 모임은 언제있니 ?
3. 잘 되기를 바란다.
4. 동창회에 가니 멋지게 차려입어야 한다.
5. 누굴 기다리니 ?

빠지는 단어

1 *Il viendra probablement.*
..그는 올 거야.

2 *Pourquoi y a-t-il tant de monde ?*
왜 사람들이 . . . 많아 ?

3 *Nous nous sommes déjà réunis.*
우리는 . . 모였다.

CORRIGÉS DES EXERCICES

Traduction

1. Je ne sais pas si je rencontrerai demain mes camarades de promotion.
2. Notre réunion, c'est quand ?
3. J'espère que ça marchera bien.
4. Étant donné que c'est une réunion d'anciens élèves, il faut bien s'habiller.
5. Qui attends-tu ?

Mots manquants : 1. 아마 **2.** 이렇게 **3.** 벌써

모르는 게 약이다.
/moreu-neun ge yag-i-da/
(mô-reu-neunn-gué ya-gui-da)

"Ne pas savoir, voilà le remède."

Autrement dit : "Heureux, ceux qui ne savent pas", car ils sont à l'abri de l'inquiétude ! Ce dicton est quelque peu contraire à la mentalité des Coréens qui sont plutôt curieux, pour ne pas dire fouineurs. Mais il faut de tout pour faire un monde !

• *ge* est la forme contractée de *geos-i* ; *moreu-neun ge* : "ce qu'on ne sait pas".
• *yag* (nom) : "remède" ; c'est l'attribut du verbe *i-da* : "être".

Votre remède à vous, c'est de tout savoir et vous vous y appliquez, n'est-ce pas ?

제 48 과
/je sa sib pal gwa/
(tché sa-chip-p'al-goua)

질문
/jilmun/
(tchil-mounn)

1 – 어제 동창회 모임 잘 보냈습니까 ?
/eoje dongcanghoe moim jal bonaess-seubni-gga/
(o-djé tông-tch'ang-houai mô-im tchal pô-nai-sseum-ni-kka)

2 – 오래간만에 만나는 친구들이라 너무 반가웠습니다. **(1)**
/oraeganman-e manna-neun cingu-deul-i-ra neomu bangaw-eoss-seubni-da/
(ô-rai-gann-ma-né mann-na-neunn tch'in-gou-deu-ri-ra no-mou pann-ga-wo-sseum-ni-da)

3 다들 몰라보게 변했더군요. **(2)**
/da-deul mollabo-ge byeonhaess-deo-gunyo/
(ta-deul môl-la-bô-gué pyonn-hai-tto-gou-nyô)

NOTES

(1) *oraeganman* : nous connaissons déjà cette expression (leçons 5, note 2, et 38, note 1). Ici *oraeganman-e manna-neun cingu-deul* peut se traduire par "des amis que je n'avais pas rencontrés depuis longtemps".
• *cingu-deul-i-ra* : "parce que c'était des amis" ; *i-* est le radical de *i-da* : "être" et *-ra,* suffixe-conjonction de la cause (leçon 38, note 6).

QUARANTE-HUITIÈME LEÇON

Questions

1 – La réunion d'hier avec les camarades de promotion, ça s'est bien passé ?
2 – J'ai été très content de rencontrer des amis que je n'avais pas vus depuis longtemps.
3 Ils avaient tellement changé que je ne les ai pas reconnus.

NOTES (suite)

• *neomu* (adverbe) : “trop”, mais peut prendre aussi, comme ici, la valeur de “très”.

(2) *mollabo-da* (verbe composé) : “ne pas reconnaître”, à partir de *moreu-da* : “ignorer” et *boda* : “voir” ; transformé en adverbe au moyen du suffixe *ge* ; le verbe contraire est *arabo-da* : “reconnaître” (leçon 47, note 6).
• *byeonha-da* (verbe) : “changer”. Le mot à mot de la phrase est “[Eux] tous, d'une façon qu'on ne [les] reconnaît plus, [ils] ont changé”.
• *deo-gunyo* se décompose en *-deo*, suffixe qui marque le passé et *-gunyo*, terminaison exclamative.

4 지난 애기들을 하느라 시간 가는 줄도 몰랐어요. **(3)**
/jina-n yaegi-deul-eul ha-neura sigan gan-neun jul-do mollass-eoyo/
(tchi-nann yae-gui-deu-reul ha-neu-ra chi-gann ka-neunn-djoul-dô môl-la-sso-yô)

5 서로 헤어질 때는 아쉬워서 혼났어요. **(4)**
/seoro heeoji-l ddae-neun aswiweo-seo honnass-eoyo/
(so-rô hé-o-djil ttai-neunn a-chui-ouo-sso hônn-na-sso-yô)

6 – 옛 친구들은 언제 만나도 좋은 것 같아요. **(5)**
/yes cingu-deul-eun eonje manna-do joh-eun geos gat-ayo/
(yét-tch'inn-gou-deu-reunn onn-djé mann-na-dô tchô-eunn-got ka-t'a-yô)

NOTES (suite)

(3) *yaegi*, forme contractée de *iyagi* (nom) : "histoire", "conte", "récit", d'où le verbe *iyagiha-da* : "raconter", "parler", "discuter".
• *-neura* : suffixe-conjonction qui marque le résultat. On peut le traduire par : "en conséquence". Ex. *jeomsin-eul meog-neura neuj-eoss-eoyo* : "j'ai pris mon déjeuner et, du coup, j'ai été en retard".
• *jul* est un mot grammatical qui marque l'"aptitude" et qui se trouve toujours devant les verbes *al-da* : "savoir" et *moreu-da* : "ignorer". Ce mot, bien qu'exigé par la grammaire de ces verbes, ne se traduit pas. Ex. *hangugmal-eul ha-l jul a-si-bni-gga* : "Parlez-vous coréen", mot à mot "connaissez-vous (*a-si-bni-gga*) l'aptitude (*jul*) de parler (*ha-l*) la langue coréenne (*hangugmal*)".

4 Nous avons parlé du passé et, du coup, je ne me suis pas rendu compte que le temps passait.
5 Quand on s'est séparés, j'étais trop triste.
6 – Ça fait toujours plaisir, dirait-on, de rencontrer de vieux amis.

NOTES (suite)

• *jina-n yaegi-deul-eul ha-neura sigan ga-neun jul-do mollass-eoyo* : mot à mot "nous avons parlé des histoires passées et, du coup, nous avons été inaptes à nous rendre compte que le temps passe".

(4) *heeoji-da* (verbe) : "se séparer" ; *aswib-da* (adjectif) : "qui éprouve du regret" ; *honna-da* (adjectif) : "être bouleversé". *neomu aswiweo-seo honnass-da* : "j'étais bouleversé parce que j'éprouvais du regret".

(5) *yes* : préfixe qui signifie "ancien" et que l'on retrouve dans un nom tel que *yesnal* : "le passé" (les jours anciens).
• *-l / -eul geos gat-da* : forme abrégée de *-l / -eul geos-gwa gat-da* : mot à mot "pareil au fait de". Cette locution indique la vraisemblance et équivaut au français "on dirait que", "il semble que". Le mot à mot de la phrase est "les vieux amis, même si [on les] rencontre toujours, il semble que c'est bien".
• *eonje* (adverbe interrogatif) : "quand ?" ; peut être aussi utilisé comme adverbe de temps avec le sens de "toujours", comme ici.

EXERCICES – 연습

번역

1. 아는 사람이라 초대했습니다.
2. 일본말을 할 줄 아십니까 ?
3. 그가 몰라봐서 섭섭했어요.
4. 우리는 맥주를 마시면서 이야기했어요.
5. 그는 옛친구를 자주 만나는 것 같아요.

빠지는 단어

1. *J'étais bouleversé quand on s'est séparés.*
   서로 헤어질 때 아쉬워서 . . . .

2. *Je ne sais pas couper les cheveux.*
   머리를 . . . 몰라요.

3. *J'ai rencontré un vieil ami et, du coup, j'ai raté le bus.*
   옛친구를 . . . . 버스를 놓쳤어요.

CORRIGÉS DES EXERCICES

Traduction

1. Je l'ai invité parce que je le connaissais.
2. Parlez-vous japonais ?
3. J'étais triste de ne pas l'avoir reconnu.
4. Nous avons discuté en buvant de la bière.
5. Il rencontre souvent de vieux amis, dirait-on.

Mots manquants : 1. 혼났어요 **2.** 깎을 줄 **3.** 만나느라

병 주고 약 준다
/byeong ju-go yag ju-n-da/
(pyong tchou-gô yak tchounn-da)

"On donne la maladie et on donne le remède"

C'est se faire pardonner après avoir fait une bêtise, se racheter pour avoir commis une mauvaise action.

• Nous avons déjà rencontré plusieurs fois le nom *yag* : "remède" ... même pour les appareils-photos. Dans la plupart des temples bouddhiques coréens on peut prier devant un *yagsa yeorae* : "Bouddha guérisseur". On le reconnaît facilement à la fiole de médicament qu'il tient dans la paume de sa main droite.

제 49 과
/je sa sib gu gwa/
(tché sa-chip-kou-goua)

복습
RÉVISION ET NOTES

1. Les formes contractées : Le français connaît dans le langage familier un certain nombre de formes abrégées, surtout pour ce qui est des pronoms, du type : "J'te dis que t'as qu'à l'faire". Le coréen n'ignore pas ce phénomène ; il faut simplement noter que ces pronoms se contractent pour former avec le suffixe qui le suit qu'une seule et même syllabe, Ex. : *mueol,* de *mueos-eul* de *mueos* : "quoi ?" (leçon 44, note 1), *nugul,* de *nugu-reul,* de *nugu* : "qui ?" (leçon 47, note 2). Voici quelques autres formes contractées très usitées dans la langue parlée : *nan,* de *na-neun*, *nae,* de *na-eui*, ("je"), *je,* de *jeo-eui*, *jeon,* de *jeo-neun* ("je"), *geon,* de *geos-eun*, *geol,* de *geos-eul* ("chose").

2. L'atténuation : Nous avons déjà rencontré plusieurs cas où le coréen exprime quelque chose d'une façon atténuée : *a-neunde* : "je connais, mais" (leçon 36, note 2), *gwaencanh-seubni-da* : "non" (leçon 37, note 8), *jeonyeog-irado* : "un dîner, faute de mieux". Cette atténuation est dans la majorité des cas une façon de se montrer poli. Nous avons déjà vu qu'en Corée "le moi est haïssable", ainsi que l'expression trop marquée d'un message. Moins on insiste, moins on montre, plus on reste dans le flou, mieux c'est... du point de vue de la politesse ! Ce qui n'est pas inconnu du français, pour lequel un énoncé tel que : "Je ne saurais vous le dire" est jugé plus poli qu'un "je ne sais pas" qui risque de paraître désagréable. Quand vous aurez bien compris, et bien assimilé au travers des dialogues de la méthode, cette position de retrait du locuteur, vous maîtriserez l'essentiel de la communication dans cette langue. En lisant et en relisant les dialogues, gardez l'œil et l'oreille aux aguets ; pour une fois, nous insistons !

QUARANTE-NEUVIÈME LEÇON

3. *-yo*, marque de l'affabilité : *weonag babba-seo-yo* : "J'étais trop occupé" (leçon 46, note 5). Le suffixe-conjonction *-seo* qui termine cette phrase est suivi du suffixe *-yo*. Ce suffixe est en quelque sorte une marque universelle de l'affabilité. On peut le placer derrière n'importe quel mot : *jeo-yo* : "moi", *geonmul-yo* : "le bâtiment", *nugu-yo* : "qui ?" pour marquer qu'on s'adresse à son interlocuteur avec affabilité. Il joue un rôle important dans la conversation, car il marque en quelque sorte la volonté de l'utilisateur d'établir entre lui et son interlocuteur des relations qui ne soient pas trop formelles et qui facilitent donc le dialogue.

4. Les mots grammaticaux *ji* et *jul* : Ces deux mots grammaticaux ont entre eux un point commun, en ce sens qu'ils s'emploient en général devant *al-da* : "savoir" ou *moreu-da* : "ignorer". En outre, ils sont en quelque sorte complémentaires : *jul* marque l'aptitude et *ji* le doute. Le recours à ces mots grammaticaux illustre bien le besoin de précision du coréen, cf. *harus gang'aji beom museou-n jul moreu-n-da* : "un chiot d'un jour ne sait pas qu'il faut avoir peur du tigre." (leçon 19, dicton).
sigan ga-neun jul-do moll-ass-eoyo : "je ne me suis même pas rendu compte que le temps passait" (leçon 48, note 3), *ama nam-eul-ji-do moreu-l geo-ya* : "il devrait même te rester quelque chose" (mot à mot : "j'ignorerai si il te restera probablement [quelque chose]") (leçon 40, note 3) *arabo-l-ji-do moreu-gess-da* : "Je ne sais même pas si on me reconnaîtra" (leçon 47, note 6).

Comme on le voit, "si" permet de rendre la nuance apportée par *ji* ; en revanche, prendre en compte *jul* est moins évident, sauf si on "force" un peu sur la traduction :

"Un chiot d'un jour est incapable de savoir qu'il faut avoir peur du tigre", "J'ai été incapable de me rendre compte que le temps passait."

Autre enseignement à tirer de cette comparaison de mots grammaticaux et de traductions possibles : chaque langue a son propre esprit et il est difficile de "coller au texte" de l'une pour le rendre dans l'autre. Le meilleur moyen, à notre avis, surtout quand il s'agit de communiquer et non de disséquer, est de choisir l'équivalent français le plus naturel, même s'il ne peut pas prendre en compte toutes les facettes de la phrase coréenne.

La forme épithète du verbe ou de l'adjectif placé devant *ji* ou *jul* varie en fonction du temps que l'on veut exprimer : *sigan ga-neun jul-do moll-ass-eoyo* : présent, *arabo-l-ji-do moreu-gess-da* : futur, éventualité, *pi-ga o-n-ji moreu-n-da* : "je ne sais pas s'il a plu" (passé).

5. Les suffixes formateurs de noms (de nominalisation) *-gi* et *-m / -eum* : Le suffixe *-gi* sert essentiellement à fabriquer des noms d'action comme *ddwigi* : "course" (action de courir). En informatique, la plupart des commandes se terminent par le suffixe *-gi* là où le français, une fois de plus moins concret ou précis, préfère l'infinitif *jeojangha-gi* : "enregistrer", *bureoo-gi* : "appeler un fichier", *caj-gi* : "rechercher". Un grand nombre de mots coréens ont été fabriqués à partir de verbes ou d'adjectifs à l'aide du suffixe *-m / -eum* qui, en quelque sorte, conceptualise la notion, crée un nom qui représente un concept ou un état : *ggu-da* : "rêver", *ggu-m* : "rêve", *cu-da* : "danser", *cu-m* : "danse" (leçons 46, note 1, et 47, notes 4 et 7). Cette nominalisation en *-m / -eum* est encore très vivante ; c'est ainsi que *pyemun,* le nom sino-coréen pour "porte condamnée" a été remplacé depuis peu par *dad-hy-eoss-eum* : mot à mot "état d'être fermé", à partir du verbe actif *dad-da* : "fermer", rendu passif par l'ajout du suffixe *-hi* : *dad-hi-da* : "être fermé", auquel on a ajouté *-eoss*, suffixe du passé et de l'accompli.

그 날 벌어 그 날 먹는다
/geu nal beol-eo geu nal meog-neun-da/
(keu nal po-ro keu nal mong-neunn-da)

"Aujourd'hui je gagne, aujourd'hui je mange."

Telle est la version coréenne de : "Vivre au jour le jour".
• *geu nal* : mot à mot : "ce jour-là".
• *beol-da* (verbe) : "gagner de l'argent", *meog-da* (verbe) : "manger".

*****

"Aujourd'hui, je gagne...". Eh bien oui, justement, vous avez gagné le droit d'attaquer la "deuxième vague", dès la prochaine leçon. En quoi consiste ce privilège ? Au lieu de faire une leçon par jour, vous allez en faire deux ! De passif, vous allez devenir actif, c'est-à-dire que vous allez pouvoir mettre en pratique tout ce que vous venez de voir dans cette première phase, pour vous exprimer réellement et le plus naturellement possible en coréen.

Pour cela, vous allez reprendre après chaque nouvelle leçon – au même rythme quotidien – une leçon du début (la leçon 1 avec la leçon 50, la leçon 2 avec la leçon 51, etc.).
Après l'avoir revue consciencieusement, vous allez traduire le dialogue et les exercices de français en coréen. Faites-le à voix haute, sans timidité. Vous en connaissez assez maintenant pour vous livrer à cet exercice. Vous verrez d'ailleurs qu'il n'a rien de fastidieux, car il vous permettra de vous rendre compte – sans doute à votre grande surprise - des énormes progrès que vous avez faits. Si vous êtes vraiment perfectionniste, n'hésitez pas à faire la même chose par écrit : vous renforcerez ainsi votre connaissance de l'écriture coréenne... et pourrez épater vos amis !

Pour vous simplifier la tâche, nous vous rappellerons à la fin de chaque nouvelle leçon quelle est la leçon de la phase passive que vous devez "activer". Rendez-vous à demain !

제 50 과
/je o sib gwa/
(tché-ô-chip-koua)

국제화와 외래어 (1)
/gugjehwa-wa oeraeeo/
(kouk-tché-houa-oua ouai-rai-o)

1 – 전화를 거는데 갑자기 이상한 소리가 났어요.
(jeonhwa-reul geo-neunde gabjagi isangha-n sori-ga nass-eoyo/
chonn-houa-reul ko-neunn-dé kap-tcha-gui i-sang-hann sô-ri-ga na-sso-yô)

2 – 아마 누가 팩스를 보낸 모양이지요. **(2)(3)**
/ama nu-ga paegseu-reul bonae-n moyang-i-jiyo/
(a-ma nou-ga p'aik-sseu-reul pô-nainn mô-yang-i-dji-yô)

3 전화와 팩스를 동시에 사용하면 이런 일이 흔히 생겨요.
/jeonhwa-wa paegseu-reul dongsi-e sayongha-myeon ireo-n il-i heun-hi saenggyeo-yo/
(tchonn-houa-oua p'aik-sseu-reul tông-chi-é sa-yông-ha-myonn i-ronn i-ri heunn-hi saing-gyo-yô)

NOTES

(1) *gugjewa* (nom) : “internationalisation”. C'est le concept à la mode en Corée. Les Coréens entendent par “mondialisation” l'ouverture de leur pays au monde extérieur, à commencer par l'utilisation des nouvelles

CINQUANTIÈME LEÇON

L'internationalisation et les mots d'emprunt

1 – J'étais en train de téléphoner [quand] soudain il y a eu un bruit bizarre.
2 – Quelqu'un a dû vous envoyer (Il est probable que quelqu'un vous ait envoyé) un fax .
3 Quand on a un téléphone-fax, ce genre d'incident se produit fréquemment.

NOTES (suite)

technologies de pointe dans le domaine de la communication... et de la surveillance.

(2) *moyang* (nom) : "aspect, apparence" ; la locution *moyang-i-da* signifie : "il semble que", "on dirait que" . *moyang* est précédé d'un adjectif ou d'un verbe à la forme épithète ; celle-ci varie en fonction du temps. Ex. *paegseu-reul bonae-n moyang-i-jyo* : "On dirait qu'on vous a envoyé un fax", *pegseu-reul bonae-neun moyang-i-jyo* : "On dirait qu'on vous envoie un fax", *paegseu-reul bonae-l moyang-i-jyo* : "On dirait qu'on va vous envoyer un fax".

(3) *-jyo* . C'est la forme contractée de *jiyo*, terminaison qui sert à indiquer que ce que l'on dit est évident (leçon 18, note 6).

4 – 돈이 생기면 전화와 팩스를 한 대씩 가져야 겠어요. **(4)(5)**
/don-i saenggi-myeon jeonhwa-wa paegseu-reul han dae-ssig gajyeo-ya-gess-eoyo/
(tô-ni saing-gui-myonn tchonn-houa-oua p'aik-sseu-reul hann-dai-ssik ka-djyo-ya-gué-sso-yô)

5 – 홈팩스, 카폰, 홈비디오폰, 컴퓨터도 잊지 마세요. **(6)**
/hombaegseu kapon hombidiopon keompyuteo-do ij-ji ma-seyo/
(hôm-p'aik-sseu k'a-p'ôn hôm-bi-di-ô-p'ôn kom-p'you-t'o-dô i-tchi-ma-sé-yô)

6 – 현대 통신 단어는 다 외래어네요 ! **(7)**
/hyeondae tongsin daneo-neun da oeraeeo-neyo/
(hyonn-dai t'ông-chinn ta-no-neunn ta ouai-rai-o-né-yô)

7 – 물론 각성할 바는 있지만, 국제화 시대에 할 수 없는 일이지요. **(8)**
/mullon gagseongha-l ba-neun iss-jiman gugjehwa sidae-e ha-l su eobs-neun il-i-jiyo/
(moul-lônn kak-song-hann pa-neunn i-tchi-mann kouk-tché-houa chi-dai-é hal-ssou-om-neunn i-ri-djô)

NOTES (suite)

(4) *dae-ssig* : composé de *dae*, classificateur des machines , (leçon 28, n° 2) et de *-ssig*, suffixe spécifique "comptable" que l'on peut traduire par "chaque", "chacun" ; *han dae-ssig* : "un de chaque".

4 – Si j'ai de l'argent, il faudra que j'aie un téléphone et un fax (téléphone et fax appareil chacun).
5 – N'oubliez pas le fax à domicile, le téléphone de voiture, l'interphone vidéo, ni l'ordinateur.
6 – Vous vous rendez compte ? Tout le vocabulaire de la communication est d'origine étrangère !
7 – Il ne faut pas oublier qu'à l'époque de l'internationalisation, on ne peut pas faire autrement, n'est-ce pas ?

NOTES (suite)

(5) *gajyeo-ya-gess-eoyo* : forme contractée de *gajyeo-ya-ha-gess-eoyo* : "il faudrait avoir". Nous avons déjà vu le mot grammatical *ya* "obligation" (leçon 36, note 1). Dans cette phrase, *-gess* correspond tout à fait au conditionnel du français pour exprimer un souhait.

(6) *mal-da* est le verbe auxiliaire de l'interdiction ; le verbe qui le précède prend le suffixe de la négation *-ji*. Ex. : *ga-ji ma-seyo* : "N'y allez pas !".

(7) *hompaegseu* (home fax) : "fax à domicile", *kapon* (car-phone) : "téléphone de voiture", *hombidiopon* (home videophone) : "interphone vidéo", *kompyuteo* (computer) : "ordinateur" sont des exemples typiques de ces "mots venus de l'étranger" *(oeraeeo)* qui s'installent dans le vocabulaire coréen avec le prestige des nouveaux "gadgets" d'avant-garde. C'est le "must plus ultra" de la vie branchée, au propre et au figuré !

(8) *ba* est une variante plus relevée et plus littéraire de *geos* "chose", non pas au sens concret de chose palpable, mais au sens abstrait et grammatical de "ce que" : *gagseongha-l ba iss-jiman* : mot à mot "bien qu'il y ait quelque chose à remarquer" ; *gagseonha-da* (verbe) : "réfléchir", "se rendre compte". La transposition en français du sens apporté par *gagseonha-da* est : "Il ne faut pas oublier que".

EXERCICES – 연습

번역

1. 비가 올 모양이예요.
2. 이상한 소리가 나면 전화해 주세요.
3. 컴퓨터 세 대를 사지 마세요.
4. 국제화 시대이지만 저는 홈팩스가 없어요.
5. 한국어는 외래어가 많아요.

빠지는 단어

1. *Utilisez en même temps le fax et l'ordinateur.*
   . . . 컴퓨터와 팩스를 사용하세요.

2. *L'époque actuelle est l'époque de l'internationalisation.*
   현대는 . . . .

3. *Il y a un téléphone de voiture !*
   카폰이 있 . .

CORRIGÉS DES EXERCICES

Traduction

1. On dirait qu'il va pleuvoir.
2. Si un bruit bizarre se produit, téléphonez-moi.
3. N'achetez pas trois ordinateurs.
4. Bien que ce soit l'époque de l'internationalisation, je n'ai pas de fax à domicile.
5. Il y a beaucoup de mots d'emprunt en coréen.

Mots manquants : 1. 동시에 **2.** 국제화 시대예요 **3.** 네요

콧대를 꺾다
/kosdae-reul ggeogg-da/
(k'ôt-tae-reul kkok-ta)

"Rabaisser l'orgueil de quelqu'un"

Mot à mot "Casser l'arête du nez". Il faut dire qu'en Corée, quelqu'un d'orgueilleux à "le nez haut" (*ko-ga nop-da*). Dans ce pays où la face est si importante, il arrive que l'orgueil soit son mauvais compagnon de route, mais la société confucéenne qu'est la Corée le supporte mal et, quand il y a des arêtes, on les casse !

En ce qui vous concerne, piquez plutôt du nez dans votre méthode et, dans peu de temps, vous aurez tout lieu d'être fier de votre savoir.

Deuxième vague : Leçon 1

제 51 과
/je o sib il gwa/
(tché ô-chi-bil-goua)

원고
/weongo/
(ouonn-gô)

1 – 여보세요, 여기 편집국인데, 약속하셨던 기사 원고를 왜 아직 보내 주시지 않았습니까 ? **(1)**
/yeoboseyeo yeogi pyeonjibgug-i-nde yagsoghasy-eoss-deo-n gisa weongo-reul wae ajig bonae ju-si-ji anh-ass-seubni-gga/
(yo-bô-sé-yô yo-gui p'yonn-djip-kou-guinn-dé yak-sô-k'a-chyot-tonn ki-sa-ouonn-gô-reul ouai a-djik pô-nai-djou-chi-dji-a-na-sseum-ni-kka)

2 – 죄송합니다. 프린터가 고장이 나서... **(2)(3)**
/joesongha-bni-da peurinteo-ga gojang-i na-seo/
(tchouai-sông-ham-ni-da p'eu-rinn-t'o-ga kô-djang-i-na-so)

3 – 그럼 빠른 시일에 좀 보내 주시고, 디스켓도 같이 보내 주십시오.
/geureom bbareu-n siil-e bonae ju-si-go diseukes-do gat-i bonae ju-sib-sio/
(keu-rom ppa-reunn chi-i-ré pô-nai-djou-chi-gô ti-sseu-k'ét-tô ka-tch'i pô-nai-djou-chip-chi-ô)

CINQUANTE ET UNIÈME LEÇON

Le manuscrit

1 – Allô ! Ici la rédaction, pourquoi ne nous avez-vous pas encore envoyé le manuscrit de l'article que vous nous aviez promis ?
2 – Je suis désolé, (mais, c'est parce que mon) imprimante est tombée en panne...
3 – Bon, envoyez-le nous rapidement. Envoyez aussi une disquette.

NOTES

(1) *yagsogha-sy-eoss-deo-n* : "que [vous] aviez promis", formé à partir du verbe *yagsogha-da* : "promettre". Exemple de passé du passé à la forme épithète. Notez bien que quand un passé du passé est mis à cette forme, il se termine obligatoirement par *deo-n*. *deo-n* est la forme déterminante du suffixe du passé *-deo*. Ce suffixe renvoie à une époque du passé qui n'existe plus actuellement, comme dans la phrase 1 de la leçon : vous nous aviez promis (un manuscrit), mais cette promesse, c'est du passé ! Vous ne l'avez pas tenue ! *-deon* peut s'employer tout seul, sans le passé du passé, pour marquer un événement qui est du passé.

(2) *peurinteo-ga gojang-i na-seo* : Vous avez remarqué que cette phrase se termine par un suffixe-conjonction qui, en principe, ne doit jamais se trouver en fin de phrase. Cette tournure est pourtant fréquente dans la conversation, surtout quand la partie de la phrase omise est évidente en fonction de ce qui vient d'être dit : "Parce que mon imprimante est tombée en panne (je n'ai pas pu envoyer mon manuscrit)". "C'est parce que" est une bonne façon de rendre en français ce *-seo* final.

(3) *peurinteo-ga gojang-i nass-da* : "L'imprimante, la panne s'est produite", c'est-à-dire "l'imprimante est tombée en panne". Nous découvrons ici une **phrase à double sujet** : *peurinteo* et *gojang*. Ce type de phrase est très courant en coréen.

4 – 물론이죠. 윈도우용 문서처리를 사용하면 됩니까 아니면, 매킨토시 문서처리가 나을까요 ? **(4)(5)**
/mullon-i-jyo windou-yong munseoceori-reul sayongha-myeon doe-bni-gga ani-myeon maekintosi munseoceori-ga na-eulggayo/
(moul-lôn-i-dji-yo ouinn-dô-ou-yông mounn-so-tch'o-ri-reul sa-yông-ha-myonn touaim-ni-kka a-ni-myonn mé-k'in-t'ô-choui mounn-so-tch'o-ri-ga na-eul-kka-yô)

5 – 둘 다 사용 가능합니다.
/dul da sayong ganeungha-bni-da/
(toul-da sa-yông-ga-neung-ham-ni-da)

6 – 그럼, 늦어도 모레까지 꼭 보내 드리도록 하겠습니다. **(6)(7)**
/geureom neuj-eodo more-ggaji gog bonae deuri-dorog ha-gess-seubni-da/
(keu-rom neu-djo-dô mô-ré-kka-dji kôk pô-nai-deu-ri-dô-rôk ha-gué-sseum-ni-da)

NOTES (suite)

(4) Vous avez certainement repéré les mots d'emprunt *peurinteo* (printer) : "imprimante", *diseukes* (disquette) : "disquette", *windou* (Windows), *maekintosi* (Macintosh).
• *munseoceori* : "traitement de textes" est un nom composé de deux noms sino-coréens : *munseo* : "texte" et *ceori* : "traitement" ; l'exception qui confirme la règle, quoi !

4 – Pas de problème. Je peux utiliser un traitement de textes sous Windows ou vous préférez un traitement de texte Macintosh ?
5 – Vous pouvez utiliser les deux.
6 – Et bien, je ferai en sorte de vous l'envoyer sans faute après-demain.

NOTES (suite)

(5) *na-eulggayo* vient de l'adjectif *nas-da* : "préférable", "qui vaut mieux". Les verbes et adjectifs irréguliers dont le radical se termine par *-s* perdent ce *-s* devant la voyelle de liaison ou les suffixes commençant par la voyelle *eu* (*-eumyeon*, *-euni*, etc.).

(6) *neujeo-do* : de l'adjectif *neuj-da* : "tard" ; mot à mot "même si c'est tard" ; c'est l'équivalent coréen de "au plus tard".

(7) *bonae deuri-dorog ha-gess-seubni-da* : "Je ferai en sorte de vous [l'] envoyer". *-dorog* est un suffixe-conjonction qui indique le degré, comme dans *jug-dorog sarangha-da* : "Aimer à en mourir", titre d'un film qui fit pleurer bien des lycéennes, mais que d'autres trouvèrent d'un ridicule qui les fit rire aux larmes : *nunmul-i na-dorog us-da* (mot à mot "rire (*us-da*) à un degré tel (*-dorog*) que les larmes (*nunmul* – "l'eau des yeux") jaillissent (*na-da*)). *-dorog ha-da* : "faire à un degré tel que" correspond à notre "faire en sorte que" (cf. leçon 27, note 8).

7 – 될 수 있으면, 우편으로 보내지 마시고, 수고스럽지만 저희 사무실로 직접 오셔서 저에게 전달해 주시면 좋겠습니다. **(8)(9)**
/doe-l su iss-eumyeon upyeon-euro bonae-ji ma-si-go sugoseureob-jiman jeoheui samusil-lo jigjeob o-syeo-so jeo-ege jeondalhae ju-si-myeon joh-gess-seubni-da/
(toil-ssou-i-sseu-myonn ou-p'yonn-eu-rô pô-nai-dji-ma-chi-gô sou-gô-sseu-rop-tchi-dji-mann tcho-heui sa-mou-chil-lô tchik-tchop ô-chyo-sso tcho-é-gué tchonn-dal-hai-djou-chi-myonn tchô-k'é-sseum-ni-da)

8 – 네, 그러도록 하겠습니다. **(10)**
/ne geureo-dorog ha-gess-seubni-da/
(né keu-ro-dô-rôk ha-gué-sseum-ni-da)

7 – Si possible, ne l'envoyez pas par la poste. Je sais que c'est un service que je vous demande, mais ce serait mieux que vous me le remettiez en personne dans nos bureaux.

8 – Entendu, je ferai comme ça.

NOTES (suite)

(8) *doe-l su iss-eumyeon* : "dans la mesure du possible", mot à mot "si cela peut devenir". Expression construite à partir du verbe *doe-da* qui signifie "devenir" et aussi "réussir".

(9) *sugoseureob-da* (adjectif) : "pénible", "dur". Cet adjectif est dérivé du nom *sugo* : "effort", "peine", "travail pénible". À partir de ce nom est aussi dérivé le verbe *sugoha-da* : "se donner du mal". Quand quelqu'un vous a rendu service ou a fait quelque chose pour vous, vous pouvez lui dire : *sugoha-sy-eoss-seubni-da*, ce qui correspond au français "merci de vous être donné tant de mal" (cf. leçon 23, note 7 et leçon 40, note 4).

(10) *geureo-dorog ha-gess-seubni-da* : à partir de l'adjectif *geureoh-da* : "être ainsi". Mot à mot "je ferai en sorte qu'il en soit ainsi".

EXERCICES – 연습

번역

1. 모레까지 원고를 보내야 하겠어요.
2. 팩스가 고장이 난 모양입니다.
3. 이 문서 처리를 사용하시면 가능할 것입니다.
4. 돈이 생기면 홈팩스를 살거예요.
5. 국제화 시대여서 컴퓨터가 필요해요.

빠지는 단어

1. *Envoyez(-le) demain au plus tard.*
   . . . 내일까지 보내 주세요.

2. *Je ferai en sorte d'utiliser le fax.*
   팩스를 . . . . . 하겠어요.

3. *C'est préférable à de la pluie.*
   비가 오는 것보다 . .

CORRIGÉS DES EXERCICES

Traduction

1. Il faut que j'envoie le manuscrit après-demain.
2. On dirait que le fax est tombé en panne.
3. Ce sera possible si vous utilisez ce traitement de texte.
4. Si j'ai de l'argent, je m'achèterai un fax personnel.
5. Il faut un ordinateur parce qu'on est à l'ère de l'internationalisation.

Mots manquants : 1. 늦어도 **2.** 사용하도록 **3.** 낫다

번개처럼 빠르다
/beongae-ceoreom bbareu-da/
(ponn-gai-ch'o-rom ppa-reu-da)

"rapide comme l'éclair"

Vous vous rappelez sans doute que *-ceoreom* est le suffixe spécifique indiquant l'égalité : "comme".
Les phénomènes météorologiques sont universels... tout comme les expressions ! Sur toute la surface du globe et depuis les temps les plus reculés, l'éclair a su frapper l'imagination des hommes par sa rapidité. Mais, en coréen, le tonnerre (*byeorag*) n'a pas été oublié dans l'imaginaire. C'est ainsi que "nouveau riche", "parvenu" se dit *byeoragbuja*, mot à mot "riche-tonnerre".

Il ne vous reste plus qu'à être un "apprenant-tonnerre" pour continuer à découvrir la langue coréenne... avec la rapidité de l'éclair !

Deuxième vague : Leçon 2

제 52 과
/je o sib i gwa/
(tché-ô-chi-bi-goua)

컴퓨터
/keompyuteo/
(k'om-p'you-t'o)

1 – 지금 뭘 하세요 ? **(1)**
/jigeum mueol ha-seyo/
(tchi-gueum mouol ha-sé-yô)

2 – 보고서를 컴퓨터에 입력시키고 있어요. **(2)**
/bogoseo-reul keompyuteo-e ibryeogsiki-go iss-eoyo/
(pô-gô-sso-reul k'om-p'you-t'o-é im-nyok-chi-k'i-gô i-sso-yô)

3 – 담배 한 대 드릴까요 ? **(3)**
/dambae han dae deuri-lggayo/
(tam-bai hann-dai deu-ril-kka-yô)

4 – 자판에 재가 떨어지면 안 되는데...
/japan-e jae-ga ddeoreoji-myeon an doe-neunde..../
(tch'a-p'a-né tchai-ga tto-ro-dji-myonn ann touai-neunn-dé)

5 – 그럼, 맥주 한 잔 드실래요 ? **(4)**
/geureom maegju han jan deu-si-llaeyo/
(keu-rom maik-tchou hann-djann teu-chil-lai-yô)

CINQUANTE-DEUXIÈME LEÇON

L'ordinateur

1 – Que faites-vous maintenant ?
2 – Je saisis (mon) rapport sur l'ordinateur.
3 – Je vous donne une cigarette ?
4 – Il ne faudrait pas que la cendre tombe sur le clavier.
5 – Vous voulez une bière ?

NOTES

(1) *mueol* est la forme contractée de *mueos-eul*, qui est le pronom interrogatif *mueos* : "quoi ?" à la marque du complément d'objet.

(2) *ibryeogha-da* (verbe intransitif) : "entrer dans l'ordinateur", *ibryeogsiki-da* (verbe transitif) : "faire entrer (des données) dans l'ordinateur". Quand on est en présence de verbes intransitifs en *-ha-da*, si on remplace *-ha-da* par l'auxiliaire *siki-da*, on transforme ce verbe intransitif en verbe transitif. *Siki-da* est donc un auxiliaire de la "transitivité". Ex. *nara gyeongje-ga baljeonha-bni-da* : "L'économie du pays se développe", *jeongbu-neun nara gyeongje-reul baljeonsiki-bni-da* : "Le gouvernement développe l'économie du pays".

(3) *dae* est le classificateur des objets cylindriques. Nous avons vu à la leçon 50, note 4 un autre classificateur homonyme : *dae* utilisé pour les machines.

(4) *-llaeyo* après voyelle / *-eullaeyo* après consonne est une terminaison interrogative qui sert à demander à quelqu'un s'il a l'intention de faire quelque chose. Ex. *maegju han jan deu-si-llaeyo* : "Voulez-vous prendre une bière ?" (leçon 26, note 5). *Maegju han jan* : "un verre de bière" ; *jan* n'est pas un classificateur, mais un mot qui indique une certaine quantité (un verre) d'une substance qui ne peut pas se compter (la bière). Ex. *gugsu han jeobsi* : "une assiette de nouilles", *garu han budae* : "un sac de farine".

6 – 맥주를 너무 마시면, 화면이 겹쳐 보일 거예요. **(5)**
/maegju-reul neomu masi-myeon hwamyeon-i geopcyeo boi-l geo-yeyo/
(maik-tchou-reul no-mou ma-chi-myonn houa-myo-ni kyop-tch'yo pô-il-go-yé-yô)

7 – 담배도 안 피우시고 술도 안 마시니, 컴퓨터는 저장하는 것이라기보다는 저금하는 것이라고 할 수 있겠네요 ! **(6)(7)**
/dambae-do an piu-si-go sul-do an masi-ni keompyuteo-neun jeojangha-neun geos-ira-gi-boda-neun jeogeumha-neun geos-ira-go ha-l su iss-gess-neyo/
(tam-bai-dô ann p'i-ou-chi-gô soul-dô ann ma-chi-ni k'om-p'you-t'o-neunn tcho-djang-ha-neunn-go-chi-ra-gi-bô-da-neunn tcho-gueum-ha-neunn go-chi-ra-gô hal-sou-i-kkén-né-yô)

8 – 컴퓨터는 건강이기도 하죠. 건강은 부보다 낫지 않아요 ? **(8)**
/keompyuteo-neun geongang-i-gi-do ha-jyo geongang-eun bu-boda nas-ji anh-ayo/
(k'om-p'you-te-neunn konn-gang-i-gui-dô-ha-djyô konn-gang-eunn pou-bô-da nat-tchi-a-na-yô)

6 – Si je bois trop de bière, je verrai l'écran en double.

7 – Vous ne fumez ni ne buvez, on peut dire que l'ordinateur, ce n'est pas de la sauvegarde, mais de l'épargne.

8 – L'ordinateur, c'est aussi la santé, n'est-ce pas ? Et la santé, ne passe-t-elle pas avant la richesse ?

NOTES (suite)

(5) *gyeobchyeo boi-da* : verbe composé de *gyeobchi-da* : "être en double" et de *bo-i-da* : "être vu" ; *hwamyeon-i gyeobchyeo boi-l geoyeyo* : mot à mot "l'écran sera vu en double". Nous avons déjà vu le "futur objectif", leçons 23, note 5, et 38, note 3. La phrase 6 de la leçon est une bonne illustration de sa valeur : l'excès de bière est une condition objective qui fera que l'écran sera vu en double.

(6) *-ni* dans *sul-do an masi-ni* est la forme abrégée du suffixe-conjonction *-nigga* / *-eunigga* (leçon 47, not 5). Ce suffixe sert à indiquer la raison, comme dans la phrase 7 : "puisque vous ne fumez ni ne buvez, on pourra dire que l'ordinateur, ce n'est pas quelque chose qui sauvegarde, (mais) plutôt quelque chose qui épargne." Celui qui dit cette phrase joue sur le fait que ces deux mots *jeojang* et *jeogeum* ont un élément identique, *jeo* qui veut dire "stocker" ; *jeogeum* : l'"épargne", c'est mot à mot le "stockage de l'argent", tandis que le sens de base de *jeojang* est "stockage de denrées", "emmagasinage".

(7) *-ra* / *-ira* est le suffixe du discours rapporté (leçon 43, note 5) ; devant le suffixe spécifique *-boda* : "par comparaison à", il est suivi du suffixe de nominalisation *-gi* (leçons 36, note2 et 47, note 7), car *-boda* n'accepte qu'un nom devant lui.

(8) *geongang-eun bu-boda nas-da* : "la santé est préférable à la richesse". Correspond au dicton français "Santé passe richesse".

EXERCICES – 연습

번역

1. 문서를 입력시키려면 담배를 피우지 마세요.
2. 컴퓨터는 현대식이에요.
3. 팩스에 뭘 보내고 있어요 ?
4. 돈을 많이 저금하면 좋겠어요.
5. 맥주는 몇 잔 드셨어요 ?

빠지는 단어

1. *Il vaut mieux un fax qu'un téléphone.*
   전화보다 팩스는 . . . . .

2. *Je ne lis pas de livres ni n'écris de rapports.*
   책 . . 읽고 보고서 . . 써요.

3. *On peut dire que la santé est préférable à la richesse.*
   건강은 부 . . . . .   있겠어요.

CORRIGÉS DES EXERCICES

Traduction

1. Si vous voulez saisir un document, ne fumez pas.
2. L'ordinateur, c'est aussi l'époque actuelle.
3. Qu'êtes-vous en train d'envoyer sur le fax ?
4. J'aimerais bien épargner beaucoup d'argent.
5. Combien de verres de bière avez-vous pris ?

Mots manquants : 1. 나요 **2.** 도 안 도 안 **3.** 보다 낫다고 할 수

귀에 걸면 귀걸이 코에 걸면 코걸이
/gwi-e geol-myeon gwigeori ko-e geol-myeon kogeori/
(koui-é kol-myonn koui-go-ri k'ô-é kol-myonn k'ô-go-ri)

"Si ça s'accroche à l'oreille (c'est) une boucle d'oreille, si ça s'accroche au naseau, (c'est) un anneau nasal".

Correspond au français : "Ce n'est ni chair ni poisson". Se dit de quelque chose d'ambigu ou qui manque de caractère.

Ce dicton nous montre aussi que l'homme et le bœuf sont très proches. Traditionnellement, en Corée, le bœuf est l'animal domestique qui fait l'objet des plus grandes attentions. Un chien, ça sert à monter la garde et ça reste toujours attaché ; un chat, on ne sait pas très bien à quoi il sert. Le bœuf, par contre, tire les charrettes et laboure les champs ; aussi, à la fin de la journée de travail, sur le chemin du retour, ce n'est pas le bœuf qui porte la charrue, mais son maître.
• *geori* (nom) : "anneau", "boucle", formé à partir du verbe *geol-da* : "accrocher" à l'aide du suffixe formateur de noms *-i*.

Deuxième vague : Leçon 3

제 53 과
/je o sib sam gwa/
(tché-ô-chip-samm-goua)

복사기
/bogsagi/
(pôk-ssa-gui)

1 – 복사카드는 어디서 파나요 ? **(1)**
/bogsa kadeu-neun eodi-seo pa-nayo/
(pôk-sa-k'a-deu-neunn o-di-sso p'a-na-yô)

2 – 복사카드요 ? 복사실에서 판매되고 있어요. **(2)**
/bogsa kadeu-yo bogsasil-eseo panmaedoe-go iss-eoyo/
(pôk-ssa k'a-deu-yô pôk-ssa-chi-ré-sso p'ann-mai-douai-gô i-sso-yô)

3 – 칼라 복사도 가능한가요 ? **(3)**
/kalla bogsa-do ganeungha-ngayo/
(k'al-la pôk-ssa-dô ka-neung-hann-ga-yô)

4 – 아니요. 흑백 복사만 되요.
/aniyo heugbaeg bogsa-man doe-yo/
(a-ni-yô heuk-paik pôk-ssa-mann touai-yô)

NOTES

(1) *-nayo* : terminaison interrogative ; plus polie que *-ni* (leçon 47, note 2), on peut l'utiliser en s'adressant à un inconnu à qui on peut parler d'égal à égal.

(2) *panmaeha-da* (verbe actif) : "vendre", *panmaedoe-da* (verbe passif) : "être vendu". Comme on le voit, quand on remplace l'auxiliaire *-ha-da* par l'auxiliaire *doe-da*, on transforme un verbe actif en verbe passif. *panmaedoe-go iss-eoyo* : mot à mot "est en train d'être vendue".

CINQUANTE-TROISIÈME LEÇON

La photocopieuse

1 – Où vend-on les cartes à photocopier ?
2 – Les cartes à photocopier ? On les vend dans la salle de reprographie.
3 – On peut faire aussi des photocopies couleur ?
4 – Non, seulement du noir et blanc.

NOTES (suite)

L'emploi de la forme progressive indique que la vente est permanente et non pas ponctuelle (en ce moment seulement).

(3) *kalla* (nom), de l'américain "color" : "couleur". Encore un mot venu de l'étranger, comme *kadeu* ("card") : "carte" ! *kalla* désigne la "couleur" dans tout ce qui concerne les techniques modernes telles que la reprographie, etc. Le nom courant pour couleur est *saeg ggal*.
• Par rapport à *-nayo*, la terminaison interrogative *-ngayo* / *-eungayo* (*-neungayo* avec un verbe) est plus dubitative ; *ganeungha-ngayo* : "Je me demande si c'est possible".
• Toutes ces terminaisons vous semblent peut-être déroutantes, mais... il faudra vous y faire ! Ces diverses nuances existent aussi en français, mais elles sont moins "grammaticalisées" ; nous préférons les tournures du style "je me demande si", ou bien nous exprimons la nuance par l'intonation. Il ne faut pas tomber dans le piège de l'exotisme et se dire que le coréen exprime des subtilités orientales incompréhensibles pour nous, pauvres Occidentaux. Vouloir faire des photocopies, en Orient comme en Occident, c'est une situation banale où l'on communique le plus rapidement et le plus efficacement possible entre adultes pressés. Alors, foin de raffinements ! Une bonne piste pour mieux comprendre, c'est de se mettre dans la peau de celui qui parle et de réfléchir à ce qu'on dirait en français dans la même situation... et tout s'éclaire, comme dans un flash de photocopieuse !

5 – 복사기가 작동이 되지 않는데요. 연결이 안 되었나요 ?
/bogsagi-ga jagdong-i doe-ji anh-neundeyo yeongyeol-i an doe-eoss-nayo/
(pôk-ssa-gui-ga tchak-dông-i touai-dji-ann-neun-dé-yô yonn-gyo-ri ann touai-onn-na-yô)

6 – 단추를 세게 누르세요. **(4)**
/dancu-reul se-ge nureu-seyo/
(tann-tch'ou-reul sé-gué nou-reu-sé-yô)

7 – 됐어요. **(5)**
/dwaess-eoyo/
(touai-sso-yô)

8 – 복사할 게 많은가요 ? **(6)**
/bogsaha-l ge manh-eungayo/
(pôk-ssa-hal-gué mann-eunn-ga-yô)

9 – 걱정하지 마세요. 오래 걸리지 않을 겁니다. 다섯 장만 하면 되요. **(7)**
/geogjeongha-ji ma-seyo orae geolli-ji anh-eul geo-bni-da daseos jang-man ha-myeon doe-yo/
(kok-tchong-ha-dji-ma-sé-yô ô-rai kol-li-dji-ann-eul-gom-ni-da ta-sot-tchang-mann ha-myonn touai-yô)

NOTES (suite)

(4) *se-ge* (adverbe) : "fortement", de l'adjectif *se-da* : "fort", transformé en adverbe au moyen du suffixe adverbial *-ge* (leçon 4, note 4).

5 – La photocopieuse ne marche pas ! Elle n'est pas débranchée ?
6 – Appuyez fort sur le bouton !
7 – Ça marche !
8 – Vous avez beaucoup de photocopies à faire ?
9 – Ne vous inquiétez pas, ça ne me prendra pas longtemps, je n'en ai que cinq.

복사기

NOTES (suite)

(5) Nous avons déjà signalé que le verbe *doe-da* dont le sens de base est "devenir", a comme autre sens celui de "réussir", "marcher".

(6) *ge* est la contraction de *geos-i*, à partir de *geos* : "chose". Dans la forme épithète *bogsaha-l*, le suffixe *-l* indique l'éventualité, la possibilité ou tout simplement le futur. Souvent les trois nuances sont confondues. *bogsaha-l ge manh-eungayo* : mot à mot "des choses à photocopier [il y en a] beaucoup ?".

(7) *orae geolli-ji anh-eul geo-bni-da* : "Ça ne prendra pas longtemps". Encore un bel exemple de futur objectif (leçon 52, note 5). Étant donné qu'il n'y a que cinq photocopies à faire, ça ne prendra pas longtemps. *Geo-bni-da* est la contraction de *geos-i-bnida* : "C'est une chose qui ne prendra pas longtemps".

EXERCICES – 연습

번역

1. 복사기를 좀 연결하세요.
2. 복사는 되었나요 ?
3. 흑백 복사만 있어서 걱정이예요.
4. 복사실에 컴퓨터도 있는지요 ?
5. 칼라 복사를 할까요 ? 아니면 흑백 복사를 할까요 ?

빠지는 단어

1. *Vendez-moi cette photocopieuse.*
   이 복사기를 . . . . .

2. *La photocopie ne prendra pas beaucoup de temps.*
   복사는 오래 . . . .

3. *Vous avez besoin de combien de photocopies ?*
   복사는 . . 필요해요 ?

CORRIGÉS DES EXERCICES

Traduction

1. Branchez la photocopieuse s'il vous plaît.
2. Est-ce que tu as réussi [à faire] ta photocopie ?
3. Je m'inquiète parce qu'il n'y a que de la photocopie en noir et blanc.
4. Y a-t-il aussi un ordinateur dans la salle de reprographie ?
5. Voulez-vous des photocopie en couleurs ou en noir et blanc ?

Mots manquants : 1. 팔아 주세요 **2.** 걸리지 않을 겁니다 **3.** 몇 장

목구멍이 포도청이다.
/moggumeong-i podoceong-i-da/
(môk-kou-mong-i p'ô-dô-tch'ong-i-da)

"Le gosier, c'est la geôle."

Forte pensée ! Et qui traduit bien les dures réalités du passé – pas si lointain – où la faim poussait certains pauvres hères aux dernières extrémités.

• *podoceong*, c'est la geôle à l'ancienne, dans l'enceinte du *yamen*, comme disaient alors les explorateurs. Elle se composait de quelques sinistres appentis qui n'avaient rien à envier aux "fillettes" de notre bon roi Louis XI. Le terme actuel pour "prison" est *gamog*, à rapprocher de *jiog* : "enfer", mot à mot "prison" (*og*) sous la "terre" (*ji*).

Deuxième vague : Leçon 4

제 54 과
/je o sib sa gwa/
(tché-ô-chip-ssagoua)

모범 택시 (1)
/mobeom taegsi/
(mô-bom-t'aik-chi)

1 – 어제는 정말 너무 피곤했어요.
/eoje-neun jeongmal neomu pigonhaess-eoyo/
(o-djé-neunn tchong-mal no-mou p'i-gônn-hai-sso-yô)

2 그래서 모범 택시를 탔지요.
/geuraeseo mobeom taegsi-reul tass-jiyo/
(keu-rai-sso mô-bom-t'aik-chi-reul t'a-tchi-yô)

3 – 모범 택시요 ? 너무 비싸지 않습니까 ?
/mobeom taegsi-yo neomu bissa-ji anh-seubni-gga/
(mô-bom-t'aik-chi-yô no-mou pi-ssa-dji-ann-sseum-ni-kka)

4 – 비싸지만 편하잖아요 ? 합승인도 없고요. **(2)**
/bissa-jiman pyeonha-janh-ayo habseung'in-do eobs-goyo/
(pi-ssa-dji-mann p'yonn-ha-dja-na-yo hap-sseung-inn-dô op-kô-yô)

CINQUANTE-QUATRIÈME LEÇON

Le taxi modèle

1 – Hier j'étais vraiment trop fatigué.
2 Aussi, j'ai pris un taxi modèle.
3 – Un taxi modèle ? N'est-ce pas trop cher ?
4 – C'est cher, mais on y est bien. Et il n'y a pas non plus d'autres passagers.

NOTES

(1) *mobeom taegsi* : "taxi modèle", taxi de luxe nettement plus cher que le taxi ordinaire, mais qui est sensé offrir une bien meilleure qualité de service .

(2) *bissa-jiman pyeonha-janh-ayo* : "C'est plus cher, mais n'est-ce pas plus confortable ?" ; *pyeonha-janh-ayo* est la contraction de *pyeonha-ji-anh-ayo*, c'est-à-dire le suffixe de négation *-ji* et le radical de l'auxiliaire de négation *anh* contractés en une seule syllabe : *janh. janh-ayo* dit avec l'intonation interrogative "ad hoc" est une "fausse question", ou ce que les linguistes appellent une **interrogation** ou une **question rhétorique**, c'est-à-dire une question qui n'attend qu'une seule réponse : "Bien sûr que si !" (leçon 8, note 4).
• *habseung'in* : "personne (*in*) qui partage le taxi (*habseung*) avec un ou plusieurs autres passagers". Pratique courante, conséquence de la pénurie de taxis qui est endémique en Corée. À l'inconfort de voyager à plusieurs, s'ajoute l'itinéraire en zigzag pour déposer chaque "co-passager". Le gros avantage du "taxi modèle" est de ne prendre qu'un seul passager.

5 그래도 불편한 점은 있기 마련이예요. **(3)**
/geuraedo bulpyeonha-n jeom-eun iss-gi maryeon-i-yeyo/
(keu-rai-dô poul-p'yonn-hann tchom-eunn i-kki ma-ryo-ni-yé-yô)

6 – 뭔데요 ? **(4)**
/mweo-ndeyo/
(mouonn-dé-yô)

7 – 무선 전화기요. **(5)**
/museon jeonhwagi-yo/
(mou-ssonn tchonn-houa-gui-yô)

8 기사가 무선 전화기를 가지고 있었는데 끊임 없이 전화하잖아요. **(6)**
/gisa-ga museon jeonhwagi-reul gaji-go iss-eoss-neunde ggeunhim-eobs-i jeonhwaha-janh-ayo/
(ki-ssa-ga mou-ssonn tchonn-houa-gui-reul ka-dji-gô i-sson-neunn-dé kkeu-nim-op-chi chonn-houa-ha-dja-na-yô)

9 고급 택시니까, 서비스가 좋아야 하는데, 그렇게 생각하지 않으세요 ? **(7)**
/gogeub taegsi-nigga seobiseu-ga joh-a-ya ha-neunde geureoh-ge saenggagha-ji anh-euseyo/
(kô-gueup-t'aik-chi-ni-kka so-bi-sseu-ga tchô-a-ya-ha-neunn-dé keu-ro-k'é saing-ga-k'a-dji a-neu-sé-yô)

NOTES (suite)

(3) *iss-gi maryeon-i-yeyo* : de *maryeon* (nom) : "plan", "préparatifs", "disposition". La locution *-gi maryeon-i-da* apporte la nuance de "les choses sont telles que".

5 Il y a pourtant un inconvénient.
6 – C'est quoi ?
7 – Le téléphone portable.
8 Le chauffeur avait un téléphone portable et il n'a pas arrêté de téléphoner.
9 Quand on se veut un taxi de luxe, il faut que le service soit bon, vous ne pensez pas ?

NOTES (suite)

• *geuraedo bulpyeonha-n jeom-eun iss-gi maryeon-i-yeyo* : "Il se trouve cependant qu'il y a un désagrément" ; *bulpyeonha-n jeom* : mot à mot "un point (*jeom*) désagréable, incommode (*bulpyeonha-da*)".

(4) *mweo-ndeyo* est la contraction de *mueos-i-ndeyo*. La terminaison *-ndeyo* (*-eundeyo* après consonne) qui suit les adjectifs, ou *i-da* : "être" et dont la variante est *-neundeyo* après les verbes, marque ici une exclamation. interrogative. Sa valeur est moins forte que celle de *-gunyo* (leçon 48, note 2).

(5) *hyudaepon jeonhwagi* : "portable", "téléphone sans fil", ou "cellulaire" encore plus présent en Corée qu'en France, avec ses bons et ses mauvais côtés. Cette expression est remplacée depuis peu par *hyudaepon*, mot composé de *hyudai* "portable" et de *pon*, qui vient de l'anglais "phone".

(6) *gisa* : "chauffeur" ; nous avons déjà vu *unjeonsu* : "conducteur".
• *ggeunhim eobs-i* : expression signifiant "sans arrêt".

(7) *seobiseu* : "service" : encore un mot venu d'ailleurs ! Devant ce déferlement d'américanismes, il faudra que vous appreniez petit à petit à savoir décoder le mot anglo-saxon qui se cache sous un emballage à la coréenne ; autrement dit, l'apprentissage de la langue coréenne exige quelques notions de la prononciation de l'anglais. *gogeub* : mot à mot "haute (*go*) catégorie (*geub*)". Selon le contexte, *gogeub* peut se traduire aussi par "de qualité supérieure".

EXERCICES – 연습

번역

1. 모범 택시는 합승인이 없는 택시예요.
2. 국제화 시대에는 무선 전화를 가져야 합니다.
3. 끊임 없이 전화하면 불편합니다.
4. 모범택시는 고급 서비스가 있어야 합니다.
5. 무선 전화는 비싸지만 편합니다.

빠지는 단어

1. *Puisqu'il y a d'autres passagers, il y a beaucoup de choses incommodes.*
합승인이 . . . .   불편한 점이 많습니다.

2. *Un taxi de luxe, n'est-ce pas cher ?*
고급 택시는 . . . . .

3. *Je pense que le téléphone portable est (quelque chose de) cher.*
무선 전화는 비싸 . .   생각합니다.

돼지 목에 진주 목걸이 거는 격
/doeji mog-e jinju moggeori geo-neun gyeog/
(touai-dji-mô-gué tchin-djou-môk-ko-ri ko-neunn-gyok)

"Jeter des perles aux pourceaux"
mot à mot "accrocher un collier de perles au cou d'un cochon".

Nous avons vu à la leçon 52 que le mot *geori* : "anneau" sert à former des noms composés tels que *gwigeori* : "boucle d'oreille", *kogori* : "anneau que l'on passe dans les naseaux (*ko*) [d'un animal]" ; *moggeori* : "l'anneau [que l'on passe autour] du cou" (*mog*), c'est, bien entendu, le "collier".

• *gyeog* (nom) : "façon", "style". Ce nom se trouve souvent

CORRIGÉS DES EXERCICES

Traduction

1. Le taxi modèle est un taxi qui ne prend pas plusieurs passagers.
2. À l'époque de l'internationalisation il faut avoir un téléphone portable.
3. Si on téléphone sans arrêt, c'est désagréable.
4. Un taxi modèle doit avoir un service de luxe.
5. Le téléphone portable, c'est cher mais pratique.

Mots manquants : 1. 있으니까 **2.** 비싸잖아요 **3.** 다고

à la fin d'un dicton et il apporte la nuance de sens rendue en français par "C'est du style de...", "C'est comme si...". Ex. "C'est si comme on jetait des perles aux pourceaux".

Il existe une version plus lapidaire de ce proverbe : *doeji mog-e jinju* : "des perles au cou d'un cochon", et une autre, qui est l'exacte réplique du français : *doeji-ege jinju-reul deonji-da*, mot à mot "jeter des perles aux pourceaux" – ou "donner de la confiture aux cochons".

Il est rassurant de voir que la même sagesse est partagée par des peuples si éloignés ! Maintenant que vous êtes presque au bout de vos peines, jurez d'aller jusqu'au bout et... cochon qui s'en dédit !

Deuxième vague : Leçon 5

제 55 과
/je o sib o gwa/
(tché-ô-chi-bô-goua)

노래방
/noraebang/
(nô-rai-bang)

1 – 어제 저녁에는 긴장을 해소하기 위해 동창들과 노래방에 갔어요. **(1)**
/eoje jeonyeog-e-neun ginjang-eul haesoha-gi wihae dongcang-deul-gwa noraebang-e gass-eoyo/
(odjé tcho-nyo-gué-neunn kinn-djang-eul hai-sô-ha-gui-oui-hai tông-tch'ang-deul-goua nô-rai-bang-é ka-sso-yô)

2 – 노래하는 것을 좋아하세요 ?
/noraeha-neun geos-eul johaha-seyo/
(nô-rai-ha-neunn-go-sseul tchô-a-ha-sé-yo)

3 – 한국어를 배우려면 노래방은 가장 효과적인 시청각 교육법이죠. **(2)**
/hangugeo-reul baeu-ryeo-myeon noraebang-eun gajang hyogwajeog-i-n siceonggag gyoyugbeob-i-jyo/
(hann-gou-go-reul pai-ou-ryo-myonn nô-rai-bang-eunn ka-djang hyô-goua-djo-guinn chi-tch'ong-gak kyô-youk-po-bi-djyo)

NOTES

(1) *noraebang* : "karaoke", mot à mot "chambre" (*bang*) de "chanson" (*norae*). Ce n'est que la mise en boîte électronique de ce que les Coréens font depuis toujours : chanter en groupe quand ils sont contents. Mais chanter

CINQUANTE-CINQUIÈME LEÇON

Le karaoke

1 – Hier soir, pour décompresser, je suis allé au karaoke avec des camarades de promotion.
2 – Vous aimez chanter ?
3 – Si on veut apprendre le coréen, le karaoke est la méthode éducative la plus efficace.

NOTES (suite)

en groupe ne veut pas dire chanter en chœur. En Corée, au cours d'un pique-nique, lors d'une soirée entre amis et même à la fin d'un banquet, chacun se doit de pousser sa chansonnette. Peu importe le style de la chanson, la qualité de la voix ou le talent du chanteur, l'important est de participer. Lors de la première visite officielle du premier ministre japonais en Corée, les téléspectateurs ont eu droit au spectacle du ministre et du président coréen en train de chanter après avoir vidé quelques verres d'alcool de riz. Alors, si vous voulez un conseil, ne perdez pas de temps, constituez-vous un répertoire ! et même si vous êtes sûr d'amener des trombes d'eau sur les têtes de votre auditoire, chantez !

• *ginjang-eul haesoha-gi wihae* : "pour faire disparaître la tension" ; *wihae,* que l'on trouve aussi sous les variantes *wihayeo, wihaeseo, wihayeoso*, est une postposition qui correspond à notre préposition "pour". Le verbe qui la précède est obligatoirement à la forme nominale en *-gi*.

(2) *gajang hyogwajeog-i-n* : "le plus efficace" ; *gajang* est un adverbe qui indique le superlatif ; *hyeogwajeog* (adjectif) : "efficace", est dérivé à partir du nom *hyogwa* : "effet" au moyen du suffixe *-jeog*. Ce procédé ne fonctionne qu'avec les noms d'origine sino-coréenne.
Le *-i-n* que l'on trouve après *hyogwajeog* est le verbe *i-da* : "être" à la forme épithète, dont l'ajout permet d'insérer dans la phrase ce type d'adjectif sino-coréen.
Il est cependant à noter que dans un style relevé ou administratif, on peut faire l'économie du *-i-n*.

4 벽 사방에 화면이 있어요. **(3)**
/byeog sabang-e hwamyeon-i iss-eoyo/
(pyok-ssa-bang-é houa-myo-ni i-sso-yô)

5 화면에서 가수의 얼굴을 보니까, 입모양을 따라 할 수 있어요. **(4)**
/hwamyeon-eseo gasu-eui eolgul-eul bo-nigga ibmoyang-eul ddara ha-l su iss-eoyo/
(houa-myo-né-so ka-ssou-eui ol-gu-reul pô-ni-kka im-mô-yang-eul tta-ra hal-ssou-i-sso-yô)

6 게다가 자막이 나타나는 대로 가사를 읽을 수 있어요.
/gedaga jamag-i natana-neun daero gasa-reul ilg-eul su iss-eoyo/
(gué-da-ga tcha-ma-gui na-t'a-na-neunn dai-rô ka-ssa-reul il-gueul-ssou-i-sso-yô)

7 노래를 하면 가삿말의 색이 달라져요. **(5)**
/norae-reul ha-myeon gasa-s-mal-eui saeg-i dallajyeo-yo/
(nô-rai-reul ha-myonn kasam-ma-reui sai-gui tal-la-djio-yô)

NOTES (suite)

(3) *sabang-e* : "partout", mot à mot "sur les quatre côtés" (*sabang*). Expression qui remonte à la nuit des temps, puisqu'on la trouve déjà dans les classiques chinois. Les Chinois anciens et, à leur suite, les Coréens anciens, pensaient que la Terre était plate et carrée, par conséquent, quand on avait mentionné les quatre directions, on avait fait... le tour du problème !

4 Partout sur les murs il y a des écrans.
5 Comme on voit le visage du chanteur sur [ces] écrans, on peut suivre le mouvement des lèvres.
6 En outre, au fur et à mesure qu'apparaissent les sous-titres, on peut lire les paroles.
7 Quand on chante, les mots changent de couleur.

NOTES (suite)

(4) *ddara* est une postposition dérivée du verbe *ddareu-da* : "suivre" ; son sens est "suivant", "selon", "à la suite de". Dans la phrase 5, *ibmoyang-eul ddara ha-l su iss-eoyo*, mot à mot "on peut faire en suivant la forme de la bouche" peut se traduire en français par "on peut suivre le mouvement des lèvres". *ib* (nom) : "bouche" ("lèvre" se dit *ibsul*) ; nous avons déjà vu *moyang* à la leçon 50, note 2.

(5) *gasa-s-mal* (nom composé) : "mot des paroles", composé de deux mots simples : *gasa* : "paroles" (d'une chanson) et de *mal* : "mot".
• Les deux éléments du nom composé sont reliés entre eux par la lettre s qu'on appelle en coréen : *sai sios* : "s intercalaire". Ce s intercalaire a pour fonction de redoubler la consonne, si celle-ci est un m ou un n, Ex. /*gasa-s-mal*/ prononcé (*ka-sam-mal*), /*ye-s-nal*/ : "passé", prononcé (*yén-nal*), ou de renforcer la consonne qui le suit. Ex. *jeongi* : "électricité", *jul* : "fil", *jeongi-s-jul* prononcé (*tchonn-git-tchoul*) : "fil électrique" (voir les dictons des leçons 19 et 39).
• *dallaji-da* (verbe) : "devenir différent", "changer", dérivé de l'adjectif *dareu-da* : "différent". Le verbe auxiliaire *-ji-da* permet de transformer les adjectifs en verbes. Ex. : *jag-da* (adjectif) : "petit", *jag-a-ji-da* : "rapetisser", *neolb-da* : "large", *neolb-eo-ji-da* : "s'élargir". Comme vous l'avez remarqué, l'auxiliaire *-ji-da* se rattache au radical de l'adjectif au moyen de la voyelle de liaison (cf. leçon 36, dicton).

8 – 교실에 비해 노래방에서 하는 연습이 재미있어요. **(6)**
/gyosil-e bihae noraebang-eseo ha-neun yeonseub-i jaemiiss-eoyo/
(kyô-chi-ré pi-hai nô-rai-bang-é-so ha-neunn yonn-sseu-bi tchai-mi-i-sso-yô)

9 "목포의 눈물"이 아니라 서울의 미소지요. **(7)**
/mogpo-eui nunmul-i ani-ra seoul-eui miso-jiyo/
(môk-p'ô-eui nounn-mou-ri a-ni-ra so-ou-reui mi-sô-dji-yô)

EXERCICES – 연습

번역

1. 한국사람들은 노래방에 가는 것을 좋아합니다.
2. 사방에 화면이 보입니다.
3. 노래를 하는 대로 말을 배울 수 있습니다.
4. 한라산은 한국의 가장 높은 산입니다.
5. 선생님을 따라 책을 읽으세요.

8 – Le karaoke, c'est autre chose que la classe [Par comparaison à la salle de classe, les exercices au karaoke sont (plus) intéressants].

9 Ce ne sont plus "Les larmes de Mogpo", mais le sourire de Séoul.

NOTES (suite)

(6) À partir du verbe *biha-da* : "comparer", le coréen a forgé la postposition *bihae* "par comparaison à" ; Ex. : *yosil-e bihae* : "par comparaison à la salle de classe". On trouve aussi les formes *biha-yeo* et *bihae-seo*.

(7) *mogpo-eui nunmul* : "Les larmes de Mogpo", célèbre rengaine des années trente qui a dû faire couler autant de larmes que "J'attendrai" ou "Ne me quitte pas".
• *ani-ra* : "ce n'est pas, mais" ; ici *-ra* n'a rien à voir avec le suffixe *-ra* qui marque le discours rapporté (leçon 43, note 5), c'est une variante du suffixe-conjonction *-na* : "mais". On ne la trouve qu'avec *ani-da*.

노래방

EXERCICES (suite)

빠지는 단어

1. *Je suis allé au karaoke pour apprendre le coréen.*
한국말을 배우 . . . 노래방에 갔어요.

2. *Par comparaison aux Français, les Coréens aiment beaucoup chanter.*
프랑스 사람 . . . 한국사람은 노래를 많이 합니다.

3. *Ceci n'est pas un ordinateur, c'est un fax.*
이것은 컴퓨터가 . . . 팩스입니다.

CORRIGÉS DES EXERCICES

Traduction

1. Les Coréens aiment aller au karaoke.
2. On voit des écrans partout.
3. On peut apprendre les mots au fur et à mesure que l'on chante.
4. Le mont Halla est la plus haute montagne de Corée.
5. Lisez le livre en suivant le professeur.

Mots manquants : 1. 기 위해 **2.** 에 비해 **3.** 아니라

해가 서쪽에서 뜨겠네
/hae-ga seojjog-eseo ddeu-gess-ne/
(hai-ga so-ttchô-ké-sso tteu-guénn-né)

"Le soleil a dû se lever à l'ouest".

Utilisé surtout dans le registre ironique, se dit pour signaler un événement extraordinaire qui ne se produit jamais. Par exemple, une mère pourra dire cela à son fils le jour où il range sa chambre, alors qu'elle lui demande de le faire depuis des semaines.

• Le suffixe *-gess* marque ici la probabilité, la conjecture ; quant à *-ne*, dont la forme polie est *-neyo* (voir leçon 38, note 1), elle marque une surprise plutôt agréable. En France, nous voyons les choses sous un jour moins agréable, puisque dans un cas semblable, nous dirions probablement "Il va pleuvoir !", ou "Le ciel va nous tomber sur la tête !".

Deuxième vague : Leçon 6

제 56 과
/je o sib ryug gwa/
(tché ô-chim-nyou-kkoua)

복습
RÉVISION ET NOTES

1. Le passif : Le passif en coréen n'est pas simple. Par rapport au passif du français, deux remarques importantes sont à faire :

a) le passif ne se forme pas de façon régulière comme dans notre langue, ce qui veut dire qu'il n'y a pas qu'une seule façon d'exprimer le passif ;

b) les marques du passif varient en fonction des verbes. C'est ce que nous allons voir maintenant :

1) Un certain nombre de verbes simples marquent le passif en ajoutant à leur radical un suffixe passif : *-gi* , Ex. *jjoc-da* : "poursuivre" / *jjoc-gi-da* : "être poursuivi" (leçon 40, note 7), *-hi* , Ex. *mag-da* : "boucher" / *mag-hi-da* : "être bouché" (leçon 32, note 1), *jeog-da* : "noter" / *jeog-hi-da* : "être noté" (leçon 39, note 1), *-i,* Ex. *bo-da* : "voir" / *bo-i-da* : "être vu", *-li*, Ex. *geol-da* : "suspendre" / *geol-li-da* : "être suspendu".

2) Tous les verbes en *-ha-da* forment leur passif en remplaçant *ha-da* par l'auxiliaire de passif *doe-da*, Ex *panmaeha-da* : "vendre" / *panmae-doe-da* : "être vendu" (leçon 53, note 2).

3) D'autres verbes enfin n'ont pas à proprement parler de passif ; ils l'expriment par des locutions à valeur passive. Nous ne vous donnerons qu'un seul exemple, mais très intéressant ! le verbe *jug-da* : "mourir". À partir de ce verbe, on forme à l'aide d'un suffixe "factitif" ou "causatif" * le verbe *jug-i-da* : "tuer" (mot à mot "faire mourir"). *jugi-da* n'a pas de passif ; aussi, pour exprimer l'idée d'"être tué", on a recours à la locution : *jug-i-m-eul dangha-da* : mot à mot "subir (*dangha-da*) le fait de tuer".

CINQUANTE-SIXIÈME LEÇON

* En français, le factitif, ou causatif est très souvent exprimé par l'auxiliaire "faire" suivi d'un infinitif ; Ex. construire – actif –, faire construire – factitif.

Conclusion : exception faite des verbes en *-hada*, il faudra que vous appreniez au coup par coup quelle est la forme passive de chaque verbe que vous étudierez. Ce n'est pas amusant, mais chaque langue a ses caprices !

2. **Le passé du passé :** Nous avons vu que, par rapport au passé "simple", on trouve en coréen un "passé du passé" pour indiquer qu'un événement passé est antérieur à un autre événement passé. Ex. *eodi-reul gass-eoss-eubni-gga* : "Où êtes-vous allé ?", *ajeossi-ga o-sy-eoss-eoss-da* : "Mon oncle est passé" (il est arrivé avant de repartir). À la forme épithète, ce passé du passé est suivi de *-deo-n*, Ex. *yagsogha-sy-eoss-deo-n gisa weongo* : "le manuscrit que vous aviez promis". Ces exemples nous montrent qu'en français, ce passé du passé se rend soit par le passé composé, soit par le plus-que-parfait.

deo-n se décompose en : *deo,* suffixe du passé, Ex. *da-deul mollabo-ge byeonhaess-deo-gunyo* : "Ils avaient [tellement] changé que je ne les ai pas reconnus", mot à mot "ils avaient tous changé de manière que je ne les ai pas reconnus". Ce suffixe *-deo* est la seule marque réellement temporelle du coréen et son emploi est très limité : on ne le trouve que dans quelques combinaisons de suffixes dont les principales sont *-deo-n*, *deo-gunyo*, *deo-ni* et *-deo-ra*. *-deo-ni* indique la constatation d'un fait situé dans le passé, Ex. *neomu manh-i meog-eoss-deo-ni bae-ga apeu-da* : "Comme j'ai trop mangé, j'ai mal au ventre."

-deo-ra est une terminaison qui indique qu'on rapporte une opinion : la sienne ou celle des autres. Ex. *geu yeonghwa-ga jaemiiss-deo-ra.* Cette phrase peut avoir deux significations : "J'ai entendu dire que ce film est intéressant" ou "D'après moi, ce film est intéressant." Encore un bon exemple de l'atténuation qui fait partie du code de bonne conduite en société (leçon 49, 2). On évitera en effet de porter un jugement trop tranché sur quelque chose ; aussi, par le biais de *-deo-ra,* on observe une certaine distanciation par rapport à l'énoncé.

3. Le discours rapporté : Les suffixes du discours rapporté indiquent que ce qui les précède représente des paroles ou une opinion, un jugement rapportés. Ex. *gyeoul-eun geu nareum-daero maeryeogiss-neun gyejeol-i-ra-go bo-bni-da* : "Je considère que l'automne est une saison qui a son charme" (leçon 43, note 5). Comme on le voit dans cet exemple, l'expression du discours rapporté se fait en trois temps :

1) il y a d'abord ce qui est rapporté : *gyeoul-eun geu nareum-daero maeryeogiss-neun gyejeol-i-[da]* : "l'automne est une saison qui a son charme" ; 2) vient ensuite le suffixe du discours rapporté *-ra*, "raccroché" au reste de la phrase par le suffixe-conjonction *-go* ; 3) enfin, on trouve le verbe d'opinion *bo-da* : "considérer". Donnons un autre exemple : *keompyuteo-neun jeojangha-neun geos—ira-gi-boda-neun jeogeumha-neun geos-i-ra-go ha-l su iss-gess-neyo* : "On peut dire que l'ordinateur, ce n'est pas de la sauvegarde, mais de l'épargne ." (leçon 52, note 7). Les "verbes d'opinion" englobent aussi bien les verbes qui rapportent un propos tels que *ha-da* ou *malha-da* : "dire", *mureobo-da* : "demander", *daedabha-da* : "répondre", etc., que ceux qui indiquent une opinion : *bo-da* : "considérer que", une supposition : *cuceugha-da* : "supposer", etc.

Le discours rapporté sert, bien sûr, à marquer l'atténuation (leçon 49, n° 2) et une expression de la politesse, de même qu'en français, plutôt que d'affirmer quelque chose de façon bien tranchée, on préférera dire "je pense que", "il me semble que", "à mon avis", etc.

4. L'expression de la vraisemblance : Dans les leçons précédentes, nous avons rencontré plusieurs locutions indiquant la vraisemblance : *bomnun nog-deusha-da* : "Être comme la neige de printemps [qui] fond" (leçon 44, dicton) ; *yes cingu-deul-eun eonje manna-do joh-eun geos gat-ayo* : "Il semble que ce soit toujours agréable de rencontrer de vieux amis" (leçon 48, phrase 6) ; *ama nu-ga paegseu-reul bonae-n moyang-i-jiyo* : "Quelqu'un a dû vous envoyer un fax" (leçon 50, phrase 2). Les deux dernières tournures sont elles aussi souvent utilisées comme "atténuation de politesse". *deusha-da* insiste sur la similitude, la ressemblance : "cela ressemble à", tandis que *moyang-i-da* indique plutôt l'apparence, l'air : "ça a l'air de" ; enfin, *geos gat-da*, forme abrégée de *geos-gwa gat-da* : mot à mot "c'est comme", tournure construite à partir de l'adjectif *gat-da* : "pareil", "identique" (leçon 10, phrase 4).

5. Les auxiliaires *ha-da, doe-da* et *siki-da* : Nous savons qu'il existe en coréen de nombreux verbes en *-ha-da*. Ces verbes ont un grand avantage sur les autres : ce sont les seuls à former régulièrement leurs voix et leurs modes en remplaçant *-ha-da* par l'auxiliaire *-doe-da* (passif) ou l'auxiliaire *siki-da* (transitif ou causatif), comme dans *bogoseo-reul keompyuteo-e ibryeogsiki-go iss-eoyo* : "Je suis en train de saisir mon rapport sur l'ordinateur" (leçon 52, note 2) et *bogsasil-eseo panmae-doe-go iss-eoyo* : "[les cartes] sont vendues dans la salle de reprographie" (leçon 53, note 2), alors que *doe-da* n'a qu'une seule fonction : transformer un verbe actif en verbe passif, *siki-da*, lui en a deux : soit transformer un verbe intransitif en verbe transitif, Ex. *baljeonha-da* : "se développer" / *baljeonsiki-da* : "développer", soit transformer un verbe actif en verbe causatif (paragraphe 1, *).

Voici un exemple complet : *gongbu* (nom) : "étude", *gongbuha-da* : "étudier" (verbe actif) : *geu-neun hangug'eo-reul gongbuha-n-da* : "Il étudie le coréen", *gongbu-doe-da* : "être étudié" (verbe passif) : *hangug'eo-neun geu-ege gongbu-doe-n-da* : "Le coréen est étudié par lui", *gongbu-siki-da* : "faire étudier" (verbe causatif) : *bumodeul-eun geu-ege hangug'eo-reul gongbusiki-n-da* : "Ses parents lui font étudier le coréen".

6. Les terminaisons exclamatives : Rappelons tout d'abord qu'il y a en coréen cinq types de terminaisons : déclaratives, Ex. *ga-bni-da* : "On y va", interrogatives, Ex. *ga-bni-gga* : "Est-ce qu'on y va ?", impératives, Ex. *ga-sio* : "Allez-y !", exhortatives ou propositives, Ex. *ga-bsi-da* : "Allons-y !" et exclamatives. Les terminaisons exclamatives se répartissent en plusieurs degrés :

- Il y a tout d'abord l'exclamation simple qui utilise les terminaisons déclaratives, mais avec une intonation exclamative, Ex. *joh-seubni-da !* : "C'est bien !", *meosiss-seubni-da !* : "Que c'est beau !" ;

- On trouve ensuite l'exclamation marquée par le suffixe *-neunde(-yo)* après les verbes et *-nde(-yo) / -eunde(-yo)* après les adjectifs. Cette exclamation ne marque pas vraiment l'étonnement ou la surprise, c'est plutôt une façon d'attirer l'attention de l'interlocuteur, de mettre un peu de "sentiment" dans une déclaration ou une question . Ex. *aju masiss-neunde-yo !* : "C'est très savoureux !" (leçon 17, phrase 5) ;
jumunha-si-n ca-reul gajy-eo wass-neunde-yo : "Je vous apporte le thé que vous avez commandé." (leçon 20, phrase 3) ;
pyeonji-reul peurangseu-ro buci-go sip-eunde-yo : "Je voudrais envoyer une lettre en France" (leçon 25, phrase 2) ;
gibun-i byeollo-nde : "Je me sens bizarre" (que mon humeur est spéciale !) (leçon 40, phrase 7) ;
hae-neun da jy-eo ga-neunde ! : "Et le soleil qui se couche !" (leçon 41, phrase 7) ;
mweo-nde-yo ? : "C'est quoi ?" (leçon 54, phrase 4).

La terminaison *-ne(-yo)* marque, elle, la surprise et, souvent, la bonne surprise. Ex *oraeganman-e o-sy-eoss-ne-yo !* : "Ça fait longtemps que vous n'étiez pas venue !" (leçon 38, phrase 1) ;
hyeondae tongsin daneo-neun da oeraeeo-i-neyo ! : "Tout le vocabulaire actuel de la communication est d'origine étrangère !" (leçon 50, phrase 6) ;

keompyuteo-neun jeojangha-neun geos-i-ra-gi-bodaneun jeogeumha-neun geos-i-ra-go ha-l su iss-gess-ne-yo ! : "On peut dire que l'ordinateur, ce n'est pas de la sauvegarde, mais de l'épargne !" (leçon 52, phrase 7) ;
yeojeum jeongsin-eobs-i babbeu-si-gess-ne-yo : "Ces temps-ci, vous devez être si occupé que vous ne pouvez penser à rien." (leçon 45, phrase 1) ;
byeolsori daha-ne (leçon 40, phrase 8) : "Qu'est-ce que tu racontes ?" (tu vas au bout des paroles inutiles).

-dani marque une surprise plus forte que *-ne(-yo),* Ex. *wenil-i-yeyo ireoh-ge uyeon-hi yeogi-seo manna-dani !* : "Ça alors ! quel hasard de nous rencontrer ici !" (leçon 46, phrase 2).

Enfin *-gunyo* marque le sommet de la surprise. *gunyeo* est la forme polie du suffixe *-guna* (devant les adjectifs) / *-neunguna* (devant les verbes). Ex. *nop-guna !* : "Que c'est haut !", *bissa-guna !* : "Que c'est cher !", *bo-neunguna !* : "Ils nous regardent !".

da-deul mollabo-ge byeonhaess-deo-gunyo ! : "Ils avaient tellement changé que je ne les ai pas reconnus !" (leçon 48, phrase 2).

*****

도로 아미타불
/doro amitabul/
(tô-rô a-mi-t'a-boul)

"repartir à zéro"

• *doro* (adverbe) : "en sens contraire", "comme par le passé", "de nouveau".
• *amitabul* : le bouddha (*bul*) Amitâbha ("Lumière infinie"). Un des bouddhas les plus importants, très vénéré en Corée après Maitreya (*Mireugbul*) et Avalokiteshvara (*Gwang'eum*).

Le mot à mot de cette expression est "Il ne me reste plus qu'à implorer de nouveau le bouddha Amitâbha". Se dit quand, après un échec cuisant, on est obligé de repartir à zéro et que le seul recours pour repartir du bon... bouddha est d'implorer l'aide d'*Amita*.

****

제 57 과
/je o sib cil gwa/
(tché-ô-chip-tch'il-goua)

추억
/cueog/
(tchou-ok)

1 – 서울에 온지 35 년이 됐어요. **(1)**
/seoul-e o-n-ji sam sib o nyeon-i doess-eoyo/
(so-ou-ré ônn-dji sam-chi-bô-nyo-ni touai-sso-yô)

2 – 그 동안 한국이 많이 변했죠 ?
/geu dongan hangug-i manh-i byeonhaess-jyo/
(keu-dông-ann hann-gou-gui mann-i pyonn-hai-ttchyô)

3 – 그래요. 내가 그 때 찍었던 사진 좀 보실래요 ? **(2)**
/geuraeyo nae-ga geu ddae jig-eoss-deo-n sajin jom bo-si-llaeyo/
(keu-rai-yô nai-ga keu-ttai tchi-go-ttonn sa-djinn tchôm pô-chil-lai-yô)

En ce qui vous concerne, point n'est besoin de bouddha ou de divinité chamanique pour venir en aide : vous voyez la fin de la "route" (qui se dit également doro *en coréen !). C'est plutôt Maître Confucius qui doit être fier de vous : vous avez travaillé d'arrache-pied et progressé sans faiblir. Bravo ! La fin est proche ! !*

Deuxième vague : Leçon 7

****

CINQUANTE-SEPTIÈME LEÇON

Souvenirs

1 – Cela fait 35 ans que je suis arrivé à Séoul.
2 – Entre-temps la Corée a beaucoup changé, n'est-ce pas ?
3 – Oui. Voulez-vous voir les photos que j'ai prises à l'époque ?

NOTES

(1) *seoul-e o-n-ji sam sib o nyeon-i doess-eoyo* : mot à mot "Ça devient 35 ans depuis que je suis arrivé à Séoul". *doess-eoyo* est la forme contractée du passé de *doe-da* : "devenir" : *doe-eoss-eoyo.*
• *ji* est un mot grammatical qui marque un moment dans le passé. Il est toujours précédé par un verbe à la forme épithète du passé : *n / -eun.* Généralement on le traduit par notre conjonction "depuis que" (leçon 33, note 1).

(2) *geuraeyo* : forme décontractée mais polie de *geureoh-seubni-da* : "c'est ainsi", "affirmatif", "oui". *jig-eoss-deo-n sajin* : "les photos que j'ai prises" : double passé à la forme déterminante (leçon 51, note 1).

4 – 남대문이군요 !
/namdaemun-i-gunyo/
(nam-dai-moun-i-gou-nyô)

5 그 때는 남대문이 아주 높아 보였군요. **(3)**
/geu ddae-neun namdaemun-i aju nop-a boy-eoss-gunyo/
(keu ttai-neunn nam-dai-mou-ni a-djou nô-p'a pô-yo-kkou-nyô)

6 지금은 주변에 워낙 높은 건물들이 많아서... **(4)**
/jigeum-eun jubyeon-e weonag nop-eun geonmul-deul-i manh-a-seo/
(tchi-gueu-meunn tchou-byo-né wo-nak nô-p'eunn konn-moul-deu-ri mann-a-sso)

7 60 년대에는 4 층만 넘어도 무척 높아 보였는데 ! **(5)**
/yug sib nyeondae-e-neun sa ceung-man neom-eo-do muceog nop-a boy-eoss-neunde
(youk-chim-nyonn-dai-é-neunn sa-ch'eung-mann no-mo-dô mou-tch'ok nô-p'a-bô-yonn-neunn-dé)

8 – 시대가 아주 달라졌어요.
/sidae-ga aju dallajy-eoss-eoyo/
(chi-dai-ga a-djou tal-la-djyo-sso-yô)

NOTES (suite)

(3) *geu ddae-neun namdaemun-i aju nop-a boy-eoss-gunyo* : "À cette époque Namdaemun avait l'air haute". Nous avons déjà vu le verbe passif *bo-i-da* : "être vu" (leçon 52, note 5). Précisons maintenant qu'il est construit à partir du verbe actif *bo-da* : "voir" auquel s'ajoute le

4 – Mais c'est Namdaemun !
5 Que Namdaemun avait l'air haute à l'époque !
6 Maintenant, il y a tout autour essentiellement des bâtiments élevés.
7 Dans les années 60, il suffisait qu'un bâtiment ait plus de quatre étages pour faire figure de gratte-ciel !
8 – Les temps ont bien changé.

NOTES (suite)

suffixe du passif *-i*. Précédé d'un adjectif auquel il est relié par la voyelle de liaison, *bo-i-da* prend le sens de "avoir l'air", "paraître". Ex. *nop-da* : "grand", *nop-a bo-i-da* : "avoir l'air grand", *jeolm-da* : "jeune", *jeolm-eo bo-i-da* : "paraître jeune". Namdaemun : "la Grande Porte du Sud" est le trésor national N°1 de la Corée. Autrefois, Séoul était une ville entourée de remparts. On y pénétrait par quatre portes monumentales, une pour chacun des points cardinaux. Outre Namdaemun, il ne reste plus aujourd'hui que Tongdaemun : "la Grande Porte de l'Est".

(4) *weonag* (adverbe) : "essentiellement", "par nature".
• *manh-a-seo* : Exemple de phrase terminée par le suffixe-conjonction de cause *-seo* (leçon 51, note 2). Comme c'est le cas avec ce type de phrase, une partie du message est sous-entendue : "Comme actuellement il y a alentour essentiellement de nombreux bâtiments élevés [la porte de Namdaemun a rapetissé].

(5) *nyeondae / yeondae* (nom) : "âge", "époque", "génération", *yug sib nyeon dae* : "les années soixante". Parmi les Coréens qui, depuis un siècle, ont émigré à l'étranger, essentiellement au Japon, en Chine, aux États-Unis et dans l'ex-URSS, on trouve maintenant de nombreux émigrés de la "deuxième génération" (*idae*) et même de la "troisième génération" (*samdae*). *muceog* (adverbe) : "considérablement", "extrêmement". *60 nyeondaae-e-neun 4 ceung-man neom-eo-do* : mot à mot "Dans les années 60, même si ça dépasse seulement quatre étages" ; cette tournure peut se rendre en français par "il suffit que".

EXERCICES – 연습

번역

1. 여기서 산지 삼년이 됐어요.
2. 그 때는 남대문이 가장 높은 건물이었어요.
3. 60 년대에는 가장 높았던 남대문 주변에 지금은 더 높은 건물이 많아요.
4. 4 층이 넘는 건물은 별로 없어요.
5. 그 때부터 서울은 많이 달라졌어요.

빠지는 단어

1. *Les bâtiments élevés sont devenus nombreux.*
높은 건물이 . . . . .

2. *Depuis combien de temps apprenez-vous le coréen ?*
한국말을 . . . 몇년이 됐어요 ?

3. *Maintenant cette rue a l'air plus large.*
지금 이 거리는 . . . . . .

구관이 명관이다.
/gugwan-i myeonggwan-ida/
(kou-goua-ni myong-goua-ni-da)

"C'est l'ancien fonctionnaire qui est le fonctionnaire illustre".

On en a assez de voir le même fonctionnaire en poste depuis des lunes, on attend avec impatience le nouveau promu... pour découvrir qu'il ne vaut pas l'ancien ! En Corée, dès la dynastie des Yi (1392-1910), l'administration était aux mains de fonctionnaires nommés par la capitale. À cette époque, les fonctionnaires civils et militaires que l'on appelait pour cette raison "les deux classes" (*yangban*) étaient au sommet de la pyramide sociale et jouissaient

CORRIGÉS DES EXERCICES

Traduction

1. Ça fait trois ans que j'habite ici.
2. Namdaemun était le bâtiment le plus élevé. à cette époque
3. Il y a beaucoup de bâtiments plus élevés autour de Namdaemun qui était [le bâtiment] le plus haut à l'époque des années 60.
4. Il n'y a presque pas de bâtiments dépassant quatre étages.
5. Séoul a beaucoup changé depuis cette époque.

Mots manquants : 1. 많아졌어요 **2.** 배운지 **3.** 넓어 보이는군요

donc d'un très grand prestige. Sur ce point aussi, la Corée n'avait fait qu'imiter la Chine où, dès l'antiquité, la société comportait quatre classes : les lettrés qui assuraient la bonne marche du monde en appliquant les principes du confucianisme, les paysans qui grâce à leur labeur faisaient vivre tout le monde, les artisans qui fabriquaient les outils et les instruments et, enfin, au plus bas de l'échelle, les marchands.

Ce dicton est le reflet d'un état d'esprit qui n'est, en fait, pas propre à la Corée. En France, nous disons bien : "On perd toujours au change".

Deuxième vague : Leçon 8

제 58 과
/je o sib pal gwa/
(tché-ô-chip-p'al-goua)

추억 (계속)
/cueog (gyesog)/
(tchou-ok (ké-ssôk))

1 – 이전에는 공해라는 것이 뭔지 전혀 몰랐어요. **(1)**
/ijeon-e-neun gonghae-ra-neun geos-i mweo-n-ji jenhyeo moll-ass-eoyeo/
(i-djo-né-neunn kông-hai-ra-neunn ko-chi mouonn-dji tcho-hnyo môl-ła-sso-yô)

2 – 한강물도 아주 맑고 깨끗했어요. **(2)**
/hangangmul-do aju malg-go ggaeggeushaess-eoyo/
(hann-gang-moul-dô a-djou mal-kkô kkai-kkeu-t'ai-sso-yô)

3 – 서울은 정말 아름다운 도시였어요.
/seoul-eun jeongmal areudau-n dosi-y-eoss-eoyo/
(so-ou-reunn tchong-mal a-reum-da-ounn tô-chi-yo-sso-yô)

4 – 실업자가 무척 많기는 했지만... **(3)**
/sireobja-ga muceog manh-gi-neun haess-jiman/
(chi-rop-tcha-ga mou-tch'ok mann-gui-neunn hai-ttchi-mann)

CINQUANTE-HUITIÈME LEÇON

Souvenirs (suite)

1 – Auparavant, on ignorait totalement ce qu'était la pollution.
2 – Les eaux du fleuve Han, elles aussi, étaient claires et propres.
3 – Séoul était vraiment une belle ville.
4 – Les chômeurs étaient extrêmement nombreux, mais...

NOTES

(1) *gonghae-ra-neun geo-si* : "Ce qu'on appelle la pollution". *-ra-neun* est la forme épithète du discours rapporté. *mueo-n-ji jeonhyeo moll-ass-eoyo* : mot à mot "on ignorait totalement ce que c'était". *mueo-n-ji* est la forme contractée de *mueos-i-n-ji* ; *ji,* mot grammatical exprimant le "doute" (leçons 40, note 3 et 49, note 4) ; *i-n* est la forme épithète de *i-da* : "être". *jeonhyeo* (adverbe) : "totalement".

(2) *hangangmul-do aju malg-go ggaeggeushaess-eoyo* : "Les eaux du fleuve Han étaient très claires et propres". Cette phrase illustre bien la valeur "et" du suffixe-conjonction *-go* quand il s'agit de relier deux adjectifs qualificatifs. À la forme-épithète, on aurait *malg-go ggaeggeusha-n mul* : "des eaux claires et propres".

(3) *sireobja-ga muceog manh-gi-neun haess-jiman* : "les chômeurs étaient extrêmement nombreux, mais..." ; *-gi-neun ha-da* est une locution destinée à mettre en valeur un élément, à insister sur quelque chose, en l'occurrence le nombre de chômeurs (leçon 36, note 4).

5 – 나라가 발전함에 따라 옛날의 멋이 사라져 가요. **(4) (5)**
/nara-ga baljeonha-m-e ddara yesnal-eui meos-i sarajyeo ka-yo/
(na-ra-ga pal-djonn-ha-mé tta-ra yénn-nal-eui mo-chi sa-ra-djo-ga-yô)

6 – 경제 발전 탓이죠. **(6)**
/geongje baljeon tas-i-jyo/
(kyong-djé pal-djon t'a-chi-djyô)

5 – Avec le développement du pays, le charme du passé disparaît.

6 – C'est la faute du développement économique.

NOTES (suite)

(4) *-e ddara* : "à la suite de", "avec" (leçon 55, note 4) ; le verbe *baljeonha-da* : "se développer" a été nominalisé au moyen du suffixe créateur de noms *-m* (leçon 46, note 1) car la postposition *-e ddara* n'accepte devant elle que les noms ou les pronoms.
• *Meos* (nom) : c'est la "beauté" à la coréenne, mélange d'élégance, de classe, de charme, que l'on retrouve dans le nom *meosjang'i* : "personne élégante" et dans l'adjectif *meosiss-da* : "beau". Le "beau" de *meosiss-da* est différent du "beau" de *arumdab-da* de la phrase 3. *Areumdab-da* évoque une beauté plus abstraite et plus classique, tandis que dans *meosiss-da*, il y a le petit "plus" qui fait palpiter le cœur. Quand un Coréen s'exclame en disant "Que c'est beau !" il dit : "*meosiss-da* !". Notez que dans ce cas, point n'est besoin d'une terminaison exclamative, tout est dans l'intonation ! (leçon 56, n° 6)

(5) *sarajyeo ga-yo* : mot à mot "va en disparaissant", forme verbale ayant pour point de départ le verbe *saraji-da* : "disparaître". Nous avons déjà examiné à la leçon 41, note 7, la valeur du verbe auxiliaire *-ga-da* qui indique qu'une action qui a lieu actuellement se poursuivra à l'avenir : "la beauté du passé disparaît... et ça va continuer !".

(6) *gyeongje baljeon tas-i-jyo* : "C'est à cause du développement économique" ; *tas* (nom) : signifie à la fois : "cause", "motif" et "faute", "défaut".

EXERCICES – 연습

번역

1. 현대의 멋이 달라졌어요.
2. 옛날에 서울은 아름다운 도시였지만 실업자는 많았어요.
3. 한강물이 맑지 못 한 것이 공해 탓이예요.
4. 한강은 길고 넓은 강이예요.
5. 공해는 이전보다 더 심해졌어요.

빠지는 단어

1. *Savez-vous ce qu'est le beau ?*
   멋이라는 것이 . . . . . ?

2. *L'économie du pays se développe (va se développant).*
   나라의 경제는 . . . . .

3. *Avec le développement de la capitale, beaucoup de bâtiments hauts sont apparus.*
   . . . . 높은 건물이 생겼어요.

미꾸라지 한 마리가 온 웅덩이를 흐린다
/migguraji han mari-ga on ungdeong'i-reul heuri-n-da/
(mi-kkou-ra-dji hann ma-ri-ga ônn oung-dong-i-reul heu-rinn-da)

"Une seule loche trouble toute la flaque."

• *migguraji* (nom) : "loche", poisson de rivière très prisé en Corée dans les soupes... mais pas dans les flaques ! Cette loche, c'est notre "brebis galeuse" judéo-chrétienne qu'il faut à tout prix écarter du troupeau. Comme quoi, de par le monde, on "se fait du mouton... pardon, du mouron" pour

CORRIGÉS DES EXERCICES

Traduction

1. La beauté de l'époque actuelle a changé.
2. Le Séoul d'autrefois était une belle ville, mais il y avait beaucoup de chômeurs.
3. Le fait que les eaux du fleuve Han ne sont plus claires est dû à la pollution.
4. Le fleuve Han est un fleuve long et large.
5. La pollution est devenue beaucoup plus importante qu'auparavant.

Mots manquants : 1. 뭔지 아세요 **2.** 발전해 가요 **3.** 수도가 발전함에 따라

éviter les éléments perturbateurs.

• *heuri-da* (verbe) : "troubler" (un liquide) ; se dit aussi d'un ciel "couvert", "nuageux". Évoque dans l'esprit des Coréens l'adjectif *malg-da* : "clair" qui est en quelque sorte son contraire. D'autant plus que *malg-da* ne s'applique pas seulement aux choses, mais aussi aux choses de l'esprit. En français, nous disons un "cœur pur", mais en coréen, on dit *malg-eun maeum*.

Deuxième vague : Leçon 9

제 59 과
/je o sib gu gwa/
(tché-ô-chip-kou-goua)

재촉 (1)
/jaecog/
(tchaitch'ôk)

1 – 빨리 좀 갑시다.
/bballi jom ga-bsida/
(ppal-li tchôm kap-chi-ta)

2 – 아직도 멀었나요 ? (2)
/ajig-do meor-eoss-nayo/
(a-djik-tô mo-ronn-na-yô)

3 – 서울 교통이 워낙 지옥이라서요. (3)
/seoul gyotong-i weonag jiog-iraseo-yo/
(so-oul kyô-t'ông-i wo-nak tchi-ô-gui-ra-so-yô)

NOTES

(1) *jaecog* (nom) : "action de se presser" (pour faire quelque chose), ou de harceler (pour obtenir quelque chose). Dans le contexte de la leçon, la meilleure traduction semble être "la bousculade". Dans une mégalopole comme Séoul, les bousculades ne sont pas rares, surtout aux heures de pointe. Tout l'art du zen consiste à les éviter... comme les deux héros de notre histoire !

(2) *ajig-do meor-eoss-nayo* ? : "Est-ce encore loin ?". Vous devez être surpris de constater qu'on a utilisé le "passé" (*-eoss*) pour poser une question relative à quelque chose de futur : la distance qui reste à parcourir. C'est qu'il ne faut pas oublier que *-ass* / *-eoss* ne marque pas seulement

CINQUANTE-NEUVIÈME LEÇON

La bousculade

1 – Dépêchons-nous un peu !
2 – C'est encore loin?
3 – C'est que la circulation à Séoul est un véritable enfer.

NOTES (suite)

le passé mais aussi l'**aspect accompli**. Aussi, utilise-t-on cette marque de l'accompli pour des événements qui, bien qu'à venir, sont considérés comme déjà acquis, sûrs, certains. On est donc en droit de dire que, dans certains cas, *-ass / -eoss* est la marque du **futur acquis**. Ex. *nae-ga balgagdoe-myeon honnass-da* : "Si tu es découvert, ça va être ta fête" : le fait d'être réprimandé (*honna-da*) est considéré comme inévitable en cas de découverte (*balgag*) .
NB : *balgagha-da* : "découvrir" (verbe actif), *balgagdoe-da* : "être découvert" (verbe passif). Ex. *naeil-i-myeon jug-eoss-da* : "Demain il sera mort". *ajig* (adverbe) : "encore", souvent renforcé par l'adjonction du suffixe *-do* : "aussi", "même".

(3) *seoul gyotong-i weonag jiog-iraseo-yo* : "C'est que la circulation à Séoul est un véritable enfer." *-iraseo / -raseo,* quand le nom se termine par une voyelle, est un suffixe qui exprime la cause, mais, à la différence des autres marques de cause que nous avons déjà vues, il ne se place pas derrière un verbe ou un adjectif, mais derrière un nom. Il se rend bien en français par "c'est que".

4 택시보다 지하철이 더 빠를 때가 많아요. **(4)**
/taeksi-boda jihaceol-i deo bbareu-l ddae-ga manh-ayo/
(t'aik-chi-bô-da tchi-ha-tch'o-ri to ppa-reul ttai-ga ma-na-yô)

5 – 지하철을 타면은 이렇게 서두르실 필요가 없어요. **(5)**
/jihaceol-eul ta-myeon-eun ireo-ge seodureu-si-l piryo-ga eobs-eoyo/
(tchi-ha-tch'o-reul t'a-myo-neunn i-ro-k'é so-du-reu-chill p'i-ryô-ga op-sso-yô)

6 더욱이, 짜증낼 이유가 없죠. **(6)**
/deougi jjajeungnae-l iyu-ga eobs-jyo/
(to-ou-gui ttcha-djeung-nail i-you-ga op-ttchyô)

7 여유를 가지며 삽시다. **(7)**
/yeoyu-reul gaji-myeo sa-bsida/
(yo-you-reul ka-dji-myo sap-chi-ta)

여유를 가지며 삽시다.

4 Il y a beaucoup de moments où (prendre) le métro est plus rapide que le taxi.
5 – Ce n'est pas la peine de tant vous presser si on prend le métro.
6 En outre, il n'y a aucune raison d'être de si mauvaise humeur.
7 Prenons le temps de vivre.

NOTES (suite)

(4) Devant le nom *ddae* : "temps", "moment", le verbe est toujours à la forme-épithète *-l / -eul*, même si le verbe est au passé, Ex. *nae-ga jeolm-eoss-eul ddae* : "quand j'étais jeune", "dans mon jeune temps".

(5) *jihaceol-eul ta-myeon-eun* : "si on prend le métro", *-myeon-eun* est la forme renforcée du suffixe-conjonction *-myeon* (leçon 39, note 8), qui équivaut à nos conjonctions "si" et "quand". *seodureu-da* (verbe) : "se hâter".

(6) *jjajeung* (nom) : "mauvaise humeur", *jjajeungnae-da* (verbe) : être de mauvaise humeur". *nae-da* (verbe) : "sortir", "montrer", "faire preuve de" s'emploie avec les expressions de la colère. On a aussi *hwa-reul nae-da* : "se mettre en colère".

(7) *yeoyu-reul gaji-myeo sa-bsida* : "Prenons le temps de vivre", mot à mot "en ayant du temps disponible, vivons". *yeoyu* (nom) : "réserve", "surplus", "temps disponible". Nous avons déjà vu le suffixe-conjonction de la simultanéité *-myeo / -eumyeo*, (leçons 44, note 5 et 46, note 6).

EXERCICES – 연습

번역

1. 이렇게 짜증내실 필요가 없어요.
2. 택시가 없어서 지옥이예요.
3. 공항에 갈 때 빠르면 빠를수록 좋아요.
4. 서두르도록 하겠습니다.
5. 여유가 없으면 재미가 없어요.

빠지는 단어

1. *Est-ce que l'hôtel de ville est encore loin ?*
   시청은 아직도 . . . .

2. *C'est que Séoul est une grande ville.*
   서울은 . . . . . .

3. *Il fut un temps où les chômeurs étaient nombreux.*
   실업자가 . . . . .   있었어요.

우물에서 숭늉 찾는 격

/umul-eseo sungnyung caj-neun gyeog/

(ou-mou-ré-sso soung-nyoung tch'ann-neunn kyok)

"Chercher de l'eau de riz dans un puits"

Autrement dit, chercher l'impossible, car on n'a jamais trouvé de l'eau de riz dans un puits (*umul*).

• *sungnyung* (nom) : "eau de riz" ; il s'agit en fait de l'eau de cuisson du riz qui est bue, tiède, à la fin du repas.
"Autant chercher une aiguille dans une botte de foin" est ce qui s'en rapproche le plus en français. On a beau chercher ou essayer de faire quelque chose, on est

CORRIGÉS DES EXERCICES

Traduction

1. Point n'est besoin de vous mettre en colère de la sorte.
2. C'est l'enfer parce qu'il n'y a pas de taxi.
3. Quand on va à l'aéroport, plus c'est rapide, mieux c'est.
4. Je ferai en sorte de me dépêcher.
5. Tant qu'il y a de la gêne, il n'y a pas de plaisir.

Mots manquants : 1. 멀었나요 **2.** 큰 도시라서요 **3.** 많았을 때가

d'avance voué à l'échec... à moins que les poules ne partent à la recherche d'un dentiste ! Justement ! "Quand les poules auront des dents" se dit en coréen : *hae-ga seojjeog-eseo ddeu-l ddae*, autrement dit "Quand le soleil se lèvera à l'ouest".

Nous avons déjà vu ce dicton sous une forme légèrement différente à la leçon 55 : *hae-ga seojjeo-eseo ddeu-gess-ne* : "Le soleil a dû se lever à l'ouest". La comparaison de ces deux phrases vous permet de mieux saisir la nuance de probabilité introduite par *-gess*.

Deuxième vague : Leçon 10

제 60 과
/je yug sib gwa/
(tché-youk-chip-koua)

출장
/culjang/
(tchoul-tchang)

1 – 내일은 하와이에 출장가요. **(1)**
/naeil-eun hawai-e culjang-ga-yo/
(nai-i-reunn ha-oua-i-é tch'oul-tchang-ga-yô)

2 – 전이사장님을 만날 기회가 있겠네요 ! **(2)**
/jeon isajang-nim-eul manna-l gihoe-ga iss-gess-neyo/
(tcho-ni-ssa-djang-ni-meul mann-nal ki-houai-ga i-kkénn-né-yô)

3 – 아뇨, 작년에는 뵐 수 있었는데, 금년에는 어려울 것 같은데요. **(3)**
/anyo jagnyeon-e-neun boe-l su iss-eoss-neunde geumnyeon-e-neun eoryeou-l geos gat-eundeyo/
(a-nyô tchang-nyo-né-neunn pouail-ssou-i-ssonn-neunn-dé keum-nyo-né-neunn o-ryo-oul kot ka-t'eunn-dé-yô)

4 – 왜요 ?
/wae-yo/
(ouai-yô)

SOIXANTIÈME LEÇON

Le voyage d'affaires

1 – Demain je pars en voyage d'affaires à Hawaï.
2 – Vous aurez l'occasion de rencontrer le président Jeon !
3 – Non. J'aurais pu le voir l'an dernier, mais cette année, cela me semble difficile .
4 – Pourquoi ?

NOTES

(1) *culjang* (nom) : "voyage d'affaires", *culjang-ga-da* (verbe) : "aller en voyage d'affaires".

(2) *isa* (nom) : "membre d'un conseil d'administration", *isajang* (nom) : "président d'un conseil d'administration", "administrateur général". *gihoe* (nom) : "occasion (favorable)".

(3) *boe-l su iss-gess-nunde* : "j'aurais pu le voir", de *boe-da*, variante du verbe de déférence *boeb-da* : "voir", "rencontrer" (une personne que l'on doit traiter avec déférence).
• *oryeou-l geos gat-eundeyo* : "cela semble difficile". Nous avons déjà vu la tournure *geos gat-da*, leçon 40, note 7 ; ici, le suffixe de la forme épithète *-l* apporte une valeur de futur et d'incertitude. C'est une façon polie de dire : "Je ne le verrai pas".
• Le suffixe conjonction *-neunde* de *boi-l su iss-gess-neunde* exprime un "mais atténué". Quand on veut vraiment insister sur la notion de "mais", on utilise le suffixe-conjonction *-na* / *-euna* ou *-jiman* (leçon 40, note 4), mais ici, le sens de "mais" résulte essentiellement de l'opposition entre les deux propositions. En coréen, on a recours à *-neunde* quand on ne veut pas insister sur le "mais". Dans de nombreux cas, comme ici, *-neunde* est en quelque sorte un "mais de politesse".

5 – 그분이 작년에는 하와이에 계셨는데, 육개월 전에 미국으로 가셨어요. **(4)**
/geu bun-i jagnyeon-e-neun hawai-e gyesy-eoss-neunde yug-gae-weol jeon-e migug-euro ga-sy-eoss-eoyo/
(keu-bou-ni tchang-nyo-né-neunn ha-oua-i-é ké-chyonn-neunn-dé youk-kkai-ouol tcho-né mi-gou-gueu-rô ka-chyo-sso-yô)

6 – 아, 그래요 ! 사직하셨어요 ?
/a geuraeyo sajigha-sy-eoss-eoyo/
(a keu-rai-yô sa-dji-k'a-chyo-sso-yô)

7 – 꼭 그런건 아니고... **(5)**
/ggog geureo-n geon ani-go/
(kkôk keu-ronn go-na-ni-gô)

8 때가 되면 다 알게 될 거예요. **(6)**
/ddae-ga doe-myeon da al-ge doe-l geo-yeyo/
(ttai-ga touai-myonn ta al-gué-touail-go-yé-yô)

NOTES (suite)

(4) *yug gae weol* : "six mois" ; *gae* est le classificateur général qui peut s'utiliser avec tout ce que l'on compte, surtout quand, comme ici, ce qui est compté entre difficilement dans une classe concrète (objets cylindriques, objets plats, machines, etc.).

5 – L'an dernier, il était à Hawaï, mais il est parti aux États-Unis il y a six mois.
6 – Ah oui ! Il a démissionné ?
7 – Ce n'est pas du tout ça.
8 Vous saurez tout en temps voulu.

NOTES (suite)

(5) *geon* est la contraction de *geos-eun. ggog* (adverbe) : "sans faute", "absolument" ; avec une négation : "absolument pas", "pas du tout". *geureo-n* est la forme-épithète de l'adjectif *geureoh-da* : "tel". *ggog geureo-n geon ani-go* : "Ce n'est pas du tout ça". En général, le nom devant *ani-da* prend le suffixe *-i / -ga*, mais quand on veut insister sur la négation, on le remplace par le suffixe *-eun / -neun* qui a pour fonction de mettre en valeur le segment qui le suit.

(6) *ddae-ga doe-myeon da al-ge doe-l geo-yeyo* : "Vous saurez tout en temps voulu", mot à mot "quand le moment arrivera, vous saurez tout". La tournure *-ge doe-da* marque l'apparition d'un état de choses nouveau : "pour le moment vous êtes dans l'ignorance, mais, quand le moment viendra, vous saurez". Une autre phrase presque identique : *ddae-ga doe-myeon a-l geos-i-da* est la traduction coréenne de "Qui vivra verra", très bel exemple du "futur objectif" en *-l geos-i-da* !

EXERCICES – 연습

번역

1. 언제 출장갈 기회가 있겠어요 ?
2. 그분이 사직하셔서 뵐 수 없었어요.
3. 작년에는 이사장이였는데, 금년에는 사직하셨어요.
4. 하와이에 가도 못 만나겠어요.
5. 미국에 계신 분은 어디로 가셨어요 ?

빠지는 단어

1. *Il semble que je ne pourrai pas le voir cette fois-ci.*
   이번에는 . . . . . .

2. *Ça fait six mois que je suis arrivé à Hawaï.*
   하와이에 온지 . . . .

3. *Si les taxis deviennent plus nombreux, circuler deviendra facile.*
   택시가 많아지면 교통이 . . . .

CORRIGÉS DES EXERCICES

Traduction

1. Quand aurez-vous l'occasion de partir en voyage d'affaires ?
2. Je n'ai pas pu le rencontrer parce qu'il a démissionné.
3. L'an dernier il était président du conseil d'administration, mais cette année il a démissionné.
4. Même si je vais à Hawaï, je ne pourrai pas le voir.
5. Où est allée la personne qui se trouvait aux États-Unis ?

Mots manquants : 1 뵐 수 없을 것 같은데 **2.** 육개월이 됐어요 **3** 편리하게 됩니다

가는 세월 잡을 수 없고 오는 백발 막을 수 없다.
/ga-neun seweol jab-eul su eobs-go o-neun baegbal mag-eul su eobs-da/
(ka-neunn sé-ouol tcha-beul-ssou-op-kô ô-neunn paik-pal ma-gueul-ssou-op-ta)

"Le temps qui passe, on ne peut pas l'attraper et les cheveux blancs qui arrivent, on ne peut pas les arrêter."

Ce qui prouve, encore une fois, que sous toutes les latitudes, les hommes ont les mêmes préoccupations. Mais vous, vous n'avez pas de cheveux à vous faire ! Encore deux leçons et vous aurez "attrapé" votre avant-dernière semaine de coréen. Sans peine !

Deuxième vague : Leçon 11

제 61 과
/je yug sib il gwa/
(tché-youk-chi-bil-goua)

행복
/haengbog/
(haing-bôk)

1 – 언니, 매일 출근하는 남편 뒷모습만 바라보고, **(1)**
/eonni maeil culgeunha-neun nampyeon dwismoseub-man barabo-go/
(onn-ni mai-il tch'oul-gueunn-ha-neunn nam-p'yonn douim-mô-seum-man pa-ra-bô-gô)

2 아이 도시락이나 챙겨 주고, 집안 청소에 설겆이까지... **(2)**
/ai dosirag-ina caenggyeo ju-go jiban ceongso-e seolgeoji-ggaji/
(a-i tô-chi-ra-gui-na tch'aing-guyo-djou-gô tchi-bann tch'ong-sô-é sol-go-dji-kka-dji)

NOTES

(1) *eonni* (nom) : "sœur aînée "(pour une sœur cadette) ; pour un frère, la sœur aînée se dit *nuna*. Actuellement, *eonni* est une façon courante de s'appeler entre amies, ce qui montre bien la répugnance des Coréens à avoir recours à des pronoms de la deuxième personne, ainsi que leur tendance à calquer toutes les relations sociales sur la structure familiale.
• *nampyeon dwismoseub* : "le dos du mari" ; *dwismoseub* est un nom composé de noms simples : *dwi* : "derrière" et *moseub* : "aspect", "forme", et ces deux composantes sont reliées au moyen du "s" intercalaire (leçon 55, note 5).

SOIXANTE ET UNIÈME LEÇON

Le bonheur

1 – Dis-moi, regarder tous les jours le dos de ton mari qui part au travail,
2 préparer la gamelle des enfants, faire le ménage, et même la vaisselle...

NOTES (suite)

Cette "vue de dos" n'est pas toujours aussi désagréable, puisqu'un dicton coréen dit *ga-si-neun sonnim dwismoseub-i yebbeu-da* : "Rien n'est plus beau que le dos d'un invité qui s'en va !".
• *sonnim* : en fonction du contexte : "invité", "client", "passager" ou "usager". *bo-da* (verbe), c'est simplement "voir", tandis que *barabo-da* (verbe) signifie "regarder", "contempler".

(2) *dosirag* (nom) : "boîte dans laquelle on emporte son repas", généralement du riz, du *kimch'i* et quelques légumes. *caengi-da* (verbe) : "préparer" (un repas, etc.), *caengyeo ju-da* : "préparer pour".
• *jiban* : nom composé de jib : "maison" et de *an* : "intérieur". *jiban* a deux significations : d'une part c'est la "famille", la "maisonnée", d'autre part le mot veut dire "intérieur" ; *ciban il* : mot à mot "le travail à l'intérieur de la maison", c'est le "ménage".
• *ceongso* (nom) : "nettoyage", *ceongsoha-da* (verbe) : "nettoyer" ; *jiban-eul ceongsoha-da* : "faire le ménage".
• *seolgeoji* (nom) : "vaisselle" au sens de "lavage des plats" ; "vaisselle" au sens de "ensemble de plats" se dit *siggi.*
• *seolgeoji* est un nom formé à partir du verbe *seolgeoj-da* : "faire la vaisselle". On trouve en coréen un certain nombre de noms formés à partir du radical d'un verbe auquel on ajoute le suffixe formateur de noms *-i.*
jiban ceonso-e seolgeoji-ggaji : "et le ménage et même la vaisselle". Ici, *-e* n'indique ni un lieu ni un moment mais sert à marquer l'énumération. Ex. : *soseol-e si-e da ilg-eoss-eoyo* : "Romans, poésie, j'ai tout lu". Le suffixe *-go de caenggi-go* a la même fonction d'énumération, mais pour les verbes et les adjectifs.

3 그리고, 혼자만 남아... **(3)**
/geurigo honjanam nam-a/
(keu-ri-gô hônn-dja-nam na-ma)

4 지금 생활에 만족하세요 ? **(4)**
/jigeum saenghwal-e manjogha-seyo/
(tchi-gueum saing-houa-ré mann-djô-k'a-sé-yô)

5 – 지금은 새로운 걸 하고 싶어. **(5)**
/jigeum-eun saerou-n geol ha-go sip-eo/
(tchi-gueu-meunn sai-rô-ounn kol ha-gô-chi-p'o)

6 경제적 여건이 허락되면 공부를 계속하면 좋겠어. **(6)**
/gyeongjejeog yeogeon-i heoragdoe-myeon gongbu-reul gyesogha-myeon joh-gess-eo/
(kyong-djé-djok yo-go-ni ho-rak-touai-myonn gông-bou-reul ké-sô-k'a-myonn tchô-k'é-sso)

7 그래서 직업을 갖고 싶어. **(7)**
/geuraeseo jigeob-eul gaj-go sip-eo/
(keu-rai-so tchi-go-beul kat-kkô-chi-p'o)

8 사회에서 일하는 보람을 느끼면서 살고 싶어. **(8)**
/sahoe-eseo ilha-neun boram-eul neuggi-myeonseo sal-go sip-eo/
(sa-houai-é-so i-ra-neunn pô-ra-meul neu-kki-myonn-sso sal-gô-chi-p'o)

3 et puis, rester seule...
4 actuellement, es-tu satisfaite de ton existence ?
5 – Maintenant, j'ai envie de faire quelque chose de nouveau.
6 Si les conditions économiques le permettent, j'aimerais poursuivre mes études.
7 C'est pourquoi je voudrais avoir un métier.
8 J'ai envie de vivre en ayant la satisfaction de travailler dans la société.

NOTES (suite)

(3) *honjanam* : forme renforcée de *honja* (adverbe) : "tout seul".

(4) *manjog* (nom) : "satisfaction (de tous les désirs)", "contentement", *manjogha-da* (verbe) : "être satisfait".

(5) *geol* : forme contractée de *geos-eul*.
• *saerou-n* est la forme épithète de l'adjectif *saerob-da* : "nouveau". *jigeum saerou-n geol ha-go sip-eo* : "Maintenant j'ai envie de faire quelque chose de nouveau".

(6) *yeogeon* (nom) : les "données" d'un problème, d'une situation ; *gyeongjejeog yeogeon* : "les données économiques", nous disons plutôt : "les conditions économiques".
• *heorag* (nom) : "autorisation", *heoragha-da* (verbe actif) : "autoriser", *heoragdoe-da* : être autorisé". *gyeongjejeog yeogeon-i heoragdoe-myeon* : mot à mot "si les données économiques sont autorisées", c'est-à-dire "si les conditions économiques le permettent".

(7) *geuraeso* (conjonction) : "c'est pourquoi". *jigeob* (nom) : "métier", "profession", *gaj-da* : forme contractée du verbe *gaji-da* : "avoir".

(8) *boram* (nom) : "satisfaction" ; par rapport à *manjog* vu ci-dessus, *boram* comporte un "plus" : la fierté d'avoir réussi quelque chose. *neuggi-da* (verbe) : "éprouver un sentiment", "ressentir". *-myeonseo* : variante renforcée du suffixe-conjonction de la simultanéité (leçons 44, note 5 et 46, note 6).

EXERCICES – 연습

번역

1. 집안 청소만 하며 생활에 만족하나요 ?
2. 직업은 무엇입니까 ?
3. 가방을 좀 챙겨 주세요.
4. 경제 여건에 따라 직업을 찾겠어요.
5. 남편 뒷모습을 바라보면 볼수록 하와이에 혼자 가고 싶어요.

빠지는 단어

1. *Les conditions économiques s'améliorent (vont s'améliorant).*
경제적 여건이 . . . . .

2. *Un nouveau métier, c'est une nouvelle vie.*
. . . 직업은 . . . 생활이에요.

3. *Préparer la gamelle, le ménage, la vaisselle, je fais tout.*
도시락 챙기기 . 집안 청소 . 설겆이 . 다 해요.

암탉이 울면 집안이 망한다.
/amtalg-i ul-myeon jiban-i mangha-n-da/
(am-t'al-gui oul-myonn tchi-ba-ni mang-hann-da)

"Si une poule chante, c'est la ruine de la maison."

Traduction : Si, dans un ménage, c'est l'épouse qui porte la culotte, la famille court à la ruine. Sexiste, n'est-ce pas ? Cela fait partie de la "culture" confucéenne. Et ce préjugé remonte à la nuit des temps : on le trouve déjà dans le Shujing : "le classique des documents", fleuron littéraire

CORRIGÉS DES EXERCICES

Traduction

1. Est-on satisfait de l'existence si on fait seulement le ménage ?
2. Quelle est votre profession ?
3. Préparez ma serviette, s'il vous plaît.
4. Je chercherai une profession en fonction des conditions économiques.
5. Plus je vois le dos de mon mari, plus j'ai envie de partir seule à Hawaï.

Mots manquants : 1. 좋아져 가요 **2.** 새로운... 새로운 **3.** 에, 에, 를

de l'antiquité chinoise. Fort heureusement pour les Coréennes, les choses sont en train de changer rapidement.

• *am* (préfixe) : "femelle" auquel s'oppose un autre préfixe : *su* : "mâle" ; *dalg* (nom) : "volaille" (sans précision du sexe), *amdalg* : "poule", *sudalg* : "coq".

• *ul-da* (verbe) : "pleurer" pour les humains, mais "crier" pour les animaux. *mangha-da* : "se ruiner", "s'effondrer".

Deuxième vague : Leçon 12

제 62 과
/je yug sib i gwa/
(tché-youk-chi-bi-goua)

환갑 (1)
/hwangab/
(houann-gap)

1 – 어제 우연히 친구 아버님 환갑 잔치에 초대 되어서 갔었어요. **(2)**
/eoje uyeon-hi cingu abeonim hwangab janci-e codae doe-eo-seo gass-eoss-eoyo/
(o-djé ou-yonn-hi tch'inn-gou a-bo-nim houann-gap-tchann-tch'i tch'ô-dai-douai-o-sso ka-sso-sso-yô)

2 – "환갑 잔치"가 뭐예요 ? **(3)**
/hwangab janci-ga mweo-yeyo/
(houann-gap-tchann-tch'i-ga mouo-yé-yô)

NOTES

(1) *hwangab* (nom) : "soixantième anniversaire". Ce terme signifie mot à mot :"retour (*hwan*) à l'année *gab*". Les anciens Coréens, à l'imitation des Chinois, comptaient le temps en cycles de soixante années. Chaque année avait son nom et la première du cycle s'appelait *gab*. Quand on avait atteint sa soixantième année, on commençait un nouveau cycle, donc on revenait à la première année dite *gap*. *hwangab*, c'est en quelque sorte le "retour à la case départ". Étant donné la faible espérance de vie dans l'antiquité et même il y a moins d'un siècle, arriver à soixante ans était un véritable exploit qu'il convenait de fêter dignement. S'ajoute à cela la notion confucéenne de respect pour les aînés, surtout s'il s'agit de ses propres parents.

SOIXANTE-DEUXIÈME LEÇON

Le soixantième anniversaire

1 – Hier j'ai été invité par hasard au banquet en l'honneur du soixantième anniversaire du père d'un ami.
2 – "Banquet de soixantième anniversaire", qu'est-ce que c'est ?

NOTES (suite)

(2) *uyeon* (nom) : "hasard", *uyeonha-da* (adjectif) : "fortuit", *uyeon-hi* (adverbe) : "par hasard". Très bon exemple de la façon qu'a le coréen de créer, à partir d'un nom sino-coréen, des verbes et des adjectifs grâce à *ha-da* et des adverbes en remplaçant *-ha-da* par le suffixe adverbial *-hi*.
• *abeonim* (nom) : contraction de *abeoji* : "père" et du suffixe de déférence *-nim*. Terme servant à désigner le père de quelqu'un d'autre : *abeoji* : "mon père", *abeonim* : "votre père".
• *codaedoe-eo-so gass-eoss-eo* : "ayant été invité, je suis allé". À partir de *codae* (nom) : "invitation", *codaeha-da* (verbe actif) : "inviter", *codaedoe-da* (verbe passif) : "être invité". Ici le suffixe conjonction *-seo* marque à la fois la cause et la condition préalable. *janci* (nom) : "banquet", "festin".

(3) *mueo-yeyo* est la contraction de *mueos-i-ye-yo* : "qu'est-ce que c'est ?".

3 – 환갑이라는 것은 사람이 태어나서 60년만에 맞는 생일이예요. **(4)**
/hwangab-i-ra-neun geos-eun saram-i taeeona-seo yug sib nyeonman-e maj-neun saeng'il-i-yeyo/
(houann-ga-bi-ra-neunn ko-sseunn sa-ra-mi t'ae-o-na-sso youk-chim-nyonn-ma-né ma-djeunn saing-i-ri-yé-yô)

4 그 날은 환갑을 맞이하는 분의 자제분들이나 친척들이 큰 잔치를 베풀어 줘요. **(5)**
/geu nal-eun hwangab-eul majiha-neun bun-eui jajebun-deul-ina cinceog-deul-i keu-n janci-reul bepur-eo jweoyo/
(keu-na-reunn houann-ga-beul ma-dji-ha-neunn pou-neui tcha-djé-bounn-deu-ri-na tch'inn-tch'ok-teu-ri k'eunn tchann-tch'i-reul) pé-p'ou-ro-djouo-yô)

NOTES (suite)

(4) *hwangab-i-ra-neun geos-eun* : "Ce qu'on appelle *hwangab*" ; *-ra-neun* est le suffixe du discours rapporté à la forme épithète.
• *i-ra-neun* est abrégé en *-ra-neun* quand le mot qui précède se termine par une voyelle, Ex. *dosi-ra-neun geos-eun* : "Ce qu'on appelle une ville".
• *yeonman* (nom) : "grand âge" ; *maj-da* (verbe) : "arriver", "atteindre" (en parlant de l'âge, d'une fête).

3 – Ce qu'on appelle hwangab, c'est l'anniversaire qui marque les soixante ans après la naissance.

4 Ce jour-là, les enfants ou les parents de la personne dont on fête le soixantième anniversaire lui offrent un grand banquet.

NOTES (suite)

• *saram-i taeeona-seo yug sib nyeonman-e maj-eun saeng'il-i-yeyo* : mot à mot "C'est l'anniversaire [quand] l'homme arrive à soixante ans après être né". *taeeona-da* (verbe) : "naître" ; le suffixe-conjonction *-seo* marque ici la condition préalable : "arriver à son soixantième anniversaire après être né au préalable". En français, nous dirions "soixante ans après sa naissance", mais le coréen préfère utiliser des verbes et, au moyen des suffixes-conjonctions, décomposer toutes les phases d'un processus, comme ici le processus de naissance et de vieillissement.

(5) *majiha-da* (verbe) : "recevoir" (une visite, un hommage) ; *jaje* (nom) : "les enfants" (de quelqu'un), *cinceog* (nom) : "la parenté", "les parents" ; "parents" au sens de "père et mère" se dit *bumo*. *bepul-da* (verbe) : "offrir".

• *jweoyo* est la forme contractée de *ju-eoyo*, du verbe auxiliaire *ju-da* qui indique qu'une action est faite au profit d'autrui. Cette nuance se rend en français par le recours à un pronom personnel : "**lui** offrent un grand banquet".

5 노부부가 식상 뒤에 앉으면, 사람들이 차례로 그 앞에 가서 큰 절을 하고 술잔을 올려요. **(6)**
/nobubu-ga sigsang dwi-e anj-eumyeon saram-deul-i carye-ro geu ap-e ga-seo keu-n jeol-eul ha-go suljan-eul ollyeo-yo/
(nô-bou-bou-ga chik-ssang-doui-é ann-djeu-myonn sa-ram-deu-ri tch'aré-rô keu-a-p'é ka-sso k'eunn tcho-reul-ha-gô souldja-neul ôl-lyo-yô)

6 한국 사람들은 환갑을 인생에서 큰 경사로 여긴답니다. **(7)**
/hangug saram-deul-eun hwangab-eul insaeng-eseo keu-n gyeongsa-ro yeogi-n-da-bni-da/
(hann-gouk-ssa-ram-deu-reunn houann-ga-beul inn-saing-é-sso k'eunn kyong-ssa-rô yo-guinn-dam-ni-da)

EXERCICES – 연습

번역

1. 육십살을 맞으면 환갑이에요.
2. 서울은 아름다운 도시로 여겨져요.
3. 노부부는 식상 뒤에 가서 앉았어요.
4. 아버님 앞에 절을 했어요.
5. 환갑은 인생에서 가장 큰 경사예요.

5 Quand le vieux couple est assis derrière la table, les gens viennent à tour de rôle devant eux, se prosternent et offrent une coupe d'alcool.

6 Les Coréens considèrent le soixantième anniversaire comme un grand événement de la vie humaine.

NOTES (suite)

(6) *nobubu* (nom) : "vieux couple" ; le conjoint de la personne dont on fête le soixantième anniversaire est présent à ses côtés.
• *siksang* (nom) : mot à mot "table à manger", table basse où l'on dispose la nourriture et qui, chargée d'offrandes, est placée devant le couple. On place derrière lui un paravent de cérémonie couvert de maximes confucéennes en caractères chinois archaïques.
• *carye* (nom) : "ordre", "tour", *carye-ro* (adverbe) : "à tour de rôle".
• *jeol* (nom) : "salut" ; dans les grandes occasions, comme ici pour un soixantième anniversaire, ce "grand salut" (*keu-n jeol*) est une prosternation.
• *suljan* : "coupe d'alcool", nom composé de *sul* : "alcool" et *jan* : "coupe". *olli-da* (verbe) : "faire monter", "élever" ; ce verbe est utilisé par un "inférieur" à la place de *ju-da* : "donner" comme verbe de déférence ayant le sens de "offrir à un supérieur". *ol-li-da* est le verbe causatif créé à l'aide du suffixe *-li* à partir du verbe *oreu-da* : "monter", "grimper".

(7) *gyeongsa* (nom) : "heureux événement", "jour de fête".
• *yeogi-da* (verbe) : "considérer comme". *insaeng* (nom) : "vie humaine".
• *yeogi-n-da-bni-da* est la forme contractée de *yeogi-n-da-go ha-bni-da* : "On dit que [les Coréens] considèrent".

EXERCICES (suite)

빠지는 단어

1. *Les gens se prosternent à tour de rôle.*
   사람들은 . . . .

2. *J'ai offert un festin à mes amis.*
   친구에게 잔치를 . . . .

3. *Savez-vous où se trouve le pays qui s'appelle la Corée ?*
   . . . . 어딘지 아세요 ?

인생은 나그네 길.
/insaeng-eun nageunae gil/
(inn-saing-eunn na-gueu-né kil)

"La vie, c'est le chemin d'un étranger de passage."

Il arrive que dans certaines maximes – ou, à notre époque, dans les slogans –, on fasse l'économie de *i-da* en fin de phrase. *-neun* à lui tout seul permet de savoir où est le sujet et où est l'attribut. Ceci montre bien le rôle purement grammatical de *i-da*.

• *insaeng* (nom) : "vie humaine", *nageune* (nom) : "étranger de passage", *gil* (nom) : "chemin", "route".

Vision ô combien bouddhique de l'existence, brève étape

CORRIGÉS DES EXERCICES

Traduction

1. Quand on arrive à soixante ans, c'est le hwangab.
2. Séoul est considérée comme une jolie ville.
3. Le vieux couple est allé s'asseoir derrière la table.
4. Je me suis prosterné devant son père.
5. Le hwangab est l'événement le plus important de la vie humaine.

Mots manquants : 1. 차례로 절을 해요 **2.** 베풀어 주었어요 **3.** 한국이라는 나라가

dans le cycle immense des réincarnations, souvent associée aux nuages blancs qui vagabondent dans le ciel. Dès le septième siècle, le poète chinois Han Shan écrivait que "les blancs nuages oisifs sont mes compagnons de toujours". Plus près de nous, le poète coréen Jeong Col (1536-1593) nous a laissé un très beau *sijo* (poème classique de trois vers) :

"Une ombre apparaît sur l'eau, c'est un bonze qui passe le pont.
Moine ! attend un peu, dis-moi où tu vas !
Sans un mot, il montre les nuages blancs et continue sa route."

Deuxième vague : Leçon 13

제 63 과
/je yug sib sam gwa/
(tché youk-chip-ssam-goua)

복습
RÉVISIONS ET NOTES

1. Les terminaisons interrogatives et les différents types de questions en coréen : Tout au long des dialogues, surtout ceux de la deuxième partie de l'ouvrage, nous avons eu l'occasion de voir que les énoncés formulant une question ne prennent pas tous la même terminaison. Celle-ci dépend du type de question posée et du type de réponse à laquelle on s'attend.

A) Il y a tout d'abord les questions pour lesquelles on attend une réponse par "oui" ou par "non", Ex. : *jeonyeog-irado hamgge ha-l sigan-i eobs-euseyo ?* : "N'auriez-vous pas le temps de dîner avec moi ?" (leçon 45, phrase 4) ;
windou-yong munseoceori-reul sayongha-myeon doe-bni-gga ? : "Je peux utiliser un traitement de textes windows ?" (leçon 51, phrase 4) ;
sajigha-sy-eoss-eoyo ? : "Il a démissionné ?" (leçon 60, phrase 6).

* On trouve ensuite des questions émanant de quelqu'un qui est à la recherche d'un renseignement précis. Ex. *jina-n yeoreum bakangseu-e mweol haess-seubni-gga ?* : "L'été dernier, qu'avez-vous fait pendant les vacances ?" (leçon 44, phrase 1) ;
eodi-eseo sa-myeon ssa-go joh-eun os-eul guha-l su iss-nayo ? : Où puis-je en trouver de bonne qualité et qui soient bon marché ?" (leçon 34, phrase 2) ;
tisyeoceu-neun eolma-jjeum ha-nayo ? : "Il faut compter combien environ pour un T-shirt ?" (leçon 34, 6) ;
jeonhwa-ro miri yagsog sigan-eul jeongha-myeon an doe-na-yo ? : "Il ne faut pas prendre rendez-vous par téléphone ?" (leçon 36, phrase 6) ;

SOIXANTE-TROISIÈME LEÇON

bogsakadeu-neun eodi-seo pa-nayo ? : “Où vend-on des cartes à photocopier ?” (leçon 53, phrase 1) ;
ajig-do meor-eoss-nayo ? : “C’est encore loin ?” (leçon 59, phrase 2).

Comme on le voit, dans les deux cas, on a trois sortes de terminaisons : *-eubnigga / -seubni-gga, -eoyo / -ayeo* et *-nayo,* la première représentant le style très poli, la seconde le style poli et la troisième une variante “décontractée” du style poli.

* Les terminaisons *-l geo-yeyo* et *-llaeyo* sont une variante de ce groupe. La nuance supplémentaire est que l’on demande à son interlocuteur ce qu’il veut. Ex. *meori-reul ggeunh-eusi-l geo-yeyo ?* : “Vous voulez que je vous coupe les cheveux ?” (leçon 38, phrase 3) ;
domi han mari-man sa ju-si-llaeyo ? : “Vous pouvez m’acheter une dorade ?” , mot à mot “Vous voulez [bien] m’acheter une dorade ?” (leçon 26, phrase 5) ;
maegju han jan deu-si-llaeyo ? : “vous voulez une bière ?” (leçon 52, phrase 5) ;
nae-ga geu ddae jjig-eoss-deo-n sajin jom bo-si-llaeyo ? : “Voulez-vous voir les photos que j’ai prises à l’époque ?” (leçon 57, phrase 3).

* Avec les terminaisons *-nde* et *-neyo, s’ajoute* une nuance exclamative ; *-neyo* est plus fort que *-nde,* qu’on peut trouver aussi sous la forme *-ndeyo.*
eodi bwa. mweo-nde ? : “Voyons voir, c’est quoi ?” (leçon 39, 2) ;

waenji jjocgyeona-neun geos gat-a gibun-i beollo-nde ? : "Pourquoi je me sens bizarre, comme si j'étais poursuivi ?" (leçon 40-7) ;
geureomyeon gyeoul-eun sirheoha-si-gess-neyo ? : "Dans ce cas, vous devez détester l'hiver ?" (leçon 43, phrase 4).

B) Avec la terminaison *-lgga* et sa variante polie *-lggayo*, on change de registre. Cette terminaison introduit une nuance de doute, d'incertitude et, partant, d'atténuation, donc de politesse. Elle est employée surtout quand on demande une permission ou quand on ne veut pas être trop catégorique dans sa question. Ex. *deureoga-do doe-lggayo ?* : "Puis-je entrer ?" (leçon 20, phrase 1) ;
nugu-si-ra-go jeonhae-lggayo ? : "C'est de la part de qui ?" (leçon 22, phrase 4) ;
docagha-neunde myeocil jjeum geolli-lggayo ? : "Ça prendra combien de jours environ pour arriver ?" (leçon 25, phrase 8) ;
eoddeoh-ge meori-reul ggagg-a deuri-lggayo ? : "Comment je vous coupe les cheveux ?" (leçon 37, phrase 2) ;
beolsseo myeocnyeon-ina jinass-euni da-deul eoddeoh-ge byeonhaess-eulgga ? : "Depuis toutes ces années, comment ont-ils changé ?" (leçon 47, phrase 5) ;
dambae han dae deuri-llggayo ? : "Je vous donne une cigarette ?" (leçon 52, phrase 3).

La terminaison *-ngayo / -eungayo* est un peu plus familière que *-lggayo / -eulggayo.* Ex. *jijeongseog-eun museun ddeus-i-ngayo ?* : "Place réservée, ça veut dire quoi ?" (leçon 31, phrase 3) ;
kalla bogsa-do ganeungha-ngayo ? : "On peut faire aussi des photocopies couleur ?" (leçon 53, phrase 3) ;
bogsaha-l ge manh-eungayo ? : "Vous avez beaucoup de photocopies à faire ?" (leçon 53, phrase 8).

C) Enfin, on trouve des questions qui n'en sont pas tout à fait, car on n'est pas vraiment à la recherche d'une réponse... sauf si elle est "oui !". C'est une fausse question qui n'attend qu'une chose : que l'interlocuteur soit d'accord !

C'est ce que les linguistes appellent une "question rhétorique". Ex. *gogeub taegsi-i-nigga seobiseu-ga joh-a-ya-ha-neunde georeoh-ge saenggagha-ji-anh-euseyo ?* : "Quand on se veut taxi de luxe, il faut que le service soit bon, ne pensez-vous pas ?" (leçon 54, phrase 9) ;
namdaemun sijang-eul a-si-neun-jiyo ? : "Vous connaissez certainement le marché de Namdaemun ?" (leçon 34, phrase 3) ;
geu dong'an hangug-i manh-i byeonhaess-jyo ? : "Entre temps, la Corée a beaucoup changé, n'est-ce pas ?" (leçon 57, phrase 2).

Comme on le voit, la question rhétorique se pose essentiellement au moyen de la terminaison *-jiyo* et de sa variante contractée *-jyo*. Mais *-jiyo* n'a pas seulement une valeur interrogative. Il en a deux autres.

a) On trouve d'abord celle d'**invite** : on invite quelqu'un à faire quelque chose. C'est, bien sûr, un impératif atténué. Ex. *iri-ro o-si-jyo* : "Venez par ici." (leçon 16, phrase 4) ;
i jjog-euro anj-eusi-jyo : "Asseyez-vous ici." (leçon 16, phrase 5) ;
jeouldae wi-e olly-eo noh-eusi-jiyo : "Posez [-la] sur le plateau de la balance ." (leçon 25, phrase 5).

b) Ensuite, l'emploi de la terminaison *-jyo* marque l'**affabilité,** une façon de parler particulièrement affable, y compris dans l'interrogation. Ex. *joesongha-jiman moro seonsaengnim gyesi-neun-jiyo ?* : "Je m'excuse, mais M. Moreau est-il là ?" (leçon 22, phrase 2) ;
ban-geuro annaehae-deuri-jiyo : "je vais vous montrer votre chambre ." (leçon 19, phrase 8) ;
najung-e dasi deulleu-jiyo : "Je repasserai plus tard" (leçon 23, phrase 6).;
maeu-l surog deoug masiss-jiyo : "Plus c'est épicé, meilleur c'est." (leçon 18, 5) ;
mullon-i-jiyo : "Bien sûr !" (leçon 18, phrase 7).

2 La phonétique du Konglish : Dès la leçon 27 (note 3) nous avons fait connaissance avec le **Konglish**, équivalent coréen de notre “franglais”. Vous avez certainement remarqué que les mots en Konglish ne manquent pas, surtout dans tout ce qui est en relation avec la vie moderne.

Le Konglish joue un rôle très important en Corée car il sert à véhiculer tout ce qui est à la mode ou tout ce qui est nouveau, surtout dans le domaine des technologies de pointe. Aussi, quand vous irez en Corée, il faudra que vos yeux et vos oreilles sachent reconnaître cette frange spéciale du vocabulaire. Pour vous aider, nous vous donnons ci-dessous quelques règles simples :

- les consonnes sonores de l’anglais ou du français : b, d, g sont rendues par *b, d, g* : *beooseu* : “bus” (leçon 4, phrase 5), *diseukes* : “disquette” (leçon 51, phrase 3) ;

- les consonnes sourdes : k, t, p sont rendues par *k, t, p* : *kadeu* : “card” (leçon 53, phrase 1), *keompyuteo* : “computer” (leçon 50, phrase 6), *killo* : “kilo” (leçon 39, phrase 5), *peurinteo* : “printer” (leçon 51, phrase 2) ;

- v et f n’existent pas en coréen ; pour les transcrire, on a recours à *b* et à *p* : *bakangseu* : “vacances” (leçon 44, 1), *bidioteipeu* : video tape” (leçon 27, phrase 3), *kapon* : “car-phone” (leçon 50, phrase 6), *paegseu* : “fax” (leçon 50, phrase 2) ;

- l est transcrit par *ll* : *killo* : “kilo” (leçon 39, phrase 5) ;

- le r, même s’il est prononcé en américain, est omis dans la transcription : *kadeu* : “card” (leçon 53, phrase 1), *keompyuteo* : “computer” (leçon 50, phrase 5) ; il est noté seulement quand il est situé entre deux voyelles : *peurangseu* : “France” (leçon 44, phrase 4), *peurinteo* : “printer” (leçon 51, phrase 2) ;

- le son sh est transcrit *sy* : *tisyeoceu* : “T shirt” (leçon 34, phrase 6) ;

la lettre x est transcrite *gs* : *paegseu* : “fax” (leçon 50, phrase 2), *taegsi* : “taxi” (leçon 54, phrase 2).

3 Le cycle de soixante ans : Avant l’introduction du calendrier occidental, les Coréens utilisaient un calendrier lunaire d’origine chinoise basé sur des cycles de soixante ans. Dans ce calendrier, chaque année du cycle est représentée par un nom de deux syllabes créé en combinant un élément du groupe des “Dix tiges célestes” (*sib gan*) et un élément du groupe des “Douze branches terrestres” (*sib i ji*), deux systèmes de classification mis au point dans la Chine antique. C’est ainsi que 1997, par exemple, correspondait à l’année *jeongcug*, soit la quatorzième année du cycle de soixante ans qui a commencé en 1984. 1998 a donc été appelée *muin* (15e année du cycle). À chaque “branche terrestre” est associé un animal du zodiaque : *ja* : “rat”, *cug* : “bœuf”, *in* : “tigre”, *myo* : “lièvre”, *jin* : “dragon”, *sa* : “serpent”, *o* : “cheval”, *mi* : “mouton”, *sin* : “singe”, *yu* : “coq”, *sul* : “chien”, *hae* : “cochon”. 1997 était donc l’année du bœuf, 1998, celle du tigre. L’an 2000 correspond à l’année du dragon. La première année du cycle de soixante ans s’appelle *gabja* puisqu’on recommence à compter en combinant la première “tige céleste” et la première “branche terrestre”. Par conséquent, “revenir au [caractère] *gab*”, ce n’était pas n’importe quoi dans la Corée ancienne où l’espérance de vie était bien inférieure à 60 ans.

Il est très important de connaître le décompte des années à l’ancienne car, comme nous venons de le voir, il joue un rôle important dans la vie familiale. Il faut savoir également que beaucoup d’événements importants sur le plan culturel ou historique sont encore indiqués avec leur date “à l’ancienne”. Par exemple *imjin waeran* : “l’invasion japonaise de l’année *imjin* = 1592”, *gabo gyeongjang* : “les réformes en vue de la modernisation de la Corée de l’année *gabo* = 1894”.

굿이나 보고 떡이나 먹지.
/gus-ina bo-go ddeog-ina meog-ji/
(kou-chi-na pô-gô tto-gui-na mok-ttchi)

"Après une cérémonie chamanique, tu manges les gâteaux de riz"

L'équivalent français de ce dicton pourrait être "De quoi je me mêle ?".

• *gus* (nom) : "cérémonie chamanique", célébrée en général pour apaiser l'âme d'un défunt ou pour demander leur aide aux divinités. Ce genre de cérémonie est encore très pratiqué de nos jours en Corée, où il n'est pas rare que la mise en service d'une usine soit précédée d'un *gus*.
• *-ina* / *-na* après voyelle : suffixe nominal qui marque le choix.
• *-ji* est la terminaison familière qui correspond à *-jiyo*

****

제 64 과
/je yug sib sa gwa/
(tché-youk-chip-ssa-goua)

농담 한 마디 (1)
/nongdam han madi/
(nông-dam-hann-ma-di)

1 – 고양이 두 마리가 쥐를 잡으려고 쥐 구멍 앞에 앉아 있었어요. **(2)**
/goyang'i du mari-ga jwi-reul jab-euryeo-go jwi gumeong ap-e anj-a iss-eoss-eoyo/
(kô-yang-i tou-ma-ri-ga tchui-reul tcha-beu-ryo-gô tchui kou-mong a-p'é ann-dja-i-sso-sso-yô)

(voir ci-dessus).
• *-go* : ce suffixe conjonction indique ici la succession dans le temps.

Quand on célèbre un *gus*, on se doit de faire des offrandes de nourriture, à commencer par des *ddeog*. Ces offrandes étant destinées aux esprits, il serait très inconvenant de les manger, et celui qui ose faire une chose pareille est un grossier personnage ! Ce dicton est donc une sorte de semonce, pour ne pas dire d'insulte, destinée à remettre quelqu'un à sa place.

En ce qui vous concerne, point n'est besoin de convoquer les chamanes pour s'assurer que vous aller terminer la méthode, vous tenez le bon gap, pardon ! le bon cap. Bravo !... Et à la semaine prochaine !!

Deuxième vague : Leçon 14

****

SOIXANTE-QUATRIÈME LEÇON

Une blague

1 Deux chats étaient assis devant un trou de souris avec l'intention de l'attraper.

NOTES

(1) *madi* est le classificateur des mots et des phrases.

(2) *-euryeo* : suffixe de l'intention, (leçon 38, note 4) ; *-go* relie *-euryeo* au reste de la phrase.
• *anj-a iss-eoss-eoyo* : mot à mot "étaient à l'état assis", du verbe d'état *anj-da* : "s'asseoir". Tous les verbes d'état peuvent prendre cette "forme statique" composée du radical du verbe, de la voyelle de liaison et du verbe *iss-da*. Ex. *sos-da* (verbe d'état) : "se dresser" (montagne, bâtiment, etc.), *san-i sos-a iss-da* : "une montagne se dresse" ("est à l'état dressé").

2 그런데 쥐는 고양이가 무서워서 밖에 나오지 않았어요. **(3)**
/geureonde jwi-neun goyang'i-ga museoweo-seo bak-e nao-ji anh-ass-eoyo/
(keu-ronn-dé tchui-neunn kô-yang-i-ga mou-sso-wo-sso pa-kké na-ô-dji-a-na-sso-yô)

3 그래서 고양이들이 기다리다가 갑자기 그 중 한 마리가 좋은 생각을 냈어요. **(4)**
/geuraeseo goyang'i-deul-i gidari-daga gabjagi geu jung han mari-ga joh-eun saenggag-eul naess-eoyo/
(keu-rai-sso kô-yang-i-deu-ri ki-da-ri-da-ga kap-tcha-gui keu-djoung hann ma-ri-ga tchô-eunn saing-ga-gueul nai-sso-yô)

4 – 쥐는 고양이는 무서워하지만 개는 무서워하지 않잖아. **(5)**
jui-neun goyang'i-neun museoweoha-jiman gae-neun museoweoha-ji anh-janh-a/
(tchui-neunn kô-yang-i-neunn mou-sso-wo-ha-dji-mann kai-neun mou-sso-wo-ha-dji-ann-dja-na)

2 Comme la souris a peur du chat, elle ne sortait pas.
3 Les chats attendaient, quand soudain l'un d'eux eut une bonne idée.
4 – Les souris ont peur des chats mais n'ont pas peur des chiens, n'est-ce pas ?

NOTES (suite)

(3) *jui-neun goyang'i-ga museweo-seo* : "Parce que la souris a peur des chats" ; avec les adjectifs exprimant un sentiment, on utilise en général la phrase à deux sujets : *jwi-neun goyang'i-ga museob-da* : mot à mot "la souris, le chat est effrayant", autrement dit "la souris a peur du chat".

(4) *geuraeseo* (conjonction) : "alors", "c'est pourquoi".
• *-daga* : suffixe-conjonction marquant le changement brusque d'action (leçons 39, note 1, et 42, dicton) ; *goyang'i-deul-i gidari-daga gabjagi* : "les chats attendaient [quand] soudain...".
• *nae-da* (verbe) : "envoyer", "produire", *joh-eun saenggag-eul naeda* : "[le chat] a produit une bonne idée", c'est-à-dire "le chat a eu une bonne idée".

(5) le *-neun* de *jwi-neun* : "la souris" marque le sujet du verbe *johaha-da* : "aimer" ; quant au suffixe *-neun* de *goyang'i-neun* : "le chat" et de *gae-neun* : "le chien", il ne marque pas le sujet mais l'objet : "les souris, c'est des chats qu'elles ont peur, mais pas des chiens". Ceci montre bien la fonction de mise en valeur du suffixe *-neun* / *-eun*, mise en valeur qui est loin de se limiter au sujet.
• On voit que pour dire "avoir peur", on a recours à deux mots, soit l'adjectif (*museob-da*), soit le verbe qui en est dérivé, *museoweoha-da* : "craindre". En général, on utilise l'adjectif pour la première personne et le verbe pour les deux autres. Ceci vaut pour tous les mots concernant l'expression des sentiments. Ex. *na-neun ne-ga silh-da* : "Je te déteste", mot à mot "moi, toi [tu es] détestable" ; par contre on dira : *geu-neun neo-reul silheoha-n-da* : "il te déteste" ; *na-neun gaeul-i joh-da* : "J'aime l'automne" ("moi l'automne bien"), mais *isajang-nim gaeul-eul johaha-si-n-da* : "Le président du conseil d'administration aime l'automne".

5 우리가 개처럼 "왕왕" 하고 짖으면 돼. **(6)**
/uri-ga gae-ceoreom wangwang ha-go jij-eumyeon dwae/
(ou-ri-ga kai-tch'o-rom ouang-ouang ha-gô tchi-jeu-myonn touai)

6 그래, 쥐는 구멍 앞에 있는 것이 우리가 아니라 개라고 생각하고 나올 거야. **(7)**
/geurae jwi-neun gumeong ap-e iss-neun geos-i uri-ga ani-ra gae-ra-go saenggagha-go nao-l geo-ya/
(keu-rai tchui-neunn kou-mong-a-p'é inn-neunn ko-chi ou-ri-ga a-ni-ra kai-ra-gô saing-ga-k'a-gô na-ôl-go-ya)

7 그 때 우리가 쥐들를 잡는 거야. **(8)**
/geu ddae uri-ga jwi-deul-eul jab-neun geo-ya/
(keu-ttai ou-ri-ga tchui-deu-reul tcham-neunn ko-ya)

8 – 이 소리를 들은 다른 고양이가 화가 나서 "어찌 개처럼 "왕왕" 짖고 쥐를 잡을 수 있니 ?"라고 그 친구를 비판했지만, **(9)**
/i sori-reul deur-eun dareu-n goyang'i-ga hwa-ga na-seo eojji gae-ceoreom wangwang jij-go jwi-reul jab-eul su iss-ni-ra-go geu cingu-reul bipanhaess-jiman/
(i sô-ri-reul teu-reunn ta-reun kô-yang-i-ga houa-ga-na-so o-ttji kai-tch'o-rom ouangouang tchi-kkô tchui-reul tcha-beul-ssou-inn-ni-ra-gô keu tch'inn-gou-reul pi-pann-hai-ttchi-mann)

5 Il nous suffit de faire ouah ! ouah ! comme les chiens.
6 [C'est ça], la souris pensera que ce qui se trouve devant son trou, ce n'est pas un chat, mais un chien, et elle sortira ;
7 alors, nous attraperons la souris.
8 – À ces mots, l'autre chat [qui avait entendu ces paroles] se mit en colère et critiqua son ami en disant : "Comment peux-tu attraper des souris en faisant ouah ! ouah ! comme un chien ?"

NOTES (suite)

(6) *wangwang*, vous l'avez deviné, c'est ouah ! ouah !
• *ha-go* : du verbe *ha-da* : "dire" ; *jij-da* (verbe) : "aboyer" ; *uri-ga gae-ceoreom wangwang ha-go jij-eumyeon dwae* : mot à mot "Nous, si comme les chiens en faisant ouah ! ouah ! nous aboyons, ça marche", ce qu'on peut traduire par "il nous suffit de faire ouah ! ouah ! comme les chiens".

(7) *uri-ga ani-ra* : "ce n'est pas nous, mais" ; nous avons déjà vu que *-ra* est la variante de *-na* avec le verbe *ani-da* : "ne pas être" (leçon 55, note 7).
• *gae-ra-go saenggagha-go* : "elle pense que c'est un chien" ; ici, on utilise le suffixe du discours rapporté *-ra* à cause de *saengagha-da* qui est un verbe d'opinion. *gae-ra-go* est la forme contractée de *gae-ira-go* ; quand le nom précédant *ira* : "être" se termine par une voyelle, il y a élision de *i-*.

(8) *geu ddae uri-ga jwi-reul jab-neun geo-ya* : "Alors, nous attraperons la souris", forme familière de *jab-neun geos-i-da*. Ici, avec le sens de "nous attraperons", on utilise *jab-neun geos-i-da* au lieu de *jab-eul geos-i-da* pour marquer un état de fait.

(9) *i sori-reul deur-eun goyang'i* : "le chat qui avait entendu ces paroles" ; le sens de base de *sori* est "son", "bruit" ; on l'utilise aussi avec le sens de "paroles". *goyang'i-ga hwa-ga na-seo* : "parce que le chat s'est mis en colère", à partir de *hwa* (nom) "colère" et de *na-da* (verbe) : "apparaître", "se produire" ; *hwa-ga na-da* : "se mettre en colère".
• *eojji* (adverbe interrogatif) : "pourquoi ?", "comment ?", très souvent avec une nuance de reproche, comme ici. *bipan* (nom) : "critique", *bipanha-da* (verbe) : "critiquer".

9 마침 쥐를 잡은 고양이는 그 친구를 보고 **(10)**
/macim jui-reul jab-eun goyang'i-neun geu cingu-reul bo-go/
(ma-tch'im tchui-reul tcha-beunn kô-yang-i-neunn keu tch'in-gou-reul pô-gô)

10 – "요즘 적어도 두 개 국어 정도는 해야 먹고 살아" 라고 큰 소리를 쳤어요. **(11)**
/yojeum jeog-eo-do du gae gougeo jeongdo-neun hae-ya meog-go sar-a-ra-go keu-n sori-reul cy-eoss-eoyo/
(yô-djeum tcho-go-dô tou-gai kou-go tchong-dô-neunn hai-ya mok-kô-sa-ra-ra-gô k'eunn sô-ri-reul tch'yo-sso-yô)

EXERCICES – 연습

번역

1. 고양이는 쥐구멍 앞에 앉아서 기다렸어요.
2. 농담을 좋아하세요 ?
3. 개는 소리를 들어서 짖었어요.
4. 그 는 말 한 마디 못 했어요.
5. "어찌 나를 비판할 수 있니 ?" 라고 큰 소리를 쳤어요.

9 Mais, en fin de compte, le chat qui avait attrapé la souris s'écria à l'adresse de son ami :

10 – "De nos jours, pourvu qu'on parle deux langues, on arrive à vivre."

NOTES (suite)

(10) *macim* (adverbe) : "en fin de compte" ; *bo-go* vient du verbe *bo-da* : "voir", mais la forme *-eul bo-go* est utilisée comme une postposition avec le sens de "à l'adresse de" : *geu cingu-reul bo-go... keu-n sori-reul cy-eoss-da* : "il s'écria à l'adresse de son ami". *keu-n sori* : mot à mot "grand bruit".

(11) *yojeum* (adverbe) : "ces temps-ci, "de nos jours" ; *du gae gugeo* : "deux langues" ; le chiffre du "deux" est suivi de *gae*, le classificateur général (leçon 60, note 4) ;
• *jeog-eo-do* : vient de l'adjectif *jeog-da* : "petit" (en quantité) ; *jeog-eo-do* : mot à mot "même si c'est peu" ; cette forme prend la valeur de "au moins", "au minimum".
• *jeongdo* (nom) : "degré", "ordre", employé souvent comme ici avec le sens de "quelque chose de l'ordre de".
• *hae-ya* : de *ha-da* (verbe) : "parler" marqué par *-ya*, suffixe-conjonction signifiant "pourvu que" (leçon 41, dicton).
• *yojeum jeog-eo-do du gae gugeo jeongdo-neun hae-ya meog-go sar-a* : mot à mot "ces temps-ci au moins quelque chose de l'ordre de deux langues, pourvu qu'on 'parle, on mange et on vit". *gugeo* (nom) : "langue nationale".

EXERCICES (suite)

빠지는 단어

1. *J'ai peur de la pollution.*
나는 공해 . . . .

2. *Il dit que c'est son ami.*
그는 그의 친구 . . 말한다.

3. *Je me suis assis pour lire le journal.*
나는 신문을 . . . . 앉았다.

쥐꼬리만하다
/jwiggori-manha-da/
(tchui-kkô-ri-mann-ha-da)

"être comme une queue de souris"

c'est-à-dire être insuffisant, avoir peu de valeur. Ce serait notre : "Roupie de sansonnet".

• *-manha-da* est une locution qui signifie "en être à un point tel que". Peut aussi s'employer avec un verbe à la forme épithète en *-l / -eul* et, dans ce cas, peut se rendre en français par le suffixe -able / -ible. Ex. *meog-da* : "manger", *meog-eul manha-da* : "mangeable", *us-da* : "rire", *us-eul manha-da* : "risible".

Les Coréens n'ont aucune animosité envers les souris,

CORRIGÉS DES EXERCICES

Traduction

1. Le chat attendait, assis devant le trou de souris.
2. Aimez-vous les plaisanteries ?
3. Le chien a aboyé parce qu'il a entendu du bruit.
4. Il n'a pas pu dire un mot.
5. "Comment peux-tu me critiquer ?" s'écria-t-il.

Mots manquants : 1. 가 무섭다 **2.** 라고 **3.** 읽으려고

mais les pauvres sont réduites à la portion congrue. Et pourtant – et c'est là un des bons côtés du tempérament coréen –, il y a toujours de l'espoir, puisqu'un dicton dit :

쥐구멍에도 볕들 날이 있다.
/jwigumeong-e-do byeotdeul nal-i iss-da/
(tchui-gou-mong-é-dô pyo-t'eul na-ri i-tta)

"Il y a un jour où les rayons du soleil pénètrent même dans un trou de souris"

• *byeot* (nom) : "rayon de soleil", *deul-da* (verbe) : "entrer", *byeotdeul-da* : "ensoleillé".

Deuxième vague : Leçon 15

제 65 과
/je yug sib o gwa/
(tché-youk-chi-bô-goua)

영양
/yeongyang/
(yong-yang)

1 – 신문을 읽어 보니까 보건부 조사에 의하면 국민 건강에 문제가 많대요. **(1)**
/sinmun-eul ilg-eo bo-nigga bogeonbu josa-e euiha-myeon gugmin geongang-e munje-ga manh-deyo/
(chinn-mou-neul il-go-bô-ni-kka pô-geonn-bou chô-ssa-é-eui-ha-myonn koung-minn konn-gang-é mounn-djé-ga mann-t'é-yô)

2 – 뚜렷한 문제가 뭐래요 ? **(2)**
/dduryeosha-n munje-ga mweo-raeyo/
(ttou-ryo-t'ann mounn-djé-ga mouo-rai-yo)

3 – 그에 따르면 국민의 절반이 영양 불균형 상태에 있다고 해요. **(3)**
/geu-e ddareu-myeon gugmin-eui jeolban-i yeongyang bulgyunhyeong sangtae-e iss-da-go haeyo/
(keu-é tta-reu-myonn koung-mi-neui tchol-ba-ni yong-yang poul-gyunn-hyong sang-t'ai-é i-tta-gô hai-yô)

NOTES

(1) *sinmun-eul ilg-eo bo-nigga* : mot à mot “on lit le journal et on constate que” ; ici, le suffixe-conjonction *-nigga* n'indique pas la raison mais la constatation ou la découverte d'un fait. Cette expression peut se rendre en

SOIXANTE-CINQUIÈME LEÇON

Les aliments

1 – Les journaux disent que d'après une enquête du Ministère de la Santé Publique il y a beaucoup de problèmes de santé au sein de la population .
2 – De quoi s'agit-il exactement ?
3 – D'après ce qu'ils disent, la moitié de la population connaît un déséquilibre alimentaire.

NOTES (suite)

français de façon plus concise par "d'après les journaux".
• *euiha-myeon* (postposition) : "selon", vient du verbe *euiha-da* : "dépendre de" ; on trouve également ce verbe sous la forme *euiha-yeo* ; il a dans ce cas la valeur de "par".
• *bogeonbu* (nom composé) : "ministère de la santé publique" ; à partir de deux noms : *bogeon* "santé publique" et *bu* : "ministère". geongang (nom) : "santé" au sens courant du terme. *josa* (nom) : "enquête" ; *gugmin* (nom) : "citoyen d'un pays".
• *-deyo* est la forme contractée *-da-go hae-yo* : "on dit qu'il y a beaucoup" ; cette forme contractée du discours rapporté est très usitée dans la conversation : *manh-deyo* : "on dit que [les problèmes] sont nombreux".

(2) *dduryeosha-da* (adjectif) : "évident", "exact", "précis" ; *mweo-raeyo* est la forme contractée de *mueos-i-ra-go hae-yo* : "on dit que c'est quoi ?".

(3) *ddareu-myeon* est une variante de *ddara* (leçon 55, note 4). *jeolban* (nom) : "moitié".
• *bulgyunhyeong* (nom) : "déséquilibre" ; à partir de *gyunhyeong* : "équilibre" ; le préfixe *bul* qui signifie "ne pas" entre dans la composition de nombreux mots et apporte une valeur identique à celle de notre préfixe dé- en français.
• *sangtae* (nom) : "état", "situation".

4 한국 성인 10 명 중 3 명이 비만증 상태고 **(4)**
/hangug seongin yeol myeong jung se myeong-i bimanjeung sangtae-go/
(hann-goug song-inn yol myong-djoung sé myong-i pi-mann-djeung sang-t'ai-gô)

5 또 지나친 다이어트로 18.8% 여성이 영양 실조이고 **(5)**
/ddo jinaci-n daieoteu-ro sib pal jeom pal peosenteo yeoseong-i yeongyang siljo-i-go/
(ttô tchi-na-djinn ta-i-o-t'eu-rô chip-p'al-djom-p'al p'o-ssénn-to yo-song-i yong-yang chil-djô-i-gô)

6 저체중인 비정상을 보이고 있데요. **(6)**
/jeocejung-in bijeongsang-eul bo-i-go iss-deyo/
(tcho-tch'é-djoung-inn pi-djong-ssang-eul pô-i-gô-i-tté-yô)

7 하루 세 끼 식사에서 섭취하는 열량이 매년 조금씩 줄고 있데요. **(7)**
/haru se ggi sigsa-eseo seobcwuiha-neun yeollyang-i maenyeon jogeumssig jul-go iss-deyo/
(ha-rou sé-kki chik-sa-é-sso sop-tch'ui-ha-neunn yol-lyang-i mai-nyonn tcho-gueum-chik tchoul-gô-i-tté-yô)

NOTES (suite)

(4) *seongin yeol myeong jung se myeong* : "trois adultes sur dix" ; *myeong* est le classificateur de déférence des personnes.
• *jung* (nom) : "milieu", utilisé souvent au sens de notre préposition "parmi" ou "dans", comme dans l'expression *bulhaengjungdahaeng* (non-bonheur-dans-beaucoup-bonheur) qui signifie "avoir de la chance dans son malheur".

4 Trois Coréens adultes sur dix sont obèses.
5 Et aussi, à cause de régimes excessifs 18,8 % des femmes sont sous-alimentées
6 et ont un poids au-dessous de la normale.
7 Les calories absorbées au cours des trois repas de la journée diminuent petit à petit chaque année.

NOTES (suite)

• *bimanjeung* (nom) : "obésité".

(5) *jinaci-da* (adjectif) : "excessif" ; *daieoteo* : encore un mot américain : "*diet*" au sens de "régime". *yeongyangsiljo* (nom composé) : "sous-alimentation".

(6) *jeochejung* (nom composé) : "poids inférieur à la normale".
• *bijeongsang* (nom composé) : "anormalité", à partir du nom *jeongsang* : "normalité" ; *bi-* est un préfixe coréen qui correspond au préfixe a- du français dans : "anormal", "asocial", etc.
• *bo-i-go* vient de *bo-i-da* : "faire voir", "montrer" (verbe causatif (leçon 56, note5). Nous avons déjà vu *bo-i-da* : "être vu" (verbe passif, leçon 52, note 5). Comme vous pouvez le constater, certains verbes expriment le causatif et le passif **au moyen d'un seul et même suffixe.** Ceci ne veut pas dire que *-i* comporte toujours les deux valeurs. Pour certains verbes, *-i* ne sera utilisé que pour le passif, Ex. *sug(i)-da* : "se tenir penché" (verbe actif) / *sug-i-da* : "faire pencher" (verbe causatif), *sseu-da* : "utiliser" (verbe actif), *sseu-i-da* : "être utilisé" (verbe passif).
• Le passif... et le causatif en coréen, ce n'est pas facile. Vous étiez prévenus !

(7) *se ggi sigsa* : "les trois repas" ; de *ggi* : classificateur de *sigsa* : "repas". Rappelons que les trois repas sont : *acim* : "petit déjeuner", *jeomsim* : "déjeuner" et *jeonyeog* : "dîner".
• *haru* (nom) "un jour" ; fonctionne ici comme une locution adverbiale : "en un jour", "par jour".
• *seobcwiha-da* (verbe) : "absorber" ; *yeollyang* (nom) : "quantité de chaleur", "calorie" ; pour ce dernier terme, il y a aussi un terme plus médical et plus "in" emprunté à l'américain (*calory*) : *kallori. maenyeon* (adverbe) : "chaque année" ; *jogumssig* (adverbe) : "petit à petit" ; *jul-da* (verbe) : "diminuer".
• *jul-go iss-da-bni-da* est la forme contractée de *jul-go iss-da-go ha-bni-da* : "on dit que [les calories] sont en train de diminuer".

8 동물성 지방이 늘고 칼로리가 높은 음식을 많이 먹게 되는 외식 횟수가 꾸준히 늘고 있다는데 원인이 있데요. **(8)**
/dongmulseong jibang-i neul-go kallori-ga nop-eun eumsig-eul manh-i meog-ge doe-neun oesig hoessu-ga ggujun-hi neul-go iss-da-neun-de weonin-i iss-deyo/
(tông-moul-ssong tchi-bang-i neul-gô k'al-lô-ri-ga nô-p'eunn eum-chi-gueul ma-ni mog-kké touai-neunn ouai-chik houai-ssou-ga kkou-djounn-hi neul-gô i-tta-neunn-dé ouo-ni-ni i-tté-yô)

EXERCICES – 연습

번역

1. 국민들은 건강 문제가 많아요.
2. 그는 보건부의 조사를 보여 주었어요.
3. 동물성 지방을 많이 섭취하면 건강에 문제가 생겨요.
4. 서울에는 공해가 매년 늘고 있어요.
5. 그는 다이어트로 하루 두 끼만 해요.

8 Cela est dû au fait que les graisses animales augmentent et que le nombre de repas pris à l'extérieur et au cours desquels on mange une nourriture riche en calories est en constante augmentation.

NOTES (suite)

(8) *dongmulseong jibang* : "graisse animale", de *dongmul* (nom) : "animal" *seong* est un suffixe qui a le sens de "nature" ; *dongmulseong* : "de nature animale".
• *meog-ge doe-neun* : nous avons déjà vu (leçon 60, note 6), la tournure *-ge doe-da* qui indique l'apparition d'un nouvel état de choses.
• *oesig* (nom) : "le repas pris en dehors de la maison".
• *hoessu* (nom composé) : "nombre de fois", à partir de *hoe* : "fois" et *su* : "nombre". Entre *hoe* "fois" et *su* "nombre", on trouve le "s intercalaire" qui s'insère entre les deux composants du mot composé. Phonétiquement, il a pour effet de renforcer la consonne du second élément : *su* se prononce *ssu.*
• *weonin* (nom) : "cause", "origine".
• le *-neun-de* que l'on trouve dans *iss-da-neun-de* n'a rien à voir avec le suffixe-conjonction *-neunde* ; *dans iss-da-neun-de*, *-de* est la contraction de *de-e* ; *de* (nom) : "lieu", "endroit", est également utilisé avec une valeur grammaticale que l'on peut rendre en français par "fait" ou "point" : *oesig hoessu-ga ggujun-hi neul-go iss-da-neun-de weonin-i-iss-deyo* : "on dit que la cause se trouve dans le fait que le nombre de repas pris à l'extérieur est en train d'augmenter de façon continue".
• *ggujun-hi* : adverbe formé à partir de l'adjectif *ggujunha-da* : "obstiné", "persistant", "continu". *iss-deyo* : forme contractée de *iss-da-go hae-yo.*

EXERCICES (suite)

빠지는 단어

1. *D'après ce que m'a dit mon ami, il y a beaucoup d'obésité en Corée.*
친구 말을 . . . . . 한국에 비만증이 많대요.

2. *D'après les journaux, les femmes suivent des régimes trop sévères.*
. . . . . . 여성들이 너무 지나친 다이어트를 한대요.

3. *Neuf Coréens sur dix ont envie d'aller à l'étranger.*
. . . . 외국에 가고 싶어 해요.

CORRIGÉS DES EXERCICES

Traduction

1. La population a beaucoup de problèmes de santé.
2. Il m'a montré l'enquête du Ministère de la Santé Publique.
3. Si on absorbe beaucoup de graisse animale, des problèmes de santé apparaissent.
4. À Séoul, la pollution augmente chaque année.
5. Il ne prend que deux repas par jour à cause de son régime.

Mots manquants : 1. 들어 보니까 **2.** 신문에 의하면 **3.** 한국사람 10 명 중 9 명이

인생 살이가 다람쥐 체 바퀴 돌듯하다
/insaeng sari-ga daramjwi ce bakwi dol-deusha-da/
(inn-saing-sa-ri-ga ta-ram-djui tch'é pak'oui tôl-deu-t'a-da)

"La vie humaine est comme un écureuil qui tourne [dans sa cage]"

• *insaeng* (nom) "humanité", *sari* (nom) "vie", *daramjwi* (nom) "écureuil", *bakwi* (nom) "roue", *dol-da* (verbe) "tourner", *deusha-da* (verbe) "être comme".
C'est l'équivalent coréen de notre "Métro boulot dodo".

Au fait, comment va votre régime coréen ? Il tourne à plein, semble-t-il puisqu'il ne vous reste plus que six leçons... Allons, encore un effort... et vous n'aurez plus à faire l'écureuil !

Deuxième vague : Leçon 16

제 66 과
/je yug sib ryug gwa/
(tché-youk-chim-nyouk-koua)

건강식 (1)
/geongangsig/
(konn-gang-chik)

1 – 건강에 맞게 영양 섭취를 하려면 어떤 식사법을 취해야 하나요 ? **(2)**
/geongang-e maj-ge yeongyang seobcwi-reul ha-ryeo-myeon eoddeo-n sigsabeob-eul cwihae-ya ha-nayo/
(konn-gang-é ma-kké yong-yang sop-tch'ui-reul ha-ryo-myonn o-ttonn chik-ssa-bo-beul tch'ui-hai-ya-ha-na-yô)

2 – 예를 들면 일일 권장량 수준에 달하기 위해서 다음과 같은 식사를 권해요. **(3)**
/ye-reul deul-myeon ilil gweonjanglyang sujun-e dalha-gi wihae-seo daeum-gwa gat-eun sigsa-reul gweonhae-yo/
(yé-reul teul-myonn i-ril kouonn-djang-nyang sou-djou-né tal-ha-gui-oui-hai-sso ta-eum-goua-ga-t'eunn chik-ssa-reul kouonn-hai-yô)

NOTES

(1) *geongangsig* (nom composé) : “formule santé”, de *geongang* : “santé” et *sig* : “formule”. Cette leçon vous donnera un aperçu des repas coréens de base. Les menus vous étonneront peut-être, mais... vous verrez, on y prend goût !

(2) *maj-da* (adjectif) : “conforme”, “adapté à” ; transformé en adverbe par *-ge* ; *geongang-e maj-ge-*: “de façon à être conforme à la santé”.

SOIXANTE-SIXIÈME LEÇON

Formule santé

1 – Si je veux m'alimenter de façon saine, quel régime dois-je faire ?
2 – Pour arriver au niveau recommandé tous les jours, il est recommandé, par exemple, de faire les repas suivants :

NOTES (suite)

• *sigsabeob* : nom composé de *sigsa* : "repas" et *beob* : "loi", mot à mot "règles (à observer pour les) repas" ; peut se traduire par "régime alimentaire" ; nous avons vu à la leçon 65 le "konglish" *daieoteu* qui, lui aussi, signifie "régime", mais avec une portée plus large.
• *cwiha-da* (verbe) : "prendre", "adopter" ; *eddeo-n*, de l'adjectif *eddeoh-da*, fonctionne comme un adjectif interrogatif avec le sens de "quel genre de", "quelle espèce de".

(3) *ye-reul deul-myeon* : de *ye* : "exemple" et *deul-da* : "prendre" ; locution qui se traduit par "par exemple".
• *ilil* : "chaque jour", adverbe formé par le redoublement de *il* (nom) : "jour de la semaine". On trouve en coréen quelques expressions où l'idée de "chaque" est exprimée par le redoublement du mot. Ex. *jibjib* : "chaque maison".
• *gweonjang* (nom) : "recommandation", *ryang* (nom) : quantité", *sujun* (nom) : "niveau", *dalha-da* (verbe) : "atteindre".
• *wiha-da* est un verbe qui signifie "faire pour quelqu'un, pour quelque chose" ; il s'utilise surtout sous les formes *wiha-yeo* (contractée en *wihae*) et *wihae-seo* avec le sens de "pour" ; le verbe qui le précède doit prendre la forme nominale en *-gi* ; *gweonjanglyang sujun-e dalha-gi wihae-seo* : pour arriver au niveau de la quantité "recommandée".
• *gweonha-da* (verbe) : "recommander" ;
• *daeum-gwa gat-da* : "comme suit", de *daeum* : "suite" et *gat-da* : "pareil".

3 아침엔 보리밥에 소고기 국물로 끓인 무장국을 드시고. **(4)**
/acim-e-n boribab-e sogogi gugmul-lo ggeulhi-n mujanggug-eul deu-si-go/
(a-tch'i-ménn pô-ri-ba-bé sô-gô-gui-goung-mul-lô kkeu-rinn mou-djang-gou-gueul teu-chi-gô)

4 점심 때는 시금치 나물과 동태 찌개로 식사를 하시고. **(5)**
/jeomsim ddae-neun sigumci namul-gwa dongtae jjigae-ro sigsa-reul ha-si-go/
(tchom-chim ttai-neunn chi-gueum-tch'i na-moul-goua tông-t'ai ttchi-gai-rô chik-ssa-reul ha-chi-gô)

5 저녁에는 어묵볶음과 아욱국, 닭강정을 곁들인 식사를 하면 좋다고 합니다. **(6)**
/jeonyeog-e-neun eomugboggeum-gwa auggug dalggangjeong-eul gyeotdeuri-n sigsa-reul ha-myeon joh-da-go ha-bni-da/
(tcho-nyo-gué-neunn o-mouk-ppô-kkeum-goua a-ou-kkouk tal-kkang-djong-eul kyo-tteu-rinn chik-ssa-reul ha-myonn tchô-t'a-gô ham-ni-da)

NOTES (suite)

(4) *acim-e-n* est la forme contractée de *acim-e-neun* : "au petit déjeuner". Quand un complément circonstanciel de lieu ou de temps se trouve en début de phrase, il est souvent mis en valeur au moyen de *-neun / -eun*.
• *boribab* : nom composé de *bori* : "orge" et *bab* : "riz cuit" ; il s'agit en fait d'orge cuit à l'eau et mangé à la place du riz.

3 Au petit déjeuner, vous prendrez un bouillon de sauce de soja et de viande de bœuf avec de l'orge ;
4 au déjeuner, vous prendrez, en guise de repas, un pot-au-feu d'épinards et de merlan congelé ;
5 et au dîner, il vous est conseillé de prendre un sauté de pâte de poisson, une soupe de mauve et du poulet.

NOTES (suite)

• *boribab-e* : mot à mot "sur de l'orge", car en Corée, quand on mange, on pose souvent les aliments d'accompagnement sur le bol de riz.
• *mujanggug* : mot composé à partir de *gug*, terme générique pour tout ce qui est "soupe" et *mujang*, qui désigne la sauce de soja peu concentrée.
• *sogogi* est composé de *so* : "bœuf" et *gogi* : "viande" ; *gugmul* : "bouillon", "jus" ; *ggeurhi-da* (verbe) : "faire bouillir", "cuire", "préparer". *sogogi gugmul-lo ggeurhi-n mujanggug* : "une soupe à la sauce de soja cuite avec un bouillon de viande de bœuf".

(5) *sigeumci* (nom) : "épinard", *namul* (nom) : "légume", "herbe comestible", *dongtae* (nom) : "merlan congelé".
• *jjigae* est un nom formé à partir du verbe *jji-da* : "faire cuire à la vapeur" ; le *jjigae* est une sorte de pot-au-feu généralement relevé. Quand on le peut, on y met des morceaux de poisson ou de viande et... quand on ne le peut pas, on se contente de légumes : riz, pommes de terre, navets.
• *sigsa-ro* : "en guise de repas", "en tant que repas".

(6) *eomug* (nom) : "pâte de poisson", *boggeum* (nom) : "sauté" ; vient du verbe *bogg-da* : "faire frire" ; *auggug* : "soupe de mauve", *dalggangjeong* : "poulet pané" .
• *gyeotdeuri-da* (verbe) : "mettre plusieurs aliments dans une même assiette" ; a pour origine le nom *gyeot* qui signifie "côté".
• *sigsa-reul ha-myeon joh-da-go ha-bni-da* : mot à mot "on dit que c'est bien si vous prenez pour repas" ; peut se rendre par "il vous est conseillé de prendre pour repas".

6 그리고 세 끼 모두 김치나 깍두기를 곁들여서 드시는 것이 좋고요. **(7)**
/geurigo se ggi modu gimci-na ggagdugi-reul gyeotdeury-eo-seo deu-si-neun geos-i joh-go-yo/
(keu-ri-gô sé kki mô-dou kim-tch'i-na kkak-ttou-gui-reul kyo-tteu-ryo-sso teu-chi-neun ko-chi tchô-k'ô-yô)

7 아무튼 좋은 건강 유지하시기 바랍니다. **(8)**
/amuteun joh-eun geongang yujiha-si-gi bara-bni-da/
(a-mou-t'eunn tchô-eunn konn-gang you-dji-ha-chi-gui pa-ram-ni-da)

EXERCICES – 연습

번역

1. 흰 밥보다 보리밥을 드시면 좋다고 생각해요.
2. 어떤 음식을 권하세요 ?
3. 나물에 고기에 동태에 다 먹어요.
4. 매일 깍두기를 먹는 것이 좋다.
5. 건강에 맞는 식사를 하려면 권장한 수준에 달해야 해요.

6 Et il est bon que vous preniez à tous les repas du kimchi ou des navets assaisonnés.
7 En tout cas, j'espère que vous conserverez une bonne santé.

NOTES (suite)

(7) Nous avons déjà parlé du *gimci*, plus connu à l'étranger sous la graphie *kimchi* (leçons 18, note 5) ; *ggagdugi* (nom) : "navet assaisonné" ; c'est, avec le *gimci*, l'indispensable accompagnateur de tout repas coréen. L'assaisonnement est piquant, cela va sans dire !
• *deu-si-neun geos-i joh-go* : "il est bon que vous preniez", du verbe *deul-da* : "prendre" en parlant d'un plat, d'une consommation.
• *gyeotdeuryeo-seo* : dans ce contexte, le suffixe-conjonction *-seo* ne marque pas la cause, mais l'état : cela peut se rendre en français par le participe présent : "vous prenez votre repas en l'accompagnant de *gimci* ou de *ggagdugi*". Ex. *geu-neun jeongnyujang ap-e seo-seo beoseu-reul gidaryeoyo* : "il attend le bus debout devant l'arrêt" ; *seo-seo* de *seo-da* : "se tenir debout", "se tenir immobile", *seo-seo* : mot à mot "étant debout", "à l'état debout".

(8) *amuteun* (adverbe) : "en tout cas" ; *yujiha-da* (verbe) : "conserver" ; *bara-da* (verbe) : "souhaiter", "espérer" ; le verbe qui le précède est à la forme nominale en *-gi*.

EXERCICES (suite)

빠지는 단어

1. *Cette nourriture est une nourriture qui convient au régime.*
   이 음식은 식이요법에 . . . . .

2. *Prenez de la viande de bœuf avec le riz.*
   소고기는 밥과 . . . . 드세요.

3. *Pour faire un repas qui soit bon pour le corps , il faut manger des légumes.*
   몸에 좋은 . . . 나물을 먹어야 해요.

떡 줄 사람 생각도 않는데 김치국부터 마신다
/ddeog ju-l saram saenggag-do anh-neunde
gimcigug-buteo masi-n-da/
(ttok tchoul sa-ram sainggak-to an-neunn-dé
kim-tch'i-gouk-ppou-t'o ma-chinn-da)

"Sans même penser à celui qui devrait donner les gâteaux de riz, on commence par boire la soupe de kimchi."

• *gimcigug* : "soupe de kimchi" ; c'est une soupe piquante que les Coréens affectionnent particulièrement. On la sert toujours avant de se régaler de gâteaux de riz (*ddeog*).
• *buteo* (suffixe spécifique) : "à partir de" ; avec le verbe "commencer", se rend avec "par".

CORRIGÉS DES EXERCICES

Traduction

1. Je pense qu'il vaut mieux que vous preniez de l'orge plutôt que du riz blanc.
2. Quelle sorte de nourriture me recommandez-vous ?
3. Légumes, viande, merlan congelé, je mange tout.
4. Il est conseillé de manger des navets assaisonnés tous les jours.
5. Si on veut faire des repas qui conviennent à la santé, il faut arriver au niveau recommandé.

Mots manquants : 1. 맞는 음식이에요 **2.** 곁들여서 **3.** 식사를 하기위해서

• *ju-l* est la forme épithète du verbe *ju-da* ; ici le suffixe *-l* marque l'éventualité.

Commencer par boire la soupe de kimchi sans même se soucier de savoir s'il y aura quelqu'un pour offrir des gâteaux de riz, c'est être trop sûr de soi ou du déroulement des choses. L'équivalent français de ce dicton est "Vendre la peau de l'ours avant de l'avoir tué". Comme quoi, si on ne fait pas attention à ce qu'on mange, on risque d'être soumis à une diète totale !

Deuxième vague : Leçon 17

제 67 과
/je yug sib cil gwa/
(tché-youk-chip-tch'il-goua)

의상
/euisang/
(eui-ssang)

1 – 겨울 외투를 하나 살까 하는데, **(1)**
/gyeoul oetu-reul hana sa-lgga ha-neunde/
(kyo-oul ouai-t'ou-reul ha-na sal-kka ha-neunn-dé)

2 요즘 유행하는 스타일이 뭔지 아니 ? **(2)**
/yojeum yuhaengha-neun seutail-i mweo-nji a-ni/
(yô-djeum you-haing-ha-neunn seu-t'a-i-ri mouonn-dji a-ni)

SOIXANTE-SEPTIÈME LEÇON

Les vêtements

1 – Je pense m'acheter un manteau d'hiver ;
2 sais-tu quel est le style à la mode ces temps-ci ?

NOTES

(1) *euisang* (nom) : "vêtements", "toilette" ; *gyeoul* (nom) : "hiver", *oetu* (nom) : "manteau".
• *sa-lgga ha-neunde* : mot à mot "je me dis «peut-être vais-je acheter»" ; *-lgga ha-da / -eulgga ha-da* est une terminaison qui indique le doute, l'hésitation, Ex. *mueol ha-lgga* ? : "Que vais-je bien pouvoir faire ?" ; de ce fait, quand on s'adresse à quelqu'un d'autre, ou l'utilise, avec *-yo*, pour poser une question. Par rapport à la question simple en *-bni-gga* , qui a quelque chose de catégorique, la question en *-eulgga-yo* est moins impérative, donc plus polie. On retrouve entre ces deux façons de questionner la même nuance que celle apportée en français par le présent ou le futur (catégoriques) et le conditionnel (plus atténué, donc plus poli). Comparez *yeogi-seo naeri-si-bni-gga* : "Vous descendez ici ?" (on attend une réponse par "oui" ou par "non") et *yeogi-seo naeri-si-lggayo* : "Voudriez-vous descendre ici ?", "Est-ce que je vous dépose ici ?". La locution *-lgga ha-da* correspond mot à mot à "je me demande si", mais elle est surtout utilisée, comme ici, pour exprimer son intention de façon atténuée : *gyeoul oetu hana sa-lgga ha-neunde* : "j'ai l'intention de m'acheter un manteau d'hiver".

(2) *yuhaeng* (nom) : "mode", *yuhaengha-da* (verbe) : "être à la mode", *seutail* (nom) "style"... en Konglish !
• *mweo-nji a-ni* : forme contractée de *mueos-i-nji a-ni* : "Sais-tu ce que c'est ?".

3 – 젊은이 들은 대개 검은 가죽으로 된 반코트나 파카 종류를 많이 입는 것 같대. **(3)**
/jeolmeuni-deul-eun daegae geom-eun gajug-euro doe-n bankoteu-na paka jonglyu-reul manh-i ib-neun geos gat-dae/
(tchol-meu-ni-deu-reunn tai-gai ko-meunn ka-djou-gueu-rô touainn pann-k'ô-t'eu-na p'a-k'a tchông-nyou-reul ma-ni im-neunn kot-kka-ttai)

4 굳이 유행에 따를 필요가 있니 ? **(4)**
/gud-i yuhaeng-e ddareu-l piryo-ga iss-ni/
(gu-dji you-haing-é tta-reul p'i-ryô-ga inn-ni)

5 자기 취향에 맞게 입으면 되지. **(5)**
/jagi cwihyang-e maj-ge ib-eumyeon doe-ji/
(tchagi tch'oui-hyang-é ma-kké i-beu-myonn touai-ji)

6 – 워낙 신세대들이 유행에 민감해서. **(6)**
/weonag sinsedae-deul-i yuhaeng-e mingamhae-seo/
(wo-nak chinn-sé-dai-deu-ri you-haing-é minn-gam-hai-sso)

NOTES (suite)

(3) *jeolmeuni* : (nom) : "jeune", à partir de l'adjectif *jeolm-da*, auquel on a ajouté le suffixe créateur de nom *-i* ; *jeolmeun-i-deur* : "les jeunes". On trouve en coréen un certain nombre de noms construits de cette façon : *eori-da* (adjectif) : "être enfant", *eorini* (nom) : "enfant", *mosna-da* (adjectif) : "stupide", "bête", *mosnani* (nom) : "idiot".
• *bankoteu* (nom) : "manteau court", *paka* (nom) : "parka" *jeonglyu* (nom) : "genre", "catégorie" ; *geom-da*

3 – Il me semble que les jeunes portent beaucoup de manteaux courts ou de parkas en cuir noir.
4 C'est obligatoire de suivre la mode à tout prix ?
5 C'est mieux de s'habiller en fonction de son propre goût.
6 – C'est que les générations nouvelles sont très sensibles à la mode...

NOTES (suite)

(adjectif) : "noir", *gajug* (nom) : "cuir" ; *geom-eun gajug-euro doe-n paka* : "une parka en cuir noir".
• *doe-da* (verbe) : "devenir ; *-euro doe-da* s'utilise avec le sens de "fabriqué en".
• *gat-dae* : forme contractée de *gat-da-go hae* ; *manh-i ib-neun geos gat-dae* : "il semble que [les jeunes] portent beaucoup".

(4) *gud-i* (adverbe) : "fermement", "à tout prix", de l'adjectif *gud-da* : "ferme", "solide". Dans l'adverbe *gud-i*, la voyelle *i* modifie la prononciation du *d* et on entend (*kou-dji*). On trouve le même type de modification avec l'adverbe tiré de *gat-da* : "pareil", *gat-i* : "ensemble", prononcé (*ka-tch'i*). Mais cette règle ne s'applique pas à tous les mots et *d* conserve sa prononciations dans *madi* (classificateur des paroles), *jandi* (nom) : "pelouse", etc.
• *ddareu-da* (verbe) : "suivre" ; nous avons déjà vu ce verbe dans la locution *-e ddara* : "selon".

(5) *cwihyang* (nom) : "tendance", "goût" ; *jagi cwihyang-e maj-ge ib-eumyeon doe-ji* : mot à mot "si on s'habille d'une façon conforme à (ses) goûts, ça va", peut se traduire par "c'est mieux de s'habiller d'une façon conforme à ses goûts".

(6) *weonag* (adverbe) : "très".
• *sinsedae* (nom composé) : "génération nouvelle", à partir de *sedae* : "génération" et de l'élément *sin* : "nouveau" qui fait fonction de préfixe et se trouve en début de mot.
• *mingamha-da* (verbe) : "être sensible à". *weonag sinsedae-deul-i yuhaeng-e mingamhae-seo* : "C'est que les jeunes générations sont très sensibles à la mode" ; on retrouve ici le suffixe conjonction *-seo* en fin de phrase (leçons 51, note 2 et 57, note 4).

7 – 그렇지만 자기 개성에 맞게 선택해야 되지 않겠니 ? **(7)**
/geureoh-jiman jagi gaeseong-e maj-ge seontaeghae-ya doe-ji anh-gess-ni/
(keu-ro-tch'i-mann tcha-gui kae-song-é ma-kké sonn-t'ai-k'ai-ya touai-dji-ann-génn-ni/

EXERCICES – 연습

번역

1. 젊은이들이 어떤 옷을 입는지 아니 ?
2. 한국사람들은 멋에 민감해요.
3. 젊은 세대는 유행에 맞게 입어요.
4. 선택하는 것은 유행에 따라 하면 안 돼지요.
5. 자기 개성에 맞는 옷이 필요해요.

빠지는 던어

1. *Les jeunes générations aiment les parkas en cuir.*
신세대들은 . . . . . 파카를 좋아해요.

2. *On dit que ce vêtement semble être à la mode.*
이 옷이 . . . .

3. *J'ai l'intention de manger du navet assaisonné.*
깍두기를 . . . .

7 – Mais ne devrait-on pas choisir en fonction de sa personnalité ?

NOTES (suite)

(7) *geureoh-jiman* (conjonction) : "cependant", *jagi* (pronom) : "soi-même" ; *gaeseong* (nom) : "personnalité", "individualité" ; *seontaeg* (nom) : "choix", *seontaegha-da* (verbe) : "choisir" ; *seontaeghae-ya doe-ji anh-gess-ni* : "ne faudrait-il pas choisir ?". Ici, *-gess* apporte la nuance de supputation rendue en français par le conditionnel.

CORRIGÉS DES EXERCICES

Traduction

1. Sais-tu ce que portent les jeunes ?
2. Les Coréens sont sensibles à la beauté.
3. Les jeunes générations s'habillent à la mode.
4. Il ne faut pas que ce qu'on choisit suive la mode.
5. Il me faut un vêtement qui convienne à ma personnalité.

Mots manquants : 1. 가죽으로 된 **2.** 유행하는 것 같대 **3.** 먹을까 해요.

자기 분수에 맞게 처신한다
/jagi bunsu-e maj-ge ceosinha-n-da/
(tcha-gui pounn-ssou-é ma-kké tch'o-chinn-hann-da)

"Savoir rester à sa place"

mot à mot "se conduire d'une façon qui convient à sa position sociale".

• *bunsu* (nom) : "état", "condition", *ceosin* (nom) : conduite", *ceosinha-da* (verbe) : "se conduire".
• *maj-da* : "convenir" ; *-ge* : suffixe adverbial ; *maj-ge :* "d'une façon qui convient", "convenablement".

C'est plus qu'un dicton, c'est un axiome, une règle de conduite qu'il faut absolument respecter dans une société confucéenne comme la société coréenne. En dépit de la

****

제 68 과
/je yug sib pal gwa/
(tché-youk-chi-p'al-goua)

온천
/onceon/
(ônn-tch'onn)

1 – "온천" 탕에 가봤니 ? **(1)**
/"onceon" tang-e gabw-ass-ni/
(ônn-tch'onn-t'ang-é ka-bouann-ni)

2 – 아니, 그게 뭔데 ? **(2)**
/ani geuge mweo-nde/
(a-ni keu-gué-mouonn-dé)

modernisation et de l'internationalisation, elle a toujours pour base les cinq règles d'or des relations sociales établies par Confucius lui-même, à savoir :

• affection entre père et fils,
• loyauté entre suzerain et vassal,
• attributions séparées entre mari et femme,
• ordre entre personnes âgées et jeunes,
• confiance entre amis.

Quant à vous qui avez été affectueux envers votre manuel, loyal envers votre engagement a étudier, qui avez su séparer l'étude du loisir, obéir aux ordres de la grammaire et faire confiance à votre talent et à votre obstination, vous arrivez au bout de vos peines !

Deuxième vague : Leçon 18

****

SOIXANTE-HUITIÈME LEÇON

La station thermale

1 – Es-tu allé dans une "onceon" ?
2 – Qu'est-ce que c'est ?

NOTES

(1) *onceon* (nom) : littéralement "source d'eau chaude", de là "station thermale" ; ces "eaux" sont très répandues dans le pays et très prisées des Coréens. Certaines agences de voyages et certaines ligues leur trouvent un goût plutôt... sulfureux, mais, après tout, il n'y a du soufre que là où on le cherche !
• *tang* (nom) : "bain (public)" ; *gabw-uss-ni* : "es-tu allé ?", du verbe *gabo-da* : "aller voir".

(2) *geuge mweo-nde* : forme contractée de *geugeos-i mueos-i-nde* : "Qu'est-ce que c'est ?".

3 – 자연 온천수를 사용해 만든 공중 목욕탕인데, 피부, 류머티즘, 신경통에 좋데. **(3)**
/jayeon onceonsu-reul sayonghae mandeu-n gongjung mogyogtang-i-nde pibu ryumatijeum singyeontong-e joh-de/
(tcha-yonn ônn-tch'onn-ssou-reul sa-yông-hai mann-deunn kông-djoung mô-gyok-t'ang-inn-dé p'i-bou ryou-ma-t'i-djeum chinn-gyong-t'ông-é tchô-t'é)

4 한번쯤 가볼만 해. **(4)**
/hanbeon-jjeum gabo-lman hae/
(hann-bonn-ttcheum ka-bôl-mann-hai)

5 스트레스 해소 하는데도 안성마춤이야. **(5)**
/seuteureseu haeso ha-neun-de-do anseongmacum-i-ya/
(seu-t'eu-ré-sseu hai-ssô ha-neunn-dé-dô ann-ssong-ma-tch'ou-mi-ya)

NOTES (suite)

(3) *jayeon* (nom) : "nature", *onceonsu* (nom composé) : "eau d'une source thermale" ; *sayong* (nom) : "utilisation", *sayongha-da* (verbe) : "utiliser", *mandeul-da* (verbe) : "fabriquer". *sayonghae mandeul-da* : "fabriquer en utilisant" ; quand deux verbes sont reliés par la seule voyelle de liaison, ils forment en quelque sorte un verbe composé.
• *gongjung* (nom) : "public", *mogyog* (nom) : "bain", *mogyogtang* (nom composé) : "salle de bains", *gongjung mogyogtang* : "bains publics", actuellement plus courant que *tang* tout seul.
• *pibu* (nom) : "peau", *ryumatijeum* (nom emprunté) à l'anglais : *"rhumatism"*, *singyeongtong* (nom composé) : "névralgie", de *singyeong* : "nerf" et *tong* : terme générique pour "douleur".
• *joh-de* : forme contractée de *joh-da-go ha-neunde* : "on dit que c'est bon".

3 – Ce sont des bains publics qui utilisent de l'eau thermale naturelle ; on dit que c'est bon pour la peau, les rhumatismes et les névralgies.
4 Ça vaut le coup d'y aller au moins une fois.
5 Pour dissiper le stress aussi, ça fait tout à fait l'affaire.

NOTES (suite)

(4) *jjeum* : adverbe indiquant l'approximation : "environ", "à peu près" ; *hanbeon-jjeum* correspond à "au moins une fois".
• *gabo-lman hae* : mot à mot "c'est digne qu'on y aille voir", autrement dit "ça mérite d'être vu" ; nous avons déjà vu la locution *-l manha-da / -eul manha-da.*

(5) *anseongmacum* (nom composé) : "objet parfait", ne s'emploie que dans l'expression *anseongmacum-i-da* qui signifie "ça fait parfaitement l'affaire".
• *haeso* (nom) : "dissolution", "liquidation", *haesoha-da* (verbe) : "dissoudre" ; *haesoha-neunde-do* est la contraction de *haesoha-neun-de-e-do* : "même sur le fait de dissoudre" ; nous avons déjà vu l'emploi de : "lieu" en fonction grammaticale (leçon 65, note 8).
• *seuteureseu haesoha-neun-de-do anseongmacum-i-ya* : "C'est tout à fait ce qu'il faut pour dissiper le stress".
• *i-ya* est la forme non polie de *i-da* ; on la retrouve dans certains cris d'alarme tels que *bul-i-ya* : "Au feu !", *dodug-i-ya* : "Au voleur !".

6 혼자만 여기저기 다니지 말고 친구도 생각 좀 하라고. **(6)**
/honja-man yeogijeogi dani-ji mal-go cingu-do saenggag jom ha-ra-go/
(hônn-dja-mann yo-gui-djo-gui ta-ni-dji-mal-gô tch'inn-gou-dô saing-gak tchôm ha-ra-gô)

EXERCICES – 연습

번역

1. 온천이라는 것은 가볼만한 곳입니다.
2. 신경통 해소에 맞는 약입니다.
3. 주말에는 온천에 다니는 것이 좋습니다.
4. 고기를 너무 먹으면 피부가 나빠집니다.
5. 이 물을 마시지 말라고 큰 소리를 쳤다.

빠지는 단어

1. *On dit que l'orge est bon pour le corps.*
보리밥은 몸에 . .

2. *C'est tout à fait ce qu'il faut pour conserver une bonne santé.*
좋은 건강을 . . . . . 안성마춤이다.

3. *Mange ta soupe, je te dis !*
국을 . . . .

6 N'y va pas tout seul, pense à emmener un ami.

NOTES (suite)

(6) *yeogijeogi* (adverbe de lieu) : "ici et là" ; *dani-da* (verbe) : le sens de base est "aller et revenir", mais il s'emploie aussi au sens de "faire un circuit, une tournée", "suivre un itinéraire".
• *mal-da* : verbe auxiliaire marquant l'interdiction, (leçon 50, note 6).
• *cingu-do saenggag jom hae-ra-go* : mot à mot "pense je te prie aussi à un ami", autrement dit "tu devrais penser à emmener un ami" ; *saenggaghae-ra-go* est la forme abrégée de *saengaghae-ra-go hae-yo* : "je te dis : «pense !»" ; le suffixe *-ra* est la terminaison de l'impératif dans le discours rapporté. Comparez *ga* ! : "vas y !" et *ga-ra-go* : "je te dis d'y aller !" (leçon 40, dicton).

CORRIGÉS DES EXERCICES

Traduction

1. Ce qu'on appelle "onceon" est un endroit qui vaut la peine d'être visité.
2. C'est un médicament qui convient pour dissiper les névralgies.
3. C'est bien d'aller dans une station thermale pendant le week-end.
4. Si on mange trop de viande, la peau se détériore.
5. Il lui a crié de ne pas boire cette eau.

Mots manquants : 1. 좋데 **2.** 유지하는데 **3.** 먹으라고

개 꼬리 삼년 두어도 황모 못 된다.
/gae ggori samnyeon du-eo-do hwangmo mos doe-n-da/
(kai-kkô-ri sam-nyonn tou-o-dô houang-mô-mô-ttouainn-da)

"Même si on conserve la queue d'un chien pendant trois ans, elle ne devient pas du poil de belette pour autant."

• *du-da* (verbe) : le sens de base est "laisser tel quel", d'où le sens dérivé de "garder", "conserver".

****

제 69 과
/je yug sib gu gwa/
(tché youk-chip-kkou-goua)

자동차
/jadongca/
(tcha-dông-tch'a)

1 – 여보, 차 사서 부산에 가자 ! **(1)**
/yeobo ca sa-seo busan-e ga-ja/
(yo-bô tch'a sa-sso pou-ssa-né ka-dja)

• *hwangmo* : littéralement “poil jaune”, désigne le “poil de belette” ; le poil de belette est très prisé des calligraphes, car il permet d'obtenir d'excellents pinceaux.
• *mos* est un mot grammatical qui marque l'impossibilité (leçons 33, note 2 et 42, 3) ; *hwangmo mos doe-n-da* : mot à mot “[elle] ne peut pas devenir du poil de belette”.

Deuxième vague : Leçon 19

****

SOIXANTE-NEUVIÈME LEÇON

L'automobile

1 – Chéri, achetons-nous une voiture et allons à Pusan !

NOTES

(1) *yeobo* : abréviation de *yeogi bo-a* : “regarde ici” ; nous avons déjà vu cette tournure sous la forme polie *yeoboseyo* au sens de “allô” (leçon 22, note 1) ; ici, *yeobo* est la façon de s'appeler dans un couple. La traduction française est très vaste car tout est dans l'intonation : elle peut aller de “chéri(e)” à “pauvre mec” ou “sale bonne femme” !
• *ca sa-seo busan-e ga-ja* : “Achetons une voiture et allons à Pusan” ; ici, le suffixe-conjonction *-seo* qui suit le radical du verbe *sa-da* : “acheter” marque la condition préalable (leçon 62, note 4).
• *-ja* est la terminaison familière du propositif que nous avons vu sous sa forme polie *-bsida* (leçon 24, note 1).
• *Pusan* (3,8 millions d'habitants) est la seconde ville de Corée et son plus grand port, à 450 km au sud de Séoul.

2 – 요즘 경제 형편도 안 좋은데 무슨 차야 ? **(2)**
/yeojum gyeongje hyeonpyeon-do an joh-eunde museun ca-ya/
(yô-djeum kyeong-djé hyonn-p'yonn-dô ann-djô-eunn-dé mou-sseunn tch'a-ya)

3 – 그래서. 차 값이 많이 폭락했대요. 기회가 좋지 않아요. **(3)**
/geuraeseo ca gabs-i manh-i poglaghaess-daeyo gihoe-ga joh-ji anh-ayo/
(keu-rai-sso tch'a kap-chi ma-ni p'ông-na-k'ai-ttai-yô ki-houai-ga tchô-dji a-na-yô)

4 – 무슨 돈으로 차를 구입해 ? **(4)**
/museun don-euro ca-reul guibhae/
(mou-sseunn tô-neu-rô tch'a-reul kou-i-p'ai)

5 – 36 개월 분할 지불이 가능하대요. **(5)**
/sam sib lyug gae weol bunhal jibul-i ganeungha-daeyo/
(sam-chim-nyouk-kkai-ouol pounn-hal-dji-bou-ri ka-neung-ha-dai-yô)

NOTES (suite)

(2) *gyeongje* (nom) : "économie", *hyeongpyeon* (nom) : "état des choses", "situation" ; *gyeongje hyeongpyeon* signifie à la fois la situation économique (générale) et le train de vie (d'un couple) ; dans le contexte de la phrase, *yeojeum gyeongje hyeongpyeon-do an joh-eunde* signifie "ces temps-ci, même la situation économique n'est pas bonne".
• *museun ca* : mot à mot "quelle voiture ?", c'est-à-dire "alors que même la situation économique n'est pas bonne, à quoi bon (parler de) voiture ?" (ce n'est pas le moment d'en acheter une).
• Dans cette phrase, le suffixe-conjonction *-eunde* peut se traduire par "alors".

2 – Maintenant que la situation économique n'est pas bonne, tu me parles de voiture ?

3 – Justement, on dit que le prix des voitures s'est effondré. N'est-ce pas une bonne occasion ?

4 – Et avec quel argent on l'achète, la voiture ?

5 – On dit qu'on peut avoir des paiements échelonnés sur 36 mois.

NOTES (suite)

(3) *geuraeso* (conjonction) : "pour cette raison", "c'est pourquoi", ici, peut se traduire par "justement".
• *gabs* (nom) : "prix", *poglag* (nom) : "effondrement", *poglagha-da* (verbe) : "s'effondrer".
• *poglaghaess-daeyo* : "on dit que (les prix des voitures) s'effondrent" ; la terminaison *-daeyo* est la forme contractée de la locution qui marque le discours rapporté *-da-go haeyo* : "on dit que" (leçons 35, 2, et 65, note 1).
• *gihoe* (nom) : "occasion (favorable)".
• *gihoe-ga joh-ji anh-ayo* : "L'occasion n'est-elle pas bonne ?" ; c'est, bien sûr, une question rhétorique (leçon 63, 1).

(4) *museun don-euro* : "avec quel argent" ; ici le suffixe fonctionnel *-euro* indique le moyen (leçon 31, note 2).
• *guib* (nom) : "achat", "acquisition", *guibha-da* (verbe) : "faire l'acquisition".

(5) *sam sib lyug gae weol* : "trente-six mois" ; "mois" en coréen se dit *dal*, mais, dans les décomptes, on a recours au mot sino-coréen *weol* et on utilise le classificateur universel *gae* (leçon 28, 2).
• *bunhal* (nom) : "division", "partage" et ici "échelonnement" ; *jibul* (nom) : "paiement" ; *sam sib lyug gae weol bunhal jibul* : "paiement échelonné sur 36 mois".
• *ganeungha-da* (adjectif) : "possible".

6 – 또 외상이야 ! **(6)**
/ddo oesang-i-ya/
(ttô ouai-ssang-i-ya)

7 – 이런 기회가 쉽게 오는게 아니니, 일단 구입해 보도록 해요. **(7)**
/ireo-n gihoe-ga swib-ge o-neun ge ani-ni ildan guibhae bo-dorog haeyo/
(i-ronn ki-houai-ga chuip-kké ô-neunn-gué a-ni-ni il-dann kou-i-p'ai pô-dô-rô-k'ai-yô)

EXERCICES – 연습

번역

1. 경제 형편이 안 좋으니 차를 구입할 수 없어요.
2. 행복은 돈으로 살 수 없다.
3. 요즘 차를 싸게 구입할 기회가 많아요.
4. 외상으로 차를 구입하는 게 좋대요.
5. 돈 많이 벌어서 잘 살자 !

6 – Encore un crédit !
7 – (Étant donné qu')une telle occasion ne se trouve pas facilement, pour une fois, on pourrait faire l'effort d'en acheter une !

NOTES (suite)

(6) *ddo* (adverbe) : "encore (une fois)", "encore (davantage)" se dit *deo* (leçon 9, note 6).
• *oesang* (nom) : "crédit", *oesang-euro* : "à crédit".
• *i-ya* est la forme familière de *i-da* : "être" (leçon 68, note 5).

(7) *ireo-n* : forme épithète de l'adjectif *ireoh-da* : "tel".
• *ge* est la contraction de *geos-i*.
• *swib-ge o-neun ge* : "une chose qui vient facilement" ; c'est l'attribut du verbe *ani-da* : "ce n'est pas", dont le sujet est *ireon gihoe-ga* : "une telle occasion".
• *-ni*, de *ani-ni* est la forme contractée du suffixe-conjonction *-nigga / -eunigga* qui marque la raison (leçon 52, note 6) et, comme ici, la justification ; se traduit par "puisque", "étant donné que" (leçon 40, dicton).
• *ireo-n gihoe-ga swib-ge o-neun ge ani-ni* : "étant donné qu'une telle occasion n'est pas une chose qui arrive facilement".
• *ildan* (adverbe) : "pour une fois".
• *guibha-da* : "acheter", *guibhae bo-da* : "essayer d'acheter" ; le verbe *bo-da* : "voir" est utilisé comme verbe auxiliaire au sens de : "essayer", ce qui n'est pas sans similitudes avec le français, cf. "voyons voir", "goûte-moi voir ce plat", etc.
• *guibhae bo-dorog haeyo* : "il faut faire en sorte d'acheter", à partir de la locution *-dorog ha-da* : "faire en sorte que" (leçon 51, note 7).

EXERCICES (suite)

빠지는 단어

1. *Je vais essayer de lire ce livre.*
   이 책을 . . . .

2. *Je ferai en sorte de payer en une seule fois.*
   일시불로 . . . .

3. *Il est possible d'effectuer un paiement échelonné sur 24 mois.*
   . . . . 이 가능합니다.

돈만 있으면 개도 명승 된다.
/don-man iss-eumyeon gae-do myeonsgseung doe-n-da/
(tôn-man i-sseu-myonn kai-dô myong-sseung-douainn-da)

"Il suffit d'avoir de l'argent pour qu'un chien devienne un moine réputé."

• *don-man iss-eumyeon* : mot à mot "si il y a seulement de l'argent".
• *gae* (nom) : "chien", *myeongseung* (nom) : "moine réputé", "bonze célèbre". Le mot coréen pour "bonze" est *jung*. À la différence de ses collègues d'Asie du Sud-est habillés en jaune safran, le bonze coréen se remarque par ses vêtements gris.
• *doe-da* (verbe) : "devenir".

CORRIGÉS DES EXERCICES

Traduction

1. (Étant donné que) la situation économique n'est pas bonne, on ne peut pas s'acheter de voiture.
2. On ne peut pas acheter le bonheur avec de l'argent.
3. Ces temps-ci les occasions d'acheter facilement une voiture sont nombreuses.
4. On dit que c'est bien d'acheter une voiture à crédit.
5. Gagnons beaucoup d'argent et vivons bien !

Mots manquants : 1. 읽어 보겠습니다 **2.** 지불하도록 합니다 **3.** 이 십 사 개 월 분할 지불

Ce dicton, à la fois amer et ironique, signifie, vous l'aviez compris : "Il suffit d'avoir de l'argent pour être honoré". C'est une référence à la dynastie de Koryo (918-1392) durant laquelle le clergé bouddhiste omnipotent était devenu très corrompu. Avec la dynastie des Yi (1392-1910), le bouddhisme déconsidéré fut remplacé par le confucianisme. Ce dicton ancien a malgré tout franchi les âges, car la corruption, elle, se porte toujours bien !

Deuxième vague : Leçon 20

제 70 과
/je cil sib gwa/
(tché tch'il-chip-koua)

복습
RÉVISION ET NOTES

Avant de vous "lâcher dans la nature" à la rencontre des Coréens et des Coréennes, nous vous donnons quelques ultimes recommandations :

* N'oubliez pas que communiquer, c'est envoyer un message et que pour le faire passer, il ne faut pas compter seulement sur les mots. Cela peut paraître paradoxal pour des gens en grande conversation, mais, règles de conduite confucéenne obligent, moins on en dit mieux c'est !

* Rappelez-vous que des phrases sans sujet, c'est normal, des phrases sans complément d'objet, c'est aussi normal et que des phrases sans pronom, c'est encore plus normal ! Le contexte et la situation y suppléent amplement, à commencer par l'indication du pluriel (leçon 35, 1). Quiproquos et malentendus ne sont pas plus fréquents que chez nous !

* L'intonation fait aussi partie du message, elle joue un rôle capital avec des terminaisons telles que *-seyo* (leçons 16, note 1 ; 17, note 3 ; 25, note 1 ; 63, n° 1) ou *-jiyo* (leçons 18, notes 4 et 6 ; 25, note 4, et 63 n°1).

* Par contre, dans l'emploi des verbes, il faudra vous montrer autrement concret et précis qu'en français. Comme nous vous l'avons dit, les Coréens aiment bien "couper les verbes en quatre" ; c'est pourquoi ils ont une nette préférence pour les verbes composés (leçon 21, 1) qu'ils "assaisonnent" d'ailleurs de verbes auxiliaires, de verbes de mouvement (leçon 21, 1) et de mots grammaticaux (leçons 42, 3 et 49, 4). Certes, le moi est

SOIXANTE-DIXIÈME LEÇON

haïssable, mais on n'est jamais assez concret : telle est la "philosophie" de la langue coréenne !

* Si vous vous sentez frustré par l'ellipse du sujet, pensez aux phrases à double sujet, elles sont monnaie courante (leçon 64, note 3). Et quand il le faut, sujet ou pas sujet, insistez (leçon 35, 3) !

* Quand vous étiez petit, on vous a peut-être dit que c'était mal de rapporter, mais, en coréen, le discours rapporté, c'est un "must" (leçons 35, 2 et 56, 3).

* Au fait, do you speak Konglish ? (leçon 63, 2).

* Enfin, soyez polis, très polis et même déférents avec les Coréens ; ensuite, quand vous les connaîtrez bien, vous pourrez avoir recours au style familier (leçon 42, 4) et, tout en adoptant une attitude plus décontractée, vous livrer au charme des formes contractées (leçon 49, 1) !

Voilà ! Maintenant, vous êtes grand, vous pouvez commencer à marcher tout seul ! Bravo ! Et pour célébrer votre réussite – et ne pas nous quitter sur une note trop didactique –, nous vous proposons, à titre de "cerise sur le gâteau", une recette de cuisine... pour faire la fête à la coréenne ! Rendez-vous à demain pour notre dîner d'adieu, et, bien sûr, notre dernier dicton :

Deuxième vague : Leçon 21

제 71 과
/je cil sib il gwa/
(tché tch'il-chi-bil-goua)

불고기 (1)
/bulgogi/
(poul-gô-gi)

재료

1 소고기 : 600 그램, 설탕 : 1 큰술, 청주 : 2 큰술, 배즙 : 2 큰술 **(2)** 양념장

2 간장 : 5 큰술, 설탕 : 11/2 큰술, 다진 마늘 : 2 큰술, 대파 : 1 뿌리, 육수 : 1/2 큰술, 깨소금 · 후추 · 참기름, 화학 조미료 **(3)**

3 소고기는 등심이나 안심으로 골라 고깃결의 반대 방향으로 얄팍하게 썰어, 설탕과 청주를 끼얹어서 30 분쯤 재운다. **(4)**

NOTES

(1) *bulgogi* (nom composé) : mot à mot "viande (*gogi*) au feu (*bul*)". Communément traduit par... "pulkogi" ou... "Korean barbecue" ! !
• La recette ne le dit pas, mais si on peut faire un feu de bois, ce n'est que meilleur.

(2) *jaeryo* : "ingrédients", *sogogi* : "viande de bœuf", *geuraem* : "gramme", *seoltang* : "sucre", *jan* : "tasse", *ceongju* : "alcool de riz", *baejeub* : "jus de poire", *keunsul* : "cuiller à soupe".

SOIXANTE ET ONZIÈME LEÇON

Le bulgogi

Ingrédients

1 600 g de filet de bœuf, une cuillerée à soupe de sucre en poudre, 2 cuillerées à soupe d'alcool de riz, 2 cuillerées à soupe de jus de poire et de la sauce à poulgogi.

2 5 cuillerées à soupe de sauce de soja, une cuillerée et demie de sucre, 2 cuillerées à soupe d'ail haché, 1 grand poireau, 1/2 verre de bouillon de bœuf, du sésame grillé, du poivre et de l'huile de sésame.

3 Prendre de l'aloyau ou du filet de bœuf et l'émincer perpendiculairement au (dans le sens contraire du) fil de la viande, y ajouter le sucre et l'alcool de riz et laisser mariner une demi-heure environ.

NOTES (suite)

(3) *yangnyeomjang* : "condiments", *ganjang* : "sauce de soja", *dajin maneul* : "ail haché", *daepa* : "poireau", *bburi* : "racine", classificateur des légumes, *yugsu* : "jus de viande", *ggaesogeum* : "sésame grillé et salé", *hucu* : "poivre", *camgireum* : "huile de sésame", *hwahag jomiryo* : "assaisonnement chimique".

(4) *deungsim* : "aloyau", *ansim* : "filet", *goreu-da* : "choisir", *gogisgyeol* : "fil", *bandae* : "contraire", *banghyang* : "direction", *yalpagha-da* : "mince", *sseol-da* : "découper", *ggieonj-da* : "verser", *jaeu-da* : "laisser reposer".

4 간장에 다진 파와 마늘을 넣고 깨소금, 설탕, 후추, 참기름을 넣어 고루 섞어 불고기 양념장을 만든다. **(5)**

5 청주에 재워 나긋나긋해진 고기에다 불고기 양념장을 붓고 골고루 버무려서 잠깐 더 재운다. **(6)**

6 * 불에 올려 놓은 불고기 팬에 양념한 고기를 적당히 얹어 구우면서 마늘과 파를 같이 굽는다.

7 * 먹을 때에 무생채, 파생채, 상추등을 곁들이면 더욱 일품이다. **(7)**

8 ** 남녀노소, 심지어 외국인까지 좋아하는 불고기 한국 요리의 대부라고 해도 손색이 없다. **(8)**

9 *** 젓가락을 잊지 마세요 ! 맛있게 드세요 !!!

NOTES (suite)

(5) *daji-da* : "hacher", *neoh-da* : "mettre dans", *goru* : "uniformément", *seogg-da* : "mélanger", *mandeul-da* : "fabriquer", "confectionner".

(6) *nageusnageusha-da* : "tendre", *nageusnageushaeji-da* : "rendu tendre", *bus-da* : "verser", *golgoru* : "de façon égale", *beomuri-da* : "assaisonner", *jamggan* : "un moment", *deo* : "davantage".

4 Mettre des poireaux hachés et de l'ail haché dans la sauce de soja, y ajouter le sésame grillé, le sucre, le poivre et l'huile de sésame, bien mélanger de façon à obtenir un bon assaisonnement.

5 Sur la viande [que vous aurez] attendrie en la faisant mariner (après avoir mariné) dans l'alcool de riz, verser l'assaisonnement et laisser reposer un moment.

6 Dans la poêle – que l'on a mise sur le feu –, bien disposer la viande et la faire griller en même temps que l'ail et les poireaux.

7 * Si on sert en accompagnement des navets coupés en tranches fines, des poireaux et de la laitue en salade, ce n'en est que meilleur (plus extra).

8 ** Le pulkogi, qui a la faveur des petits et des grands, quel que soit leur sexe, et même des étrangers peut être considéré comme le nec plus ultra de la cuisine coréenne.

9 *** N'oubliez pas vos baguettes (*jeosgarag*) et *masiss-ge deu-seyo* : "Bon appétit !"

NOTES (suite)

(7) *olli-da* : "faire monter", *noh-da* : "poser", *paen* : "poêle", *yangnyeomha-da* : "assaisonner", *jeogdang-hi* : "de façon appropriée", *eonj-da* : "disposer", *gub-da* : "griller", *mu* : "navet", *saengcae* : salade", *samcu* : "laitue", *gyeotdeuri-da* : "servir en accompagnement", *deoug* : "davantage", "encore plus", *ilpum-i-da* : "C'est extra".

(8) *namnyeonoso* : "hommes, femmes, vieux [et] jeunes", *simjieo* : "et en plus", *oegugin* : "étranger", *-ggaji* : "même", *yori* : "cuisine", *daebu* : "ce qu'il y a de mieux", *sonsaeg* : "infériorité", *sonsaeg-i eobs-da* : "ne pas être inférieur à", "soutenir la comparaison avec".

Allez ! Encore un dicton ! Pour la route ! ! !

공든 탑이 무너지랴
/gongdeu-n tab-i muneoji-rya/
(kông-deunn t'a-bi mou-no-dji-rya)

"Une pagode bien faite peut-elle s'écrouler ?"

• *tab* : adaptation sino-coréenne du sanskrit "stûpa", "pagode". La Corée est le pays des pagodes, essentiellement en pierre, à trois, cinq, sept, neuf "étages"*. Même le temple bouddhiste le plus modeste en possède au moins une dans sa cour.
• *gongdeul-da* (verbe) : "exiger une grande application, beaucoup de travail" ; *muneoji-da* (verbe) : "s'écrouler"
• *-rya* : terminaison archaïque marquant la question rhétorique (leçon 33, dicton).

* En Corée, on n'aime pas les chiffres pairs : deux, ça fait mesquin, quatre, c'est l'horreur, parce qu'en sino-coréen *sa* signifie à la fois "quatre" et "la mort". Quand on boit un verre entre amis, on ne peut pas s'arrêter à deux tournées, il en faut au moins trois... ou cinq, ce qui est parfois un peu "soûlant" ! Ce penchant pour l'impair s'explique par les références à la culture traditionnelle de la Corée où l'on trouve, par exemple : *samgug* "les Trois Royaumes" de la Corée ancienne (Koguryo, Paekche et Silla), *ogyeong* "les Cinq Classiques" confucéens, *ogog* "les cinq céréales" (riz, orge, millet, soja et mil), *cilseong* "les Sept Étoiles", c'est-à-dire la Grande Ourse, *guhyeol* "les neuf orifices corporels".

Une pagode bien faite peut-elle s'écrouler ? Bien sûr que non ! Car un travail bien fait dure longtemps. Vous aussi, vous n'avez pas ménagé votre peine, mais la fin d'Assimil, ce n'est que le début de la récompense !

꼬리말
/ggorimal/
(kkô-ri-mal)

Le mot de la fin

Nous vous avions dit, dès les premières pages de la méthode : 시작은 반이다 /sijag-eun ban-i-da/ *: "Commencer, c'est la moitié du chemin". Bravo ! vous avez même réussi à parcourir une bonne partie de la route. Après avoir appris les bases dans la phase passive, vous vous êtes lancé dans la conversation au cours de la phase active. Vous n'avez pas fini en "queue de serpent" (leçon 15, dicton) ni en "queue de rat" (leçon 64, dicton), vous avez su rester Dragon jusqu'au bout. Félicitations ! ! !*

Mais attention ! Si vous êtes arrivé au bout de la première étape de votre étude, n'oubliez surtout pas de continuer la "deuxième vague" jusqu'au bout... Vos efforts en seront largement récompensés.

Nous espérons vous avoir entrouvert les portes d'un nouveau domaine, et avoir suscité votre curiosité, afin que vous soyez tenté d'aller plus avant dans les découvertes.

APPENDICE GRAMMATICAL

Avertissement : Cet appendice grammatical se propose de présenter, dans le cadre général de la grammaire du coréen, les différents suffixes et éléments grammaticaux présentés dans les leçons, sans entrer dans les détails ni donner d'exemples. Pour chacun d'entre eux, vous pourrez trouver dans l'**index grammatical** qui renvoie aux leçons et aux notes toutes les phrases où ils apparaissent ainsi que des explications détaillées. Un autre index, l'**index terminologique** vous renverra aux leçons où est expliqué le terme grammatical qui vous intéresse.

Les différentes catégories de mots :

Ce sont : le nom, le pronom, le numéral, le classificateur, le mot grammatical, l'adverbe, la conjonction, qui forment la classe des **mots invariables**, et l'adjectif et le verbe qui forment la classe des **mots variables**. *-i-da* : "être" et *ani-da* : "ne pas être" suivent l'attribut.

Les mots invariables

Les noms : sont soit simples, soit composés.

Les pronoms : Ce sont : *jeo* : "je" (poli), *na* : "je" (non poli), *neo* : "tu", *geu* : "il", *geunyeo* : "elle", *uri* : "nous", *jeoheui* : "nous", *neoheui* : "vous" (pluriel de tu), *geu-deul* : "ils", *geunyeo-deul* : "elles".

Les numéraux : Il y a deux séries, la série coréenne : *hana* 1, *dul* 2, *ses* 3, *nes* 4, *daseos* 5, *yeoseos* 6, *ilgob* 7, *yeodeolb* 8, *ahob* 9, *yeol* 10, *seumul* 20, *seoreun* 30, *maheun* 40, *swin* 50, *yesun* 60, *ilheun* 70, *yeodeun* 80, *aheun* 90. Au-dessus de 90, tous les chiffres sont sino-coréens. La série sino-coréenne se compose de : *il* 1, *i* 2, *sam* 3, *sa* 4, *o* 5, *yug /ryug* 6, *cil* 7, *pal* 8, *gu* 9, *sib* 10, *baeg* 100, *ceon* 1000, *man* 10 000, *eog* 100 000 000.

Les classificateurs : Ils doivent être utilisés pour tout décompte d'objets dans l'ordre : nom numéral-classificateur. Ce sont : *dae* : cigarettes, *dae* : machines, *gae* : classificateur universel, *ggi* : repas, *jang* : feuille, *jaru* : objet cylindrique ou objet à manche, *madi* : mot, *mari* : animal, *saram* : être humain (non poli), *myeong, bun* : être humain (poli), *pogi* : tête de chou.
Des mots tels que *jan* : "tasse", "coupe" ou *byeong* : "bouteille" permettent de compter des quantités. Ex. *maegju han byeong* : "1 bouteille de bière", *ca taseos jang* : "5 tasses de thé".

Les adverbes : Se subdivisent en deux catégories : les adverbes simples et les adverbes dérivés au moyen des suffixes adverbiaux *-ro / -euro, -i, -hi-, ge.*

Les conjonctions : Elles se placent en général en début de phrase et viennent renforcer le sens des suffixes conjonctions. Ce sont *amuteun* : "en tout cas", *animyeon* : "sinon", *bbunman anira* : "qui plus est", *gedaga* : "qui plus est", *geuraedo* : "néanmoins", *geuraeseo* : "c'est pourquoi", *geureojiman* : "cependant", *geureomyeon* : "dans ce cas", *geureona* : "mais", *geurigo* : "et aussi", "et alors".

Le nom, le pronom, le numéral, le classificateur et le mot grammatical peuvent prendre deux sortes de suffixes : les suffixes fonctionnels qui indiquent la fonction grammaticale du mot, ou les suffixes spécifiques qui en spécifient le sens au sein de la proposition.

Les **suffixes fonctionnels** et les fonctions qu'ils marquent sont :
sujet : *-i / -ga*, *-eun / -neun*, **attribut** *-i/ -ga*, **objet** : *-eul / -reul*,
déterminant : *-eui*, **agent** : *-hanteseo*, **bénéficiaire** : *-ege*, **complément circonstanciel** : *-e* (temps, lieu, énumération), *-eul / -reul* (direction), *-euro* (choix, direction, manière, matière, moyen,), *-eseo* (lieu, provenance), **coordination** : *-gwa / -wa.*

Les **suffixes spécifiques** sont : **approximation** : *-na / -ina* : “environ”,
cause : *-raseo / -iraseo*, **choix** : *-na / -ina* : “ou bien”,
comparatif : *boda* : “comparé à”, **comparatif d’égalité** : *ceoreom* : “comme”, **conformité** : *-daero* : “selon”, **destination** : *-ggaji* : “jusqu’à”, **distribution** : *-mada* : “chaque”, *-ssig* : “chaque”,
emphase : *-eun / -neun* (de ce qui vient après le sujet, du complément circonstanciel, de la négation, du complément d’objet),
identité : *-do* : “aussi”, **indétermination** : *-na / -ina*,
insistance : *-do* : “même”, **parcours** : *naeji* : “de... à”, “entre”,
provenance : *-buteo* : “a partir de”, **restriction** : *-rado / -irado* : “faute de mieux”, *-man* : “seulement”.

S’ajoutent à ces suffixes un certain nombre de **pospositions** qui correspondent à des suffixes fonctionnels : *-eul / -reul bogo* : “à l’adresse de”, *-e ddara* : “d’après”, “selon”, *-e euihayo* (et ses variantes *euihae, euihaeseo, euihayeoseo*) : “par”, “a cause de”, *-eul / -reul wihayo* (et ses variantes *wihae, wihaeseo, wihayeoseo*) : “pour”, *jung-e* : “parmi”.

Le coréen dispose aussi d’un suffixe de déférence : *-nim*, et d’un suffixe de pluriel *-deul* (*-deungji* pour les noms de lieu).

Les mots variables

ce sont les verbes et les adjectifs. En coréen, l’adjectif est très proche du verbe : il prend tous ses suffixes sauf ceux qui expriment l’intention ou la volonté. Verbes ou adjectifs sont formés d’une racine à laquelle s’ajoutent un ou plusieurs suffixes. Il y a deux types de racines : celles qui se terminent par une voyelle comme *bo-* du verbe *bo-da* : “voir” et celles qui se terminent par une consonne comme *jag-* de l’adjectif *jag-da* : “petit”. Certains suffixes verbaux ou adjectivaux ont des variantes, selon que le radical est vocalique ou consonantique.

Il existe un certain nombre de verbes et d'adjectifs **irréguliers**. Ce sont :
ceux dont le radical se termine par *-b* (une partie d'entre eux seulement sont irréguliers),
ceux dont le radical se termine par *-d* (une partie d'entre eux seulement sont irréguliers),
ceux dont le radical se termine par la voyelle *-eu*,
ceux dont le radical se termine par *-l*,
ceux dont le radical se termine par *-reu*,
ceux dont le radical se termine par *-s* (une partie d'entre eux seulement sont irréguliers),
le verbe *ha-da* : "faire".

Les terminaisons : En fin de phrase, qu'il s'agisse d'une phrase simple ou de la proposition principale qui termine une phrase complexe, les verbes et les adjectifs prennent des terminaisons qui permettent d'exprimer les cinq catégories d'énoncés : la déclaration (affirmative ou négative), l'interrogation, l'ordre exprimé par l'impératif, la proposition (exprimé par le propositif) et l'exclamation. Ces terminaisons sont :

affabilité : *-jiyo* (contractée en *jyo*),
déclaratif : *-da*, *-eoyo / -ayeo*, *-eubni-da / -seubni-da*, *-dane* (familier), *ya* (pour *i-da*),
déclaratif au discours rapporté : *-deora,*
doute : *eulg-neunga / -nga / -eunga, -neungayo / -ngayo / -eungayo,*
-lgga / eulgga, -lggayo / -eulggayo, -nji / -neunji, -njiyo / -neunjiyo,
-na, -nayo,
état de fait : *-neun geos-i-da,*
évidence : *-ji, -jiyo (-jyo),*
exclamatif *: -nde / -eunde / -neunde, -ndeyo / -eundeyo / -neundeyo, -guna / -neunguna, -gunyo / -neungunyo, -ne, -neyo, -da* (avec intonation exclamative), *-eubni-da / -seubni-da* (avec intonation exclamative)
exclamation interrogative : *-nde / -eunde / -neunde, -ndeyo / -eundeyo / -neundeyo,*
impératif : *-seyo / -euseyo, -sib-sio / -eusib-sio,*
interrogation simple : *-eubni-gga / -seubni-gga, -ni, -ayeo /*

-eoyo, -seyo / -euseyo,
interrogation dubitative : *-na, -nayo,*
interrogation exclamative : *-ne, neyo,*
interrogation d'intention : *-llae / eullae, -llaeyo / -eullaeyo,*
invite : *-ji, -jiyo (-jyo),*
terminaison polie "décontractée" : *-seyo* (en fonction de l'intonation : déclarative, interrogative, impérative),
propositif : *-bsida / -eubsida,*
question rhétorique : *-ji, -jiyo (-jyo),*
exclamatif de surprise : *-dani.*

Au niveau de la politesse, ses terminaisons se répartissent en trois niveaux :

style familier : *-da, -ya, -dane, -deora, -nga / -eunga / -neunga, -lgga / -eulgga, -nji / -eunj / -neunji, -na, -ji, -nde / -eunde / -neunde, -guna / -eunguna, -ni,*
-na, -ne, -llae / -eullae, -ji, -dani,

style poli : *-jiyo (jyo), -eoyo / -ayo, -ngayo / -eungayo / -neungayo,*
-lggayo / -eulggayo, -njiyo / -eunjiyo / -neunjiyo, -nayo, -ndeyo / -eundeyo / -neundeyo, -gunyo / -neungunyo, -neyo, -llaeyo / -eullaeyo,

style très poli : *-eubni-da /-seubni-da, -eubni-gga / -seubni-gga,*
-seyo / -euseyo, -sib-sio / -eusib-sio, -bsida / eubsida.

Les suffixes conjonctions : On ne les trouve qu'à la fin des propositions subordonnées. Le sens de ces suffixes correspond à celui de nos conjonctions. Ce sont : *-ado / -eodo* : "même si", *-daga* : changement brusque, *-deo-ni* : constatation dans le passé, *-dorog* : degré,
-eul surog (-l surog) : plus... plus,- *eumyeo / -myeo* : simultanéité,
-eumyeon /-myeon : "si", "quand", *-euna / -na* : "mais",
-eunigga / -nigga : constatation, découverte, raison, *-geona* : "ou bien",
-go : "et" entre deux adjectifs, emploi en locution, coordination, énumération, succession dans le temps,

-jiman : "bien que", "quoique", "mais" d'insistance, *-neunde* : information prioritaire (*-eunde / -nde* après un radical d'adjectif), "mais" atténué, se traduit par "pour", marque le point de départ d'un processus, *-neura* : résultat, *-irago / -ra-go* : discours rapporté, *seo* : cause, cause en fin de phrase, condition préalable, état, *ya* : "pourvu que", "il suffit de".

Les autres suffixes verbaux : Les verbes et les adjectifs coréens prennent également des suffixes verbaux qui marquent les valeurs suivantes :
• indication du **mode** : *-gi* (passif), *-hi* (passif), *-i* (causatif, passif), *-li* (causatif, passif),
• indication de l'**intention** : *-ryeo / -euryeo*, quand le verbe affecté de ce suffixe est suivi d'un verbe de mouvement, on utilise la variante *-reo / -eureo*,
• indication de la **politesse** : *-bni / -seubni*,
• indication de la **déférence** : *-si / -eusi*,
• indication du **discours rapporté** : *-ra / -ira*,
• indication de la **négation** : *-ji*,
• indication du **temps** et de l'**aspect** :
présent / inaccompli : *-neun / -n* seulement pour les verbes,
passé / inaccompli : *-ass / -eoss*, *-deo*,
passé du passé : *-ass-eoss*,
futur / virtuel : - *gess* (futur subjectif, futur proche, probabilité, supputation, conditionnel, conditionnel de politesse),
-l geos-i-da / -eul geos-i-da : futur objectif, futur catégorique.

• transformation d'un verbe ou d'un adjectif en **nom** : *-gi* (action), *-eum / -m* (état), *-i*,
• tranformation d'un verbe ou d'un adjectif en **adverbe** : *-ge*, *-i* (seulement pour certains adjectifs purement coréens), *-hi* (pour les verbes et adjectifs en *-ha-da...*).
Il existe un petit nombre d'adjectifs en *-iss-da* dont la forme épithète est en *-neun*.
À partir de noms sino-coréens, on peut créer des adjectifs en leur adjoignant le suffixe adjectival *-jeog* ; ces adjectifs n'apparaissent qu'à la forme épithète où ce suffixe est suivi de la forme épithète de la copule, ce qui donne : *-jeog-in*.

Les formes épithètes : À la différence du français, le coréen ignore les pronoms relatifs ; il a recours à leur place à des suffixes spéciaux qui permettent à un verbe ou à un adjectif de déterminer un mot invariable. Nous appelons **formes épithètes** les formes verbales terminées par ces suffixes qui sont également porteurs d'une indication de temps et d'aspect. Ce sont : *-neun* (verbes seulement) : présent / inaccompli, *-n / -eun* : passé / accompli, *-deon* : passé du passé, *-l / -eul* : futur / virtuel, possibilité, éventualité, *-ira-neun* : discours rapporté.

Peuvent s'utiliser également en fonction d'épithète mais **devant un verbe** l'auxiliaire de négation : *an* ainsi que le mot grammatical de l'impossibilité *mos*.
Les adjectifs n'ont pas de forme épithète en *-neun* ; dans leur cas, le présent est marqué par *-n* après voyelle ou *-eun* après consonne, et le passé par *-deon*.

Les auxiliaires : Le sens du verbe peut être modifié par l'adjonction d'un verbe auxiliaire. Les verbes auxiliaires sont :
-a / -eo ju-da : action faite au profit d'autrui (la variante de déférence est *deuri-da*), *-a / -eo noh-da* : le résultat de l'action est conservé, *-ji mal-da* : interdiction, *-ji anh-da* : négation, *doe-da*, *-eul / -reul dangha-da* : passif,
-a / -eo ga-da : poursuite de l'action, *-a /-eo boi-da* : ressemblance, *-a / -eo ji-da* (transformation d'un adjectif en verbe, d'un verbe intransitif en transitif, d'un verbe actif en verbe passif ou intransitif), *-a / -eo siki-da* : transformation d'un verbe intransitif ou pronominal en verbe actif ou d'un verbe transitif en verbe causatif, *-a / -eo bo-da* : essai, tentative.

Les locutions : Les verbes et les adjectifs sont suivis d'un certain nombre de **locutions** qui apportent, elles aussi, des nuances de sens. Ce sont : *-ryeo-go ha-da / -euryeo-go ha-da* : intention, *-l bbeonhaess-da / -eul bbeonhaess-da* : "manquer de", "faillir", forme épithète suivie de *geos gat-da* : "on dirait que", "il semble que", forme épithète suivie de *moyang-i-da* : même sens, radical suivi de *-ge doe-da* : apparition d'une situation nouvelle, forme épithète suivie de *pyeon-i-da* : situation comparée à d'autres, *-l manha-da / -eul manha-da* : "être digne de", "valoir la peine de", correspond aux suffixes français -able de "mangeable" ou -ible de "crédible" *-gi-neun* et *-gi-neun ha-da* : emphase, radical suivi de *-deusha-da* : "être comme", *-n jeog-i iss-da / -eun jeog-i iss-da* : "avoir fait l'expérience de" (et son contraire *-n jeog-i eobs-da / -eun jeog-i eobs-da*), radical du verbe suivi de *-dorog ha-da* : "faire en sorte que", forme déterminante suivie de *bagg-e eobs-da* : "ne pas pouvoir faire autrement que", *-myeon an doe-da / -eumyeon an doe-da* : obligation, radical du verbe suivi de *-l ddae / -eul ddae* : "quand", radical du verbe suivi de *-lgga ha-da / -eulgga ha-da* : "se demander si" (doute, hésitation).

Les mots grammaticaux : Enfin les verbes peuvent être suivis d'un **mot grammatical** qui apporte une nuance de sens. Ce sont :
forme épithète suivie de *ji* suivi en général de *al-da* : "savoir" ou de *moreu-da* : "ignorer" : doute, radical du verbe suivi de *ji mos ha-da* : impossibilité (*mos* peut se placer aussi devant le verbe), radical du verbe suivi de *-l su iss-da / -eul su iss-da* : possibilité, *-l su eobs-da / -eul su eobs-da* : impossibilité, radical du verbe suivi de *-n ji / -eun ji* : durée depuis un point du passé jusqu'au moment concerné, radical du verbe suivi de *-l bbun-i-da / -eul bbun-i-da* : "seulement" où *bbun* est un mot grammatical, forme épithète suivie de *jul* suivi de *al-da* : "savoir" ou *moreu-da* : "ignorer" : aptitude, *-a ya ha-da / -eo ya ha-da* : "il faut" (obligation), forme épithète du verbe ou de l'adjectif suivie de *de* : point concerné (d'une question, d'un problème, etc.).

INDEX TERMINOLOGIQUE

INDEX GRAMMATICAL

Abréviations

auxil.	auxiliaire	circ.	circonstanciel
cj.	conjonction	com.	complément
comp.	comparaison / comparatif	condit.	conditionnel
dict.	dicton	disc.	discours
fc.	fonctionnel, lle	id.	idem
interr.	interrogatif, ive	nm.	nominalisation
op.	opinion	rapp.	rapporté
sfx.	suffixe	sp.	spécifique
termin.	terminaison	vb.	verbe

B

C

D

G

J

M

–	forme épithète : présent	4	3
–	id.	14	9
–	sfx. sp. : emphase circonstanciel	6	4
–	sfx. verbal : présent	9	dict.
–	id.	14	9
–	voir eun	43	4
–	sfx. sp. : emphase de la négation	22	dict.
–	id.	60	5
–	sfx. sp. : marque de l'objet	64	5
–	sfx. sp. : emphase (après sujet)	7	5
–	id.	39	4
–	sfx. sp. : emphase com. circ. lieu, temps	8	1
–	sfx. sp. : emphase circ.	24	4
–	id.	27	8
–	sfx. sp. : emphase (après sujet)	14	5
–	sfx. sp. : mise en valeur	35	3
neun geos-i-da	termin. : état de fait	64	8
neunde	sfx. cj. : pour	25	5
–	sfx. cj. : point de départ	26	1
–	sfx. cj. : information prioritaire	36	1
–	id.	37	dict.
–	id.	39	1
–	sfx. cj. : "mais" atténué	36	2
–	id.	49	2
–	sfx. cj. : "mais" de politesse	60	3
–	termin. exclamative	36	2
–	sfx. cj. : différentes valeurs	42	1
neundeyo	termin. d'exclamation interrogative	54	4
–	id.	63	1
–	sfx. cj. : "alors"	69	2
–	termin. exclamative	17	5
–	id.	20	3
–	id.	25	2
–	id.	54	4
neunde(-yo)	id.	56	6
neunde(yo)	id.	56	6

S

wae	adverbe interrogatif "pourquoi ?"	12	6
wen	adj interr. : "on ne sait quel"	46	2
wihae	voir *wihayeo*	55	1
wihaeso	id.	55	1
wihayeo	postposition : "pour"	55	1
–	id.	66	3
wihayeseo	voir *wihayeo*	55	1

Y

ya	sfx. cj. : "pourvu"	35	dict.
–	id.	36	5
–	sfx. cj. : "pourvu que", "il suffit que"	39	dict.
–	id.	64	11
–	sfx. cj. : "il suffit de"	41	dict.
–	termin. familière de *i-da*	40	3
–	id.	41	3
–	id.	68	5
–	mot grammatical : obligation	36	1
–	id.	50	5
yeo	voyelle de liaison	13	5
yeoss	sfx. verbal : passé de *ha-da*	13	3
–	sfx. verbal : passé	14	9
yo	sfx. verbal : affabilité	20	6
–	id.	46	5
–	id.	49	3

LEXIQUE CORÉEN-FRANÇAIS

Abréviations :

dict.	dicton	qqn	quelqu'un
class.	classificateur	n° lç.	numéro de leçon
id.	idem		

coréen	français	leçon	phrase
abeonim	père (déférent)	62	1
acim	matin	20	9
–	petit déjeuner	66	3
ai	enfant	61	2
ajig	encore	33	5
–	(pas) encore	51	1
aju	très	5	1
–	id.	17	6
–	id	6	2
al-da	comprendre	16	9
–	connaître	36	2
ama	probablement	34	7
–	id.	40	3
–	id.	47	6
amdalg	poule	61	dict.
amudena	n'importe où	29	2
amugeosdo	rien	13	2
amuteun	en tout cas	47	7
–	id.	66	7
an	intérieur	10	2
anbang	chambre principale	13	dict.
ani-da	ne pas être	10	3
animyeon	sinon	27	3
aniyo	non	18	4
anj-da	s'asseoir	16	5
–	id.	62	5
annaeha-da	informer, montrer	19	8
annyeongha-seyo	bonjour !	25	1
annyeong-hi ga-seyo	au revoir !	23	8
annyeonghi gye-sib-sio	id.	22	7
annyeonha-si-bni-gga	bonjour	5	1
anseongmacum-i-da	ça fait parfaitement l'affaire	68	5
ansim	filet	71	4

anyo	non	60	3
ap	devant	24	9
apeu-da	douloureux	41	7
apmeori	devant de la tête	37	4
arabo-da	reconnaître (qqn)	47	6
arae	le bas	39	dict.
araesmul	eau en aval	39	dict.
areumdab-da	beau / belle	6	2
–	id.	8	5
–	id.	10	3
–	id.	44	5
arumdab-da	id.	5	2
aswib-da	qui éprouve du regret	48	5
auggug	soupe de mauve	66	5
babbeu-da	occupé	38	2
bad-da	recevoir	13	6
–	id.	36	7
bae	ventre	41	7
baecu	chou chinois	39	6
baeg	cent	25	7
baegbal	cheveu blanc	60	dict.
baeghwajeom	grand magasin	8	6
baejeub	jus de poire	71	2
baeu-da	apprendre	55	3
bagg	extérieur	11	7
–	dehors	64	2
bagmulgwan	musée	8	4
bakangseu	vacances	44	1
bakwi	roue	65	dict.
bal	pied, patte	46	dict.
baljeon	développement	58	6
baljeonha-da	se développer	58	5
bam	nuit	27	8
bamsae-dorog	jusqu'à l'aube / toute la nuit	27	8
ban	demi	11	6
bandae	contraire	71	4
bang	chambre	19	1
bangab-da	enchanté	1	2
–	content	48	2
bangbeob	méthode	55	3
bangeunteo	manteau court	67	3
banghyang	direction	71	4
bankoteu	manteau court	67	3
barabo-da	regarder, contempler	61	1

bara-da	espérer	47	7
bareu-da	enduire	37	6
baro	justement	24	8
bbaji-da	se détacher, tomber	43	dict.
bballi	vite, rapidement	59	1
bbareu-da	rapide	9	6
–	id.	51	3
bbun	seulement	26	3
bbunman anira	non seulement, mais	18	8
bburi	racine, class. légumes	71	3
beol-da	gagner de l'argent	49	dict.
beolsseo	déjà	47	5
beom	tigre	19	dict.
–	id.	41	dict.
beomuri-da	assaisonner	71	6
beon	fois	68	5
beongae	éclair	51	dict.
beori-da	jeter	29	2
beoseu	bus	4	5
–	autobus	30	3
bepul-da	offrir	62	4
bibimbab	"bibimbab"	16	7
bic	lumière	43	3
bideum	pellicule	37	6
bideumyag	shampooing antipelliculaire	37	6
bidioteipeu	(cassette) vidéo	27	3
biha-da	comparer	55	8
bihaenggi	avion	3	3
–	id.	4	1
bijeongsang	anormalité	65	6
biji	résidu de soja	34	dict.
bimanjeung	obésité	65	4
binu	savon	37	8
bipanha-da	critiquer	64	8
biseosil	secrétariat	23	1
bissa-da	cher	36	4
–	id.	54	3
bo-da	voir	3	1
–	id.	12	9
–	id.	15	6
–	regarder	27	3
–	lire	27	8
–	considérer comme	29	6
–	considérer	43	6

boe-da	voir (déférent)	60	3
bogeonbu	ministère de la santé		
–	publique	65	1
boggeum	sauté (aliment)	66	5
bogjabha-da	compliqué	9	4
bogo	à l'adresse de	64	9
bogoseo	rapport	52	2
bogsa	photocopie	53	3
bogsagi	photocopieur	53	5
bogsakadeu	carte à photocopier	53	1
bogsasil	salle de reprographie	53	2
bo-i-da	être vu	11	dict.
–	id.	52	6
–	avoir l'air	57	5
–	faire voir, montrer	65	6
bom	printemps	44	dict.
bomnun	neige de printemps	44	dict.
bonae-da	passer le temps	41	1
–	id.	47	7
–	envoyer	51	1
boram	satisfaction, fierté	61	8
boribab	riz d'orge	66	3
botae-da	ajouter	40	3
bu	richesse	52	8
bubo	richesse	52	8
bubun	partie	37	4
buci-da	envoyer	25	2
bul	feu	71	6
bulgogi	"bulgogi"	16	7
bulgyunhyeong	déséquilibre	65	3
bulpyeon	désagrément	41	titre
bulpyeonha-da	incommode	17	3
–	désagréable, incommode	54	5
bumo	parents (père et mère)	62	4
bun	personne (déférent)	1	3
–	id.	16	2
–	minute	32	8
bunhal	échelonnement	69	5
bunjuha-da	occupé	45	3
bunsu	état, condition sociale	67	dict.
bus-da	verser	43	dict.
–	id.	71	6
busgi-da	verser	43	dict.
busi-da	éblouissant	43	3
butag	service	39	1

butagha-da	demander un service	39	7
byeog	mur	55	4
byeollo	spécialement	40	7
byeolsori	parole inutile	40	8
byeong	bouteille	16	8
–	maladie	48	dict.
byeonha-da	changer	47	5
byeot	rayon de soleil	12	dict.
–	id.	64	dict.
ca	voiture	2	1
–	id.	9	5
–	thé	20	3
–	id.	27	2
cabi	frais de transport	40	3
caeg	livre	27	3
caenggi-da	préparer (repas)	61	2
caglyugha-da	se poser	4	1
cai	différence	32	6
caj-da	demander	23	2
–	chercher	59	dict.
caji	possession	13	dict.
cam	vraiment	10	3
camgireum	huile de sésame	71	3
cari-da	orner	47	1
–	préparer de la nourriture	17	1
carye	ordre, tour	29	3
–	id.	62	5
caryeoib-da	s'habiller pour sortir	47	1
cejung	poids	65	6
ceoeum	première fois	5	4
ceon	mille	46	dict.
ceongju	alcool de riz	71	2
ceongso	nettoyage	61	2
ceonlima	cheval rapide	46	dict.
ceosin	conduite	67	dict.
ceosinha-da	se conduire	67	dict.
ceung	étage	57	7
ciban	ménage	61	2
ci-da	installer	35	dict.
–	couper, élaguer	37	4
–	crier	64	10
cil	sept	7	n° lç.
cinceog	parents / parenté	62	4
cingu	ami	33	6

–	id.	15	1
–	id.	48	2
cinjeolha-da	gentil	33	7
–	id.	44	5
cisol	brosse à dents	26	2
codae	invitation	17	titre
codaeha-da	inviter	62	1
cueog	souvenir	57	titre
cueoggeori	id.	44	6
culjang	voyage d'affaires	60	1
culjangga-da	aller en voyage d'affaires		
–		60	1
culgeunha-da	partir au travail	61	1
cultoegeunha-da	aller au travail	11	3
cungbunha-da	suffisant	17	8
cungbun-hi	suffisamment	34	8
curisoseol	roman policier	27	5
cwiha-da	adopter	66	1
cwihyang	tendance, goût	67	5
da	tout	47	5
dabang	salon de thé	8	7
dae	plateau	25	5
–	class. des cigarettes	52	3
daebu	ce qu'il y a de mieux	71	9
daebubun	majorité	32	6
daecae-ro	en général	36	7
daedan-hi	extrêmement	29	4
–	id.	44	5
daedosi	grande ville	29	6
daegae	en général	27	1
daege	généralement	67	3
daehag	université	47	3
daemog	passage principal	27	7
daepa	poireau	71	3
daeum	suivant, suite	66	2
daha-da	épuiser	40	8
daieoteu	régime	65	5
daji-da	hacher	71	3
dal	mois	33	2
dalggangjeong	poulet pané	66	5
dalha-da	atteindre	66	2
dallaji-da	changer	55	7
dambae	tabac, cigarette	52	3
dancu	bouton	53	6
daneo	mot, vocable	50	6

dani-da	circuler	9	5
–	id.	11	2
–	id.	44	2
danji	seulement	33	4
daramjwi	écureuil	65	dict.
dareu-da	différent, autre	64	8
dari	jambe	41	7
–	pont	45	dict.
daseos	cinq	26	4
–	id.	53	9
dasi	de nouveau	22	6
–	id.	23	6
ddae	temps, moment	60	8
ddae-da	faire du feu	33	dict.
ddae-ro	parfois	27	8
ddal	fille	21	dict.
ddara	selon	55	5
ddareu-da	suivre	55	5
ddeog	gâteau de riz	24	dict.
–	id.	65	dict.
ddeona-da	quitter	11	4
ddeoreoji-da	tomber	28	dict.
–	id.	43	1
–	id.	52	4
ddeu-da	se lever	55	dict.
ddeus	sens, signification	31	3
ddiggeul	poussière	29	dict.
ddo	encore une fois	41	5
ddogbaro	tout droit	24	7
ddong	crotte	11	dict.
dduryeosha-da	évident, précis	65	2
ddwi-da	sauter	40	dict.
de	lieu, endroit	36	4
deo	davantage, plus	9	6
–	id.	17	7
–	id.	27	6
deob-da	chaud	40	4
deogbun	bienfait, grâce	46	3
deogbun-e	grâce à	5	4
–	id.	17	9
deogtaeg	faveur, grâce	31	2
deol	moins	9	2
deoug	davantage	18	5
deougi	en outre	59	6
deud-da	écouter	27	2

–	entendre	64	8
–	pénétrer	12	dict.
–	prendre	16	6
–	prendre (boisson, aliment	52	5
–	citer	66	2
deulleu-da	passer	23	6
–	id.	26	5
deungsim	aloyau	71	4
deureoga-da	entrer	20	1
–	id.	41	dict.
–	id.	20	2
deuri-da	donner	16	10
–	id.	22	6
–	donner, offrir	52	3
diseukes	disquette	51	3
docagha-da	arriver	3	5
–	id.	13	5
–	id.	25	8
doe-da	se composer de	16	2
–	être permis	20	1
–	convenir	24	7
–	réussir, marcher (fonctionner)	53	7
doeji	cochon	54	dict.
dog	jarre	43	dict.
dol-a o-da	revenir	23	5
dol-da	tourner	65	dict.
dolpalmaejil	lancer une pierre (action de ~)	10	dict.
domi	dorade	26	5
don	argent	26	dict.
dongcang	camarade de promotion	47	3
dongcanghoe	association d'anciens élèves	47	2
dong'an	pendant	19	3
dongmul	animal	65	8
dongmulseong jibang	graisse animale	65	8
dongsi-e	simultanément	50	3
dongtae	merlan congelé	66	4
dorao-da	rentrer	15	1
–	revenir	23	5
dosi	ville	6	1
dosirag	gamelle	61	2
du	deux	16	8

	id.	23	5
du (dul)	id.	64	10
du-da	garder, conserver	68	dict.
dul	deux	51	5
dwaeji	cochon	54	dict.
dwisgan	cabinets	25	dict.
dwismoseub	(vue de) dos	61	1
eobs-da	il n'y a pas	2	2
–	id.	10	4
eobseubnida	non	20	7
eoddeo-ge	comment	5	3
eoddeoh-ge	id.	4	4
eoddeoh-da	être comment	12	7
eoddeon	quel	18	1
eoddeon	quel genre de ?	27	4
eodi	où ?	24	2
eoje	hier	13	1
–	id.	15	1
–	id.	48	1
eojjeoda	par hasard	41	8
eojjeodaga	id.	41	8
eojji	comment ?	64	8
eolgul	visage	55	5
eolma	combien	19	5
–	combien ?	25	6
eolmana	combien ?	33	1
eomeoni	mère	31	dict.
eomug	pâte de poisson	66	5
eondeog	colline	10	5
eonj-da	disposer	71	7
eonje	quand ?	48	6
eonni	sœur aînée	61	1
eoddeoh-da	être comment	17	5
eoryeob-da	difficile	33	7
eoseo	vite	16	1
euisang	toilette, vêtements	67	titre
eumag	musique	27	2
eumsig	nourriture	18	1
–	id.	65	8
gabjagi	soudain	50	1
gabo-da	aller voir	68	1
gabs	prix	36	4
ga-da	aller	3	4
–	id.	12	9
–	id.	15	6

–	id.	24	2
gab	boîte	26	2
gabang	serviette, cartable	15	3
gae	chien	11	dict.
–	id.	64	4
–	classificateur général	64	10
gaeseong	individualité, personnalité	67	7
gaeul	automne	43	1
gag	chaque	30	7
gagae	boutique	8	6
gage	id.	26	5
gaggab-da	proche	36	4
gagseongha-da	réfléchir	50	7
gagyeog	prix	34	5
gajang	le plus	55	3
gaj-da	avoir	16	10
–	id.	61	7
gaji-da	id.	50	4
–	avoir sur soi	30	1
gajog	famille	44	2
gajug	cuir	15	4
–	id.	67	3
gajyeoo-da	apporter	20	3
gam-da	laver	37	5
gamsaha-da	remercier	17	10
–	id.	22	7
ganeungha-da	possible	51	5
–	id.	69	5
gang'aji	chiot	19	dict.
ganjang	sauce de soja	71	3
ganjigha-da	conserver	44	6
gasa	paroles de chanson	55	6
gasasmal	id.	55	7
gasi	épine	22	dict.
gasu	chanteur	55	5
gat-da	pareil	10	4
gat-i	ensemble	2	5
–	id.	12	10
–	id.	51	3
gedaga	en outre / qui plus est	55	6
geogjeongha-da	s'inquiéter	53	9
geojeol	refus	45	titre
geol-da	donner un coup de fil	50	1
–	accrocher	52	dict.

geoli-da	prendre	9	5
geolli-da	id.	25	8
–	prendre du temps	40	5
geom-da	noir	67	3
geongang	santé	52	8
geongangha-da	en bonne santé	52	8
geongangsig	formule santé	66	titre
geonmul	bâtiment	2	4
–	id.	24	9
–	id.	57	6
geonneo pyeon	en face	13	3
geos	chose	8	3
–	id.	13	2
–	id.	17	1
–	id.	26	1
geos gat-da	il semble que	33	7
geu	cela	3	1
geu nareum-daero	à sa façon	43	6
geujeogge	avant-hier	13	5
geumgangsan	monts du diamant	16	dict.
geumnyeon	cette année	60	3
geuraedo	néanmoins	9	3
geuraem	gramme	71	2
geuraeseo	c'est pourquoi	54	2
–	alors, id.	64	3
geureoh-da	ainsi	12	4
geureoh-ge	id.	29	7
geureojiman	cependant	10	8
geureohjiman	cependant	43	3
geureom	dans ce cas	19	8
geureom	eh bien	22	6
geureomyeon	dans ce cas	12	3
geureona	mais	9	2
geureonigga	c'est pourquoi	39	4
geurigo	et (aussi)	6	3
–	id.	9	7
–	id.	16	8
–	id.	26	2
geurim	image	65	dict.
–	propre	29	1
ggaeggeusha-da	id.	58	2
ggaesogeum	sésame salé et grillé	71	3
ggaeu-da	réveiller	20	9
ggagdugi	navet assaisonné	66	6
ggagg-da	couper	36	1

ggangtong	boîte de conserve	29	2
ggeogg-da	casser	50	dict.
ggeunhimeobs-i	sans arrêt	54	8
ggeunh-da	couper	38	3
ggeurhi-da	cuire	66	3
ggeutna-da	finir	15	dict.
ggi	class. des repas	65	7
ggieonj-da	verser	71	4
ggog	absolument	43	5
ggori	queue	64	dict.
ggujun-hi	constamment,		
–	obstinément	65	8
gibbeu-da	heureux	13	6
gibun	humeur	40	7
gidari-da	attendre	4	3
–	id.	29	3
–	id.	36	5
gihoe	occasion (favorable)	60	2
–	occasion	69	3
gil	chemin, route	32	dict.
–	chemin	36	
–	id.	62	dict.
gimci	kimchi	18	6
–	id.	66	6
gimcigug	soupe de kimchi	66	dict.
ginjang	tension	55	1
ginyeompum	souvenir (objet)	44	6
gis	plume	35	dict.
gisa	article	51	1
–	chauffeur	54	8
giyeog	lettre “k”	38	dict.
goci-da	réparer	8	dict.
gocu	poivron / piment	18	8
god	immédiatement	16	10
godeung'eo	maquereau	39	7
godeunghaggyo	lycée	47	4
gogeub	qualité supérieure	54	9
gogisgyeol	fil (de la viande)	71	4
gojang	panne	51	2
gojangna-da	tomber en panne	51	2
golgoru	de façon égale	71	6
gongbu	étude	61	6
gongcaeg	cahier	26	4
gongdeul-da	qui est bien fait	70	dict.
gonghae	pollution	58	1

gonghang	aéroport	4	1
gongjung	public	68	3
gongtongjeom	point commun	9	3
gopeu-da	affamé	41	7
goreu-da	choisir	71	4
goru	uniformément	71	5
gos	lieu, endroit	10	1
–	id.	34	5
–	id.	44	5
goyang'i	chat	64	1
gu	neuf (chiffre)	9	n° lç.
gub-da	griller	71	7
gudi	fermement, à tout prix	67	4
gug'eo	langue (coréenne)	64	10
gugjehwa	internationalisation	50	7
gugmin	citoyen, concitoyen	65	1
gugminhaggyo	école primaire	47	4
gugmul	bouillon, soupe	66	3
gugsu	nouille	42	2
gugwan	ancien fonctionnaire	57	dict.
gugyeongha-da	visiter	8	1
guha-da	se procurer	34	2
guib	acquisition	69	4
guibha-da	acquérir	69	4
gul	caverne, tanière	41	dict.
gulddug	cheminée	33	dict.
gumeong	trou	12	dict.
–	id.	20	dict.
–	id.	64	1
–	id.	64	dict.
gungjeon	palais	8	4
gwa	leçon	1	n° lç.
gwaencanh-da	convenable	12	8
–	id.	36	1
gwangwang	tourisme	8	titre
gwanli	traitement	38	6
gweon	volume	26	4
gweonha-da	recommander	66	2
gweonjang	recommandation	66	2
gweonjanglyang	quantité recommandée	66	2
gwi	oreille	23	dict.
gwigeori	boucle d'oreille	52	dict.
gyejeol	saison	43	1
gyeobci-da	être en double	52	6
gyeog	façon, style	54	dict.

gyeong	soutra	23	dict.
gyeonggi	match	15	6
gyeongje	économie	58	6
gyeongjejeog	économique	61	6
gyeonglo	respect des vieillards	31	6
gyeongsa	heureux événement, fête	62	6
gyeotdeuri-da	mettre plusieurs aliments	66	5
gyeoul	hiver	43	4
gyesi-da	y avoir	22	2
	exister	23	3
gyesog	sans discontinuer	27	7
gyesogha-da	poursuivre, continuer	61	6
gyosil	salle de classe	55	8
gyotong	circulation	9	4
–	id.	41	2
gyoyug	éducation	55	3
habseung'in	co-passager	54	4
ha-da	faire	11	1
hae	soleil	41	6
haengbog	bonheur	26	dict.
–	id.	61	
haengdongha-da	se conduire	31	2
haeoe	outre-mer, étranger	44	2
haeso	dissolution, dissipation	68	5
haesoha-da	faire disparaître	55	1
–	dissoudre, dissiper	68	5
hagsaeng	étudiant	22	5
hamgge	ensemble	44	2
han	un	4	2
–	id.	26	2
–	environ	40	5
hana	un (chiffre)	9	3
handu	un ou deux	27	2
haneul	ciel	3	2
–	id.	20	dict.
hanggongpyeon	par avion	25	3
hangsang	toujours	36	5
hangug	Corée (du Sud)	6	3
–	id.	13	5
–	id.	18	2
hangug'eo	langue coréenne	55	3
hangug'in	Coréen	32	4
hangugmal	id.	33	5

hanju-lo seo-da	faire la queue	29	3
hanjul	rangée, file	29	3
haru	un jour	19	4
–	id.	65	7
harujong'il	toute la journée	40	6
heeoji-da	se séparer	48	5
heoragha-da	autoriser	61	6
heugbaeg	noir et blanc	53	4
heun-hi	fréquemment	50	3
heuri-da	troubler	58	dict.
himdeul-da	difficile	33	5
hoe	fois	65	8
hoessu	nombre de fois	65	8
hogsi	à l'occasion	26	5
hombidiopon	caméra interphone	50	5
hompaegseu	fax personnel	50	5
honja	seul	13	1
–	id	61	3
–	tout seul	33	5
–	id.	68	6
honjanam	id.	61	3
honna-da	bouleversé	48	5
horang'i	tigre	9	dict.
hu	après	15	6
hucu	poivre	71	3
hu-e	après	23	5
–	id.	27	1
hwa	colère	64	8
hwaga na-da	se mettre en colère	64	8
hwahag	chimie, chimique	71	3
hwamyeon	écran	52	6
–	id.	55	4
hwangab	soixantième anniversaire	62	1
hwangmo	poil de belette	68	dict.
hwanjeolgi	changement de saison	38	6
hwayoil	mardi	12	2
hyeondae	contemporain, actuel	50	6
hyeong	style	37	4
hyeongpyeon	situation	69	2
hyogwajeog	efficace	55	3
hyuga	congé	44	titre
hyuil	jour de congé	11	7
hyuji	déchets de papier, chiffons	29	2
hyujitong	corbeille à papiers	29	2

i	ceci	1	3
–	deux	2	n° lç.
–	dent	17	dict.
i-da	être	1	1
ib	bouche	55	5
ibal	coupe de cheveux	36	1
ibalha-da	coiffer	36	1
ibalsa	coiffeur pour hommes	37	1
ibalso	salon de coiffure (messieurs)	36	1
ib-da	porter un vêtement	40	1
–	id.	47	1
ibryeogsiki-da	entrer, lister	52	2
idda	plus tard	40	5
ij-da	oublier	26	4
–	id.	50	5
ije	maintenant	24	7
ijeobeori-da	oublier	26	4
ijeon	auparavant	58	1
il	un	1	1
–	id.	25	9
–	chose, travail	45	2
–	affaire, incident	50	3
ildan	une fois (pour toutes)	69	7
ilg-da	lire	23	dict.
–	id.	27	3
–	id.	40	dict.
ilgob	sept	11	4
ilha-da	travailler	11	8
–	id.	61	8
ilh-da	perdre	8	dict.
ilil	chaque jour	66	2
ilpum-i-da	c'est extra	71	7
imsanbu	femme enceinte	31	4
inpa	foule, bousculade	29	4
insa	salutation	5	titre
insaeng	vie humainc	62	6
irang	ou bien	26	4
ireoh-da	être ainsi	39	3
ireoh-ge	ainsi	39	3
iri	par ici	16	4
–	à ce point	41	3
iryoil	dimanche	11	7
isa	membre du conseil d'administration	60	2

isajang	président du conseil d'administration	60	2
isangha-da	bizarre	50	1
iss-da	il y a	2	1
issdaga	plus tard	40	5
issusigae	cure-dent	17	dict.
iyagi	histoire	48	4
iyu	raison	59	6
ja	lettre, caractère chinois	38	dict.
jab-da	attraper	41	dict.
jabji	revue	38	7
jabsu-da	manger	18	6
ja-da	dormir	21	dict.
jadongoa	automobile	69	
jae	cendre	52	4
jaecog	bousculade	59	titre
jaemiiss-da	intéressant	27	7
–	id.	55	8
jaeryo	ingrédient	71	2
jaeu-da	laisser reposer	71	4
jag-da	petit	18	dict.
jagdong	fonctionnement	53	5
jagi	soi-même	67	7
jagnyeon	an passé	60	3
jaje	enfants	62	4
jaju	souvent	45	5
jal	bien	5	4
–	id.	17	2
jamag	sous-titres	55	6
jamggan	un moment	71	6
jamgganman	attendez !	20	8
jan	tasse	27	2
–	verre, coupe, tasse	52	5
janci	festin, banquet	62	1
jandon	monnaie	30	1
jang	marché, foire	40	3
–	class. des feuilles	53	9
jangbo-da	faire le marché	40	3
jangmi	rose	22	dict.
japan	clavier	52	4
jari	place	31	4
jaru	classificateur objets cylindriques et manches	26	2
jayeon	nature	68	3

je	ordinal	1	1
–	mien	2	3
jeil	le plus	10	1
–	id.	15	7
–	id.	27	5
jenhyeo	totalement	17	4
jeo	cela	2	4
–	je	15	2
–	id.	27	6
jeocejung	poids inférieur à la normale	65	6
jeog	expérience	34	4
jeog-da	noter	39	1
jeogdang-hi	de façon appropriée	71	7
jeogeodo	au moins	64	10
jeogeumha-da	épargner	52	7
jeog-hi-da	être noté	39	1
jeogi	là-bas	2	3
–	id.	24	8
jeojangha-da	enregistrer	52	7
jeol	salut	62	5
jeolban	moitié	65	3
jeolmeuni	les jeunes	67	3
jeom	point	54	5
jeomsim	déjeuner	66	4
jeon	avant, devant	30	5
jeondalha-da	remettre	51	7
jeondo	ordre, degré	64	10
jeongbi	révision (mécanique)	36	1
jeongbiha-da	réviser	36	1
jeongbisika-da	faire réviser	36	1
jeongdo	degré	25	9
jeongha-da	fixer	36	6
jeonglyu	genre	27	4
–	id., catégorie	67	3
jeonglyuso	arrêt d'autobus	30	7
jeongmal	vraiment	41	2
–	id.	54	1
jeongsin	esprit, conscience	45	1
jeonha-da	transmettre	22	4
–	id.	46	5
jeonhwa	téléphone	13	4
jeonhwa	coup de téléphone	22	6
jeonhyeo	complètement	17	4
–	totalement	58	1

jeontong	tradition	31	5
jeonyeog	soir	13	1
–	id.	15	5
–	dîner	45	4
–	id.	66	5
jeonyeog sigsa	id.	27	1
jeoryeomha-da	raisonnable, modique	34	5
jeosgarag	baguette	17	3
jeoul	balance	25	5
jepum	article	15	4
jeulgeob-da	joyeux	47	7
jib	maison	11	4
–	id.	13	1
jiban	ménage	61	dict.
jibang	région	32	6
jibul	paiement	69	5
ji-da	se coucher	41	6
jigeob	profession, métier	61	7
jigeum	maintenant	22	3
–	id.	23	4
–	id.	26	1
–	id.	52	1
jigjang	lieu de travail	11	2
jigjeob	direct, directement	51	7
jigmu	travail	11	titre
jihaceol	métro	9	6
–	id.	11	3
–	id.	29	1
jij-da	crier, aboyer	64	5
jijeongseog	place réservée	31	3
jiki-da	respecter, observer	32	4
jilmun	question	48	titre
jilseoiss-da	discipliné, en ordre	31	2
jinaci-da	excessif	65	5
jina-da	passer	47	5
jinada	passer (temps)	48	4
jinae-da	passer	5	3
jinju	perle	54	dict.
jiog	enfer	59	3
jjajeung	mauvaise humeur	59	6
jjajeungna-da	être de mauvaise humeur	59	6
jjalb-da	court	37	4
jjeum	environ	25	8

jjig-da	prendre une photo	57	3
jjigae	pot-au-feu	66	4
jjijeung	mauvaise humeur	59	6
jjoc-da	poursuivre	40	7
jjoc-gi-da	être poursuivi	40	7
jjog	côté	16	5
–	id., direction	37	5
joesongha-da	s'excuser	22	2
–	désolé	45	5
jogeum	un peu	36	2
jogeumssig	peu à peu, quelque peu	32	6
–	id.	65	7
johaha-da	aimer	15	7
–	id.	27	5
–	id.	43	2
joh-da	bon	8	2
–	id.	10	8
–	bien	12	11
–	d'accord	19	7
jom	s'il vous plaît	38	5
jomiryo	assaisonnement	71	3
jongryu	genre, espèce, catégorie	27	4
–	id.	67	3
jongyeongha-da	respecter	31	5
josa	enquête	65	1
jubyeon	alentour, périphérie	57	6
jucajang	parking	2	titre
ju-da	donner	15	2
jug-da	mourir	13	dict.
juil	semaine	25	9
jul	fait	19	dict.
jul-da	diminuer	65	7
jumunha-da	commander	20	3
junbiha-da	préparer	30	3
jung	milieu	29	6
jung'ang	centre	38	8
junghaggyo	collège	47	4
jung-i-da	être en train de	22	3
ju-ro	essentiellement, principalement	27	4
jwi	rat	12	dict.
–	souris, rat	64	1
ka	voiture	36	1
kabang	serviette	15	3
kalla	couleur	53	3

kallori	calorie	65	8
kapon	téléphone de voiture	50	5
ka senteo	garage	36	1
keompyuteo	ordinateur	50	5
keu-da	grand	6	1
keu-n sori-reul ci-da	s'écrier	64	10
keunil	malheur, catastrophe	41	2
keunsul	grande cuillérée	71	1
killo	kilo	39	5
kipon	interphone	50	5
ko	nez, naseau	52	dict.
kogeori	anneau nasal	52	dict.
kong	soja	37	dict.
kosdae	arête (du nez)	50	dict.
kyeolle	paire	26	4
li	li	46	dict.
macangaji	similitude, identité	29	5
macim	en fin de compte	64	9
mada	chaque	30	7
madang	cour	10	dict.
madi	class. des mots	64	titre
maeb-da	épicé	18	3
maegju	bière	16	8
–	id.	52	5
maeil	chaque jour	11	3
–	id.	61	1
maenyeon	chaque année	65	7
maeryeog	charme	43	6
maeryeogiss-da	charmant	43	6
mag-da	arrêter, boucher	60	dict.
mag-hi-da	être bouché	32	1
maj-da	atteindre	62	3
–	conforme à	66	1
–	conforme, qui convient	67	5
majiha-da	recevoir (hommage)	62	4
mal	parole	9	dict.
–	id.	46	dict.
mal	cheval	46	dict.
malg-da	clair, limpide	39	dict.
man	seulement	19	4
–	dix-mille	19	6
mandeul-da	fabriquer	15	4
–	id.	33	7
–	id.	68	3
–	confectionner	71	5

maneul	ail	18	8
–	id.	71	3
mangha-da	se ruiner	61	dict.
mangha-da	péricliter	61	dict.
manh-da	nombreux	4	3
–	id.	8	3
–	id.	36	5
manh-i	beaucoup	9	5
–	id.	17	1
manjog	satisfaction	61	4
manjogha-da	satisfait	61	4
manna-da	rencontrer	15	1
–	se rencontrer	45	dict.
mannam	rencontre	46	titre
mareu-da	sec	41	7
mari	classificateur	26	5
–	class. d'animaux	39	7
maryeon	préparatifs, dispositions	54	5
mas	goût	17	5
masaji	massage	38	5
masiss-da	savoureux	17	2
masiss-ge deu-seyo !	bon appétit !	71	9
meog-da	manger	13	2
–	id.	17	2
meol-da	loin	25	dict.
–	éloigné	36	2
–	loin	59	2
meoreoji-da	s'éloigner	36	dict.
meori	tête, cheveu	36	1
meorikarag	cheveu	36	1
meos	beauté, élégance, chic	58	5
meosji-da	beau, chic	43	1
migguraji	loche	58	dict.
migug	États-Unis	15	1
milli-da	s'accumuler	45	2
mingamha-da	sensible à	67	6
miri	à l'avance	30	5
–	id.	36	6
miso	sourire	55	9
mit	fond	43	dict.
miyongsa	coiffeur pour dames	38	1
miyongsil	salon de coiffure (dames)	38	titre
mobeom	modèle	54	2
moeu-da	rassembler, recueillir	29	dict.

mog	gorge	41	7
–	cou	54	dict.
moggeori	collier	54	dict.
moggumeong	gosier	53	dict.
mogyogtang	salle de bains	68	3
mogyoil	jeudi	12	8
moim	réunion	47	2
mollabo-da	ne pas reconnaître	48	3
molli-da	affluer	29	4
more	après-demain	12	7
–	id.	51	6
moreu-da	ignorer	19	dict.
moyang	forme, aspect	55	5
moyang'i-da	on dirait que	50	2
moyog	bain	68	3
muceog	considérablement	57	7
mud-da	demander	32	dict.
mueos	quoi ?	3	1
–	id.	11	1
–	quoi	16	6
–	id.	27	1
mug-da	séjourner	19	4
mujanggug	soupe à la sauce de soja	66	3
mul	eau	39	dict.
mulgeon	objet, chose	39	1
mullon	naturellement	18	7
–	id.	50	7
mun	porte	21	dict.
muneoji-da	s'écrouler	20	dict.
–	id.	70	dict.
munje	problème	29	6
–	id.	65	1
munjesgeori	id.	29	6
munseoceori	traitement de texte	51	4
museob-da	effrayant	19	dict.
–	id.	64	2
museon jeonhwa	téléphone portable	54	7
museoweoha-da	avoir peur	64	4
museun	quel ?	12	1
muu	navet	71	7
mweo	quoi !	36	3
myeoc	combien ?	11	5
–	combien	16	2
myeocil	combien de jours ?	25	8
myeocnyeon	combien d'années ?	47	5

myeondo	rasage	37	8
myeondoha-da	raser	37	8
myeoneuri	belle-fille	42	dict.
myeong	classificateur de personnes	1-	3
myeonggwan	fonctionnaire illustre	57	dict.
myeongseung	moine réputé	69	dict.
myeongseunggojeog	sites pittoresques	9	2
na	je	13	dict.
na-da	sortir, apparaître	33	dict.
–	apparaître, pousser	37	dict.
na-da	se produire	50	1
nae-da	faire montre	59	6
naeil	demain	3	5
–	id.	12	3
–	id.	20	9
naengjanggo	réfrigérateur	13	2
naengsu	eau fraîche	17	dict.
naga-da	sortir	40	1
nageune	étranger de passage	62	dict.
nageusnageusha-da	tendre	71	6
nagyeob	feuille morte	43	1
nai	âge	31	5
naideul-da	âgé	31	5
najung-e	ultérieurement	22	6
–	id.	23	6
nal	jour	11	8
–	id.	12	5
–	id.	42	d
–	id.	62	4
nal	lame	37	8
nal-da	voler (oiseau)	35	dict.
nalssi	temps	40	4
nambu	partie méridionale	32	8
nam-da	rester	40	3
–	id.	61	3
namnyeonoso	hommes, femmes jeunes et vieux	71	8
nampyeon	mari	61	1
namu	arbre	28	dict.
–	id.	45	dict.
namul	légume	66	4
nao-da	sortir	64	2
nara	pays	58	5
naraga-da	s'envoler	35	dict.

nas	faucille	38	dict.
nas-da	qui convient	51	4
–	préférable, qui vaut mieux	52	8
natana-da	apparaître	55	6
ne	oui, non	8	2
–	quatre	16	3
neoh-da	mettre dans	71	5
neolb-da	large, vaste	8	5
neom-da	dépasser, déborder	57	7
neomu	trop	18	3
–	id.	48	2
–	id.	54	3
neuggi-da	éprouver, ressentir	61	8
neuj-da	tard	27	7
–	id.	51	6
neuj-da	tardif, en retard	32	1
neul-da	augmenter	65	8
nobubu	vieux couple	62	5
nog-da	fondre	44	dict.
noh-da	poser	20	4
–	id.	25	5
–	id.	38	dict.
nongdam	plaisanterie	64	titre
nongsanmul	produit agricole	39	6
nop-da	haut	10	1
–	id.	57	5
norae	chanson	55	7
noraebang	karaoke	55	1
noyagja	vieillards et infirmes	31	4
nugu	qui ?	1	3
–	id.	23	2
ngu	id.	22	4
nun	œil	11	dict.
–	neige	44	dict.
nunmul	larme	55	9
nureu-da	appuyer	53	6
nyeon/yeon	année (en composition)	57	1
nyeondae/yeondae	génération	57	7
o	cinq	5	n° lç.
o-da	arriver	13	4
oe	isolé, unique (préfixe)	45	dict.
oecul	sortie	22	3
oegug'in	étranger	71	8

oegugin	id.	33	7
oenamudari	tronc d'arbre servant de pont	45	dict.
oenjjog	gauche	24	5
oeraeeo	mot étranger	50	6
oesang	crédit	69	6
oesig	repas pris à l'extérieur	65	8
oetu	manteau	67	1
oeyanggan	étable	8	dict.
ohu	après-midi	4	2
olli-da	élever	25	5
–	id., offrir	62	5
on	tout	58	dict.
onceon	station thermale	68	1
onceonsu	eau de source thermale	68	3
oneul	aujourd'hui	12	1
on go i ji sin	réchauffer l'ancien pour savoir le nouveau	31	3
orae	longtemps	32	2
–	id.	42	dict.
–	id.	53	9
oraeganman	ça fait longtemps	5	2
os	vêtement	34	1
–	id.	40	1
pa	poireau	71	6
paegseu	fax	50	2
paen	poêle (ustensile de cuisine)	71	6
paka	parka	67	3
pal	huit	8	n° lç.
–	id.	25	7
pal-da	vendre	53	1
pama	permanente	38	4
panmaegi	distributeur automatique	30	7
panmaeha-da	vendre	53	2
pat	haricot rouge	37	dict.
peosenteo	pour cent	65	5
peurangseu	France	25	2
peurangseuin	français	1	5
peurangseuu'in	Français	32	5
peurinteo	imprimante	51	2
pibu	peau	38	5
–	id.	68	3
pigonha-da	fatigué	54	1

pilleum	film	26	2
pirami	vandoise	40	dict.
piryo	nécessité	59	5
piryoha-da	nécessaire	20	6
–	id.	26	1
–	id.	30	2
piu-da	fumer	52	7
podo	raisin	39	5
podobat	vigne	10	7
podoceong	geôle	53	dict.
pogi	tête de chou	39	6
poglag	effondrement	69	3
poglagha-da	s'effondrer	69	3
pyeon	côté, "plutôt"	32	6
pyeonha-da	confortable	53	4
pyeonji	lettre	25	2
pyeonjibgug	rédaction	51	1
pyeonliha-da	pratique	9	7
pyo	ticket, billet	30	5
pyojipan	panneau de signalisation	31	1
ryumatijeum	rhumatisme	68	3
sa	quatre	4	n° lç.
sabang	partout	55	4
sa-da	acheter	26	2
–	id.	39	1
sadon	parents éloignés, par alliance	25	dict.
sae	oiseau	35	dict.
sae-da	poindre, naître	27	8
saeg	couleur	55	7
saengcae	salade	71	7
saenggag	pensée	*64*	*3*
saenggagha-da	penser	29	7
–	id.	54	9
saenggi-da	se produire, apparaître	50	3
saenghwal	vie	61	4
saeng'il	anniversaire	62	3
saengseon	poisson frais	26	5
–	poisson	39	7
saero	nouvellement	40	1
saerob-da	nouveau	61	5
sagwi-da	fréquenter	33	6
sagyejeol	les quatre saisons	43	titre
saheul	trois jours	25	9

sahoe	société	61	8
sai	interstice, entre	9	3
sajang	P-DG	23	3
sajigha-da	démissionner	60	6
sajin	photo	57	3
sal-da	vivre	42	dict.
sam	trois	3	n° lç.
samcu	laitue	71	7
samusil	bureau	51	7
san	montagne	10	3
sangtae	état, situation	65	3
sao-da	ramener	15	3
–	rapporter (objet acheté)	39	8
saraji-da	disparaître	58	5
saram	homme	3	1
–	être humain	32	8
sari	vie	65	dict.
sasang	pensée	31	6
sayong	utilisation	51	5
sayongha-da	utiliser	50	3
se	trois	26	2
se-da	fort	53	6
sedae	génération	67	6
senteo	centre	36	1
seobcwiha-da	absorber	65	7
seobcwu	absorption	66	1
seobiseu	service	54	9
seo-da	se tenir debout, immobile	29	3
seodureu-da	se hâter	59	5
seogg-da	mélanger	71	5
seojjog	ouest	55	dict.
seolgeoji	vaisselle	61	2
seolma	impossible !	47	7
seoltang	sucre	71	2
seonggong	succès	31	dict.
seong'in	adulte	65	4
seongnyang	allumette	26	2
seonmul	cadeau	15	2
seonsaeng	monsieur	5	5
seontaeg	choix	67	7
seontaegha-da	choisir	67	7
seoro	mutuellement	46	5
seotureu-da	maladroit, malhabile	33	5

sim-da	semer	37	dict.
simin	citadin, citoyen	29	2
simjieo	en plus	71	8
sinae	centre-ville	4	4
–	id.	10	2
singsingha-da	frais	39	7
singyeong	nerf	68	3
singyeongtong	névralgie	68	3
sinmun	journal	65	1
sinsedae	nouvelle génération	67	6
sip-da	avoir envie de	25	2
–	id.	61	5
sireobja	chômeur	58	4
so	bœuf	8	dict.
–	id.	23	dict.
–	bœuf, vache	40	dict.
sogae	présentation	1	titre
sogaeha-da	présenter	5	5
sogogi	viande de bœuf	66	3
–	id.	71	2
sol	brosse	37	8
sonnim	client	36	5
sonsaeg	infériorité	71	9
sonsaeg-i eobs-da	ne pas être inférieur à	71	8
sori	son, bruit	50	1
sori	parole	64	8
sosana-da	sortir	20	dict.
sosig	nouvelle	36	dict.
–	id.	46	3
ssa-da	bon marché	9	7
ssain	signature	20	5
sseol-da	découper	71	4
sseu-da	utiliser, dépenser	40	3
ssi	monsieur	1	4
ssusi-da	curer	17	dict.
su	nombre	65	8
sudo	capitale	5	3
sugbagryo	tarif de la chambre	19	5
sugoha-da	courage !	23	7
sugoseureob-da	pénible	40	4
sujun	niveau	66	2
sul	alcool	52	7
suljan	coupe d'alcool	62	5
suljib	taverne	10	8
sung'eo	muge	40	dict.

sungnyung	eau de riz	59	dict.
sunseo	ordre	36	7
supil	essai	27	6
suyoil	mercredi	12	3
swib-da	facile	69	7
syoping	shopping	34	titre
syupeomakes	supermarché	26	1
–	id.	39	8
ta-da	monter	2	5
tab	stûpa, pagode	70	dict.
taeeona-da	naître	62	3
taegsi	taxi	24	1
taesan	Taishan, grande chose	29	dict.
taeyang	soleil	43	3
tagja	table	20	4
tago	en	4	5
tang	bain	68	1
tas	cause, motif	58	6
teum	interstice, temps libre	45	5
tiggeul	poussière	29	dict.
tisyeoceu	T-shirt	34	6
toegeun	quitter le travail	11	5
–	départ du travail	29	4
tong	pas du tout	46	3
tongsin	transmission	50	6
toyoil	samedi	11	1
tusugha-da	séjourner	19	3
ucegug	bureau de poste	24	5
uhoejeon	tournant à droite	24	6
ujeong	amitié	15	titre
ul-da	chanter (poule)	61	dict.
umjigi-da	bouger	45	3
umul	puits	59	dict.
undong	sport	15	7
ungdeong'i	flaque	58	dict.
upyeon	poste	51	7
uri	nous	15	5
uyeonha-da	imprévu	46	1
uyeon-hi	par hasard	62	1
wae	pourquoi ?	12	8
–	pourquoi	40	7
wang wang	ouah ! ouah !	64	5
wen'il	quelle chose ?	46	1
weol	mois (en composition)	60	5
weon	won	19	6

yeongyeolha-da	brancher	53	5
yeonlag	liaison, information	45	6
yeonlag-eul ju-da	donner signe de vie	45	6
yeonseub	exercice	55	8
yeop	côté	2	4
yeoreum	été	34	1
–	id.	43	3
yeoseong	femme	38	8
yeoseos	six	11	6
–	id.	20	9
–	id.	26	4
yeoyu	réserve, surplus, temps disponible	59	7
yes	ancien	48	6
yesnal	passé	58	5
yogeum	prix, tarif	30	3
yoil	jour de la semaine	12	1
–	ces temps-ci	37	3
yongdusami	dragon tête serpent queue (“queue de poisson”)	15	dict.
yori	cuisine	71	8
yug	six	6	n° lç.
yugamseureo-da	regrettable	10	7
yugsu	jus de viande	71	3
yuhaeng	mode	37	3
yuhaengha-da	être à la mode	37	3
yujiha-da	conserver	66	7

LEXIQUE FRANÇAIS-CORÉEN

français	**coréen**	**leçon**	**phrase**
à tout prix	*gudi*	67	4
aboyer	*jij-da*	64	5
absolument	*ggog*	43	5
absorber	*seobcwiha-da*	65	7
absorption	*seobcwu*	66	1
accrocher	*geol-da*	52	dict.
accumuler (s'~)	*milli-da*	45	2
acheter	*sa-da*	26	2
–	id.	39	1
acquérir	*guibha-da*	69	4
acquisition	*guib*	69	4
actuel	*hyeondae*	50	6
adopter	*cwiha-da*	66	1
adresse (à l' ~ de)	*bogo*	64	9
adulte	*seong'in*	65	4
aéroport	*gonghang*	4	1
affaire (ça fait parfaitement l' ~)	*anseongmacum-i-da*	68	5
affamé	*gopeu-da*	41	7
affluer	*molli-da*	29	4
âgé	*naideul-da*	31	5
ail	*maneul*	18	8
–	id.	71	3
aimer	*johaha-da*	15	7
–	id.	27	5
–	id.	43	2
ainsi	*geureoh-da*	12	4
–	id.	29	7
ajouter	*botae-da*	40	3
alcool	*sul*	52	7
alcool de riz	*ceongju*	71	2
alentour	*jubyeon*	57	6
alimentation	*yeongyang*	65	titre
aliments	id.	65	titre
aller	*ga-da*	3	4
–	id.	12	9
–	id.	15	6
–	id.	24	2
aller au travail	*cultoegunha-da*	11	3
aller en voyage d'affaires	*culjangga-da*	60	1

aller voir	*gabo-da*	68	1
allô	*yeoboseyo*	22	1
allumette	*seongnyang*	26	2
alors,	*geuraeseo*	64	3
aloyau	*deungsim*	71	4
ami	*cingu*	13	4
–	id.	15	1
–	id.	48	2
amitié	*ujeong*	15	titre
an passé	*jagnyeon*	60	3
ancien	*yes*	48	6
ancien fonctionnaire	*gugwan*	57	dict.
animal	*dongmul*	65	8
anneau nasal	*kogeori*	52	dict.
année (chaque ~)	*maenyeon*	65	7
anormalité	*bijeongsang*	65	6
apparaîre	*natana-da*	55	6
–	*saenggida*	50	3
–	*na-da*	33	dict.
–	id.	37	dict.
appétit (bon ~ !)	*masiss-ge deu-seyo !*	71	fin
apporter	*gajyeoo-da*	20	3
apprendre	*baeu-da*	55	3
approprié (de façon ~ e)	*jeogdang-hi*	71	7
appuyer	*nureu-da*	53	6
après	*hu*	15	6
–	*hu-e*	23	5
–	id.	27	1
après-demain	*more*	12	7
–	id.	51	6
après-midi	*ohu*	4	2
arête (du nez)	*kosdae*	50	dict.
argent	*don*	50	4
arrêt d'autobus	*jeonglyuso*	30	7
arrêter	*mag-da*	60	dict.
arriver	*docagha-da*	3	5
–	id.	13	5
–	*docaghada*	25	8
–	*o-da*	13	4
article	*gisa*	51	1
–	*jepum*	15	4
aspect	*moyang*	55	5
assaisonnement	*jomiryo*	71	3
assaisonner	*beomuri-da*	71	6
–	*yangnyeomha-da*	71	7
association d'anciens élèves	*doncanghoe*	47	2

atteindre	*dalha-da*	66	2
–	*maj-da*	62	3
attendez !	*jamgganman*	20	8
attendre	*gidari-da*	4	3
–	id.	29	3
–	id.	36	5
attraper	*jab-da*	41	dict.
au moins	*jeogeodo*	64	10
au revoir	*annyeonghi gye-sib-sio*	22	7
au revoir !	*annyeong-hi ga-seyo*	23	8
auberge	*yeogwan*	19	titre
audiovisuel	*siceonggag*	55	3
augmenter	*neul-da*	65	8
aujourd'hui	*oneul*	12	1
auparavant	*ijeon*	58	1
autobus	*beoseu*	30	3
automne	*gaeul*	43	1
autoriser	*heoragha-da*	61	6
autre	*dareu-da*	64	8
avance (à l' ~)	*miri*	30	5
–	id.	36	6
avant	*jeon*	30	5
avant-hier	*geujeogge*	13	5
avion	*bihaenggi*	3	3
–	id.	4	1
avion (par ~)	*hanggongpyeon*	25	3
avoir	*gaj-da*	16	10
–	id.	61	7
avoir	*gaji-da*	50	4
avoir (sur soi)	*gaji-da*	30	1
avoir envie de	*sip-da*	25	2
–	id.	61	5
avoir l'air	*bo-i-da*	57	5
baguette	*jeosgarag*	17	3
bain	*moyog*	68	3
–	*tang*	68	1
balance	*jeoul*	25	5
banquet	*janci*	62	1
base-ball	*yagu*	16	6
bâtiment	*geonmul*	2	4
–	id.	24	9
–	id.	57	6
beau	*arumdab-da*	5	2
–	*areumdab-da*	8	5
–	id.	10	3

–	id.	44	5
–	*meosji-da*	43	1
beaucoup	*manh-i*	9	5
–	id.	17	1
beauté	*meos*	58	5
belle-mère	*sieomeoni*	13	dict.
“bibimbab”	*bibimbab*	16	7
bien	*jal*	5	4
–	id.	17	2
–	*joh-da*	12	11
bien fait (qui est ~)	*gongdeul-da*	70	dict.
bienfait	*deogbun*	46	3
bière	*maegju*	16	8
–	id.	52	5
billet	*pyo*	30	5
bizarre	*isangha-da*	50	1
bœuf	*so*	8	dict.
bœuf, vache	*so*	40	dict.
boîte	*gab*	26	2
boîte de conserve	*ggangtong*	29	2
bon	*joh-da*	8	2
–	id.	10	8
bon appétit !	*masiss-ge deu-seyo !*	71	9
bon marché	*ssa-da*	9	7
bonjour	*annyeonha-si-bni-gga*	5	1
bonjour !	*annyeongha-seyo*	25	1
bouche	*ib*	55	5
bouché (être ~)	*mag-hi-da*	32	1
boucher	*mag-da*	60	dict.
boucle d’oreille	*gwigeori*	52	dict.
bouger	*umjigi-da*	45	3
bouillon	*gugmul*	66	3
bouleversé	*honna-da*	48	5
bousculade	*jaecog*	59	titre
–	*inpa*	29	4
bouteille	*byeong*	16	8
boutique	*gagae*	8	6
–	*gage*	26	5
bouton	*dancu*	53	6
brancher	*yeongyeolha-da*	53	5
brosse	*sol*	37	8
brosse à dents	*cisol*	26	2
bruit	*sori*	50	1
“bulgogi”	*bulgogi*	16	7
bureau	*samusil*	51	7
bureau de poste	*ucegug*	24	5

bus	*beoseu*	4	5
ça fait longtemps	*oraeganman*	5	2
ça fait parfaitement l'affaire	*anseongmacum-i-da*	68	5
cadeau	*seonmul*	15	2
cahier	*gongcaeg*	26	4
calorie	*kallori*	65	8
–	*yeollyang*	65	7
camarade de promotion	*doncang*	47	3
caméra interphone	*hombidiopon*	50	5
capitale	*sudo*	5	3
caractère chinois	*ja*	38	dict.
carte a photocopier	*bogsakadeu*	53	1
cas (dans ce ~)	*geureom*	19	8
casser	*ggeogg-da*	50	dict.
catastrophe	*keunil*	41	2
catégorie	*jeonglyu*	67	3
cause	*weonin*	65	8
–	*tas*	58	6
caverne	*gul*	41	dict.
ceci	*i*	1	3
cela	*geu*	3	1
–	*jeo*	2	4
cendre	*jae*	52	4
cent	*baeg*	25	7
centre	*jung'ang*	38	8
centre-ville	*sinae*	4	4
–	id.	10	2
cependant	*georeohjiman*	43	3
–	*geureojiman*	10	8
ces temps-ci	*yojeum*	37	3
c'est extra	*ilpum-i-da*	71	7
c'est pourquoi	*geuraeseo*	64	3
–	id.	54	2
chambre	*bang*	19	1
chambre principale	*anbang*	13	dict.
changement de saison	*hwanjeolgi*	38	6
changer	*byeonha-da*	47	5
–	*dallaji-da*	55	7
chanson	*norae*	55	7
chanter (poule)	*ul-da*	61	dict.
chanteur	*gasu*	55	5
chaque	*gag*	30	7
–	*mada*	30	7
chaque année	*maenyeon*	65	7
chaque jour	*ilil*	66	2
–	*maeil*	11	3

–	id.	61	1
charmant	*maeryeogiss-da*	43	6
charme	*maeryeog*	43	6
chat	*goyang'i*	64	1
chaud	*deob-da*	40	4
chauffeur	*gisa*	54	8
chaussette	*yangmal*	26	4
chemin	*gil*	32	dict.
–	id.	62	dict.
cheminée	*gulddug*	33	dict.
cher	*bissa-da*	36	4
–	id.	54	3
chercher	*caj-da*	59	dict.
cheval	*mal*	46	dict.
cheval rapide	*ceonlima*	46	dict.
cheveu	*meorikarag*	36	1
–	*meori*	36	1
cheveu blanc	*baegbal*	60	dict.
chic	*meosji-da*	43	1
–	*meos*	58	5
chien	*gae*	11	dict.
–	id.	64	4
chiffons	*hyuji*	29	2
chimie	*hwahag*	71	3
chimique	*hwahag*	71	3
chiot	*gang'aji*	19	dict.
choisir	*goreu-da*	71	4
–	*seontaegha-da*	67	7
choix	*seontaeg*	67	7
chômeur	*sireobja*	58	4
chose	*geos*	8	3
–	id.	13	2
–	id.	17	1
–	id.	26	1
–	*il*	45	2
–	*mulgeon*	39	1
chou chinois	*baechu*	39	6
ciel	*haneul*	3	2
–	id.	20	dict.
cigarette	*dambae*	52	3
cinq	*daseos*	26	4
–	id.	53	9
cinq	*o*	5	n° lç.
circulation	*gyotong*	9	4
–	id.	41	2
circuler	*dani-da*	9	5

crier	*jij-da*	64	5
critiquer	*bipanha-da*	64	8
crotte	*ddong*	11	dict.
cuir	*gajug*	15	4
–	id.	67	3
cuire	*ggeurhi-da*	66	3
cuisine	*yori*	71	8
cure-dent	*issusigae*	17	dict.
curer	*ssusi-da*	17	dict.
d'accord	*joh-da*	19	7
dans ce cas	*geureom*	19	8
–	*geureomyeon*	12	3
date	*siil*	51	3
davantage	*deo*	9	6
–	id.	17	7
–	id.	27	6
–	*deoug*	18	5
de façon appropriée	*jeogdang-hi*	71	7
de façon égale	*golgoru*	71	6
de nouveau	*dasi*	22	6
–	id.	23	6
déborder	*neom-da*	57	7
déchets de papier	*hyuji*	29	2
découper	*sseol-da*	71	4
degré	*jeongdo*	25	9
–	*jeondo*	64	10
dehors	*bagg*	64	2
déjà	*beolsseo*	47	5
déjeuner	*jeomsim*	66	4
demain	*naeil*	3	5
–	id.	12	3
–	id.	20	9
demander	*caj-da*	23	2
–	*mud-da*	32	dict.
demi	*ban*	11	6
démissionner	*sajigha-da*	60	6
dent	*i*	17	dict.
dépasser	*neom-da*	57	7
dépenser	*sseu-da*	40	3
désagréable, incommode	*bulpyeonha-da*	54	5
désagrément	*bulpyeon*	41	titre
déséquilibre	*bulgyunhyeong*	65	3
désolé	*joesongha-da*	45	5
dessus	*wi*	20	4
–	id.	25	5
détester	*silheoha-da*	43	4

deux	*du*	16	8
–	id.	23	5
–	*du (dul)*	64	10
–	*i*	2	n° lç.
devant	*jeon*	30	5
–	*ap*	24	9
devant de la tête	*apmeori*	37	4
développement	*baljeon*	58	6
différence	*cai*	32	6
différent	*dareu-da*	64	8
difficile	*himdeul-da*	33	5
dimanche	*iryoil*	11	7
diminuer	*jul-da*	65	7
dîner	*jeonyeog*	45	4
–	id.	66	5
–	*jeonyeog sigsa*	27	1
direct	*jigjeob*	51	7
directement	id.	51	7
direction	*jjog*	37	5
–	*banghyang*	71	4
discipliné	*jilseoiss-da*	31	2
disparaître	*saraji-da*	58	5
disposer	*eonj-da*	71	7
dispositions	*maryeon*	54	5
disquette	*diseukes*	51	3
dissipation	*haeso*	68	5
dissiper	*haesoha-da*	68	5
dissolution	*haeso*	68	5
dissoudre	*haesoha-da*	68	5
distributeur automatique	*panmaegi*	30	7
dix	*sib*	10	n° lç.
dix-mille	*man*	19	6
document	*tong*	26	3
données	*yeogeon*	61	6
donner	*deuri-da*	16	10
donner, offrir	id.	52	3
–	id.	22	6
donner	*ju-da*	15	2
donner signe de vie	*yeonlag-eul ju-da*	45	6
donner un coup de fil	*geol-da*	50	1
dorade	*domi*	26	5
dormir	*ja-da*	21	dict.
dos (vue de ~	*duismoseub*	61	1
double (être en ~)	*gyeobch-da*	52	6
douloureux	*apeu-da*	41	7
douze	*sib i*	12	n° lç.

dragon tête serpent queue ("queue de poisson")	*yongdusami*	15	dict.
eau	*mul*	39	dict.
eau de riz	*sungnyung*	59	dict.
eau de source thermale	*onceonsu*	68	3
eau fraîche	*naengsu*	17	dict.
éblouissant	*busi-da*	43	3
échec	*silpae*	31	dict.
échelonnement	*bunhal*	69	5
éclair	*beongae*	51	dict.
école primaire	*gugminhaggyo*	47	4
économie	*gyeongje*	58	6
économique	*gyeongjejeog*	61	6
écouter	*deud-da*	27	2
écran	*hwamyeon*	52	6
–	id.	55	4
écrouler (s'~)	*muneoji-da*	70	dict.
–	id.	20	dict.
éducation	*gyoyug*	55	3
efficace	*hyogwajeog*	55	3
effondrement	*poglag*	69	3
effondrer (s'~)	*poglagha-da*	69	3
effrayant	*museob-da*	19	dict.
–	id.	64	2
égal (de façon ~ e)	*golgoru*	71	6
eh bien	*geureom*	22	6
élégance	*meos*	58	5
élever	*olli-da*	25	5
–	id.	62	5
éloigner (s'~)	*meoreoji-da*	36	dict.
éloigné	*meol-da*	36	2
en	*tago*	4	5
en bonne santé	*geongangha-da*	52	8
en face	*geonneo pyeon*	13	3
en fin de compte	*macim*	64	9
en général	*daecaero*	36	7
–	*daegae*	27	1
en ordre	*jilseoiss-da*	31	2
en outre	*deougi*	59	6
en plus	*simjieo*	71	8
en retard	*neuj-da*	32	1
en tout cas	*amuteun*	47	7
–	id.	66	7
enchanté	*bangab-da*	1	2
encore	*ajig*	33	5
encore (pas ~)	*ajig*	51	1

encore une fois	*ddo*	41	5
endroit	*gos*	10	1
–	id.	34	5
–	id.	44	5
enduire	*bareu-da*	37	6
enfant	*ai*	61	2
enfants	*jaje*	62	4
enfer	*jiog*	59	3
ennemi	*weonsu*	45	dict.
enquête	*joosa*	65	1
enregistrer	*jeojangha-da*	52	7
ensemble	*gat-i*	2	5
–	id.	12	10
–	id.	51	3
–	*hamgge*	44	2
entendre	*deud-da*	64	8
entre	*sai*	9	3
entrer	*deureoga-da*	20	1
–	id.	41	dict.
–	*deureoo-da*	20	2
–	*iblyeogsiki-da*	52	2
envie (avoir ~ de)	*sip-da*	25	2
–	id.	25	2
environ	*han*	40	5
–	*jjeum*	25	8
envoyer	*bonae-da*	51	1
–	*buci-da*	25	2
épargner	*jeogeumha-da*	52	7
épicé	*maeb-da*	18	3
épinard	*sigeumci*	66	4
époque	*sidae*	50	7
éprouver	*neuggi-da*	61	8
épuiser	*daha-da*	40	8
espérer	*bara-da*	47	7
esprit	*jeongsin*	45	1
essai	*supil*	27	6
et aussi	*geurigo*	5	3
–	id.	9	7
–	id.	16	8
–	id.	26	2
étable	*oeyanggan*	8	dict.
étage	*ceung*	57	7
état	*bunsu*	67	dict.
–	*sangtae*	65	3
États-Unis	*migug*	15	1
été	*yeoreum*	34	1

famille	*gajog*	44	2
fatigué	*pigonha-da*	54	1
faucille	*nas*	38	dict.
faveur	*deogtaeg*	31	2
fax	*paegseu*	50	2
fax personnel	*hompaegseu*	50	5
femme	*yeoseong*	38	8
femme enceinte	*imsanbu*	31	4
femmes (jeunes et vieilles)	*namnyeonoso*	71	8
fermement	*gudi*	67	4
festin	*janci*	62	1
fête	*saeng'il*	62	3
–	*gyeongsa*	62	6
feu (faire du ~)	*ddae-da*	33	dict.
feuille morte	*nagyeob*	43	1
fierté	*boram*	61	8
fil (de la viande)	*gogisgyeol*	71	4
file	*hanjul*	29	3
filet	*ansim*	71	4
fille	*ddal*	21	dict.
film	*pillim*	26	2
–	*yeonghwa*	12	9
finir	*ggeutna-da*	15	dict.
fixer	*jeongha-da*	36	6
flaque	*ungdeong'i*	58	dict.
foire	*jang*	40	3
fois	*hoe*	65	8
fonctionnaire illustre	*myeonggwan*	57	dict.
fonctionnement	*jakdong*	53	5
fonctionner	*doe-da*	53	7
fond	*mit*	43	dict.
fondre	*nog-da*	44	dict.
forme	*moyang*	55	5
formule santé	*geongangsig*	66	titre
fort	*se-da*	53	6
foule	*inpa*	29	4
frais	*singsingha-da*	39	7
frais de transport	*cabi*	40	3
français	*peurangseuin*	1	5
France	*peurangseu*	25	2
fréquemment	*heun-hi*	50	3
fréquenter	*sagwi-da*	33	6
fumée	*yeon'gi*	33	dict.
fumer	*piu-da*	52	7
gamelle	*dosirag*	61	2
garder	*du-da*	68	dict.

homme	*saram*	3	1
hommes (jeunes et vieux)	*namnyeonoso*	71	8
huile de sésame	*camgireum*	71	3
huit	*pal*	8	n° lç.
–	id.	25	7
humeur	*gibun*	40	7
humeur (mauvaise ~)	*jjijeung*	59	6
ici	*yeogi*	20	5
–	id.	23	1
ici (par ~)	*iri*	16	4
identité	*macangaji*	29	5
ignorer	*moreu-da*	19	dict.
il n'y a pas	*eobs-da*	2	2
–	id.	10	4
il semble que	*geos gat-da*	33	7
il y a	*iss-da*	2	1
image	*geurim*	65	dict.
immédiatement	*god*	16	10
impossible !	*seolma*	47	7
imprévu	*uyeonha-da*	46	1
imprimante	*peurinteo*	51	2
incommode	*bulpyeonha-da*	17	3
inférieur à (ne pas être ~)	*sonsaeg-i eobs-da*	71	8
infériorité	*sonsaeg*	71	8
information	*yeonlag*	45	6
informer	*annaeha-da*	19	8
ingrédient	*jaeryo*	71	2
intéressant	*jaemiiss-da*	27	7
–	id.	55	8
intérieur	*an*	10	2
internationalisation	*gugjehwa*	50	7
interphone	*kipon*	50	5
interstice	*sai*	9	3
–	*teum*	45	5
invitation	*codae*	17	titre
inviter	*codaeha-da*	62	1
jambe	*dari*	41	7
jarre	*dog*	43	dict.
je	*jeo*	15	2
–	id.	27	6
–	*na*	13	dict.
jeter	*beori-da*	29	2
jeudi	*mogyoil*	12	8
jeunes (les ~)	*jeolmeuni*	67	3
jour	*nal*	11	8
–	id.	12	5

–	id.	62	4
jour (chaque ~)	*ilil*	66	2
jour de congé	*hyuil*	11	7
jour de la semaine	*yoil*	12	1
journal	*sinmun*	65	1
journée (toute la ~)	*harujong'il*	40	6
joyeux	*jeulgeob-da*	47	7
jus de poire	*baejeub*	71	2
jus de viande	*yugsu*	71	3
jusqu'à l'aube	*bamsae-dorog*	27	8
justement	*baro*	24	8
karaoke	*noraebang*	55	1
kilo	*killo*	39	5
kimchi	*gimci*	18	6
–	id.	66	6
là-bas	*jeogi*	2	3
–	id.	24	8
laisser reposer	*jaeuu-da*	71	4
laitue	*samcu*	71	7
lame	*nal*	37	8
lancer une pierre	*dolpalmaejil*	10	dict.
langue	*gug'eo*	64	10
langue coréenne	*hangug'eo*	55	3
–	*hangugmal*	33	5
large	*neolb-da*	8	5
laver	*gamd-da*	37	5
le bas	*arae*	39	dict.
le haut	*wi*	39	dict.
le plus	*gajang*	55	3
–	*jeil*	10	1
–	id.	15	7
–	id.	27	5
leçon	*gwa*	1	n° lç.
légume	*namul*	66	4
les jeunes	*jeolmeuni*	67	3
les quatre saisons	*sagyejeol*	43	titre
lettre	*pyeonji*	25	2
–	*ja*	38	dict.
lettre "k"	*giyeog*	38	dict.
li	*li*	46	dict.
liaison	*yeonlag*	45	6
lieu	*gos*	10	1
–	id.	34	5
–	id.	44	5
lieu de travail	*jigjang*	11	2
limpide	*malg-da*	39	dict.

lire	*bo-da*	27	8
–	*ilg-da*	27	3
–	id.	40	dict.
lister	*iblyeogsiki-da*	52	2
livre	*caeg*	27	3
loche	*migguraji*	58	dict.
loin	*meol-da*	59	2
loisir	*yeoga*	12	titre
longtemps	*oraeganman*	5	2
–	*orae*	32	2
–	id.	53	9
lumière	*bic*	43	3
lundi	*weoryoil*	11	1
lycée	*godeunghaggyo*	47	4
magasin (grand ~)	*baeghwajeom*	8	6
maintenant	*ije*	24	7
–	*jigeum*	22	3
–	id.	23	4
–	id.	26	1
–	id.	52	1
mais	*geureona*	9	2
–	*bbunman anira*	18	8
maison	*jib*	11	4
–	id.	13	1
majorité	*daebubun*	32	6
maladie	*byeong*	48	dict.
maladroit	*seotureu-da*	33	5
malhabile	*seotureu-da*	33	5
malheur	*keunil*	41	2
manger	*jabsu-da*	18	6
–	*meog-da*	13	2
–	id.	17	2
manteau	*oetu*	67	1
manteau court	*bangeunteo*	67	3
manuscrit	*weongo*	51	1
maquereau	*godeung'eo*	39	7
marcher	*doe-da*	53	7
marché	*sijang*	34	3
–	id.	39	5
–	*jang*	40	3
marché (faire le ~)	*jangbo-da*	40	3
mardi	*hwayoil*	12	2
mari	*nampyeon*	61	1
massage	*masaji*	38	5
match	*gyeonggi*	15	6
matin	*acim*	20	9

musée	*bagmulgwan*	8	4
musique	*eumag*	27	2
mutuellement	*seoro*	46	5
naître	*taeeona-da*	62	3
naseau	*ko*	52	dict.
nature	*jayeon*	68	3
nature (par ~)	*weonag*	67	6
naturellement	*mullon*	18	7
–	id.	50	7
navet	*muu*	71	7
navet assaisonné	*ggagdugi*	66	6
ne pas être	*ani-da*	10	3
ne pas être inférieur à	*sonsaeg-i eobs-da*	71	8
ne pas reconnaître	*mollabo-da*	48	3
néanmoins	*geuraedo*	9	3
nécessaire	*piryoha-da*	20	6
–	id.	26	1
–	id.	30	2
nécessité	*piryo*	59	5
neige	*nun*	44	dict.
neige de printemps	*bomnun*	44	dict.
nerf	*singyeong*	68	3
nettoyage	*ceongso*	61	2
neuf (chiffre)	*gu*	9	n° lç.
névralgie	*singyeongtong*	68	3
nez	*ko*	52	dict.
n'importe où	*amudena*	29	2
niveau	*sujun*	66	2
noir	*geom-da*	67	3
noir et blanc	*heugbaeg*	53	4
nombre	*su*	65	8
nombre de fois	*hoessu*	65	8
nombreux	*manh-da*	4	3
–	id.	8	3
–	id.	36	5
non	*aniyo*	18	4
–	*eobseubnida*	20	7
–	*ne*	8	2
non seulement	*bbunman anira*	18	8
noter	*jeog-da*	39	1
nourriture	*eumsig*	18	1
–	id.	65	8
nous	*uri*	15	5
nouveau	*saerob-da*	61	5
nouvelle	*sosig*	36	dict.
–	id.	45	5

nouvelle génération	*sinsedae*	67	6
nouvellement	*saero*	40	1
obésité	*bimanjeung*	65	4
objet	*mulgeon*	39	1
observer	*jiki-da*	32	4
occasion	*gihoe*	69	3
occasion (à l' ~)	*hogsi*	26	5
occasion (favorable)	*gihoe*	60	2
occupé	*babbeu-da*	38	2
–	*bunjuha-da*	45	3
œil	*nun*	11	dict.
offrir	*olli-da*	62	5
offrir	*bepul-da*	62	4
onze	*sib il*	11	n° lç.
ordinal	*je*	1	1
ordinateur	*keompyuteo*	50	5
ordre	*sunseo*	36	7
–	*jeondo*	64	10
–	*carye*	29	3
–	id.	62	5
oreille	*gwi*	37	4
orner	*cari-da*	47	1
où ?	*eodi*	24	2
ou bien	*irang*	26	4
oublier	*ij-da*	26	4
–	id.	50	5
ouest	*seojjog*	55	dict.
oui	*ne*	8	2
outre-mer	*haeoe*	44	2
ouvrir	*yeol-da*	21	dict.
pagode	*tab*	70	dict.
paiement	*jibul*	69	5
paire	*kyeolle*	26	4
palais	*gungjeon*	8	4
panne	*gojang*	51	2
panneau de signalisation	*pyojipan*	31	1
par avion	*hanggongpyeon*	25	3
par hasard	*eojjeodaga*	41	8
par ici	*iri*	16	4
par nature	*weonag*	67	6
pareil	*gat-da*	10	4
parents	*cinceog*	62	4
parents (père et mère)	*bumo*	62	4
parfois	*ddae-ro*	27	8
parka	*paka*	67	3
parking	*jucajang*	2	titre

parole	*mal*	9	dict.
–	id.	46	dict.
–	*sori*	64	8
parole inutile	*byeolsori*	40	8
paroles de chanson	*gasa*	55	6
–	*gasasmal*	55	7
partie	*bubun*	37	4
partie méridionale	*nambu*	32	8
partout	*sabang*	55	4
pas du tout	*tong*	46	3
passage principal	*daemog*	27	7
passager	*seunggaeg*	31	2
passer	*deulleu-da*	23	6
–	id.	26	5
–	*jina-da*	47	5
–	*jinae-da*	5	3
passer (le temps)	*bonae-da*	47	7
–	id.	41	1
–	*jinada*	48	4
passé	*yesnal*	58	5
pâte de poisson	*eomug*	66	5
patte	*bal*	46	dict.
pays	*nara*	58	5
P-DG	*sajang*	23	3
peau	*pibu*	38	5
–	id.	68	3
pellicule	*bideum*	37	6
pendant	*dong'an*	19	3
pénétrer	*deul-da*	12	dict.
–	id.	64	dict.
pénible	*sugoseureob-da*	40	4
pensée	*sasang*	31	6
penser	*saenggagha-da*	29	7
–	id.	54	9
perdre	*ilh-da*	8	dict.
père (déférent)	*abeonim*	62	1
périphérie	*jubyeon*	57	6
perle	*jinju*	54	dict.
permanente	*pama*	38	4
permis (être ~)	*doe-da*	20	1
personne	*bun*	1	3
–	id.	16	2
petit	*jag-da*	18	dict.
petit déjeuner	*acim*	66	3
peu à peu	*jogeussig*	65	7
–	*jogeumssig*	32	6

photo	*sajin*	57	3
photocopie	*bogsa*	53	3
photocopieur	*bogsagi*	53	5
pied	*bal*	46	dict.
place	*jari*	31	4
place réservée	*jiseongseog*	31	3
plaisanterie	*nongdam*	64	titre
plateau	*dae*	25	5
plus	*deo*	9	6
–	id.	17	7
plus tard	*issdaga*	40	5
plutôt	*pyeon*	32	6
poids	*cejung*	65	6
poids inférieur à la normale	*jeocejung*	65	6
poil de belette	*hwangmo*	68	dict.
point	*jeom*	54	5
point commun	*gongtongjeom*	9	3
poireau	*daepa*	71	3
poisson	*saengseon*	39	7
poisson frais	*saengseon*	26	5
poivre	*hucu*	71	3
poivron	*gocu*	18	8
pollution	*gonghae*	58	1
portable (téléphone)	*museon jeonhwa*	54	7
porte	*mun*	21	dict.
porter un vêtement	*ib-da*	40	1
–	id.	47	1
poser	*noh-da*	20	4
–	id.	25	5
–	id.	38	dict.
possession	*caji*	13	dict.
possible	*ganeungha-da*	51	5
–	id.	69	5
poste	*upyeon*	51	7
pot-au-feu	*jjige*	66	4
poule	*amdalg*	61	dict.
poulet pané	*dalggangjeong*	66	5
pourquoi	*wae*	40	7
pourquoi (c'est ~)	*geuraeseo*	54	2
pourquoi ?	*wae*	12	8
poursuivre	*jjoc-da*	40	7
–	*gyesogha-da*	61	6
pousser	*na-da*	37	dict.
poussière	*ddiggeul*	29	dict.
pratique	*pyeonliha-da*	9	7
précis	*dduryeosha-da*	65	2

préférable	*nas-da*	52	8
première fois	*ceoeum*	5	4
prendre	*deul-da*	16	6
–	*geoli-da*	9	5
–	*geolli-da*	25	8
prendre (boisson, aliment)	*deul-da*	52	5
prendre du temps	*geolli-da*	40	5
prendre une photo	*jjig-da*	57	3
préparatifs	*maryeon*	54	5
préparer	*junbiha-da*	30	3
préparer (repas)	*caengi-da*	61	2
préparer de la nourriture	*carii-da*	17	1
présentation	*sogae*	1	titre
présenter	*sogaeha-da*	5	5
président du conseil d'administration	*isajang*	60	2
prix	*gabs*	36	4
–	*gagyeog*	34	5
–	*yogeum*	30	3
probablement	*ama*	34	7
–	id.	40	3
–	id.	47	6
problème	*munje*	29	6
–	id.	65	1
–	*munjesgeori*	29	6
proche	*gaggab-da*	36	4
produit agricole	*nongsanmul*	39	6
profession	*jigeob*	61	7
promesse	*yagsog*	32	4
promettre	*yagsogha-da*	51	1
propre	*ggaeggeusha-da*	29	1
–	id.	58	2
public	*gongjung*	68	3
puits	*umul*	59	dict.
qualité supérieure	*gogeub*	54	9
quantité recommandée	*gweunjanglyang*	66	2
quatre	*ne*	16	3
quatre	*sa*	4	n° lç.
quel	*eoddeon*	18	1
quel ?	*museun*	12	1
quel genre de ?	*eddeon*	27	4
quelque peu	*jogeumssig*	3é	6
question	*jilmun*	48	titre
queue	*ggori*	64	dict.
queue (faire la ~)	*hanju-lo seo-da*	29	3
qui ?	*nugu*	1	3

régime alimentaire	*sigsabeob*	66	1
région	*jibang*	32	6
regret (qui éprouve du ~)	*aswib-da*	48	5
regrettable	*yugamseureop-da*	10	7
remède	*yag*	47	dict.
remercier	*gamsaha-da*	17	10
–	id.	22	7
remettre	*jeondalha-da*	51	7
rencontre	*mannam*	46	titre
rencontrer	*manna-da*	15	1
rendez-vous	*yagsog*	32	4
–	id.	36	6
rentrer	*dorao-da*	15	1
réparer	*goci-da*	8	dict.
repas	*sigsa*	13	3
–	id.	15	5
–	id.	65	7
repas pris à l'extérieur	*oesig*	65	8
réserve	*yeoyu*	59	7
résidu de soja	*biji*	34	dict.
respect des vieillards	*gyeonglo*	31	6
respecter	*jongyeongha-da*	31	5
ressentir	*neuggi-da*	61	8
restaurant	*sigdang*	8	7
–	id.	13	3
–	id.	16	titre
rester	*nam-da*	40	3
–	id.	61	3
réunion	*moim*	47	2
réussir	*doe-da*	53	7
réveiller	*ggaeu-da*	20	9
revenir	*dol-a o-da*	23	5
revue	*jabji*	38	7
rhumatisme	*ryumatijeum*	68	3
richesse	*bubo*	52	8
rien	*amugoesdo*	13	2
riz d'orge	*boribab*	66	3
roman policier	*curisoseol*	27	5
route	*gil*	62	dict.
s'accumuler	*milli-da*	45	2
saison	*gyejeoel*	43	1
saison (changement de ~)	*hwanjeolgi*	38	6
salade	*saengcae*	71	7
salle de bains	*mogyogtang*	68	3
salle de reprographie	*bogsasil*	53	2
salle de classe	*gyosil*	55	8

salon de coiffure (dames)	*miyongsil*	38	titre
salon de coiffure (messieurs)	*ibalso*	36	1
salon de thé	*dabang*	8	7
salut	*jeol*	62	5
salutation	*insa*	5	titre
samedi	*toyoil*	11	1
sans arrêt	*ggeungimeobs-i*	54	8
sans discontinuer	*gyesog*	27	7
santé	*geongang*	52	8
santé (en bonne ~)	*geongangha-da*	52	8
s'asseoir	*anj-da*	16	5
–	id.	62	5
satisfaction	*manjog*	61	4
–	*boram*	61	8
satisfait	*manjogha-da*	61	4
sauce de soja	*ganjang*	71	3
sauté (culinaire)	*boggeum*	66	5
savon	*binu*	37	8
savoureux	*masiss-da*	17	2
se composer de	*doe-da*	16	2
se conduire	*ceosinha-da*	67	dict.
–	*haengdongha-da*	31	2
se coucher	*ji-da*	41	6
se développer	*baljeonha-da*	58	5
se hâter	*seodureu-da*	59	5
se lever	*ddeu-da*	55	dict.
se mettre en colère	*hwaga na-da*	64	8
se poser	*caglyugha-da*	4	1
se produire	*na-da*	50	1
–	*saenggida*	50	3
se rencontrer	*manna-da*	45	dict.
se ruiner	*mangha-da*	61	dict.
se séparer	*heeoji-da*	48	5
se tenir debout	*seo-da*	29	3
se tenir immobile	*seo-da*	29	3
sec	*mareu-da*	41	7
secrétariat	*biseosil*	23	1
s'écrier	*keu-n sori-reul ci-da*	64	10
s'écrouler	*muneoji-da*	20	dict.
–	id.	70	dict.
s'effondrer	*poglagha-da*	69	3
séjourner	*mug-da*	19	4
–	*tusugha-da*	19	3
s'éloigner	*meoreoji-da*	36	dict.
selon	*ddara*	55	5
semaine	*juil*	25	9

verre	*jan*	52	5
verser	*bus-da*	43	dict.
–	id.	71	6
–	*ggieonj-da*	71	4
vêtement	*os*	34	1
–	id.	40	1
vêtements	*euijang*	67	titre
viande de bœuf	*sogogi*	66	3
–	id.	71	2
vidéo	*bidioteipeu*	27	3
vie	*saenghwal*	61	4
vie humaine	*insaeng*	62	6
vieillards et infirmes	*noyagja*	31	4
vieux couple	*nobubu*	62	5
vigne	*podobat*	10	7
ville	*dosi*	5	1
ville (grande ~)	*daedosi*	29	6
visage	*eolgul*	55	5
visiter	*gugyeongha-da*	8	1
vite	*eoseoo*	16	1
–	*bballi*	59	1
vocable	*daneo*	50	6
voir	*bo-da*	3	1
–	id.	12	9
–	id.	15	6
voir (déférent)	*boe-da*	60	3
voir après le repas	*sighugyeong*	16	dict.
voiture	*ca*	2	1
–	id.	9	5
volume	*gweon*	26	4
voyage	*yeohaeng*	33	3
–	id.	44	2
voyage d'affaires	*culjang*	60	1
vraiment	*cam*	10	3
–	*jeongmal*	41	2
–	id.	54	1
won	*weon*	19	6
–	id.	25	7
y avoir	*gyesi-da*	22	2

Achevé d'imprimer par Corlet, Imprimeur, S.A.
14110 Condé-sur-Noireau
N° d'Éditeur : 3277 - N° d'Imprimeur : 160449 - Dépôt légal : janvier 2014
Imprimé en France